美国和古巴关系史纲

徐世澄◎著

中国社会科学出版社

图书在版编目（CIP）数据

美国和古巴关系史纲／徐世澄著．—北京：中国社会科学出版社，2021.11
ISBN 978 - 7 - 5203 - 8739 - 2

Ⅰ. ①美…　Ⅱ. ①徐…　Ⅲ. ①国际关系史—研究—美国、古巴　Ⅳ. ①D871.29
②D875.19

中国版本图书馆 CIP 数据核字（2021）第 136849 号

出 版 人	赵剑英
责任编辑	张　林
特约编辑	芮　信
责任校对	冯英爽
责任印制	戴　宽

出　　　版	中国社会科学出版社
社　　　址	北京鼓楼西大街甲 158 号
邮　　　编	100720
网　　　址	http://www.csspw.cn
发 行 部	010 - 84083685
门 市 部	010 - 84029450
经　　　销	新华书店及其他书店

印刷装订	三河弘翰印务有限公司
版　　次	2021 年 11 月第 1 版
印　　次	2021 年 11 月第 1 次印刷

开　　本	710 × 1000　1/16
印　　张	22
插　　页	2
字　　数	339 千字
定　　价	118.00 元

凡购买中国社会科学出版社图书，如有质量问题请与本社营销中心联系调换
电话:010 - 84083683

古巴驻华大使序

在《美国和古巴关系史纲》一书中，读者们可以看到著名的教授和学者徐世澄严谨的、详尽和认真的研究成果。徐教授毕生从事对拉丁美洲和加勒比历史的研究，研究这一地区的独立进程和在不同历史时期所发生的主要政治进程，因此，他本人成为拉美与中国相互了解的主要文化桥梁。

古巴和古巴革命对徐世澄教授的影响是多方面的。他是最早留学古巴学习西班牙语的中国青年学子之一。随后，他是中国社会科学院拉丁美洲研究所的研究员和领导成员，他成为中国最杰出和著名的拉丁美洲问题专家之一，是研究古巴问题，包括研究菲德尔·卡斯特罗生平和著作的不容置疑的专家。

他有幸近距离地结识了拉美历史上的三位伟人：埃内斯托·切·格瓦拉、菲德尔·卡斯特罗和乌戈·查韦斯，他是拉美地区政治生活和美拉关系发展许多重大事件的直接见证人。他已经发表的一些著作，如《冲撞：卡斯特罗与美国总统》（1999）、《古巴》（《列国志》，2003）、《拉丁美洲政治》（2006）、《卡斯特罗评传》（2008）、《查韦斯传》（2011）以及许多必不可少的学术论文、译著和译文，为中国人了解拉美问题，特别是古巴问题做出了贡献。

从20世纪60年代初起，他直接见证了古巴革命的历史，他不知疲倦地促进中古之间的相互了解和关系。我们得知在本书中，他肯定并高度评价1960年9月古巴革命做出的承认新中国的政治决定，这一决定使古巴成为西半球第一个与新中国建交的国家，这也为中国和拉美与加勒比共同进行学术和历史研究打开了方便之门。

通过他漫长和富有成果的学术生涯，徐教授与古巴建立了密切的人员往来和学术联系。他成为古巴问题的权威发言人。古巴占据了他的大部分学术研究。在一篇著述中，他认为，古巴的历史领袖菲德尔·卡斯特罗·鲁斯使古巴成为一个社会主义国家，卡斯特罗捍卫古巴，抗击美国的经济封锁、政治压力，抵抗世界上超级大国的军事侵略，在生前曾遭遇数百次未遂的暗杀阴谋，是当之无愧的英雄。

徐教授也是古美关系史上重大事件的特别见证人。1964 年，当美国政府拒不接受近在咫尺的古巴爆发的革命和发生的"十月危机"、古美关系处于紧张状态时，他与古巴大学生一起到军营挖战壕，随时准备抵抗美国可能的入侵和捍卫古巴。

因此，对于中国读者，特别是对年青一代的读者来说，本书是深入了解古巴历史、了解美国历届统治精英们反对古巴的历史恩怨的又一部必读著作。

60 多年来，古巴一刻也没有平静过。美国 12 届政府不停地使用各种手段，其侵略性有强有弱，但都千方百计企图推翻古巴革命政府。长期以来，从开始至今，古巴的主权意志与美国的霸权野心之间的冲突成为古美双边关系的标志。

从 19 世纪初，当时古巴还是西班牙帝国的殖民地，古巴就成为美国统治精英觊觎的对象。许多美国政客和谋士很早就不遗余力地炮制种种理论和论据，企图吞并古巴。早在 1767 年，本杰明·富兰克林就向谢尔本公爵、英国殖民事务大臣威廉·佩蒂二世勋爵提议，在伊利诺伊建立一个基地，以便发生武装冲突时，当作南下墨西哥湾、进而夺取古巴的跳板。几年后，1783 年，美国第二任总统约翰·亚当斯宣称："古巴是美国大陆自然的延伸，美国在这一大陆的延伸必须吞并古巴。"

1809 年，托马斯·杰斐逊在给他的继承者詹姆斯·麦迪逊的信中也提醒说："古巴是美国领土扩张可能购买到的最重要的地方"，几年后，1823 年，时任国务卿的约翰·昆西·亚当斯提出"熟果政策"。从那时候起，这一政策成为美国对古巴岛外交政策的基石。这就是说，古巴应该继续留在西班牙帝国软弱的手中，直到它由于自身的重量，必然会掉落入北美联邦。

同年颁布的门罗主义很早就宣称，区域外列强或国家在美国认为是它独自称霸的地区的任何进展，对美国来说都是不可接受的。

就这样，1898 年古巴摆脱西班牙的独立运动，由于遭到美国的军事干涉而流产，古巴岛成为美国地缘战略"后院"的一部分。有关这些事件及两百年来其他许多事件在本书中均有涉及。本书对古巴两次独立战争期间、新殖民地共和国时期、古巴革命胜利后的古美关系、两国断交、贝拉克·奥巴马任内 2015 年古美复交，以及敌视古巴的唐纳德·特朗普政府强化对古巴史无前例、极具侵略性和持续的封锁等这些必不可少的时期古美关系的重要事件，进行了恰如其分的分析。

1959 年古巴革命胜利后，美国政府便急忙对新生的古巴革命政府采取系统的敌视政策，其措施不只局限于经济领域，美国唆使和直接支持古巴反革命运动，向他们提供各种武器和资金，旨在制造动乱。在经济、贸易和金融领域，不断颁布对古巴的经济制裁措施，随后，这些制裁措施构成一系列的法律和行政命令，形成对古巴罪恶的经济、贸易和金融封锁，成为当今对一个国家最不公正、最严厉、最持久的单方面的制裁制度。

埃内斯托·切·格瓦拉司令本人曾写道，古巴革命的"行动是马克思主义的"，但它不是一个预先设想好的行动，而是一个符合逻辑的解决问题和克服障碍的办法。本书对此以客观和生动的方式提出并加以阐述。

60 年来，美国历届政府都妄想颠覆和推翻古巴革命。每届政府的做法有所变化，但颠覆古巴革命、改变古巴政权和推翻古巴的制度的目标不变。古巴在美国的鼻子底下，奉行并继续奉行完全独立和坚守主权的内外政策。

令人欣慰的是，作者在这本著作里机敏和深刻地叙述了从 18 世纪末以来古美冲突历史进程的每一个重要的事件。从那时候起，美古双边对峙的本质就已开始凸显：帝国霸权与国家主权的对峙。

本书准确地分析了早在 1959 年 1 月 1 日古巴革命胜利之前就存在的古美历史冲突复杂的原因和后果，这一冲突起源于美国统治精英的帝国主义计划与古巴独立进程逐渐发展之间对抗性矛盾的加剧。现有的文献来源表明，美国吞并或统治古巴的企图由来已久，从美国的创始"国父"

开始，甚至在 13 个殖民地取得独立前就已经有了。

在这一漫长的历史时期，美国政府曾多次企图使古美关系"正常化"或修改与古巴关系的现状，它表面上相信，其与古巴对抗的政策不起作用，也没能产生所期待的结果。

然而，每次美国都把要求古巴在国际活动中或在政治、经济和社会方面做出让步作为改善双边关系的条件，企图强加给古巴。从提出这一条件起，这一企图就注定会失败，这暴露出双边冲突的实质是：霸权与主权的对抗，这一情况一直延续到今天。

20 世纪 70 年代，福特总统和卡特总统任内，美国对古巴的强硬政策开始有所"灵活"。他们提出改善关系的条件是在施压的基础上，迫使古巴部分限制或全部停止它在非洲、拉丁美洲和加勒比以及在波多黎各问题上的国际行动，旨在损害古巴革命在对外政策方面的自主权。

从开始起，每次美国所选择的谈判日程都是错误的，它将双边和多边问题搅和在一起，在多边问题上触犯了古巴的主权，特别是古巴的对外政策。美国坚持把对话政治化，给对话设置了苛刻的条件，使对话失败。美国政府一次又一次要求古巴放弃原则作为实现双边接近的唯一前景，与此同时，美国一直对古巴革命实施不道德的封锁和讹诈政策。

美国基于其实力、地位，从不停止它强加条件的政策，旨在对古巴政府施压来达到其战略目标。而古巴恰恰相反，古巴始终准备与美国在平等和尊重主权的基础上，就任何问题进行对话和谈判，古巴从不接受，也绝不会接受美国成为古巴外交政策的裁判员和仲裁人。

因此，实际情况是，古巴革命的发展和古巴改革计划是在非常不利的条件下进行的，其特点是美国对古巴的敌视和持久的封锁。在目前新冠肺炎疫情蔓延的时候，美国的封锁加剧，其唯一罪恶的目的是扼杀古巴经济和破坏人民支持革命的基础。

最近 4 年发生的事件揭露美国反对古巴的行动更富有侵略性、规模更大，它违反了国际关系，包括国际贸易关系的所有规则和原则。美国对古巴采取的措施完全违反了国际人权，遭到国际社会的一致谴责，包括美国最亲近的盟国，因为这些措施涉及治外法权，是对古巴国家主权的侮辱和侵犯。

唐纳德·特朗普政府时期对古巴采取了240多项措施，其中有50多项是在2020年应对新冠肺炎疫情的艰难时刻所采取的，这本身充分说明美国对古巴政府和人民的这一政策是多么暴虐，其治外法权的性质和违反人权以及侵犯他国主权的后果越来越明显。

美国禁止侨汇从第三国通过西联汇款公司汇到古巴，持续不断地破坏古巴在国外的金融交易，阻挠侨汇通过（古巴）西梅克斯金融公司（Fincimex）和美国国际服务公司汇往古巴，还恐吓将原油运往古巴的运输公司，这表明最近时期美国加剧了对古巴的封锁。

除了封锁所引起的一系列的制裁措施外，还得加上与特朗普决策相关的威慑和恐吓的效果，2021年1月，任期即将届满的特朗普政府做出了可能是他最后的决策，再次把古巴列入支持恐怖主义国家的名单之中。这一决策不仅是单方面的，而且缺乏任何道义和司法的根据，它的目的是造成负面的影响，给古巴参与国际贸易和进行金融交易增加困难，并使美国新政府做出任何决定或调整政策、调整任何现行对古巴的某项措施更加困难和麻烦。

在这一背景下，美国发起的对古巴医疗合作的毁谤运动，旨在使其他国家人民得不到古巴对他们国家医疗体系的必不可少的贡献，这在任何情况下都是不道德的，尤其是对古巴和全世界的冒犯。尽管如此，美国没能阻止数千名古巴医务人员在30多个国家和地区为抗击新冠肺炎疫情进行的斗争。此外，在疫情暴发前，有2.8万多名古巴医务人员在59个国家提供服务。

在新冠肺炎疫情蔓延时期，美国对古巴封锁的不人道性质更加严重，更加残酷。美国政府利用这一政策，特别是其治外法权的内容，故意剥夺古巴人民获得呼吸机、口罩、诊断器、护目镜、防护服、手套、试剂和其他治疗新冠肺炎的必需医疗用品。

美国对古巴的封锁治外法权性质已为包括中国在内的国际社会所熟知，并遭到广泛的谴责，它已经成为影响古巴与世界顺利发展关系的主要障碍，在这方面，任何国家都不例外。在双边关系方面，尽管古巴政府在每个场合和多边论坛上反复陈述其坚定的立场，依然发生无视封锁或对封锁反应过度的行动以及制定的条条框框。我们感谢徐教授的书在揭露美国封锁方面所做出的重要贡献。

美国对古巴的封锁是对古巴男女老少人权大规模、明目张胆和系统的侵犯。按照 1948 年《防止及惩治灭绝种族罪公约》，是属于灭绝种族的行为，是 1909 年伦敦海事大会定性的经济战。此外，美国对古巴的封锁违反了《联合国宪章》和国际法。

特朗普政府对古巴封锁和单边措施的不断升级和加剧，体现了时任美国国务院拉美事务助理副国务卿、美国外交官莱斯特·D. 马洛里在 1960 年 4 月所表述的原来的企图。马洛里说，封锁政策的目的是"引发饥饿，引起失望和推翻政府"。尽管美国历届政府的政治策略有所变化，其目的只有一个：推翻古巴革命，改变古巴政权，无视国际法最起码的准则。

本书的出版恰逢古中建交 61 周年和中国共产党成立一百周年。根据中国的传统，60 年是一个甲子的结束，另一个甲子的开始。本书热情地标志着这一新的起点。迄今为止，像徐世澄教授这样的中国学者的宝贵财富是了解和阐明古巴现实的取之不尽的源泉，中国新一代的学者应该继续系统地加以传承和丰富。

我以古巴共产党、古巴政府和古巴人民的名义，感谢徐世澄教授请我为他的《美国和古巴关系史纲》撰写序言。要撰写近 60 年古巴和中国共同的历史必须像徐教授这样的中国学者和知识分子付出努力才能完成。我们希望徐教授的努力能激励中国新一代的研究员和学者。古巴和中国的双边关系，特别是在社会科学领域的关系，曾经是，并将继续是促进古中关系政治互信和相互理解特殊性的重要支柱。

古巴共和国驻中华人民共和国大使
卡洛斯·米格尔·佩莱伊拉·埃尔南德斯
2021 年 2 月

PROPUESTA DE PRóLOGO PARA EL LIBRO *BOSQUEJO DE LA HISTORIA DE ESTADOS UNIDOS Y CUBA*, DEL PROFESOR XU SHICHENG.

Prólogo

En las páginas del libro Bosquejo de la historia de las relaciones entre Estados Unidos y Cuba, los lectores podrán encontrar los frutos de una investigación rigurosa, exhaustiva y seria del prestigioso profesor y académico chino, Xu Shicheng. El profesor Xu ha dedicado su vida a la investigación histórica sobre la región de América Latina y el Caribe, sus procesos independentistas y los principales procesos políticos acaecidos en diferentes momentos históricos, por lo que él mismo ha fungido como una suerte de puente cultural esencial para el entendimiento común entre el continente latinoamericano y caribe. o y China.

Al profesor Xu Shicheng, Cuba y la Revolución cubana le han marcado de muchas maneras. Formó parte del primer grupo de jóvenes chinos que marcharon a la Mayor de las Antillas a aprender el espa. ol, y posteriormente, desde el Instituto de Estudios latinoamericanos, adscrito a la Academia de Ciencias Sociales de China, como investigador y directivo de dicho Centro, llegó a convertirse en uno de los más destacados y reconocidos latinoamericanistas chinos, y un referente indiscutido de los temas cubanos, incluyendo sus valiosos estudios sobre la vida y la obra de Fidel Castro y de la Revolución cubana.

Tuvo el privilegio de conocer muy de cerca, a tres grandes de la historia latinoamericana: Ernesto Ché Guevara, Fidel Castro y Hugo Chávez, y ha sido testigo directo de muchos de los acontecimientos más relevantes que han marcado la vida política de nuestra región y la evolución de sus relaciones con Estados Unidos. Varios de sus libros precedentes: "The Collision: Castro and the United States Presidents" (1999), Crónicas de Cuba (2003), Política latinoamericana (2006), biografías de Fidel Castro (2008) y de Chávez (2011) y muchas otras monografías académicas y traducciones de textos imprescindibles, han contribuido a divulgar entre los chinos la problemática latinoamericana, y en especial la cubana.

Ha sido protagonista directo de la historia de la Revolución Cubana desde sus inicios en la década de 1960, y un promotor incansable del entendimiento mutuo y las relaciones entre Cuba y China. Sabemos que el autor de este libro reconoce y valora en alta estima la decisión política de la Revolución Cubana de reconocer a la Nueva China, en septiembre de 1960, hecho que convirtió a Cuba en el primer país de todo el hemisferio occidental en dar ese paso, y el cual abrió las puertas al estudio común y la investigación científica e histórica entre China y América Latina y el Caribe.

A través de su larga y fructífera vida académica, el profesor Xu ha forjado un vínculo indisoluble con Cuba, tanto en términos de origen como de logros. Se ha convertido en una voz autorizada cuando se trata de temas cubanos. En gran parte de su investigación académica, Cuba ocupa una gran parte. En uno de sus trabajos aseguró que el líder histórico de la Revolución cubana, Fidel Castro Ruz, merece ser llamado héroe, al convertir a Cuba en un país socialista y defender su existencia frente a Estados Unidos, resistiendo el bloqueo económico, la presión política, e incluso la agresión militar de una potencia más grande del mundo, sin dejar de mencionar los cientos de intentos de asesinarlo siempre que se mantuvieron hasta su muerte.

Xu fue también testigo excepcional de hechos relevantes en la historia de nuestras relaciones con Estados Unidos. En 1964, en medio de las tensiones surgidas ante el rechazo del gobierno estadounidense a aceptar el surgimiento de la Revolución cubana a escasas millas de sus costas y la llamada Crisis de Octubre, se movilizó junto a los estudiantes universitarios para ayudar a cavar trincheras y para defender el país ante una inminente agresión estadounidense.

Es esta por tanto una obra más que necesaria para que el público chino, en especial las nuevas generaciones, conozcan más en profundidad la historia de Cuba y, en especial, el histórico diferendo de las élites gobernantes de Estados Unidos contra la nación cubana. Aporta una mirada objetiva y panorámica sobre el desarrollo histórico de los vínculos entre Cuba y Estados Unidos, desde los orígenes del conflicto, que son anteriores a 1959, y hasta la actualidad.

A lo largo de más de 60 a. os, Cuba no ha tenido un minuto de sosiego. Han sido 12 las administraciones estadounidenses que no han cejado en su empe. o de forzar un cambio de régimen en la isla utilizando una u otra vía, con mayor o menor agresividad, lo que ha hecho desde entonces y hasta nuestros días, la voluntad soberana de Cuba y las ansias hegemónicas de Estados Unidos hayan marcado las pautas de un conflicto bilateral que ha trascendido en el tiempo.

Desde los primeros a. os del siglo XIX, desde su condición de colonia del otrora imperio espa. ol, Cuba siempre ha sido ambicionada por las élites dominantes en Estados Unidos. Desde fecha bien temprana, muchos de sus políticos e ideólogos se han afanado en elaborar las tesis y los argumentos justificativos de esa rapaz pretensión. Como se puede constatar, incluso antes, en 1767 Benjamín Franklin había recomendado al lord William Petty II, conde de Shelburne y secretario de Estado para los asuntos coloniales de Inglaterra, fundar un asentamiento en Illinois para que, ante un posible conflicto armado, sirviera de puente para descender hasta el golfo de México y luego tomar Cuba. A. os más tarde, también en fecha tan temprana como 1783, John Adams, segundo presidente de Estados Unidos, declaró: . Cuba es una extensión natural del continente norteamericano y la continuidad de los Estados Unidos a lo largo de ese continente torna necesaria su anexión. .

En 1809, Thomas Jefferson en carta a su sucesor, el Presidente James Madison, advertía también "Que Cuba era la más importante adquisición que podía hacer Estados Unidos para su territorio" y a. os más tarde, en 1823, John Quincy Adams, entonces secretario de estado, enunciaría la llamada política de la Fruta Madura, que se convertiría a partir de entonces en la piedra angular de la política exterior estadounidense hacia la isla. Es decir, Cuba debería continuar en las débiles manos del imperio espa. ol hasta tanto llegará el momento en que por su propio peso cayera en el regazo de la unión americana.

La Doctrina Monroe, proclamada también ese a. o, definió de manera temprana que sería inaceptable para Estados Unidos cualquier avance de potencias o naciones extra regionales en una zona que consideraban de su exclusiva hegemonía. En 1825 Alexander Everest, ministro estadounidense ante la corte de Madrid, comunicaba al gobierno espa. ol que su gobierno "no consentiría ningún cambio en la situación política de Cuba a no ser que ello la colocara bajo la jurisdicción de Estados Unidos".

Así las cosas, en 1898, cuando la independencia de Espa. a fue abortada por la intervención militar estadounidense, la isla antillana fue convertida en parte del "patio trasero" geoestratégico estadounidense. Estos hechos y muchos otros de un largo recorrido de más de 200 a. os, están recogidos en este libro, que logra un adecuado balance de los principales acontecimientos en las relaciones Cuba – Estados Unidos en periodos imprescindibles como las guerras de independencia cubana, la República Neocolonial, el triunfo revolucionario y el rompimiento de las relaciones diplomáticas bilaterales, su posterior restablecimiento en 2015, durante la administración de Barack Obama hasta llegar al hostil gobierno de Donald Trump, que recrudeció la aplicación del bloqueo contra Cuba a niveles sin precedentes, con una gran agresividad y consistencia.

Tras el mismo triunfo revolucionario de 1959, el gobierno estadounidense se apresuró en adoptar una política de hostigamiento sistemático contra la naciente Revolución cubana, con medidas que no se limitaron al terreno de la economía, y procuraron el aliento y el apoyo directo, con armamento y recursos de todo tipo, a movimientos contrarrevolucionarios con el propósito de desestabilizar el país. En el terreno económico, comercial y financiero, fueron decretándose progresivamente sanciones económicas que culminarían con el paso del tiempo en esa urdimbre de leyes y órdenes ejecutivas que conforman lo que denominamos ese férreo y criminal bloqueo económico, comercial y financiero impuesto contra la isla, devenido hoy en el sistema de sanciones unilaterales más injusto, severo y prolongado aplicado jamás contra país alguno.

El propio Comandante Ernesto Che Guevara dejó escrito que la Revolución cubana "obró en marxista" no por una actitud preconcebida, sino como una solución lógica a los problemas y obstáculos impuestos, los cuales son planteados y abordados de forma objetiva y amena en este libro.

A lo largo de 60 a. os, cada administración estadounidense ha hecho suyo el anhelado propósito de tratar de revertir y desmontar a la Revolución cubana. Cada una de ellas introdujo modificaciones, pero siempre manteniendo el fin mismo de revertir el hecho revolucionario, la promoción del cambio de régimen y el derrocamiento de un sistema que en sus propias narices ha practicado y continúa practicando una política interna y externa absolutamente independiente y soberana.

Esta obra sorprende gratamente por su sagacidad y profundidad en el proceso de compilación de su autor, para narrar cada secuencia relevante de la evolución histórica de un conflicto cuyas primeras expresiones se remontan a finales del siglo XVIII. Desde esa fecha comenzó a perfilarse lo que sería la esencia fundamental de la confrontación bilateral: hegemonía imperialista versus soberanía.

El libro logra hilvanar con precisión la complejidad de las causas y efectos del histórico conflicto, más allá del triunfo revolucionario del primero de enero de 1959, derivado de la acentuación de un proceso de contradicciones antagónicas entre las proyecciones imperialistas de las élites gobernantes estadounidenses y la gradual consolidación de un proceso independentista en Cuba. Las fuentes documentales existentes evidencian que las pretensiones de anexar o dominar a Cuba estuvieron presentes desde los llamados padres fundadores de la nación estadounidense, incluso desde antes de obtenerse la independencia de las Trece Colonias.

En ese largo período histórico, han sido recurrentes también los intentos desde el gobierno de Estados Unidos por tratar de "normalizar" o modificar el estatus quo de las relaciones con Cuba, bajo el aparente convencimiento de que su política de confrontación con la isla no ha funcionado ni le ha reportado los resultados esperados. Sin embargo, en cada momento, el permanente interés de

Estados Unidos de condicionar el mejoramiento de las relaciones bilaterales, a que Cuba hiciese concesiones en su activismo internacional o en su ordenamiento político, económico y social, condenó al fracaso cada intento desde su formulación misma, poniendo en evidencia la verdadera naturaleza del conflicto bilateral: hegemonía versus soberanía, que se mantenido invariable hasta nuestros días.

Así fue durante los a. os 70, cuando bajo los mandatos de Ford y Carter se dieron los primeros intentos de "flexibilizar" la rígida política estadounidense hacia Cuba. Ambos se fijaron como condición alcanzar dicho objetivo sobre la base de presionar para que Cuba limitara parcial o completamente su activismo internacional, ya fuera en áfrica, en América Latina y el Caribe o en el caso de Puerto Rico, y de este modo menoscabar la autodeterminación de la Revolución cubana en política exterior.

La agenda de negociación escogida por EEUU en cada ocasión fue equívoca desde su génesis, al mezclar temas bilaterales y multilaterales, incursionando en estos últimos en terreno soberano de Cuba y en particular de su política exterior. Los intentos permanentes de politizar el dialogo y hacer que este estuviera altamente condicionado, dieron al traste con sus resultados. Una y otra vez se exigió a Cuba el abandono de sus principios como única perspectiva para materializar el acercamiento bilateral, manteniendo al mismo tiempo la inmoral política de bloqueo y de chantaje contra la Revolución cubana.

Estados Unidos no ha cesado nunca de implementar una política de condicionamientos, sustentada en posiciones de fuerza, con el propósito de presionar al gobierno cubano para alcanzar sus objetivos estratégicos. Cuba, en cambio, además de mantener abiertas su permanente disposición al diálogo y la negociación sobre cualquier tema, sobre bases de igualdad y respeto de su soberanía, nunca ha admitido ni admitirá jamás que EEUU se convierta en juez o arbitro de su política exterior.

Constituye un hecho tangible por tanto que la Revolución Cubana ha tenido que desarrollarse y llevar adelante su programa de transformaciones en medio de condiciones muy adversas, marcadas por la hostilidad y el permanente bloqueo, recrudecido incluso en tiempos de la pandemia desatada Covid − 19, con el único y perverso objetivo de intentar asfixiar a la economía cubana y socavar las bases populares de apoyo a la Revolución.

Los acontecimientos acaecidos en los últimos cuatro a. os revelan que las acciones de Estados Unidos contra Cuba han sido cualitativamente más agresivas y de mayor envergadura, en violación de todas las normas y principios en los que se sustenta el sistema de relaciones internacionales, incluidas las referidas al comercio internacional. En el caso concreto de Cuba, las medidas aplicadas son absolutamente violatorias del derecho internacional, cuenta con el rechazo abrumador de la comunidad internacional, incluyendo los países considerados aliados cercanos por parte de Estados Unidos, que asumen la aplicación extraterritorial de sus medidas como una afrenta y violación de su propia soberanía nacional.

Las más de 240 medidas aplicadas durante el gobierno de Donald Trump, de ellas más de 50 adoptadas en el a. o 2020, en el contexto del difícil enfrentamiento a la pandemia, reflejan por si mismas el particular ensa. amiento de esa política contra el pueblo y gobierno cubanos, con efectos cada vez más notables por su aplicación extraterritorial y violatoria del derecho internacional y de la soberanía de los estados. La prohibición del envío de remesas a Cuba desde terceros países a través de la compa. ía Western Union, la constante persecución a las operaciones financieras cubanas en el exterior, la imposibilidad de tramitar remesas mediante las empresas Fincimex y American International Services (AIS), así como la intimidación a las compa. ías que transportan suministros de combustible a nuestro país, también constituyen ejemplos de ese recrudecimiento del bloqueo en el último periodo.

Al régimen de medidas coercitivas derivadas del bloqueo, se a. aden además los efectos disuasivos e intimidatorios asociados a la decisión adoptada, en enero de 2021 − probablemente la última de las decisiones adoptadas por la Administración saliente − de volver a incluir a Cuba en la Lista de Estados Patrocinadores del Terrorismo, que más allá de su unilateralidad y carencia de toda justificación moral y jurídica, ha busca impactar aún más negativamente, toda vez que incrementa las dificultades del país para insertarse en el comercio internacional y realizar operaciones financieras y hacer más difícil y engorroso al nuevo gobierno cualquier decisión o reajuste de política o de algunas de las medidas vigentes contra la isla.

En este contexto, la campa. a calumniosa contra la cooperación médica cubana, destinada a privar a otros pueblos de esa contribución indispensable a su sistema de salud, que es inmoral en cualquier circunstancia, resulta particularmente ofensiva para Cuba y el mundo. A pesar de su empe. o, los EE. UU. no han podido impedir que miles de colaboradores cubanos contribuyan a la lucha contra la pandemia en más de una treintena de países y territorios. A estos esfuerzos se han sumado los más de 28 mil profesionales de la salud que ya brindaban sus servicios en 59 naciones antes de la COVID – 19.

El carácter inhumano del bloqueo se ha agravado y resulta aún más cruel en medio de la pandemia de la COVID – 19. El gobierno de Estados Unidos se ha valido de esta política, y en particular de su componente extraterritorial, para privar deliberadamente al pueblo cubano de ventiladores pulmonares mecánicos, mascarillas, kits de diagnóstico, gafas protectoras, trajes, guantes, reactivos y otros insumos necesarios para el manejo de esta enfermedad.

El carácter extraterritorial del bloqueo estadounidense contra Cuba, aunque ampliamente conocido y condenado por la inmensa mayoría de la comunidad internacional, incluyendo China, se ha convertido también en una importante traba para un desarrollo más dinámico de las relaciones de Cuba con el mundo, aspecto éste al que no escapa país alguno. En el ámbito bilateral, a pesar de la firme postura del gobierno reiterada en cada tribuna y foto multilateral, persisten acciones que reflejan cuando menos un desconocimiento o sobrerreacción al bloqueo y su madeja de regulaciones, de ahí la importancia de aportes como el presente que agradecemos al profesor Xu.

El bloqueo de Estados Unidos contra Cuba constituye una violación masiva, flagrante y sistemática de los derechos humanos de las cubanas y cubanos. Califica como acto de genocidio en virtud de la Convención para la Prevención y Sanción del Delito de Genocidio de 1948 y como un acto de guerra económica según la Conferencia Naval de Londres de 1909. Además, es violatorio de la Carta de la ONU y del Derecho Internacional.

La persistente escalada llevada a cabo por el ejecutivo de Trump y el recrudecimiento del bloqueo y las medidas unilaterales contra Cuba, encarnan la misma pretensión original esbozada por Lester D. Mallory, diplomático estadounidense, en su momento Subsecretario Asistente para América Latina, quien describió en abril de 1960 los objetivos de la política del bloqueo: "provocar el hambre, la desesperación y el derrocamiento del gobierno". [①] Aunque hayan variado las tácticas políticas entre administración y administración estadounidense, el propósito sigue siendo el mismo; derrocar a la Revolución Cubana y generar un cambio de régimen, sin tomar en consideración los más elementales principios del Derecho Internacional.

Esta obra saldrá a la luz cuando se cumplen 61 a. os de relaciones diplomáticas entre Cuba y China, y se celebra el Centenario de la fundación del Partido Comunista de China. Según la tradición china, 60 a. os sugiere el cierre de un ciclo de vida y el comienzo de otro, este libro contribuye fervientemente a este nuevo punto de partida. El valioso legado de investigadores chinos, como el profesor Xu Shicheng, han sido hasta el momento fuente inagotable de conocimiento y esclarecimiento sobre la realidad cubana, el cual deberá continuar siendo abonado y enriquecido sistemáticamente por las nuevas generaciones de

---

① 1 Escrito por Lester D. Mallory, diplomático estadounidense, Subsecretario Asistente para América Latina en abril de 1960 en un memorando de estrategia para Cuba, titulado "La decadencia y caída de Castro". Mallory argumentó que las presiones económicas eran necesarias porque "no había oposición política efectiva" al gobierno de Castro, que entonces tenía 16 meses. La clave era infligir dolor al pueblo cubano. Mallory escribió que Estados Unidos necesitaba "debilitar la vida económica de Cuba [···] para disminuir los salarios nominales y reales, provocar el hambre, la desesperación y el derrocamiento del gobierno".

investigadores chinos.

En nombre del Partido Comunista de Cuba, el gobierno y el pueblo cubano, agradezco la deferencia del profesor Xu Shicheng, para prologar su libro Bosquejo de la historia de las relaciones entre Estados Unidos y Cuba. La historia común de estas seis décadas entre Cuba y China no podría escribirse sin el esfuerzo de académicos e intelectuales chinos de su talla, y esperamos que este siga siendo un incentivo para las nuevas generaciones de investigadores y académicos chinos. Los vínculos bilaterales, particularmente en el ámbito de las ciencias sociales, han sido y continúan siendo baluartes importantes para el fomento de esa imprescindible confianza política y comprensión recíproca que define el carácter especial de relaciones entre Cuba y China.

Carlos Miguel Pereira Hernández

Embajador de la República de Cuba en la República Popular China

Febrero de 2021.

前言 古美恩怨二百年

《美国和古巴关系史纲》一书主要是通过对一些重要历史事件和人物叙述，分析美国历任总统对古巴的政策及古巴独立后古巴历届政府与美国的关系的演变，力图勾画出世界超级大国美国与它隔海相望的近邻、一个小岛国古巴之间近二百年来恩恩怨怨关系的轮廓，有助于读者对美古关系的线索有一个大致的了解，认识美古关系演变的原因和美国对古巴政策的本质，并从中得出一些规律性的看法和结论。

本书第一章至第三章是阐述 1959 年古巴革命胜利前美国与古巴的关系，第四章至第七章是阐述古巴革命胜利后至 2021 年年初美国与古巴的关系。全书的重点是古巴革命胜利后美古关系的部分。

一

美国和古巴是隔海相望的近邻，在历史上曾分别是英国和西班牙的殖民地。

美国的独立早于古巴。1620 年 11 月，第一批英国清教徒乘"五月花号"帆船驶入美洲新英格兰地区的普利茅斯港。为了创立一个不同于欧洲的公民自治社会，他们签订了一份重要的政治性契约——《五月花号公约》，从此奠定了美国的根基。18 世纪中叶，13 个英国殖民地逐渐形成，它们在英国的最高主权下有各自的政府和议会。1774 年，来自 13 州的代表聚集在费城，召开第一次大陆会议，希望能与英国和平解决问题。然而英王却坚持殖民地必须无条件臣服于英王，并接受处分。1775 年，在马萨诸塞州列克星顿点燃战火，北美独立战争爆发。1776 年 7 月 4 日，在费城召开了第二次大陆会议，组成"大陆军"，由乔治·华盛顿任总司令，通过了《独立宣言》，正式宣布建立美利坚合众国。1861年4月至1865年4月，美国爆发南北战争，战争的结果是北方工业资产阶级获得胜利。

1492年10月27日，意大利航海家哥伦布在西班牙国王的支持下，在第一次航行美洲时到达古巴岛东北部海岸。哥伦布到达古巴时，古巴岛上居住着约10万印第安人。随后，西班牙征服者对古巴岛上的印第安人进行了血腥的杀害，岛上的原始居民几乎完全被西班牙征服者屠杀。1511年，古巴沦为西班牙殖民地。从16世纪初起，西班牙征服者就把非洲黑奴带到古巴。到16世纪末，输入古巴的黑奴人数大大增加。在长达三个半世纪的时间里，黑人奴隶劳动一直占主要地位。与此同时，黑人为自身的解放，后来又为古巴的独立进行了不懈的斗争。

西班牙殖民统治时期，古巴经济发展先后经历了以矿业、畜牧业、蔗糖和烟草种植业为主的阶段。18世纪之后，古巴蔗糖业和烟草种植业迅速发展，到1840年古巴蔗糖出口达16.1万吨，跃居世界第一，全国糖厂增加到1200家，古巴被称为"世界糖罐"，逐渐成为以蔗糖业为主的单一经济国家。

18世纪末和19世纪初殖民统治下的古巴社会，两极分化加剧。处在最上层的是以总督为首的西班牙殖民当局，以及拥有甘蔗种植园、大量土地和大牲口以及大型工场的富有奴隶主，还有奴隶贩子和进口商人，他们构成了强大的寡头统治集团。处在最底层的是濒于灭绝的印第安人和人数众多的黑奴。处在中间的是以土生白人即克里奥尔人为主的中小生产者，如小庄园主、烟草种植农、手工业者、零售商、收入较低的自由职业者等，其中也有一些混血种人和自由黑人。西班牙残暴的殖民统治使古巴社会内部矛盾加深，而美国的独立战争、1789年法国的大革命、1790—1804年的海地革命和19世纪初拉美的独立战争对古巴的独立运动起到了推动作用。

从19世纪初到20世纪初古巴独立前的头一百年，美国几任总统和政府要员，都一直觊觎古巴，他们先后炮制出多种理论，如"熟果"论、"天定命运"论、地理宿命论和"门罗主义"等，想方设法企图吞并或购买古巴。在美国资本主义发展还"羽翼未丰"时，美国宁愿让古巴继续成为西班牙的殖民地，也不让英国、法国等其他资本主义国家霸占古巴。

古巴是西班牙殖民帝国最后的海外殖民地之一，为了摆脱西班牙的殖民统治，古巴人民在1868—1878年和1895—1898年先后进行了两次独立战争。1898年，正当古巴第二次独立战争即将取得胜利时，美国借口其停泊在哈瓦那的"缅因号"装甲舰被炸沉事件，向西班牙宣战，并发动美西战争，窃取了古巴独立战争的胜利果实，并趁机于1899年至1902年对古巴进行第一次军事占领。

正因为古巴人民曾长期为争取独立而进行了英勇的斗争，才迫使美国不得不在1902年承认古巴的独立。但是，在古巴独立时，美国将屈辱的《普拉特修正案》作为附录强加到古巴宪法。《普拉特修正案》规定美国有权控制古巴的财政、金融，并有权干涉古巴的内政和古巴应为美国提供海军基地，这使古巴实际上处于美国的"被保护国"的地位，成为美国的附庸。

1902年5月20日，古巴共和国成立，亲美的埃斯特拉达·帕尔马就任总统，美军撤离古巴。独立后，古巴开始了一个新的历史时期，即新殖民地共和国时期（1902—1958）。在半个多世纪里，美国不断扶植亲美的政府，打击有一定民族主义和改良主义倾向的政府。1906年，古巴爆发了反对帕尔马政府的起义，美国趁机对古巴进行第二次军事占领，历时3年之久。此后，美国又于1912年、1917—1922年、1930—1933年对古巴进行多次武装干涉。

与此同时，美国资本大规模涌入古巴，加紧对古巴的经济扩张。到20世纪50年代，美国资本控制了古巴的经济命脉，美国控制了古巴蔗糖业的40%，铁路的50%，电力的90%，外贸的70%，100%的镍矿和90%的铁矿，以及古巴的银行业、金融业及发电、电话、大部分的铁路运输、水泥、烟草和罐头等工业。

1933年，亲美的军人富尔亨西奥·巴蒂斯塔发动政变，随后至1940年，巴蒂斯塔以陆军参谋长身份在幕后实际控制和操纵政府，成为美国在古巴的代理人。1940—1944年他成为民选的古巴总统上台执政。1952年3月10日，他又在美国支持下策动政变上台，实行亲美独裁统治。巴蒂斯塔对外积极投靠美国，对内残酷镇压人民，激化了古巴国内的矛盾，引起民众的强烈愤怒和反抗。

1953 年 7 月 26 日，菲德尔·卡斯特罗率领一批革命者攻打圣地亚哥蒙卡达兵营，举行武装起义。起义失败后，不少革命者牺牲，卡斯特罗和他的弟弟劳尔·卡斯特罗等幸存者被捕入狱。攻打蒙卡达兵营成为反独裁武装斗争的开端。1955 年 5 月 15 日，被大赦释放后，卡斯特罗等革命者成立"七·二六运动"组织，进一步开展斗争。同年 7 月，卡斯特罗等人流亡到墨西哥，为武装斗争做准备。1956 年 11 月 25 日晚，卡斯特罗率领 82 名革命战士，乘坐"格拉玛"号游艇，驶离墨西哥，于 12 月 2 日在古巴奥连特省南岸红滩登陆。在同政府军激战后，卡斯特罗余部进入马埃斯特腊山区，建立革命根据地，开展游击战。

1957 年，在国内各种革命力量的配合下，卡斯特罗领导的起义军队伍逐渐壮大，取得节节胜利。在反对巴蒂斯塔独裁统治斗争中，古巴逐渐形成了三支有代表性的革命力量：一支是以卡斯特罗为首的"七·二六运动"革命力量，另一支是人民社会党（原共产党）及其领导下的组织，第三支是以大学生联合会为代表的学生运动。

在卡斯特罗领导下，古巴人民经过 5 年多艰苦的斗争，终于在 1959 年 1 月 1 日取得了革命的胜利，摆脱了亲美独裁统治，建立了革命政府，开始了古巴历史的新纪元。

二

1959 年初古巴革命胜利后不久，艾森豪威尔政府为维护美国在古巴的既得利益，于 1 月 7 日承认古巴革命政府。同年 4 月，卡斯特罗访问美国，艾森豪威尔总统避而不见，卡斯特罗与美国副总统尼克松进行了会谈。随后，卡斯特罗领导古巴政府和人民进行了土地改革和国有化等民主改革，触犯了美国垄断资本在古巴的利益。美国开始对古巴进行威胁，艾森豪威尔总统先是削减和取消进口古巴蔗糖的份额、切断对古巴的原油等物资的供应、停止对古巴的一切援助，进而于 1961 年 1 月 3 日，宣布同古巴断交，古巴则不得不发展与苏联和其他社会主义国家的关系。

　　1961 年 2 月 3 日，刚就任总统不久的肯尼迪下令实施艾森豪威尔在任时批准的通过雇佣军武装入侵古巴的计划。4 月 17 日，美国雇佣军 1200 多人在美国飞机和军舰的掩护下，在古巴吉隆滩登陆，入侵古巴。在卡斯特罗亲自指挥下，经过 72 小时的激战，古巴军民全歼入侵者，胜利地保卫了革命的成果。5 月 1 日，卡斯特罗庄严宣布，古巴是社会主义国家，古巴选择了一条唯一正确的道路：反帝斗争的道路，社会主义革命的道路。

　　古巴革命胜利后 60 多年来，美国总统先后换了 12 个，美国历任总统都对古巴奉行霸权主义和强权政治。政治上，扶植反对派，搞各种颠覆、破坏活动，处心积虑阴谋杀害卡斯特罗等古巴领导人；经济上，对古巴实施封锁和制裁；军事上，美国组织雇佣军入侵失败后，继续不断实行军事威胁；外交上，美国千方百计企图孤立古巴；在意识形态方面，设立反古电台和电视台，进行"电波侵略"和颠覆性宣传攻势，企图通过"软实力""和平演变"和"颜色革命"搞垮古巴革命政权。但是，古巴都没有被吓倒。

　　从艾森豪威尔到特朗普，再到拜登，美国历届政府对古巴的策略有所不同和变化，如卡特总统任内，美古两国曾达成协议，在各自首都互设利益照管处；奥巴马总统第二任内，奥巴马承认以往美国对古政策的失败，决意开始与古巴关系的正常化。2015 年 7 月 20 日，美古两国正式恢复了外交关系，2016 年 3 月，奥巴马还应邀访问古巴，成为古巴革命胜利后第一位也是迄今为止唯一一位访问古巴的美国在任总统。但是，美国对古巴的封锁和制裁政策并没有根本改变，尤其是 2017 年 1 月 20 日特朗普上台执政后，对古巴采取敌视政策，将革命的古巴视为眼中钉、肉中刺，企图扼杀古巴革命，迫使古巴低头就范。

　　从 20 世纪 60 年代初到 80 年代后期，古巴在政治上，以苏联和其他社会主义国家为依托，在经济和军事上依靠苏联的经援和军援，古苏关系十分密切，但古巴仍保持一定的独立性。80 年代末和 90 年代初世界格局的变化，特别是东欧剧变和苏联解体，使古巴失去了政治上的依托和经济上的支柱，导致古巴经济陷入危机，古巴进入了"和平时期的特殊阶段"。此时，美国认为是搞垮古巴社会主义政权的良机，便变本加厉地加大了对古巴的封锁制裁和颠覆破坏。古巴在"拯救祖国、革命和社会主义"的口号下，稳步推进改革开放，扩大国际合作，实现外交关系多元化，逐渐调整了包括对美政策在内的对外政策。

古巴人民在菲德尔·卡斯特罗、劳尔·卡斯特罗主席和迪亚斯－卡内尔主席先后领导下，同美国的霸权主义和强权政治的种种行径进行了针锋相对、不屈不挠和有理有利有节的斗争，并取得了节节胜利，社会主义的古巴依然屹立在西半球。

三

迄今为止，我国尚无一本比较系统和完整阐述美古关系史的专著。随着中国和古巴两国友好合作关系的不断加强，中国读者渴望了解古巴各方面的情况，包括古巴与美国关系的历史。

早在 20 多年前，笔者就想写一本美古关系史。1995 年笔者曾与拉美所两位同事焦震衡和张文峰合写过《美国和拉丁美洲关系史》，受到好评并获中国社会科学院科研优秀成果奖。之后，笔者就一直为写此书做准备。

1964—1967 年我在哈瓦那大学进修期间，在文学历史学院聆听时任古巴常驻联合国代表，后来先后任副外长、外长和古巴全国人大主席里卡多·阿拉尔孔（Ricardo Alarcón）开设的拉丁美洲现代史课。阿拉尔孔在课堂上绘声绘色地讲述他作为古巴代表出席联大会议时，是如何与美国代表面对面作斗争的情景。后来他曾多次代表古巴政府与美国政府代表谈判移民等问题。我也曾聆听过时任古巴副外长佩莱格林·托拉斯·德拉鲁斯（Pelegrín Torras de la Luz）开设的"殖民主义与拉丁美洲不发达"的课程，托拉斯给我们讲述他在参加美洲国家组织等国际组织会议时如何与美国代表辩论和斗争的经历。我还利用晚上时间，在哈瓦那大学外交系旁听古巴外交的课程。此外，在古巴留学期间，我无数次聆听卡斯特罗、格瓦拉等古巴领导人的演讲，我曾到古巴工业部见过格瓦拉，我曾经常到"美洲之家"参加与古巴和拉美各界人士的"咖啡—座谈会"，在古美关系紧张的时刻，我曾与哈瓦那大学的学生一起参加军事动员，到过古巴西部山区的军营挖过三个星期的战壕；我曾拿起步枪，在临海的公费生大楼站岗放哨⋯⋯

1967 年从古巴回国后，我先后在中联部拉美所、拉美局和中国社会科学院拉美所工作，我在工作期间以及出访美国和古巴时曾先后会见过不少美古关系问题的专家，其中印象比较深的有：美国著名的历史学家、美古关系史专家菲·方纳（Fhilip S. Foner，1910—1994）、1979—1982 年曾任美国驻古巴利益照管处主任韦恩·史密斯（Wayne Smith）、美国著名拉美问题专家亚布拉罕·F. 洛温撒尔（Abraham F. Lowenthal）、科勒·布莱齐尔（Cole Blasier），古巴著名历史学家何塞·坎东·纳瓦罗（José Navarro Cantón）、托马斯·迭斯·阿科斯塔（Tomás Diez Acosta）、古巴裔美国古巴问题专家卡梅洛·梅萨 - 拉戈（Carmelo Mesa-Lago）、豪尔赫·I. 多明格斯（Jorge I. Dominguez），古巴古美关系专家拉斐尔·埃尔南德斯（Rafael Hernández）和卡洛斯·阿尔苏加赖（Carlos Alzugaray）等。我曾有幸到访美国国务院和古巴外交部，与美国主管拉美、古巴的官员和古巴主管美国的官员交谈两国分别对古或对美的政策，我获赠或购买了不少有关美古关系的书籍和资料。近年来，我又从网上下载了不少有关资料，所有这些都为我撰写美古关系史打下了基础。

在本人即将进入耄耋之年之际，下决心填补这个空白，把我多年的愿望变为行动。我放弃了许多假日和休息，夜以继日，期待此书能起一点抛砖引玉的作用。

本书的写作和出版计划得到拉丁美洲研究所领导和学术委员会的大力支持和推荐，副所长袁东振和《拉丁美洲研究》执行主编刘维广等同志对本书初稿提出了宝贵的意见；浙江外国语学院讲师陈岚博士在留学墨西哥时买了我急需的有关美古关系的参考书，并赠送给我，在此，特表示感谢。本书的立项和出版得到中国社会科学院离退休干部工作局的批准与支持，得到中国社会科学院老年科研基金的资助，对此，我表示衷心的感谢。

我要特别感谢古巴驻华大使卡洛斯·米格尔·佩莱伊拉·埃尔南德斯先生，他在百忙之中为本书写了序。

最后，我十分感谢中国社会科学出版社的领导和责任编辑张林、特约编辑芮信，感谢他们为本书所付出的大力支持和辛勤劳动。

　　本书付梓之际，中国和古巴建交已经 61 周年，本书是笔者对中古伟大友谊和对培养、教育过自己的古巴的回报和感谢，是对勤劳勇敢的古巴人民的一份敬意。

徐世澄

2021 年春于北京

目　　录

第一章　美国对古巴干涉的开端(1805—1868) ······· （1）

　第一节　美国对古巴的"熟果"政策 ··················· （1）

　　一　西班牙对古巴的殖民统治 ····················· （1）

　　二　早期古巴与美国的关系 ······················· （3）

　　三　美国对古巴的"熟果"政策 ····················· （6）

　第二节　"门罗宣言"和门罗主义 ··················· （10）

　　一　门罗和"门罗宣言" ························· （10）

　　二　门罗主义的要点和实质 ····················· （16）

第二章　美国与古巴的独立(1868—1902) ··········· （18）

　第一节　古巴两次独立战争 ······················· （18）

　　一　第一次古巴独立战争(1868—1878) ··········· （18）

　　二　何塞·马蒂和第二次独立战争(1895—1898) ··· （20）

　　三　马塞奥和"突进战役" ······················· （24）

　第二节　"天定命运"论与美西战争 ················· （26）

　　一　"天定命运"论 ····························· （26）

　　二　美西战争 ································· （29）

　第三节　美国对古巴的第一次军事占领(1899—1902) ··· （35）

　　一　美国对古巴的第一次军事占领 ··············· （35）

　　二　制宪会议的召开 ··························· （37）

　第四节　《普拉特修正案》和古巴的独立 ············· （38）

　　一　《普拉特修正案》 ··························· （38）

二 古巴的独立 …………………………………………（40）

第三章 美国控制下的古巴共和国（1902—1959） ……………（43）

第一节 帕尔马政府和美国的第二次军事占领（1902—1906）……（43）

一 古巴共和国的成立（1902） ………………………………（43）

二 美国的第二次军事占领（1906—1909） …………………（45）

第二节 从美国的绝对统治到马查多独裁统治 …………………（46）

一 美国的绝对统治（1909—1925） …………………………（46）

二 马查多的独裁统治和1933 年革命 ………………………（51）

第三节 巴蒂斯塔独裁统治时期的古美关系 ……………………（58）

一 巴蒂斯塔的统治 …………………………………………（58）

二 巴蒂斯塔的独裁统治与古美关系（1952—1958） ………（61）

第四节 反对巴蒂斯塔独裁统治的斗争 …………………………（63）

一 三支革命力量 ……………………………………………（63）

二 从攻打"蒙卡达"兵营到"格拉玛"号远征 ………………（65）

三 从马埃斯特腊山的游击斗争到全国胜利 ………………（68）

第四章 古巴革命胜利后初期的美古关系（1959—1961） ………（75）

第一节 艾森豪威尔政府承认古巴革命政府与卡斯特罗访美 ……（75）

一 艾森豪威尔承认古巴新政府 ……………………………（76）

二 卡斯特罗的美国之行 ……………………………………（77）

第二节 美国对古巴革命政府土地改革、国有化等措施的

激烈反应 …………………………………………………（80）

一 第一次土地改革 …………………………………………（80）

二 第二次土地改革 …………………………………………（83）

三 国有化 ……………………………………………………（85）

第三节 艾森豪威尔政府宣布与古巴断交 ………………………（88）

一 艾森豪威尔政府对古巴态度的演变 ……………………（88）

二 艾森豪威尔政府宣布与古巴断交 ………………………（95）

第五章　美古断交后的美古关系(1961—2009) ……………… (96)

　第一节　美国雇佣军对古巴的入侵(1961) ……………… (96)

　　一　艾森豪威尔政府策划并批准雇佣军武装入侵古巴的
　　　　计划 …………………………………………………… (96)

　　二　肯尼迪实施雇佣军入侵古巴的计划 ………………… (102)

　　三　美国在拉美战场上的第一次惨败 …………………… (105)

　第二节　古巴导弹危机(1962)对古美关系的影响 ……… (110)

　　一　古巴导弹危机的爆发 ………………………………… (110)

　　二　苏联导弹如何运抵并在古巴部署 …………………… (114)

　　三　肯尼迪宣布实行海上封锁 …………………………… (117)

　　四　赫鲁晓夫和肯尼迪来往的25封信 ………………… (121)

　　五　卡斯特罗在加勒比海危机中的立场 ………………… (125)

　　六　加勒比海危机的反思 ………………………………… (140)

　**第三节　美国企图在外交上孤立古巴和千方百计企图暗杀
　　　　　卡斯特罗** ………………………………………… (146)

　　一　迫使美洲国家组织通过埃斯特角决议 ……………… (146)

　　二　美国暗杀卡斯特罗的计划 …………………………… (150)

　**第四节　约翰逊、福特和尼克松执政时期的美古关系
　　　　　(1963—1977)** …………………………………… (152)

　　一　约翰逊政府(1963—1969)对古巴的政策 ………… (152)

　　二　尼克松政府(1969—1974)对古巴的政策 ………… (154)

　　三　福特政府(1974—1977)对古巴的政策 …………… (160)

　第五节　卡特执政时期的美古关系(1977—1981) …… (162)

　　一　卡特对古巴和拉美的"新方针" …………………… (162)

　　二　"马列尔港大逃亡"事件 …………………………… (164)

　　三　古巴出兵非洲对古美关系的影响 …………………… (165)

　　四　卡特卸任后两次访问古巴 …………………………… (168)

　第六节　里根和老布什执政时期的美古关系(1981—1993) …… (172)

　　一　里根政府(1981—1989)对古巴的强硬措施 ……… (172)

　　二　老布什执政时期(1989—1993)的美古关系 ……… (175)

三 苏联解体对古美关系的影响 ……………………（178）

四 苏联解体对古巴的影响 …………………………（184）

第七节 克林顿执政时期（1993—2001）的美古关系 ……（190）

一 克林顿"以压促变"的对古政策 ………………（190）

二 克林顿放松对古巴的制裁 ………………………（197）

第八节 小布什执政时期（2001—2009）的美古关系 ……（201）

一 "9·11"恐怖袭击后古美之间的互动 …………（201）

二 小布什继续执行对古巴的强硬政策 ……………（202）

第六章 奥巴马执政时期的美古关系（2009—2017） ………（206）

第一节 奥巴马政府调整美国对古巴的政策 …………（206）

一 美古关系正常化的国际国内环境 ………………（206）

二 古美关系正常化的进程 …………………………（212）

第二节 奥巴马与劳尔·卡斯特罗历史性的宣告 ………（216）

一 秘密谈判打开了双边关系正常化的大门 ………（216）

二 历史性的宣告 ……………………………………（219）

第三节 美古恢复外交关系与美古关系的改善 ………（222）

一 美古恢复外交关系 ………………………………（222）

二 古巴在古美复交谈判中的地位和政策 …………（224）

第四节 奥巴马对古巴的访问与美古复交后两国关系的发展 ……（228）

一 奥巴马对古巴的访问 ……………………………（228）

二 美古复交后两国关系的发展 ……………………（238）

第七章 特朗普上台后美古关系的变化（2017—2021） …………（243）

第一节 特朗普政府颁布对古巴的"新政" …………（243）

一 特朗普当选总统前后对古巴的言行 ……………（243）

二 特朗普颁布对古巴的"新政" …………………（245）

第二节 特朗普政府对古巴的政策的全面倒退 ………（248）

一 借口"声波攻击"事件向古巴发难 ……………（248）

二 实施"赫尔姆斯—伯顿法"第三条 ……………（253）

　　三　企图切断委内瑞拉对古巴的原油供应 ················· (256)

第三节　特朗普对古巴采取强硬政策的原因及其影响 ·········· (266)

　　一　特朗普对古巴采取强硬政策的原因 ················· (266)

　　二　古巴对特朗普强硬政策的反应及对策 ················· (270)

　　三　特朗普对古巴强硬政策的影响 ····················· (273)

结束语 ·· (277)

美古关系大事记 ·· (281)

古巴历任总统 ·· (313)

参考书目 ·· (315)

第 一 章

美国对古巴干涉的开端(1805—1868)

第一节 美国对古巴的"熟果"政策

一 西班牙对古巴的殖民统治

哥伦布到达前的古巴 在意大利热那亚水手克里斯托弗·哥伦布（Cristóbal Colón, 1451—1506）到达古巴前，古巴岛上居住着约 10 万印第安人，主要有 3 个部族，即瓜纳哈塔贝伊人（guanajatabeyes）、西波涅人（siboneyes）和泰诺人（taínos）。[1] 据古巴历史研究所出版的权威著作《古巴历史 殖民时期》，大约在公元前 8000 年，即 1 万年前，古巴岛就开始有人居住。但古巴的印第安人并不是土生土长的，而是移民而来的。[2] 主要来自今天美国的佛罗里达半岛、墨西哥的尤卡坦半岛和南美洲北部的委内瑞拉。

哥伦布到达古巴与西班牙殖民者对古巴的征服和殖民统治 哥伦布奉西班牙女王伊萨贝拉（Isabel I de Castilla, 1451—1504）之命，在第一次航行美洲时于 1492 年 10 月 27 日到达古巴岛东北部海岸。1494 年春天，哥伦布在他的第二次美洲航行中再次到达古巴。因在古巴岛上没有

---

[1]　Fernando Portuondo del Prado, *Historia de Cuba*, Editorial Nacional de Cuba, 1965, pp. 28 – 54.

[2]　María del Carmen Barcia, Gloria García y Eduardo Torres-Cueva, *Historia de Cuba La Colonia*, *evolución socioeconomic y formación nacional*, *de los origenes hasta 1867*, Instituto de Historia de Cuba, Editora Política, La Habana, 1994, p. 9;［古］何塞·坎东·纳瓦罗:《古巴历史——枷锁与星辰的挑战》，当代世界出版社 1999 年版，第 12 页。

发现大量黄金，随后几年，很少有人抵达古巴。1510 年年中，西班牙殖民者迭戈·贝拉斯克斯（Diego Velázquez，1599—1660）率领 300 多人到达古巴岛最东部的南海岸，开始了对古巴的征服。西班牙征服者于 1513 年至 1517 年先后在古巴建立了哈瓦那、卡马圭和圣地亚哥等 7 个城镇，开始了对古巴的殖民。

古巴起初归西班牙殖民机构拉埃斯帕尼奥拉（La Española）都督管辖，贝拉斯克斯在出征古巴后曾任都统和省长。古巴被征服后，自 1553 年起归拉埃斯帕尼奥拉都督区下属的圣多明各检审庭（la Audiencia de Santo Domingo）管辖。西班牙殖民者常常滥用权力，视印第安人为奴隶，任意驱使和剥削，再加上流行病盛行等原因，造成印第安人大量死亡。西班牙人到达古巴前，古巴约有 10 万印第安人，到 1542 年只剩下几千人了。1607 年在哈瓦那设立了都督辖区（capitanía general）。

从 16 世纪初开始，西班牙征服者就把非洲黑奴带到古巴。由于印第安人人口的减少，古巴缺乏劳动力。1513 年黑奴被允许合法输入古巴。到 16 世纪末，输入古巴的黑奴人数大大增加。黑奴在非人的条件下劳动和生活，没有自由，经常遭到毒打和其他惩罚。在长达 3 个半世纪的时间里，黑人奴隶劳动一直占主要地位。与此同时，黑人一直为自身的解放，后来又为古巴的独立而斗争。直到 1886 年 10 月古巴的奴隶制才被完全取消。

殖民统治时期古巴经济的发展大体可分成以下几个阶段：（1）矿业阶段（约 16 世纪初到 16 世纪中）。（2）畜牧业阶段（约 16 世纪中到 18 世纪初）。在西班牙征服古巴后很长的一段时间里，岛上的经济发展得很慢。在矿业衰退后，岛上的主要经济活动是畜牧业。（3）蔗糖和烟草种植业阶段（18 世纪初到 19 世纪末）。古巴的蔗糖业起步于 16 世纪末，1596 年在哈瓦那建立了最早的糖厂。17 世纪初，随着非洲黑奴的大量输入，在东部圣地亚哥和巴亚莫等地也建立了一批糖厂，1617 年在这两个城镇建起了 37 家糖厂。古巴的烟草种植业的发展几乎与蔗糖业同步。16 世纪末和 17 世纪初，在瓜那沃河（今哈瓦那省境内）、卡纳西河（今马坦萨斯省境内）、阿里马奥河（今西恩富戈斯省境内）和阿加巴马河（今比亚克拉拉省境内）流域一带开始种植烟草。到 17 世纪末，古巴芳香的烟草已驰名国外。但是，古巴蔗糖业和烟草种植业的迅速发展是在 18 世纪之后。1774 年古巴全国共有 500 家糖厂，比 10 多年前增加了 3 倍。古巴糖的出口量 1790 年为 15423 吨，1805 年增加到 35238 吨，1840 年又增加到 161248 吨，跃居当时世界第一。1837 年古巴全国糖厂增加到 1200 家。古巴被称为"世界糖罐"，逐渐成为以蔗糖业为主的单一经济国家。

西班牙在征服美洲后，实行对美洲贸易的垄断，包括古巴在内的所有西班牙美洲殖民地的进出口贸易只能同西班牙一国进行，而且只能通过西班牙的一个港口塞维利亚进行。尽管美国①与古巴距离很近，但西班牙宗主国不准古巴与美国进行直接贸易。这种垄断加深了欧洲列强同西班牙的矛盾和冲突，也促使各国海盗和土匪不断骚扰和袭击西班牙美洲殖民地。从 16 世纪 30 年代起，英国、法国和荷兰人不断袭击古巴。

与此同时，古巴岛上的很多生产者，特别是畜牧主对宗主国的贸易垄断也十分不满。因为宗主国不允许他们把自己的产品卖给别国的商人，而且把价格压得很低。因此，不少古巴人冒险同光顾古巴海岸的海盗进行"补偿贸易"即走私贸易。甚至西班牙当局和古巴一些上层人士也参与了这一有利可图的非法贸易之中。

1761 年 6 月，一支强大的英国舰队进入哈瓦那湾，包围了哈瓦那，一个多月后，占领了哈瓦那及其周边地区长达 11 个月之久。在英国占领期间，西班牙对古巴贸易的垄断被打破，古巴同英国及其在美洲的殖民地的贸易大大增加。1763 年 7 月初，西班牙恢复其对哈瓦那的统治。

二　早期古巴与美国的关系

古巴人民积极支持美国的独立　1775—1783 年美国独立战争期间，

---

①　当时是英国的 13 个殖民地。美国的原始居民为印第安人。16—18 世纪，正在进行资本原始积累的西欧各国相继入侵北美洲。从 1607 年到 1733 年，英国殖民者先后在北美洲东岸（大西洋沿岸）建立了 13 个殖民地。殖民地的经济、文化、政治相对成熟。但是殖民地与英国之间产生了裂痕，英国继续对北美地区采取高压政策，引起了北美地区居民强烈不满。从 1776 年到 1783 年，北美 13 个殖民地（后为 13 个州）在华盛顿领导下取得了独立战争的胜利。1776 年 7 月 4 日大陆会议在费城发表了《独立宣言》，宣告美国的独立。美国正式诞生，并制定了一系列民主政治的法令，逐步成为一个完全独立的民族主权国家。

古巴人民积极支持英属北美 13 个殖民地人民争取独立的斗争，给他们运送武器和弹药，保护他们的船只并同他们作交易。1776 年 11 月 5 日，西班牙国王颁布法令，允许北美船只与古巴通商。1779 年，西班牙派远征军离开哈瓦那前往北美帮助美国争取独立的斗争。美国的独立、法国的大革命和海地革命（1790—1803）对古巴人民产生了很大的影响。

美国独立后古美贸易关系　1779 年在哈瓦那设立了美国驻拉美的第一个特别代理罗伯特·史密斯（Robert Smith），其使命是替美国海盗与西班牙当局斡旋。1793 年 2 月 23 日，古巴总督德拉斯卡萨斯开放了古巴港口，允许从美国进口服装，随后，又允许从美国进口食品。1797 年 11 月 18 日，西班牙国王颁布命令，允许西班牙在大西洋和加勒比海沿岸的港口同中立国家进行贸易，而美国是中立国家的主要海上国家，因此，获益最大。到 1798 年，古美贸易额竟超过了古巴与西班牙宗主国的贸易额。但 1799 年 4 月 18 日西班牙国王又颁布命令，取消 1797 年的命令，并禁止西班牙在美洲殖民地的大西洋沿岸港口与中立国家进行贸易，使美国与古巴的合法贸易减少，到 1803 年西班牙美洲殖民地又正式开放。在 1792—1808 年欧洲战争期间，古巴与美国在经济上的联系与交往更加紧密，古巴越来越致力于糖和咖啡的生产，而美国成为古巴所需大多数物资的来源地。①

美国支持古巴的兼并派　从 19 世纪初到 20 世纪初，古巴社会主要有三派，一派是改良派，主张古巴成为西班牙的一个省或主张给古巴自治权；另一派是兼并派，主张美国吞并古巴；第三派是独立派，又称分离主义派，主张古巴摆脱西班牙殖民统治而独立。

在 1820 年前，改良派占统治地位，早期的改良派主要主张贸易自由，主张维护奴隶制；1818 年古巴获得了贸易自由。从 1830 年起，出现了一个新的改良派的高潮，其主张同以往有所不同。他们虽仍继续维护奴隶制，但反对买卖黑奴，批判西班牙专制主义。主要代表人物是：何塞·安东尼奥·萨科（José Antonio Saco，1797—1879）、何塞·德拉卢斯 - 卡

---

① ［美］菲·方纳：《古巴史和古巴与美国的关系》，第一卷（1492—1845），生活·读书·新知三联书店 1964 年版，第 50—54 页。

瓦列罗（José de la Luz y Caballero，1800—1862）、多明戈·德尔蒙特 - 阿庞特（Domingo del Monte y Aponte，1804—1853）等。

兼并派的主要代表人物是纳西索·洛佩斯（Narciso López，1798—1851），他曾两次率兵乘船从美国出发，在古巴登陆，均遭失败，1851 年他在第二次远征中被俘，后被处死。美国支持古巴的兼并派。1810 年威廉·谢勒（William Shaler，1773—1833）被任命为美国驻哈瓦那的领事，他奉命宣布，美国政府将不容许任何西班牙领土落入任何其他外国控制之下。与此同时，谢勒又奉命探听古巴人加入美国的看法，谢勒是被派到古巴去鼓动归并运动的。①

分离主义的最早行动是在 1809—1810 年由拉蒙·德拉鲁斯（Ramón de la Luz）和华金·英方特（Joaquín Infante）策划的，英方特还起草了古巴第一部以独立为基础的宪法，但他们的密谋均被殖民当局挫败。1812 年自由黑人何塞·安东尼奥·阿蓬特（José Antonio Aponte）领导黑奴起义遭到失败。1821 年古巴独立派创建"玻利瓦尔太阳和光芒"革命组织，古巴著名诗人何塞·马利亚·埃雷迪亚（José María Heredia，1803—1839）曾参加这一组织。1823 年该组织领导人在策划起义时被捕并被流放。1829 年另一个革命团体"黑鹰大军团"的领导人在策划起义时被捕，起义失败。1844 年一起由自由黑人、黑奴、土生白人自由职业者和知识分子参与的"阶梯"密谋（La conspiración de la Escalera，又译"埃斯卡雷拉"密谋）败露，300 多名黑人和黑白混血种人死于酷刑，78 人被判死刑，600 多人被监禁在古巴，400 多人被逐出国外。在判处死刑的人中有一位笔名是"普拉西多"（Plácido）的著名诗人加布里埃尔·德拉康塞普西翁·瓦尔德斯（Gabriel de la Concepción Valdés），当他被押赴刑场时，他高呼："啊！自由呀！我听到你在向我召唤。"在古巴争取独立斗争初期，哲学家、教育家费利克斯·巴雷拉（Félix Varela，1788—1853）教士在宣传独立思想方面起了重要作用。

---

① ［美］菲·方纳：《古巴史和古巴与美国的关系》，第一卷（1492—1845），生活·读书·新知三联书店 1964 年版，第 107—108 页。

三 美国对古巴的"熟果"政策

杰斐逊吞并古巴的思想　早在 1783 年美国独立后不久，1787 年美国首任财政部长亚历杭德·汉密尔顿（Alexander Hamilton，1755—1804）就建议美国政府"创立一个美洲大陆帝国"，他说："美国政府主要代表和美国的经济利益是：古巴应该成为美国扩张主义战略计划的组成部分。"

1793 年时任国务卿的托马斯·杰斐逊①就对西班牙限制美国与古巴等西班牙殖民地进行贸易感到不满。1805 年 10 月，已任总统的杰斐逊表示，出于战略的原因，美国想占领古巴。杰斐逊在写给英国驻华盛顿公使的一封照会中写道，一旦英国与西班牙发生战争……（美国）将夺取古巴，因为对美国的战略需要来说，古巴是不可或缺的，正如在军事上要捍卫路易斯安那和佛罗里达一样，（美国）也想占领这两个地方。②

在结束其总统任期前，1808 年春天，杰斐逊总统曾派一位特使到哈瓦那与持吞并主义立场的古巴的代表人物接触，希望他们能提出将古巴岛并入美国的要求，他写信给后来于 1809 年继任总统的时任国务卿詹姆斯·麦迪逊③说：我认为西班牙被占领（指 1808 年拿破仑入侵）将向您提出一个微妙的有关佛罗里达和古巴的问题，即这两个国家自己会找您谈，拿破仑肯定会同意我们获取佛罗里达，他可能会不那么容易地同意我们接受古巴。④

杰斐逊的基本信条是："决不允许欧洲列强干涉西半球的事务"，"要把欧洲列强的势力从美洲大陆赶出去，不允许它们对我们各国事务进行

---

① 托马斯·杰斐逊（Thomas Jefferson，1743—1826），美国《独立宣言》主要起草人。1789—1793 年任美国国务卿，1796—1800 年任副总统，1801—1809 年任美国第三任总统。

② Henry Adams：*Historia de los Estados Unidos durante la Administración de Thomas Jefferson*, t. Ⅱ, Library of America Henry Adams Edition, 1986, p. 102.

③ 詹姆斯·麦迪逊（James Madison，1751—1836），美国第四任总统，任内曾领导进行第二次美英战争，保卫了美国的共和制度，使美国赢得彻底独立。

④ Paul Leicester Ford（Editor），*Works of Thomas Jefferson*, t. Ⅻ, Cosimo Classic, 2010, pp. 186 – 187.

干涉"。使非干涉的思想具体化为美国的对外政策是由欧洲神圣同盟干涉拉丁美洲事务的谣言引起的。1814 年维也纳会议重建了拿破仑战争后的欧洲国际关系体系，会上，战胜国俄、普、奥组成了以复辟封建君主制度和殖民制度为宗旨的"神圣同盟"，1818 年法国也尾随加入。当拉丁美洲反对西班牙殖民统治取得胜利，开始建立一系列共和制民主国家时，法、俄便以神圣同盟的名义策划进行干涉，法国企图将拉美变为自己的势力范围，俄国想乘机扩大其在美洲的领地。欧洲神圣同盟的反动政策不仅对拉美各国的独立是严重的威胁，而且也威胁着美国的利益和安全。是屈服于欧洲大国的压力，还是坚持自己的原则顶住大国的压力，当时确实是对年轻的美国的一次严峻的考验。

1819 年，对这个问题念念不忘的杰斐逊坚持认为，美国应该占领古巴，即使冒与英国发生一场战争的危险，他得知在西班牙将南佛罗里达让给美国后，英国也对古巴感兴趣。英国要求西班牙政府将古巴让给英国，以期在美洲保持力量的平衡。

1823 年 10 月，依然对美国外交事务有影响力的杰斐逊写信给詹姆斯·门罗①总统声称：我坦率地承认，我一向把古巴当作最有意义的附属地，甚至可以将它归于我们的国家体系中。控制该岛和佛罗里达角，将使我们能控制整个墨西哥湾以及与它相邻的地峡和国家——这里是所有的水路的必经之处——将成为补足我们政治安宁的手段。然而，如我所料，即使古巴本身赞同，这也是不可能的，除非通过战争；而它的独立，是我的次要兴趣，如可以不通过战争取得，我将毫不迟疑地放弃我对其未来发展的第一愿望，而接受它的独立——伴随着与英国的和平与友谊——而不是以战争和它的敌对为代价的联合。②

美国著名历史学家菲利普·方纳（Philip S. Foner, 1910—1994）认为，"从 1810 年托马斯·杰斐逊第一次执政时起，美国有势力的人物对（古巴）这颗'安的列斯的明珠'就发生了超过单纯贸易关系的兴趣。他

---

① 詹姆斯·门罗（James Monroe, 1758—1831），门罗主义的创始人。1811 年任国务卿，1816 年当选总统，1820 年连任美国第五任总统。

② 转引自［美］理查德·戈德《古巴史》，徐家玲译，中国大百科全书出版社 2013 年版，第 67 页。

们认为，古巴位于墨西哥湾的入口处，从佛罗里达几乎可以望得见，因此，如果落入其他国家手中，它就构成一种危险。他们还认为，一个强国占有古巴，就能控制通商要道，切断美国和西印度群岛的贸易，封锁密西西比河和威胁美国的东海岸。为了防患于未然，美国应当现在就采取措施占有古巴"。方纳认为，"早期，在所有觊觎古巴的美国人中，以杰斐逊最为突出"，"他绝不是古巴独立的朋友"。① 具有讽刺意味的是，杰斐逊是美国《独立宣言》的主要起草人。

1810 年已任美国总统的詹姆斯·麦迪逊对总检察长威廉·平克尼（William Pinckney）说："古巴的地理位置使美国对这个岛屿的命运深感兴趣……古巴若落到任何欧洲政府手中，将会对美国的贸易和安全不利。"当时美国对古巴的政策是：在古巴还不能或不适宜成为美国领土之前，支持西班牙继续对古巴享有主权；美国担心的主要危险是英国，而不是西班牙的统治。美国对 1823 年米拉利亚（Miralla）向杰斐逊提出的支持古巴独立的要求，不予理睬，相反，美国考虑的是吞并古巴。②

后来成为美国总统的国务卿约翰·昆西·亚当斯③提出的"熟果"论，暴露了美国吞并主义的野心。他强调不仅有物理定律，而且还有政治引力定律，由于"无法回避的引力作用"，"古巴由于自身的重量，必然会掉落到北美联邦"。1823 年 4 月 5 日，他对美国驻西班牙公使休·纳尔逊（Hugh Nelson）作书面指示，向他提出，不能允许当时法国与西班牙之间的战争的结果，西班牙会把古巴和波多黎各转让给其他列强。他在书面指示中写道：

> ……这两个岛屿是北美大陆自然的附属品，尤其是古巴，在美国沿岸就能眺望到它，由于众多的原因，它对美国的政治和贸易利益一直是至关重要的。它在墨西哥湾和安的列斯海中所占有的位子，

---

① ［美］菲·方纳：《古巴史和古巴与美国的关系》第一卷，生活·读书·新知三联书店 1964 年版，第 105 页。

② Antonio Núñez Jiménez, *La Liberación de las Islas*, Editorial Lex, La habana, 1959, p. 458.

③ 约翰·昆西·亚当斯（John Quincy Adams, 1767—1848），出生于马萨诸塞州昆西，哈佛大学毕业。1817—1825 年任国务卿，1825—1829 年任美国第六任总统。

岛上居民的性格,它所处在美国南岸与圣多明各通道中间的位子,美国很长的一段海岸都没有像哈瓦那那样优越的广阔的避风港,它的丰富的物产和它的需求都是对双方都互利的古美贸易的基础,这一切结合在一起,就表明古巴对美国国家利益的重要性,没有任何其他外国领土可与之相比的……

……将美国与古巴相联系的地理、贸易、政治等关系是如此紧密,当展望未来半个多世纪的历史发展时,人们将无法抗拒这种信念,即古巴并入美利坚合众国将是联邦得以继续存在和保持完整所不可或缺的。显然,对这样的事件,我们还没有准备好,许许多多巨大的质疑第一时间便出来反对我们将领土扩张过海。无论在国内还是在国外,都应该预见和战胜阻挠我们实施这唯一能得到和留住古巴政策的障碍。就像物理上存在着引力定律一样,政治上同样也存在着同样的法则。由于暴风雨的吹打,从树上掉下的果子只能落到地面,同样的道理,古巴一旦脱离它与西班牙那样人为的不自然的关系,又无法维持住自己时,它只能而且也是必然地倒向北美联邦;而且,由于同一个法则的作用,北美联邦也无法拒绝古巴的加入。①

1826 年,当南美洲大部分解放事业已经结束时,西蒙·玻利瓦尔②在巴拿马城召开巴拿马大会,旨在建立一个拉美独立国家的联邦,会上,玻利瓦尔试图提出结束在古巴的西班牙殖民主义的倡议,但是遭到约翰·昆西·亚当斯③政府的断然拒绝,美国还威胁与会的墨西哥和哥伦比亚代表,要求墨西哥和哥伦比亚不要鼓励古巴的独立派起来造反,不要

①　*Writings of John Quince Adams*, t. Ⅶ, Worthington Chauncey Ford, 2006, p. 372. 另见[美] 理查德·戈德《古巴史》,徐家玲译,中国大百科全书出版社 2013 年版,附录 1,第 441—442 页。

②　西蒙·玻利瓦尔 (Simón Bolívar, 1783—1830),委内瑞拉的民族英雄、国父,拉美独立战争先驱,被称为"南美洲的解放者"。

③　约翰·昆西·亚当斯在詹姆斯·门罗任内担任美国国务卿,并发展"门罗主义",后任美国第六任总统 (1825—1829)。

派远征军去支持他们，也不要让大会通过这方面的决议，否则后果将不堪设想。①

这一旷日持久的、邪恶的阴谋的目的是让古巴继续留在没落的西班牙帝国手中，直到美国期待的合适的霸占古巴时刻的到来。

1845 年，佛罗里达州的一名参议员在参议院提出一个关于购买古巴的决议草案，后被否决，原因是"时机未成熟。"

1848 年，詹姆斯·波尔克②总统在吞并了墨西哥一半多领土后，还不满足，重新想购买古巴。1853 年，时任驻英国全权公使、后来就任美国总统的詹姆斯·布坎南③支持购买古巴的倡议。1854 年他在参与起草的《奥斯坦德宣言》④ 中写道：

　　……美国应该购买古巴，因为古巴靠近美国的海岸，因此它自然地属于美利坚合众国这个产院……因为如果古巴不加入，联邦就不能安息。

第二节　"门罗宣言"和门罗主义

一　门罗和"门罗宣言"

门罗　詹姆斯·门罗曾先后出任美国驻法国大使和驻英国公使、国务卿和陆军部长，1816 年当选总统，1820 年连任。其任内，美国政局相对稳定、经济繁荣、版图不断扩大。在外交方面，他作为杰斐逊总统的门徒，继承和发展了杰斐逊孤立主义的外交思想，其核心思想是不卷入

---

① Ángela Grau Imperatori, *El sueño irrealizado del Tío Sam*, Casa Editora Abril, Cuba, 1997, pp. 13 – 14.

② 詹姆斯·诺克斯·波尔克（James Knox Polk, 1795—1849），是美国第 11 任总统（1845—1849）。

③ 詹姆斯·布坎南（James Buchanan, 1791—1868），1845—1849 年任国务卿，1857—1861 年任美国第 15 任总统。

④ 由布坎南在比利时奥斯坦德市同美国驻西班牙和法国大使一起签署。《奥斯坦德宣言》宣布，如果从西班牙那里购买古巴的努力失败，美国有权用武力吞并古巴。

欧洲的政治纷争，力求与欧洲保持一种不即不离的关系，主张采取中立的政策，应尽量和其他国家保持友好的关系，不卷入一切欧洲事务，不同任何国家结盟，这是从美国的国家利益出发而制定的外交策略。

当时，美国南部农奴主煽动古巴的吞并主义运动，这被美国联邦政府看作一种占领古巴岛可行的选择。英国在得知美国的企图后，就派遣一支海军舰队到安的列斯群岛作为阻挠这一企图的威慑行动。对古巴未来的担忧是"门罗主义"的直接和主要原因。1823 年英国为防止神圣同盟以帮助西班牙为名干涉拉美各国事务，邀请美国共同发表声明反对这一干涉，并保证自己不占有拉美领土。在时任国务卿亚当斯的坚持下，美国总统门罗决定单独发表宣言。

"门罗宣言"　1823 年 12 月 2 日，门罗总统在国会发表"门罗宣言"，提出了"门罗主义"，确定了美国对拉美的政策和立场，提出"美洲是美洲人的美洲"，其实质是"美洲是美国人的美洲"。他主张欧洲列强不能再在美洲长期殖民下去，也不能干涉解放了的拉美共和国的内部事务，美国的利益应该在西半球占优势，美国应该控制西半球，任何地区外的存在都会威胁到美国的和平与安全。

由于当时美国羽翼未丰，美国千方百计阻止讲西班牙语的美洲国家联合起来支持古巴独立，美国宁肯让古巴继续成为西班牙的殖民地，也不愿意古巴落入英国人之手或获得自己的独立。美国也多次向西班牙提出购买古巴的要求，遭到拒绝。

门罗主张"在西班牙与这些新政府（即独立后的拉美国家政府）之间的战争中，我们在宣布承认这些新政府的同时也宣布了中立；我们遵守了而且将继续遵守中立，但如情势改变，届时经由我国政府当局的判断，为了它们安全的需要，美国方面亦作相应的改变"。这表明，美国的孤立主义政策是与美国的国家实力和国家利益结合在一起的，具有很大的伸缩性。美国以后之所以从一个大西洋的滨海共和国发展成为一个横贯大陆的"两洋国家"，之所以通过对墨西哥的战争获取得克萨斯等土地，都是根据美国"安全的需要"所作出的"相应的改变"。

门罗总统的《门罗宣言》在表明"对于现存的任何欧洲国家的殖民地或属地我们未曾干涉过而且将来也不干涉"的同时，也宣告，"在已经获得并维持自由独立情况下的美洲大陆各国，今后不得被任何欧洲列强当作将来的殖民对象"；"任何欧洲列强凡以压迫它们或以任何方式控制它们的命运而进行的干涉，我国只能认为是对美国不友好的态度的表现"。这里可以看出门罗主义一方面保持了孤立主义的"基本内核"，即维持"孤立"，不卷入欧洲事务；另一方面确立了"美洲是美洲人的美洲"的美洲大陆的外交思想。《门罗宣言》继承了不卷入欧洲事务的孤立主义，并进一步要求把欧洲势力排斥出美洲大陆。为了摆脱欧洲列强的干涉与控制，建立自由、独立的共和政体，《门罗宣言》从几个方面阐述了门罗的"美洲大陆"思想：

首先，它以巩固与扩大美国的民主共和制度为借口排挤欧洲势力。《门罗宣言》提出了"君主制的旧世界"和"共和制的新世界"两个概念，指出两者在实质上是不同的，神圣同盟把旧世界的君主制度扩大到美洲是"对我们的和平与安全的威胁"。门罗宣告美洲这一新世界各独立国家的政治制度和欧洲旧世界各国是根本不同的，这是两种不同的区域，因此每一方都不应该把自己的政治制度、自己的意志强加给另一方，每一方都应自行克制，避免干涉另一方的内部事务。"神圣同盟各国的政治制度……同美洲的政治制度是大不相同的。……我们认为欧洲列强方面把它们的政治制度扩展到西半球任何地区的企图对于我们的和平和安全都是有危险的。"

其次，它确立了非干涉、非殖民的原则。反对欧洲列强干涉美洲内部事务的原则是"门罗宣言"制造者的一贯主张，也是美洲各独立国家至为关心的问题。门罗总统广泛征求各方意见，克服了摇摆不定的态度，"关于南美洲，我认为那个地区的事务实质上就是我们自己的事"，"欧洲国家对这一地区特别是对西班牙现有殖民地的干涉就等于对我们事务的干涉"。

门罗宣告："对于那些已经宣布独立并保持独立的政府，它们的独立是我们经过深思熟虑以后在公正的原则上予以承认的，任何欧洲列强为了压迫它们或以任何其他方式控制它们命运对它们进行干涉，那么这种干涉只能被我们看作是对美国不友好的表示"。欧洲列强干涉美洲事务的目的就是要使美洲国家回到原来的殖民状态，重新变为欧洲列强的殖民地，因此，非干涉原则与非殖民原则是一致的。"今后欧洲任何国家均不得把美洲大陆业已获得并保持独立自由的国家当作将来殖民的对象。"

扩张领土与争取独立是北美独立战争的两大目标，同时，扩张领土也是排斥欧洲势力的强有力手段。门罗采用了这一有效手段，进一步扩大了美国的版图。

门罗奉行的孤立主义外交思想既使美国避免了卷入欧洲各国的军事政治纠纷，又使美国不失时机地发展了本国的经济军事实力。尤其是门罗宣言中体现的"两个世界"思想，更是把孤立主义向前推进了一步：在地域方面，它把整个美洲大陆作为独立于欧洲之外的对象而不只限于美国；在思想制度方面，把"将君主制度扩大到美洲看作是对美国的和平与安全的威胁"，也就是说，既不允许欧洲列强在美洲扩大其领地，也不允许欧洲列强在美洲扩大其制度。再者，从态势上来说，孤立主义是美国避免被动地卷入欧洲的战争与政治，而门罗主义则是美国主动地反对欧洲列强对美洲的干涉与渗透。当然，门罗宣言在反对欧洲干涉美洲事务时，并没有否定更没有限制美国自身对美洲大陆领土的要求和对美洲大陆事务的干预。《门罗宣言》中体现的领土扩张思想使越来越多的人相信北美大陆注定是美国的领土，美利坚应在从大西洋到太平洋的大陆领地上建立起一个民族国家。这一思想迅速发展成"天定命运"的扩张主义口号，更加速了大陆的领土扩张。《门罗宣言》的宣布表现了上升时期美国资产阶级的精神。当时，以俄国为首的"神圣同盟"可以说是个庞然大物、不可一世的刽子手，它对外镇压革命和民族解放运动，成为反革命的堡垒。英国是一个经济强国，具有强大的海军力量，它在全世界到处伸手扩大自己的势力范围。门罗主义的实质在于以"维护美洲的共和制度"为借口，实现美国自身扩张领土的目的，美国对墨西哥领土的吞并，即充分暴露了它的本质

19世纪初，拉丁美洲独立运动蓬勃发展，西班牙在欧洲"神圣同盟"支持下，妄图恢复在拉丁美洲的殖民地，英国和"神圣同盟"各国也积极插手拉丁美洲。门罗借口防止欧洲各国干涉拉丁美洲事务，发表了这个咨文。咨文宣称："同盟各国把它们的政治制度扩张到美洲的任何地方而不危害我们的和平与幸福是不可能的；也没有人会相信我们南方各兄

弟国家的人民，如果不加援助，能够建立他们心愿的政治制度，所以让我们坐视欧洲列强对他们进行任何方式的干涉而不加过问，也同样是不可能的。"并提出"美洲是美洲人的美洲"的口号。门罗的这个外交政策，主要是制止欧洲列强对拉丁美洲的侵略，使拉丁美洲各国的独立得到巩固。但也应该看到，这个宣言也是为美国侵略拉丁美洲制造借口。它为以后美国在"援助"的幌子下，控制和掠夺拉丁美洲树了块挡箭牌，成为美国在拉丁美洲建立"后院"的工具。

拉丁美洲国家正在进行独立的时候，美国已经把拉丁美洲看作自己的势力范围。1822—1823 年，当欧洲"神圣同盟"企图干涉拉丁美洲的独立运动时，美国积极推行起"美洲事务是美洲人事务"的政策。1823 年，美国总统门罗向国会提出咨文并宣称："今后欧洲任何列强不得把美洲大陆已经独立自由的国家当作将来殖民的对象。"他又称，美国不干涉欧洲列强的内部事务，也不容许欧洲列强干预美洲的事务。这项咨文就是通常所说的"门罗宣言"。它包含的原则就是通常所说的"门罗主义"。门罗主义的含义主要是：（1）要求欧洲国家不在西半球殖民。这一原则不仅表示反对西欧国家对拉美的扩张，也反对俄国在北美西海岸的扩张；（2）要求欧洲不干预美洲独立国家的事务；（3）保证美国不干涉欧洲事务，包括欧洲现有的在美洲的殖民地的事务。门罗主义在当时未产生多少影响，因为英国在拉美的影响要大大超过美国。19 世纪 40 年代以后，美国又重新提起门罗主义。

以下是门罗宣言（1823 年 12 月 2 日）的译文：

作为涉及美国权利与利益的一项原则，中、南、北美洲，由于它们业已实现并保持自由和独立的地位，今后不得再被欧洲任何国家视作未来殖民的目标。现在已是维护这一原则的恰当时刻了……地球上那一部分地区（欧洲）与我们交往频繁，而且是我们的原籍所在地，我们对那里发生的事件，一直以不安与关怀的心情注视着。美国的公民对于大西洋彼岸的人民，怀着最友好的心情，希望他们自由和安乐。欧洲各国为它们本身的事而从事的历次战争，我们从来没有参加；如果参加，便与我们的国策不符。唯有当我们的权利受到侵犯或受到严重威胁时，我们才对受到的损害愤懑不平，或准备自卫。但对于本半球的事，我们必然与之有较直接的关系，其原因肯定为一切明白公正人士所共见。各盟国的制度在这一方面与美洲的制度根本不同。这种区别的根源存在于各个政府之内。我们全国一致拥护和保卫我们自己的制度，这个制度是在流了大量鲜血、耗了大量的财富后才建立起来的，而它的成长，有赖于那些最有见识的公民的智慧，而且在这种制度之下，我们享受了史无前例的幸福。我们是开诚布公的，并且鉴于我们同那些国家间存在着友好关系，因此我们宣告：如果它们企图把它们的制度扩展到这个半球的任何区域来，我们便把它看作是危及我们的和平与安全。对任何欧洲国家现有的殖民地或属地，我们不曾干涉过，而且也不会干涉。但是，有些政府已经宣布独立并且维护其独立，而我们基于伟大的动机和公正的原则，已予以承认；如果欧洲任何国家，为了进行压迫而干涉它们，或用其他方法控制它们的命运，那么，我们就认为这是对美国不友好的表现。当这些新政府和西班牙进行战争期间，我们在承认它们时就宣告中立。对于这项原则，我们一直坚守，将来如果情势不变，也会坚守；但如情势改变，届时经由我国政府当局的判断，为了它们安全的需要，美国方面亦将做相应的改变。西班牙和葡萄牙近来的事件，说明欧洲尚未安定。这一重要事宜，最有力地证明盟国曾想根据它们所称心的原则，用武力干涉西班牙的内政。根据该类原则，这种干涉可以进行到何种程度呢？这一问题，凡是政府性质与之不同的一切独立国家，即使隔离很远，都甚为关切，尤以美国为最。当地球上那个区域长年为战争所困扰的初期，我们对于欧洲的政策即已制定，至今仍然不变，那就是：不干涉欧洲任何一国的内政；承认事实上的政府为合法政府；同该政府培植友好关系，并用坦诚、坚定和果断的政策来保持那种关系；对于任何国家的正当要求，都予以满足，对于任何危害，则绝不屈服。但是关于中、南、北美洲，情况是明显地截然不同的。各盟国如果要把它们的制度扩展到中、南、北美洲的任何一部分区域，而不危及我们的和平幸福，那是不可能的；而且任何人也不会相信，我们南方的弟兄们，如果听其自行处理，它们会自动采用欧洲的那种制度。因此，我们对于这种干涉，不论其采取何种方式，都不能视若无睹。如果我们比较西班牙和那些新政府的力量与资源以及相互间的距离，西班牙显然是不能降服它们的。美国的既定政策是对它们不加干涉，希望其他国家也采取同样的政策。①

"门罗主义"的目的是，在美国"羽翼未丰"时，让古巴继续成为西班牙的殖民地，美国也不希望已经获得独立的拉美国家去帮助古巴获得独立，直到美国期待的合适的霸占古巴时刻的到来。

二 门罗主义的要点和实质

门罗主义的要点 我国已故美国史和拉美史专家罗荣渠教授认为，门罗主义并不是为古巴问题而宣布的，但是，在门罗主义制定的全部过程中，古巴问题都是美国决策人重点考虑的问题。② 门罗主义是美国对外政策的重要声明。门罗主义的提出为美国争夺西半球的霸权的斗争提供了最初的完整的理论准备。③

21世纪的新门罗主义 2013年11月18日，美国时任国务卿克里在华盛顿宣布，门罗主义的时代已经终结。但时至今日，门罗主义非但没有消失，一种新的门罗主义已悄然降临。2018年1月底，时任国务卿雷克斯·蒂勒森（Rex Tillerson）说，100多年前美国创造的"门罗主义"是个有效的好东西。他在启程前往墨西哥、阿根廷、秘鲁、哥伦比亚、牙买加5国进行访问前，在得克萨斯大学奥斯汀分校发表演讲，警告拉美国家不要与中国走得太近："拉丁美洲不需要新的'帝国主义列强'，它们只想为自己的人民赚取利益……中国国家主导的发展模式让人想起过去。这不必成为这个地区的未来。"蒂勒森指出，中国现在是智利、阿根廷、巴西和秘鲁的最大贸易伙伴，但是与中国不公平的贸易已经危害

---

① Doctrina de Monroe 1823, http://www.filosofia.org/ave/001/a264.htm.
② 罗荣渠：《美洲史论》，中国社会科学出版社1997年版，第400页。
③ 罗荣渠：《美洲史论》，中国社会科学出版社1997年版，第74—103页。

到这些国家的制造业，导致了失业以及工人工资的降低。而"美国是一个鲜明的对比，我们不寻求短期的交易、不平衡的回报，我们寻找具有共同价值的合作伙伴。美国是你们多面的伙伴"。蒂勒森承诺，"美国将继续成为西半球最稳定、最强大、最持久的合作伙伴"①。2019 年 3 月 3 日，时任美国国家安全事务助理约翰·罗伯特·博尔顿（John Robert Bolton）接受美国有线电视新闻网（CNN）采访时说，我们（美国政府）不介意使用"门罗主义"这个词。特朗普政府则再次鼓吹"门罗主义"，强行干涉委内瑞拉政局，打击拉美左翼政府，千方百计阻挠中国、俄罗斯发展与拉美的关系。

---

① Discurso del Secretario de Estado Tillerson: EE. UU. y el Hemispherio Occidental ｜ Embajada de los Estados Unidos en Chile, https: //cl. usembassy. gov/es/discurso-del-secretario-de-estado-tiller-son-ee-uu-y-el-hemispherio-occidental/.

第 二 章

美国与古巴的独立（1868—1902）

第一节　古巴两次独立战争

为了摆脱西班牙的殖民统治、争取独立，古巴人民在 19 世纪后半期曾进行了两次独立战争。第一次独立战争又称"十年战争"，是在 1868 年至 1878 年。第二次独立战争是在 1895 年至 1898 年。两次独立战争之间还有一次争取独立的"小战争"。

一　第一次古巴独立战争（1868—1878）

"亚拉呼声"　1868 年 10 月 10 日，以卡洛斯·曼努埃尔·德塞斯佩德斯（Carlos Manuel de Céspedes，1819—1874）为首的古巴起义者，在古巴东部曼萨尼略附近的"拉德马哈瓜"糖厂发动起义，发表宣言，宣布古巴独立，从而吹响了独立战争的号角。10 月 11 日，塞斯佩德斯又率 200 多名起义者到亚拉镇。在亚拉，起义者与西班牙殖民军遭遇，双方都有伤亡。国内外的古巴人是通过亚拉的遭遇战才得知独立战争爆发的。随着时间的推移，人们甚至塞斯佩德斯本人都将 10 月 10 日起义和宣言同 10 月 11 日的遭遇战一起称为"亚拉呼声"（Grito de Yara）。起义军一度攻克了巴亚莫市。

塞斯佩德斯领导的起义得到古巴各地的响应。同年 11 月，卡马圭人民在伊格纳西奥·阿格拉蒙特（Ignacio Agramonte，1841—1873）领导下举行起义。1869 年 2 月，拉斯维利亚斯人民举行起义。1869 年 4 月，起义军在卡马圭省的瓜伊马罗（Guaimaro）召开制宪大会，大会通过了瓜伊马罗宪法，规定议会为国家最高权力机构，由议会任命共和国总统和军队统帅。司法权是独立的。瓜伊马罗制宪大会任命塞斯佩德斯为总统。

奥连特省起义军在多米尼加人马克西莫·戈麦斯（Máximo Gómez, 1836—1905）将军领导下，一度占领关塔那摩地区。阿格拉蒙特率领的骑兵在卡马圭打了几个漂亮的胜仗。但是，由于起义军内部的政治分歧导致塞斯佩德斯在 1873 年被解除总统的职务。1874 年年初，戈麦斯和黑人将军安东尼奥·马塞奥（Antonio Maceo, 1845—1896）率领起义军西征，接连在卡马圭省拉萨克拉、帕洛塞科和拉斯瓜西马斯打了胜仗。正当起义军向拉斯维利亚斯进军时，由于起义军内部保守派的反对，使起义军西征受阻。

《桑洪和约》和《巴拉瓜抗议书》 1876 年，阿塞尼奥·马丁内斯·坎波斯（Arsenio Martínez Campos, 1831—1900）被西班牙政府任命为驻古巴西班牙军总司令。同年，西班牙向古巴增派了 4 万士兵。第二年，又增派了 1.7 万名士兵。到 1878 年，西班牙驻古巴军队人数多达 25 万人。马丁内斯对起义军采取军事进攻和分化瓦解两手政策，1877 年西班牙殖民军俘获了古巴战时共和国总统埃斯特拉达·帕尔马（Estrada Palma, 1835—1908）。1878 年 2 月 8 日，卡马圭省的起义军领导人和古巴战时共和国议会部分议员同意向西班牙殖民军投降。同一天，议会宣布解散，成立一个和解委员会。2 月 10 日，和解委员会同马丁内斯在桑洪举行谈判，在达成协议后，双方签订了《桑洪和约》（*Pacto de Zanjón*），条约共有 8 条，主要规定古巴起义军立即放下武器，停止武装斗争；西班牙同意大赦；给予起义军中的黑人奴隶和亚洲移民以自由；等等。古巴著名历史学家艾·罗依格·德·卢其森林（Emilo Roig de Leuchsenring, 1889—1964）认为，"《桑洪和约》既不是古巴的失败，也不是西班牙的胜利，更不是和平，而是为了恢复 1868 年在迪马哈瓜发动的那次斗争的一个休战。和约中规定的革新和改良并没有兑现，这就是使古巴的起义运动东山再起的动力"①。和约并没有承认古巴的独立。

正当《桑洪和约》签订时，奥连特省起义军司令马塞奥在东部圣乌尔

---

① ［古］艾·罗依格·德·卢其森林：《古巴独立史》，生活·读书·新知三联书店 1971 年版，第 16—17 页。

皮亚诺摧毁了西班牙殖民军赫赫有名的圣金廷营。1878 年 3 月 15 日，马塞奥在巴拉瓜会见了马丁内斯，马塞奥拒绝接受没有独立的和平和不取消奴隶制的和平，表示他决心继续战斗下去。史称这次会见为《巴拉瓜抗议书》（*La Protesta de Baraguá*），它已成为古巴革命者不妥协的象征。

古巴第一次独立战争使西班牙伤亡 14 余万人，损失 7 亿比索。[①] 古巴这次独立战争虽遭到失败，但它铸炼了古巴民族，迫使西班牙殖民当局在 1886 年完全取消了奴隶制，使黑人、穆拉托人、华人和克里奥尔白人形成一个古巴民族，共同为争取古巴的独立而继续战斗。

"小战争"（**Guerra Chiquita**）　《桑洪和约》签订后，古巴各阶级和各种政治力量进一步发生分化。主要分成三派。一派是自治派或自由派。1878 年 8 月 3 日，古巴一部分种植园主和资产阶级代表成立自由党，其宗旨是支持西班牙在古巴的殖民统治，但要求给古巴以自治。在政治上，给古巴公民以公民权，允许古巴人担任所有公职；在经济上，取消对古巴所有商品的出口税，改革关税；在社会方面，废除奴隶制。1881 年，该党改名为自治自由党。

另一派是传统派。1878 年 8 月 16 日，在古巴的半岛人建立宪政联盟党（Unión Constitucional），反对古巴独立和自治，反对立即废除奴隶制。

第三派是以加利斯托·加西亚（Calixto García，1839—1898）为首的爱国派，即独立派。加西亚曾先后任奥连特起义军副司令、司令。

1879 年 8 月，起义军的残部在奥连特省的希巴拉、奥尔金和圣地亚哥等地继续进行战斗。同年，在拉斯维利亚斯也爆发了一些小规模的起义。史称"小战争"。1880 年 5 月，流亡在美国的加西亚率远征军在古巴登陆，不久遭失败，后被捕并流放西班牙。1878—1895 年，古巴人民争取独立的斗争一直没有中断。

二　何塞·马蒂和第二次独立战争（1895—1898）

何塞·马蒂　何塞·马蒂全名何塞·胡利安·马蒂－佩雷斯（José

---

① ［古］艾·罗依格·德·卢其森林：《古巴独立史》，生活·读书·新知三联书店 1971 年版，第 13 页。

Julián Martí y Pérez，1853—1895），他是古巴独立运动领袖、民族英雄和诗人。他出身于哈瓦那一个贫困的西班牙下级军官家庭。在哈瓦那圣巴勃罗中学读书时，马蒂受校长和老师拉斐尔·马里亚·门迪维（Rafael María de Mendive，1821—1886）爱国主义思想的影响，立志为祖国独立而奋斗。1868 年"十年战争"爆发后，马蒂撰文写诗反对西班牙殖民统治。1869 年创办《自由祖国》杂志，发表爱国诗剧《阿布达拉》；同年 10 月被捕，后被判 6 年徒刑，服苦役；1871 年 1 月放逐西班牙。放逐期间，他先后在马德里中央大学和萨拉戈萨大学学习，获法学博士学位。期间还撰写了《古巴的政治监狱》一文，揭露西班牙殖民者对古巴政治犯的虐待。1874 年年底回古巴，但殖民当局禁止他上岸，遂于 1875 年 2 月到墨西哥。1877 年一度回哈瓦那，不久移居危地马拉。1878 年"十年战争"结束后回国，当律师。次年 8 月"小战争"爆发后，组织革命委员会，支持起义军。9 月再次被捕流放西班牙，后经法国于 1880 年到达美国纽约。在纽约从事新闻、宣传活动，为阿根廷、委内瑞拉等拉美国家报刊撰稿。曾被阿根廷、乌拉圭、巴拉圭等国任命为驻纽约领事，同时还从事文学创作活动。

为了重新发动古巴革命，马蒂积极在古巴侨民中从事组织工作。1884 年与戈麦斯和马塞奥等筹划远征古巴未成功。1890 年在纽约创立了黑人爱国团体"同盟会"。1892 年 4 月 10 日联合各古巴侨民爱国组织成立古巴革命党（Partido Revolucionario Cubano，PRC），马蒂被选为党代表（主席），并创办《祖国》报。后马蒂致力于组织武装，筹措资金和购买武器弹药，并联络国内革命团体。1892 年和 1893 年先后邀请戈麦斯和马塞奥参加古巴革命党，共同筹划起义。1894 年 12 月准备率领由 3 艘船只组成的远征队前往古巴，次年 1 月被美国当局扣留。1895 年 1 月 28 日，马蒂向国内党组织下达武装起义的命令。随后，马蒂到多米尼加共和国与戈麦斯会合。同年 2 月 24 日，古巴第二次独立战争爆发。3 月 25 日，他同戈麦斯共同签署《蒙特克里斯蒂宣言》（*Manifiesto de Montecristi*），号召全体古巴人不分种族、肤色，团结一致，共同战斗。4 月 11 日，两人一起在古巴奥连特省普拉伊塔斯（Playitas）登陆。5 月 5 日，马蒂与马塞奥、戈麦斯在圣路易斯市附近的拉梅霍拉纳糖厂会晤。5 月 19 日，马蒂在多斯里奥斯（Dos Rios）与西班牙军战斗中阵亡。

马蒂是古巴和拉美人民反帝斗争的先驱。马蒂在美国生活了近 15 年，这 15 年正是美国从自由资本主义走向垄断资本主义和帝国主义的重要阶段。马蒂熟知美国的政治、经济、社会和文化，目睹了这一阶段在美国所发生的重大事件。在马蒂的著作中有相当多的篇幅是论述和描写美国的。马蒂并不反对美国，更不反对美国人民。马蒂对美国的经济发展和民主印象十分深刻，对美国的劳动人民和贫苦大众寄予深刻同情。马蒂在《美国的真相》一文中，深刻地揭示了美国社会中贫富之间悬殊的差异："在那里（美国），一方面是达科塔州的破贫民窟和生长在那里的粗野而豪放的人们，另一方面是东部的豪华的、享有特权的、高人一等的、淫荡的、不正义的都市，这两者之间有天渊之别"。①

1889 年 10 月，美国为达到称霸美洲的目的，在华盛顿召开了第一次美洲国家会议。同年 11 月 2 日马蒂写了两篇通讯寄给阿根廷《民族报》。12 月 19 日和 12 月 20 日，《民族报》连续发表了马蒂所写的题为《华盛顿的国际大会》的通讯，通讯深刻地揭露了美国邀请拉美国家参加这次大会的目的："从独立到现在，在美洲还没有任何一件别的事需要更明智的考虑，需要提高警惕和需要更明确与细致的研究了，在美国这个强国里充塞了卖不出去的产品，它决心要在美洲扩张它的统治；而美洲各国力量较小，它们与欧洲各国之间有着自由和有益的贸易关系，现在美国向这些美洲国家发出邀请，其用意是要它们同美国结成一个反对欧洲的联盟，并与世界其他地方断绝来往。西班牙美洲已摆脱西班牙的专制统治，现在，当用审慎的眼光来研究这次邀请的背景、原因和因素时，就必须说明，对西班牙美洲来说，已到了宣布第二次独立的时候了"，"一个强大的和野心勃勃的邻国正在不断地推行它由来已久的、明目张胆的霸权政策……这个邻国从来也不想促进这些国家的发展，它和这些国家交往只不过是为了阻止它们的进展"。②

---

① ［古］何塞·马蒂：《何塞·马蒂诗文选　长笛与利剑》，毛金里、徐世澄译编，云南人民出版社 1995 年版，第 96 页。

② ［古］何塞·马蒂：《何塞·马蒂诗文选　长笛与利剑》，毛金里、徐世澄译编，云南人民出版社 1995 年版，第 58 页。

　　1891 年 1 月，马蒂被乌拉圭政府任命为乌拉圭代表，参加 1 月 7 日在华盛顿开幕的美洲各共和国货币会议。同年 5 月，马蒂发表了题为"美洲各共和国货币会议"的文章，在文中马蒂断然拒绝任何同美国订立政治同盟与贸易互惠协定的主张："美国难道会真诚地邀请西班牙美洲去参加一个对西班牙美洲有好处的联盟吗？同美国在政治上和经济上联合起来，对西班牙美洲说来是合适的吗？"马蒂在文中强调，拉美各国必须保持与争取自己的经济独立，要使本国对外贸易多元化，如果经济上不独立，对外贸易又集中在一个国家（美国），就很难在政治上获得自由："说是组成经济联盟，实际上是政治联盟。做买主的国家就是发号施令的国家，做卖主的国家只能听候差遣。必须平衡贸易，才能保障自由。如果把商品只出售给一个国家，便是自取灭亡；要想得到拯救，就得把商品出售给一个以上的国家。一个国家如果对另一个国家的贸易有过分的影响，这种影响就会变成政治上的影响"，"一个国家要想自由，必须在贸易上实现自由，要同几个差不多强的国家同时进行贸易"。①

　　马蒂敏锐地、及时地指出美国想插手古巴独立战争以达到占领古巴的罪恶目的。1889 年 12 月 14 日马蒂写信给他的朋友贡萨洛·克萨达说："贡萨洛，有一项是迄今为止我们所了解的对我国最居心叵测的计划，这就是强迫和促使我国去进行战争的罪恶计划，这样，他们就有干涉的借口。他们企图以仲裁人或保证人的身份占领我国。这是自由的各国人民的历史上最卑劣的行径，再没有比这更冷酷的罪恶了"。

　　马蒂亲自发动、组织、领导和参与古巴第二次独立战争，目的是想使古巴摆脱西班牙殖民统治取得独立，建立民主共和国，并且想在其他拉美国家的配合下，阻止美国的扩张。马蒂在 1895 年 5 月 18 日即他牺牲前一天写给他的好友曼努埃尔·梅尔卡多的未写完的信中谈到了他的使命和决心："现在我每天都可能为我的国家和责任而献出生命，我的责任是通过古巴的独立，及时防止美国在安的列斯群岛的扩张，防止它挟持这一新的力量扑向我们的美洲。我到目前所做的一切，以及今后要做的

---

　　① ［古］何塞·马蒂：《何塞·马蒂诗文选　长笛与利剑》，毛金里、徐世澄译编，云南人民出版社 1995 年版，第 83—85 页。

一切，都是为了这个目的。"作为拉美反帝斗争的先驱，马蒂在当时就已经看穿了新生的美国帝国主义侵略和掠夺的本性。他在信中写道："鄙视我们的、嚣张和残暴的北方企图吞并我们美洲的国家，这条道路必须堵塞，我们正在用鲜血来堵塞……"，"我曾在恶魔的心脏生活过，因此熟知它的五脏六腑：我擎着大卫的投石器"。①

马蒂的革命思想和革命精神一直鼓舞着古巴人民为争取独立和自由而不断地进行斗争。1959 年 1 月 1 日，古巴人民在卡斯特罗领导下，通过艰苦卓绝的斗争，终于取得了革命的胜利，使古巴获得真正的独立。正如古巴革命领导人卡斯特罗主席所说的，马蒂是古巴革命的"主谋"，"马蒂现在是，并将永远是古巴人民的向导。马蒂的遗训永远不会过时。马蒂革命的精神、声援各国人民的感情、深刻的人道主义和正义道德原则是鼓舞我们向未来迈进的巨大力量。"

1991 召开的古巴共产党四大和 1992 年古巴第三届全国人民政权代表大会已先后正式把马蒂思想写入古巴共产党党纲和修改后的古巴共和国宪法。古巴共产党和国家已把马蒂思想和马克思主义并列，成为古巴党、国家和社会的指导思想。

三　马塞奥和"突进战役"

安东尼奥·马塞奥　马塞奥是古巴独立战争军事领导人、古巴的民族英雄之一。1845 年 6 月 14 日，马塞奥生于古巴圣地亚哥圣路易斯附近一农民家庭。在关塔那摩等战斗中战功卓著。1872 年获少将衔。曾任奥连特省起义军司令。1878 年马塞奥在第一次独立战争失败后，因反对与西班牙殖民军妥协，被迫流亡国外达 17 年，曾到过牙买加、海地、多米尼加共和国、美国、洪都拉斯、墨西哥、巴拿马、秘鲁和哥斯达黎加等国，在那里组织古巴爱国力量，等待时机，重返祖国进行战斗。1884 年，马塞奥在纽约同马蒂会见。1895 年 2 月 24 日，第二次独立战争爆发后，起义军在黑人领袖吉列尔莫·蒙卡达（Guillermo Moncada，1839—1895）

---

① ［古巴］何塞·马蒂：《何塞·马蒂诗文选　长笛与利剑》，毛金里、徐世澄译编，云南人民出版社 1995 年版，第 409—410 页。

领导下，在希瓜尼、巴依雷和关塔那摩等地首先爆发，很快便扩展到整个奥连特省。不久，同年3月25日，马塞奥率领一支远征军从哥斯达黎加的利蒙港出发，于4月1日在奥连特省北部巴拉科阿附近的杜阿瓦海滩登陆。随后，马塞奥同马蒂和戈麦斯三人一起参加并领导了反对西班牙专制统治的武装斗争。其间，为发动新的武装起义进行积极准备。1895年4月返回古巴，在巴拉科阿镇附近登陆，号召人民武装起义，扩大起义队伍。5月5日，与马蒂、戈麦斯等人在圣地亚哥附近会合。9月任起义军副司令。

"突进战役"　　马蒂牺牲后，1895年9月16日，在萨尔瓦多·西斯内罗斯·贝当古（Salvador Cisneros Betancourt，1828—1914）和拉斐尔·波图翁多·塔马约（Rafael Portuondo Tamayo，1867—1908）主持下，起义者在卡马圭省希马瓜市召开了立宪大会，制定了古巴共和国临时宪法，根据临时宪法，9月18日组成了政府，西斯内罗斯当选为战时古巴总统，戈麦斯和马塞奥分别当选为起义军的正副司令。10月22日，在戈麦斯配合下，马塞奥从巴拉瓜出发，开始了杰出的"突进战役"，由东向西横扫古巴岛，以游击战打败装备精良的殖民军。

进行"突进战役"的主要目的是将独立战争的火焰燃遍全国各地，并以破坏糖季生产来动摇西班牙对古巴的殖民统治。马塞奥率领一支不到4000人、装备很差的起义军队伍，从古巴岛的东端向西挺进，历时3个月，行程2360千米。在人民群众的大力支持下，起义军先后攻克了几十个城镇，打败了拥有42名将领、总数近20万人、装备精良、训练有素的西班牙殖民军。马塞奥率领的起义军于1896年1月22日到达古巴岛的西端曼图亚。一位外国评论家把"突进战役"称为"百年来最英勇的军事行动"。起义军屡战屡胜，殖民军的士兵一听到马塞奥的名字，就闻风丧胆。起义军且战且进，控制了大部分国土，而西班牙殖民当局只占据一些大城市，主要是沿海城市。起义军也实现了摧毁大部分西班牙经济来源的目标。

西班牙当局为挽回颓势，于1896年2月派在"十年战争"中镇压古巴起义者有功的巴莱里亚诺·魏勒尔（Valeriano Weyler，1838—1930）将军接替坎波斯任古巴都督。魏勒尔上任后，采用集中营制度，迫使古巴居民离开自己的家园，集中到西班牙军队控制的地方，以隔绝起义军与人民的联系。由于集中营生活条件恶劣，造成大量居民死亡。但是，魏勒尔这一灭绝人性的办法并没有能扑灭起义的烈火。

马塞奥曾先后参加过 900 多次军事行动，有"青铜巨人"之称。1896 年 12 月 7 日，马塞奥在哈瓦那省圣彼德罗附近的一次战斗中遭到伏击，身中数弹，壮烈牺牲。马塞奥的牺牲是继马蒂牺牲后古巴解放事业的又一重大损失。马塞奥牺牲后，起义军在戈麦斯提出的"以誓死保卫祖国的爱国主义行动为马塞奥报仇"的号召下，继续同西班牙殖民军作战。

1897 年 10 月，西班牙当局修改了对古巴的政策，解除了魏勒尔的职务，任命拉蒙·布兰科（Ramón Blanco，1828—1914）为古巴都督。同年 11 月，又颁布法令，公布了殖民地宪章，规定古巴可以建立自治制度，建立古巴"岛议会"，由两院组成：行政院和众议院，行政院共 35 人，其中 18 人由选举产生，另 17 人由西班牙国王和都督任命；众议院由选举产生。西班牙国王任命的都督仍是岛上的最高统治者。1898 年 1 月 1 日，建立了古巴自治政府，5 名自治主义党人担任部长，其中一人任总理。但迟到的自治制度已挽救不了西班牙在古巴殖民统治崩溃的命运。

第二节　"天定命运"论与美西战争

一　"天定命运"论

"天定命运"论的由来　"天定命运"（英文 Manifest Destiny，西文 Destino Manifiesto）是指美国凭借天命，对外扩张，散播民主自由的信念。与之相关的"昭昭天命"最初为 19 世纪时的政治警句，后来成为标准的历史名词，意即美国被赋予了横贯北美洲、直达太平洋领土扩张的使命。

"天定命运"一词最初由 19 世纪 40 年代杰克森式民主的信徒所使用，其实质是领土扩张主义，"昭昭天命"是对向西扩张运动的一种辩解或理由，用以宣传兼并今日美国西部地区的合理性。该词于 19 世纪 90 年代由共和党支持者用以在理论上作为美国介入北美洲以外事务的理由。

这个词最早由纽约市记者约翰·L. 奥沙利文（John L. O'Sullivan）在

其《民主评论》(*Democratic Review*) 杂志 1845 年 7—8 月号刊使用。在他撰写的一篇题为"兼并"的文章中，奥沙利文呼吁美国将墨西哥的得克萨斯州并入联邦，他写道："吾等尽取神赐之州以纳年年倍增之万民自由发展之昭昭天命。"[1] 不久，兼并得克萨斯州成真，但是，奥沙利文首次提出的"昭昭天命"一词并未引人注意。奥沙利文第二次使用此词则影响深远。1845 年 12 月 27 日，他在《纽约晨报》发表文章论及与大英帝国在奥勒冈持续不断的边界纠纷。奥沙利文认为美国有权索求"奥勒冈全境"，"该主张乃据吾等昭昭天命之义，尽取并支配神赐之州以大行托付于我之自由权利与联邦自治"。[2] 奥沙利文相信上帝 (Divine Providence) 赋予美国广布共和民主遍及北美洲之使命（大行自由权利 the great experiment of liberty）。对奥沙利文来说，既然大英帝国不会利用奥勒冈以广布民主，不列颠对这块土地的权利主张可以忽视。奥沙利文认为"昭昭天命"为道德观念（天条，higher law），足以盖过一切顾虑，包含国际法与国际协定。奥沙利文原来对"昭昭天命"的构想并非强取豪夺以扩充领土。他相信美式民主的拓展势不可当，会随着白人（盎格鲁 - 撒克逊民族）迁移各处而出现，无须涉及军事行为。

"天定命运"论与美国的扩张主义　1848 年，美国很有影响力的《德鲍商业周刊》(*De Bow's Commercial Review*) 发表了一篇社论，充分反映当时美国扩张主义情绪，反映了"天定命运"论。社论说：

> 北美人将扩展到远远超越现有边界的地区。他们将不断地侵入他们的邻国。新的疆土将被开垦并宣布独立，然后被吞并。我们有了新墨西哥和加利福尼亚！我们还要得到老墨西哥和古巴！

美国最初的扩张主义行为，深深地与美国和拉丁美洲的奴隶制问题

---

① 英文原文是：Our manifest destiny to overspread the continent allotted by Providence for the free development of our yearly multiplying millions.

② 英文原文：And that claim is by the right of our manifest destiny to overspread and to possess the whole of the continent which Providence has given us for the development of the great experiment of liberty and federated self-government entrusted to us.

交织在一起。奥沙利文的姐夫克里斯托瓦尔·马丹（Cristobal Madan）是一个古巴的种植商，1845年在纽约成为吞并主义游说团的领袖。马丹代表了古巴的种植商，他们希望古巴作为实行奴隶制的一个州加入美国。美国南部的奴隶主把古巴、墨西哥和中美洲视为美国潜在的实行奴隶制的州。①

随着美国逐渐过渡到帝国主义阶段，"天定命运"论开始在美国泛滥，为对外扩张大造舆论。1885年，美国牧师 I. 约西亚·斯特朗（Reverend Josiah Strong）在《我们的国家》（*Our Country*）一书中大肆宣传"天定命运"论，他说："我们的种族有特殊的活力，有……自由、纯洁的基督精神和最崇高的文化……它必将对人类留下影响……这个种族接受了上帝的明显的托付，要成为他们的兄弟的保护人。"② 斯特朗毫不掩饰地宣扬盎格鲁－撒克逊人对拉丁美洲人的优越感和傲慢的态度，认为美国人注定要主宰拉美人民。他所谓的"保护人"，实际上就是高居于拉美人民之上的"统治者""压迫者"。斯特朗还说："（美国）这个强大的种族将向墨西哥、向中南美、向各岛屿、向非洲等地前进。"他的这番话赤裸裸地暴露了美国不仅要向拉美而且要向世界其他地区扩张的野心。

美国一些朝野人士也大肆鼓吹美国负有传播文明的使命。参议员艾伯特·J. 倍弗里奇（Albert J. Beveridge）说："上帝指定美国人民作为它的选民来最终领导世界复兴……文明是世界进步的托管人，正义和平的保卫者。"国务卿理查德·奥尔尼（Richard Olney）于1895年向全世界宣告，美国在西半球至高无上，会按自己的意志行事。③ 美国扩张主义分子认为"历史不仅要求美国控制西半球，并且要求美国统治世界"④。从以

① ［美］E. 布拉德福德·伯恩斯、朱莉·阿·查利普：《简明拉丁美洲历史》（插图第8版），世界图书出版公司2009年版，第183页。

② ［古巴］安东尼奥·努涅斯·希门尼斯：《美帝国主义对拉美的侵略》（中译本），世界知识出版社1962年版，第10页。

③ ［美］E. 布拉德福德·伯恩斯、朱莉·阿·查利普：《简明拉丁美洲历史》（插图第8版），世界图书出版公司2009年版，第185页。

④ ［美］福斯特：《美洲政治史纲》（中译本），人民出版社1956年版，第263页。

上这些言论不难看出，美国统治阶级极力鼓吹"天定命运"论，实际上就是打着上帝的招牌，行向外扩张、向外侵略之实。"天定命运"论与门罗主义一样，都是美国统治阶级妄图独霸拉美、称霸世界的理论根据。

几乎所有的美国历届政府都有过类似的吞并主义的企图，它们都坚定不移地支持门罗主义，都不承认或反对由1868年起来反对西班牙殖民统治、争取独立的爱国者组成的古巴武装共和国政府。在19世纪古巴长期解放斗争中，美国历届政府都对古巴的冲突保持所谓中立的立场，但同时卖武器给西班牙，或向西班牙提供武器，它们在美国却迫害准备远征支持解放军的古巴人。

二　美西战争

"缅因号"爆炸与美西战争的爆发　1898年4月25日至8月12日，西班牙与美国和古巴之间爆发了一场争夺殖民地的大规模的战争。这场战争通常称为"美西战争"，古巴称为"西班牙—古美战争"。1943年在哈瓦那召开的古巴第二届全国历史会议认为，"不应再像过去那样，在群众中和官方文件中，把1898年的战争称为美西战争，而是必须称作西班牙—古美战争，这一名称应当由古巴人来规定并加以推广。1945年5月16日古巴共和国的法令批准了这一名称。"[①] 列宁称这场战争为世界上重新瓜分殖民地的第一次帝国主义战争。美西战争的爆发有着深刻的历史根源和时代背景。

19世纪末，美国进入了帝国主义阶段。帝国主义的本性决定了美国必定要向外扩张。美国扩张主义者一面大张旗鼓地散布"天定命运"论，另一面不断发出向外扩张的鼓噪。美国一些历史学家鼓吹世界帝国的中心已经转移到美国，美国必须加强对西半球的控制，并扩大在亚洲的势力。在这种气氛下，美国加紧扩军备战。美国在19世纪80年代就已经着手兴建海军，90年代中期其海军力量已跃居世界第5位，美国大量增加

---

① ［古］艾·罗依格·德·卢其森林：《古巴独立史》，生活·读书·新知三联书店1971年版，第92页。

军费开支，1891—1898 年其陆、海军的军费分别增加近 2 倍和 3 倍多。美国军事力量的增强为其对外发动战争准备了物质条件。

随着经济、军事实力的迅速上升，美国对外扩张的要求更为强烈。然而，到 19 世纪末，世界领土已被老牌资本主义国家瓜分殆尽，已没有美国插足的余地。美国希望重新分割殖民地和扩大自己的势力范围，而它拿来首先开刀的老牌资本主义国家就是西班牙。在殖民国家中，西班牙的实力最弱，它仅剩的古巴、波多黎各和菲律宾等几个殖民地中民族解放运动日益高涨。美国之所以选中向西班牙开刀，是因为可以打着援助殖民地人民斗争的招牌，又有取胜的把握。同时，古巴、波多黎各和菲律宾等殖民地具有重要的战略和经济地位，历来对美国具有强烈的吸引力。

据美国官方统计，1890 年，美国对古巴的出口占它对拉美出口的20%，从古巴的进口占美国从拉美进口的 31%。1893 年美国与古巴的贸易额达 1.3 亿美元。1896 年，美国资本在古巴控制的食糖企业获利约达5000 万美元。[①] 另据古巴学者统计，1894 年美国吸收了 85% 的古巴产品，94% 的古巴的糖。古巴历史学家大会认为，1895 年年初，古巴已最终成为美国的殖民地。[②]

古巴是加勒比海的交通要冲，扼守加勒比海的门户和从美国大西洋海岸进入巴拿马地峡的航路。侵吞古巴是美国世界战略的重要一环。19世纪 90 年代国际关系的变化成为美国发动美西战争的催化剂。欧洲列强争霸的结果，导致远东局势的紧张和南非的战争危机。英国与德、法等国的矛盾激化，迫切寻找盟友以摆脱孤立地位，英国支持美国向西班牙在加勒比海的殖民地和菲律宾扩张，以换取美国在非洲事务中支持它与德、法两国对抗，在远东事务中支持英国反对德、法、俄三国。德、法虽然是美国在世界市场上的竞争对手，但它们不愿意站在西班牙一边同美国发生对抗。沙俄此时也同美国保持着友好关系，美国断定美国与西

[①]　杨生茂等编：《美西战争资料选辑》，上海人民出版社 1981 年版，第 95 页。

[②]　Francisco López Segrera, *Cuba: Capitalismo dependiente y subdesarrollo* (*1510 – 1959*), Editorial Diogenes, S. A., México, 1973, p. 183.

班牙战争的爆发不会改变俄国的态度。基于上述对国际形势的判断，美国发动对西班牙的战争就无所顾忌了。

美西战争主要围绕古巴进行。古巴是老牌殖民帝国西班牙残存的几块殖民地之一。摆脱西班牙长期的殖民统治、争取独立和解放，是古巴人民的夙愿。1895 年 10 月，马塞奥率领起义进行"突进战役"，由东向西横扫古巴岛，一路过关斩将，所向披靡，把拥有 11 万人的殖民军打得落花流水。1896 年 1 月，起义军抵达古巴岛西端的曼图亚镇，古巴总督坎波斯被迫下台。当年 2 月，西班牙政府任命"屠夫"巴莱里亚诺·魏勒尔（Valeriano Weyler，1838—1930）将军为新总督，派他率领 10 万大军前往古巴镇压起义。魏勒尔在古巴实行恐怖统治，三分之一的居民被折磨死。同年 12 月，马塞奥不幸阵亡，戈麦斯继续率领起义军顽强作战，沉重打击了西班牙殖民军。到 1897 年年底，起义军已解放了全国三分之二的土地，西班牙殖民统治已危在旦夕。

就在古巴人民的独立战争即将取得胜利的时刻，美国政府决定抓住这个千载难逢的时机，变坐山观虎斗为插手古巴人民的解放战争，以实现其控制古巴的多年梦想。而西班牙驻美公使的一封信和美国"缅因号"战舰爆炸事件则成为美国同西班牙开战的导火线。

美国舆论界一直在为战争制造舆论，煽动民众对西班牙的仇恨情绪。报业大王威廉·伦道夫·赫斯特（William Randolph Hearst）公开宣称，为了把美国拖入对西战争，他曾花了 100 万美元的宣传费用。1898 年 2 月 8 日，赫斯特办的《纽约日报》刊登了西班牙驻美公使杜普·德洛梅在 1897 年 12 月间写给西班牙记者何塞·卡纳莱哈斯的一封信的原文，信中讥笑美国总统麦金莱"意志薄弱、庸俗低级，是个卑鄙的政客，既要把自己的后门打开，又要和他党内的好战分子和睦相处"。这封信是何塞·卡纳莱哈斯在哈瓦那住在"英吉利旅馆"期间，被一个古巴青年古斯塔沃·埃斯柯多偷偷地从他的房间里拿走的。古斯塔沃·埃斯柯多把信交给了古巴驻纽约代表团的负责人卡斯蒂约，后者把信寄给了美国总统麦金莱。美国的报纸透露这封信，其目的无非是企图煽动美国人民对西班牙的反感，为美国挑起战争制造借口。美国政府则抓住这件事无限夸大，制造与西班牙开战的舆论。在美国的压力下，西班牙驻美公使德洛梅被迫辞职。①

美国装甲舰"缅因号"爆炸事件是美国向西班牙宣战的第二个借口。1898 年 1 月 12 日，美国以古巴发生骚乱为由，派"缅因号"装甲舰驶往古巴"保护"美国侨民。1 月 25 日，该舰驶抵哈瓦那港。2 月 15 日傍晚，"缅因号"突然爆炸，当场炸死 2 名军官和 258 名水兵，炸伤 100 余人。尽管事件发生后，西班牙政府急忙表示哀悼，并提出进行联合调查，但正在寻找战争借口的美国政府表示拒绝联合调查。美、西两国分别单独进行了调查。西班牙的调查结果认为，"缅因号"爆炸系出自内部原因，而美国调查的结果则说是由于该战舰因触外来的水雷所致，虽然该报告未明确指明由西班牙来负责，但是，这一结论的公布使战争的气氛加剧。②

当时，不少美国人不是凭证据而是凭感情用事，急忙断定是西班牙干了这一卑鄙勾当。"牢记'缅因号'，让西班牙人见鬼去吧！"成了流行一时的口号。3 月初，美国驻西班牙公使斯图尔德·L. 伍德福德就德洛梅事件和"缅因号"爆炸向西班牙政府提出强烈抗议。3 月 6 日，美国总统麦金莱会见众议院拨款委员会主席乔·坎农，提出拨款 5000 万美元购买武器的议案，他强调说："我必须有钱去准备战争。"3 天后，国会批准了这一议案。③ 接着，美国陆海军部队随即进入战争准备状态。3 月底，美国大西洋舰队集结于距古巴海岸不远的佛罗里达海岸的基韦斯特。另一支舰队在香港集中，准备对菲律宾采取行动。

与此同时，美国利用"缅因号"爆炸事件要挟西班牙，向西班牙提

---

① ［古］艾·罗依格·德·卢其森林：《古巴独立史》，生活·读书·新知三联书店 1971 年版，第 146—147 页。［苏］尤·斯辽兹金：《1898 年的美西战争》，生活·读书·新知三联书店出版 1959 年版，第 46 页。

② 1911 年美国把"缅因号"战舰从海中打捞起来，不久又迅速予以击沉。随后发表的调查报告称 1898 年"缅因号"的爆炸系外因所致。但 1976 年美国海军上将海曼·G. 里科菲在发表的《缅因号是如何沉没的》调查报告中指出，爆炸纯由内部原因引起，与西班牙无关。转引自杨生茂主编《美国外交政策史 1775—1989》，人民出版社 1991 年版，第 205 页注①。另参阅［美］理查德·戈德《古巴史》，徐家玲译，中国大百科全书出版社 2013 年版，第 124 页："（海曼·G. 里科菲）将军认为，与弹药库毗邻的仓库里的锅炉引发了这次爆炸。"

③ ［美］托马斯·帕特森：《美国外交政策》上，中国社会科学出版社 1989 年版，第 258—260 页。

出非常苛刻的、难以接受的条件。3 月 23 日，伍德福德公使要求西班牙政府关闭在古巴的集中营，与古巴起义军停战，允许美国政府调解西班牙与古巴起义军的争端。3 月 29 日，美国又要求以 4 月 1 日为期立即缔结停战协定，并规定必须在两天内做出回答。西班牙在 3 月 31 日答复说，准备将恢复和平之事委托给将来的古巴议会处理，并建议将"缅因号"爆炸事件提交国际仲裁解决。然而，美国政府仍然坚持原来的要求。西班牙自知与美国实力相差很大，所以被迫接受了美国绝大部分要求。4 月 9 日，西班牙宣布与古巴停战，并于次日由驻美公使正式通知美国。尽管西班牙做出重大让步，美国总统麦金莱仍于 4 月 11 日向国会递交咨文，要求国会授权给他动用军队平定古巴。4 月 19 日，美国国会众参两院通过联合决议，主要内容是：(1) 古巴独立；(2) 要求西班牙撤出古巴岛；(3) 指令和授权总统使用全部陆海军及几个州的民兵来实现此决议；(4) 否认"有任何对上述岛行使主权、管辖或控制的意图，并声明它的决定：在局势平定之后，将把该岛交给它的人民来管理和控制"[①]。次日，麦金莱总统迅速批准了国会的联合决议，并于当天向西班牙发出最后通牒，威胁说如在 4 月 23 日中午前得不到满意的答复，美国将动用武力。4 月 21 日，西班牙政府表示拒绝接受美国的要求，撤回驻美国的使节，并宣布与美国断绝外交关系。4 月 22 日，美国不等它自己规定的最后通牒期限到期，便对西班牙采取了战争行动。驻在基韦斯特的美国北大西洋舰队奉命封锁古巴的北海岸，扣留了一艘西班牙商船。驻在中国香港的美国舰队受命驶往马尼拉湾。4 月 23 日，西班牙被迫宣布进入战争状态。4 月 25 日，美国正式向西班牙宣战，美西战争爆发。

美国发动这场战争的目的是吞并西班牙的殖民地古巴、波多黎各、菲律宾等地。战争的第一仗是在菲律宾群岛打响的。美国亚洲舰队于 5 月 1 日在马尼拉湾全歼西班牙驻菲舰队，取得了马尼拉湾的控制权。随后，战场转向古巴。5 月 19 日，西班牙海军上将帕斯夸尔·塞尔维拉 (Pascual Cervera) 率领舰队开进圣地亚哥港。5 月 28 日，由美国海军准将施莱率领的 9 艘舰艇组成的北大西洋分舰队将西班牙舰队包围。几天

---

① ［美］S. F. 比米斯：《美国外交史》，商务印书馆 1985 年版，第二分册，第 255 页。

后，美国舰队司令威廉·桑普森（William Sampson）又率部分舰艇前来增援。6月10日，在古巴起义军支援下，美国海军陆战队在古巴关塔那摩湾登陆，建立了在古巴的第一个军事据点。6月20日，美国陆军少将威廉·鲁弗斯·谢夫特（William Rufus Shafter）率领陆军第5军1.6万余人抵达古巴圣地亚哥港附近。谢夫特在桑普森陪同下，前往阿塞拉德鲁镇的古巴起义军军营，与古巴东部地区起义军总司令加西亚举行会谈。双方决定，美军将在圣地亚哥港登陆，古巴起义军负责掩护。6月22日，在4000名古巴起义军的大力支持下，美军在圣地亚哥的德依吉里和西博内两地顺利登陆。24日，美军占领卡西姆。7月3日，美国舰队在圣地亚哥海港附近与西班牙舰队展开激战，全歼西班牙舰队，俘虏西班牙舰队司令塞尔维拉。当天，谢夫特向圣地亚哥城西班牙驻军发出最后通牒，命令交出该城。7月10日，美军和古巴起义军一道向圣地亚哥发起攻击。古巴起义军在战斗中冲锋陷阵、英勇杀敌，发挥了重要作用。7月16日，西班牙守军宣布无条件投降。翌日，西班牙签署投降条约，在古巴的战斗基本结束。但美军不让以加利斯托·加西亚为首的古巴奥连特省起义军司令参加西班牙军队的投降仪式，甚至不让起义军进入圣地亚哥市。

美西战争的结果及其影响 8月12日，在没有古巴的参加下，美、西两国签订了停战协议书，规定西班牙放弃对古巴的主权和所有权的任何要求，立即撤出古巴、波多黎各等岛屿。8月13日，美军攻占菲律宾首都马尼拉。12月10日，美国又单独同西班牙在巴黎签订和约，而把古巴排除在外。和约规定："西班牙放弃对古巴的主权及其他的一切要求"，"该岛在西班牙撤出之后应由美国占领"。西班牙将波多黎各、关岛及菲律宾割让给美国，美国付给西班牙2000万美元作为补偿。巴黎和约的签订，标志着美西战争的结束。

美国利用停泊在哈瓦那港的美国战舰"缅因号"被炸事件为借口，介入了1898年西班牙和古巴的战争，窃取了古巴人民30年争取独立斗争的胜利果实，使古巴的独立流产，对古巴实行了军事占领，使古巴变为美国的一个新殖民地。

第三节　美国对古巴的第一次军事
占领(1899—1902)

一　美国对古巴的第一次军事占领①

第一次军事占领　美国政府根据 1898 年 12 月 10 日与西班牙在巴黎签署的巴黎条约，于 1899 年 1 月 1 日起，开始对古巴实行军事占领，史称"美国对古巴的第一次军事占领"。美国篡夺了古巴第二次独立战争的成果和古巴的主权，1898 年 12 月 13 日美国政府任命约翰·拉特·布鲁克（John Rutter Brooke，1836—1926）少将为古巴总督。1899 年 1 月 1 日，布鲁克代表美国政府从西班牙手中接管古巴。他把古巴分成哈瓦那省、哈瓦那市、比那尔德里奥、马坦萨斯、拉斯维利亚斯、卡马圭和奥连特 7 个军事省（Departamento militar），并任命 7 位美国将军担任军事省长。② 布鲁克通过发布军令来管理古巴。

布鲁克总督的统治　为了便于统治，布鲁克一方面留用了一些原西班牙在古巴殖民当局的官员，另一方面他也收买了古巴的一些买办资产阶级和地主来担任行政管理方面的职务，其中不乏一些曾经参加独立战争的将官。③ 苏联学者尤·斯辽兹金认为，"外国武装力量保证使古巴的统治阶级有可能作为一个小伙计，也来剥削本国的人民，这些阶级便把国家交给凶恶的、贪得无厌的美国垄断组织来统治了"④。布鲁克任命 6 名古巴人，其中多数是参加独立战争的古巴将领，担任 6 个省的文官

---

① https：//www. ecured. cu/Primera_ ocupaci% C3% B3n_ militar_ de_ Estados_ Unidos_ en_ Cuba_ （1899 – 1902）John R. Brooke-CubaMilitarhttp：//cubamilitar. org/wiki/John_ R. _ Brooke.

② 这 7 位美国将军是：哈瓦那省：Fitz Lug Lee，哈瓦那市：William Ludlow，比那尔德里奥：George W. Davis，马坦萨斯：James Wilson，拉斯维利亚斯：George J. Bates，卡马圭：L. H. Carpenter，奥连特：Leonard Wood。

③ Instituto de Historia de Cuba, *Historia de Cuba*, *La Neocolonia Organización y crisis desde* 1899 *hasta* 1940, Editora Política, La Habana, Cuba, 1998, pp. 3 – 4.

④ ［苏］尤·斯辽兹金：《1898 年的美西战争》，生活·读书·新知三联书店 1959 年版，第 129 页。

省长①。为了便于统治，他建立了一个屈从于他的、由4个部组成的文官内阁（Consejo de Secretarios），由4名古巴人担任部长。这4个部及其部长分别是：1. 内政部，部长是多明戈·门德斯·卡波特（Domingo Méndez Capote）。2. 财政部，部长是巴勃罗·德斯贝尔尼内（Pablo Desvernine）。3. 农业、工业和贸易部，部长是阿道弗·萨恩斯·亚涅斯（Adolfo Sáenz Yáñez）。4. 司法和公众教育部，部长是何塞·安东尼奥·冈萨雷斯（José Antonio González）。

布鲁克还任命古巴人担任哈瓦那市和全国其他城市的市长和市议员。1899年1月6日，他颁布缴械令，要求所有参加过独立战争的古巴官兵交出武器，其目的是彻底解散原有的解放军等军事机构和"代表大会"等民事机构。同年，他成立哈瓦那警察部队和农村卫队（guardia rural）以维持社会秩序。1899年8月20日至9月29日，古巴泥瓦匠举行罢工，遭到布鲁克残酷镇压。

布鲁克任内，1899年11月2日发布第210号军令，成立教育局，推动了古巴大、中、小学教育。兴建了城市下水道，铺设马路，修建铁路。占领期间，美资大量涌入古巴蔗糖、烟草、矿业。

伍德总督的统治　1899年12月20日，美国政府任命原奥连特省军事省长伦纳德·伍德（Leonard Wood）为古巴总督，取代布鲁克。伍德任内，成立名人代表大会（Asamblea de Notables）。医生出身的伍德重视卫生，他新建了卫生部，在古巴著名治疗黄热病专家卡洛斯·胡安·芬莱（Carlos Juan Finlay，1833—1915）的合作下，消灭了曾肆虐古巴的黄热病。伍德任内建立了古巴国家图书馆，举行了古巴第一次全国人口普查，普查结果是古巴全国人口1572577人，选民417933人。②

伍德在古巴实施铁腕统治，残酷镇压反对派人士。1901年古巴《争论报》（Discución）刊登了一幅讽刺伍德和美国总统麦金莱的漫画，伍德下令关闭《争论报》报社，逮捕和关押社长曼努埃尔·科洛纳多

---

① 这6位古巴文官省长是：哈瓦那省：Federico Mora，比那尔德里奥：Guillermo Dolz Arango，马坦萨斯：Pedro E. Betancour Dávalos，拉斯维利亚斯：José Miguel Goméz，卡马圭：Lópe Recio Loynaz，奥连特：Demetrio Castillo Duany。

② https：//www.ecured.cu/Leonard_ Wood.

（Manuel Coronado）和漫画的作者赫苏斯·卡斯特利亚诺（Jesús Castel-
lanos）。

二　制宪会议的召开

制宪会议的召开　1900年7月25日，伍德颁布第301号军令，宣布
选举制宪大会代表，要求代表们于1900年11月的第一个星期一召开会
议，起草和通过一部古巴宪法。8月11日，伍德颁布第316号军令，宣
布当年9月15日召开制宪代表会议（Convención de Constituyentes），由该
代表会议负责起草宪法。9月15日，举行选举，选举产生了31名立宪大
会代表，来自民族党、共和党和民主团结党。11月5日，在哈瓦那伊里
霍阿（Irijoa）剧场召开立宪大会会议，当天该剧场改名为"马蒂剧场"。
伍德代表美国总统宣布立宪大会成立。他在讲话中，提到了美国政府的
意图。1901年2月，制宪会议完成了宪法起草工作。为确定古美的政治
关系，1901年2月12日，任命了一个由5人组成的委员会，负责研究和
建议古美政治关系。2月15日，伍德在巴塔巴诺（Batananó）宴请委员
会成员，并宣读了美国陆军部长伊莱休·鲁特（Elihu Root）的一封信，
信中包含后来《普拉特修正案》的主要内容，信中提出了美国政府关于
未来古美关系的5点指示：第一，没有美国的同意，不得与任何外国签
订有损古巴独立的条约；第二，不得举借超过古巴岛正常收入的公债；
第三，美国对古巴有干涉的权力；第四，美国军政府在古巴的一切行动
应得到认可和行之有效；第五，应给予美国为建立海军基地所必需的领
土。按照鲁特的指示，伍德要求古巴制宪大会议把上述5条列入古巴宪
法。古巴制宪会议于1901年2月27日通过一项决议，反对美国政府提出
的上述要求。

但美国不肯善罢甘休，参议院外委会主席奥维尔·普拉特（Orville
Platt）把鲁特的上述条文连同伍德的附加意见略加修改，以对陆军拨款法
案的补充条款形式再次向美国国会提出修正案，1901年2月25日和3月
1日，美国众、参两院分别通过了《普拉特修正案》。3月2日，麦金莱
签署了这项修正案。在美国的压力下，古巴制宪会议于6月12日以16票
对11票的多数勉强通过了这项修正案，并作为附录强行载入古巴宪法。

1901 年 12 月 31 日，古巴在美国的导演下，举行了总统选举。1902 年 5 月 20 日，亲美的保守党人托马斯·埃斯特拉达·帕尔马（Tomás Estrada Palma，1835—1908）宣誓就任总统，伍德离开古巴回国，从而结束了美国对古巴的第一次军事占领。①

第四节 《普拉特修正案》和古巴的独立

一 《普拉特修正案》

普拉特和《普拉特修正案》 根据巴黎和约的规定，西班牙军队于 1899 年 1 月 1 日从古巴撤退，美国取而代之，对古巴实行了军事占领，成立了以约翰·布鲁克为首的军政府。同年年底，伦纳德·伍德接替布鲁克任古巴总督。伍德宣布解散古巴解放军（起义军），组织乡村自卫队来维持秩序。

美国通过美西战争，窃取了古巴人民 30 年革命斗争的胜利果实，从而激起古巴人民的无比愤怒。为平息古巴人民的反美情绪，美国总统麦金莱派特使前往古巴，表示将撤退美军，允许古巴独立。在美国的欺骗下，古巴解放军总司令戈麦斯同意解散解放军，古巴战时共和国政府也停止了活动。1900 年 7 月 15 日，伍德下令成立制宪会议。在美国的监视、控制下，制宪会议于 1901 年 2 月完成了宪法草拟工作。2 月 25 日，普拉特向美国国会提出的一项关于美古关系的修正案，先后获美国众、参两院通过。3 月 2 日，经麦金莱总统签署后，修正案作为附录正式写入古巴宪法，从而使它对美国和古巴双方产生名义上的法律效力，最终导致了古巴实际上处于美国的"被保护国"的地位，防止其他老牌殖民国家染指古巴。

在美国将无期限占领古巴的威胁与欺骗下，古巴制宪会议被迫在同年 6 月 12 日以 16 票对 11 票勉强通过这项修正案，并将它作为附录载入古巴宪法。

---

① Leonard Wood-CubaMilitar http：//cubamilitar. org/wiki/Leonard_ Wood.

《普拉特修正案》共 8 条①，其内容是：（1）古巴政府不得与第三国签订任何有关将本国领土让与该国作陆海军基地的条约；（2）不准古巴缔结利息支付超过正常收入的国家债务的协定；（3）美国以"保持古巴的独立""维持力能保护公民生命财产与个人自由的一个政府"为借口，有对古巴内政"行使干涉的权利"；（4）古巴政府应承认（美国）军事当局的一切法令均属有效；（5）古巴政府应执行军事当局所采取的各项卫生措施；（6）松树岛（今青年岛）的主权以后再商定归属；（7）古巴政府应向美国提供建立储煤站和海军基地所需之领土；（8）上述条款均包括在美古签订的永久性条约内。

《普拉特修正案》的实质　《普拉特修正案》是套在古巴人民脖子上新的枷锁，使古巴不能实行独立的外交政策，美国控制古巴的财政、金融，并有权干涉古巴的内政，使古巴成为美国的附庸。《普拉特修正案》是美西战争的直接产物，也是美国在新殖民主义扩张时期对本身国土周

---

① 附：《普拉特修正案》（译文）

为进一步履行在 1898 年 4 月 20 日该宣言所载的联合决议，题为"承认古巴人民的独立，要求西班牙政府放弃对古巴岛的权威和统治，且从古巴及其水域撤出所属的海军和陆军，并指示美国总统调动美国陆军海军以执行本法案"的宣言，现总统授权"将古巴的政府与控制交付其人民"，因此在依照宪法在古巴成立政府后，无论是作为宪法的其中一个部分或在附录条例中，都应确定美国与古巴的未来关系，如下：

"1. 古巴政府永远不得与任何外国势力签署将损害或有可能损害古巴独立性的条约或其他契约，也不能以任何方式授权或允许任何外国势力通过殖民、用于军事或海军目的或其他方式，来取得占领或控制的岛屿任何部分的条约或其他协议。"

"2. 政府不应承担或约定任何公共债务和偿付利息，也不能为了偿付前面所说的债务而建立合理的偿债基金规定，全岛的普通收入不足以支付政府日常费用。"

"3. 古巴政府同意美国可行使干预维护古巴的独立，以维持一个适当的为保护生命、财产和个人自由的政府，并履行巴黎条约施加给美国对古巴政府现在承担和开展的义务。"

"4. 美国在古巴的军事入驻期间的这一切行为均被申请批准和确认，且所有合法的权利由此予以保留。"

"5. 古巴政府将执行并尽可能提供已被双方共同商定为必要的岛内城市卫生计划或其他计划，以期阻止可能再次发生的流行病和传染性疾病，从而确保对古巴人民和商业的保护，以及保护美国南部商业港口和居民情况。"

"6. 松树岛（今青年岛）应在宪法中的疆界中予以略去，其所有权由未来的条约调整。"

"7. 为了能使美国保持古巴的独立，并保护其人民，以及出于自己国防需求，古巴政府将出售或租借给美国所需的煤或建立海军基地的某些特定地点。"

"8. 古巴政府将在未来保证上述与美国的协定永久在条约中有效。"

边的拉美进行控制的结果。通过美西战争，美国最终夺取了古巴 1868 年到 1898 年的 30 年独立战争的果实。通过《普拉特修正案》，美国则最终"合法"地掌握了古巴，从 1902 年成立古巴共和国，至 20 世纪 50 年代，古巴历届政府均受美国控制。

二 古巴的独立

古巴的独立　1901 年 12 月 31 日，在美国的导演下，古巴举行了选举。1902 年 5 月 20 日，亲美的托马斯·埃斯特拉达·帕尔马就任古巴共和国首届总统，古巴共和国宣告成立。美国在确保其对古巴的控制后，才结束了其对古巴长达 4 年的军事占领，从古巴撤出军队，并承认古巴的"独立"。

古巴人民依靠自己的力量赢得了独立　古巴人民为了独立进行了 30 年英勇不屈的战争，做出了巨大的牺牲。据统计，参加伟大的独立运动，反抗西班牙的古巴解放军和民众共约 342992 人，其中解放军现役军人 3 万人，后备新兵 2.5 万人，后勤人员 5000 人，古巴爱国侨民 5 万人，被放逐或被驱逐出境的政治犯 2000 人，被关在监狱和要塞中的犯人 2000 人，被西班牙虐待致死的 1.5 万人，在西班牙占领区因革命而被判死罪者 100 人，被西班牙公开枪决的古巴人 192 人，革命地区由于天花、疟疾和其他传染病而死亡者 2 万人，由海外来到古巴的远征队 1700 人，在战争中被西班牙军队杀害的解放军和革命后勤人员 1.2 万人，居住在革命地区的以及反对西班牙统治的农民和他们的家属 18 万人。[1] 在古巴第二次独立战争 1895 年到 1898 年，古巴死去了 40 多万人，其中 10 万人是儿童。战争给古巴经济造成了巨大损失：损失了 75% 的牲畜，81% 的糖厂处于毁坏或半毁坏的状态，因此，糖产量只剩下三分之一，烟草产量甚至没有达到 1895 年的 20%。

1897 年 3 月 4 日，麦金莱就任美国总统后，任命伍德福德为新任驻西班牙公使，伍德福德在谈到 1895 年古巴第二次独立战争时，不得不承

---

① ［古］艾·罗依格·德·卢其森林：《古巴独立史》，生活·读书·新知三联书店 1971 年版，第 33—34 页。

认"革命迅速地蔓延着……战事几乎扩大到全岛，发展到西部各省，这是亚拉暴动所没有达到的规模"，"古巴岛上愤懑的居民和宗主国之间进行了一场空前的斗争。"①

1897年12月6日，麦金莱在向国会提交的国情咨文中，不得不承认古巴革命（即第二次独立战争）从一开始就来势凶猛，承认革命的"惊人发展……对西班牙为镇压暴动而大量集结的军队进行了顽强的抵抗"。但是，他仍重申与西班牙友好，并供认美国政府曾经阻挠为古巴革命军运送军火的远征队离开美国。

1898年2月15日"缅因号"战舰爆炸后，3月25日，麦金莱总统向西班牙发出最后通牒，要求西班牙立即同古巴革命者停战，遭到西班牙政府的拒绝。4月11日，麦金莱向国会提交国情咨文，要求国会授权他"采取措施，全面和彻底地结束西班牙政府与古巴人民之间的战事，保证在岛上建立一个能够维持秩序并执行国际义务的稳定政府，以巩固和平与安宁，保障古巴和我国公民的安全；并在必要时使用美国的陆海军力量，以实现上述目的"。但是，麦金莱不仅公然拒绝承认古巴的独立和古巴的革命政府，而且拒绝承认古巴解放军为交战的一方。1898年4月18日，美国众参两院通过的"联合决议"虽然宣告古巴人民有自由和独立的权利，但只字未提承认古巴共和国为一个独立的国家。4月20日，麦金莱总统批准了"联合决议"。

古巴著名历史学家艾·罗依格·德·卢其森林认为，"古巴人民是依靠他们自己的力量赢得它的独立的"，"古巴的独立并不是依靠美国获得的，而是由于本国人民的努力赢得的，他们具有坚定的、不屈不挠的意志，要铲除在暴虐的殖民统治下所遭受的不公正的待遇、贪赃枉法行为、歧视和剥削，争取自由、民主、正义、文化和文明"，"由于解放军不可战胜的强大威力，由于军事将领们出色的军事才能，由于军队的纪律性，士兵的英雄主义和忘我牺牲精神，终于摧毁了西班牙的经济和军事力量，击败了它的王牌军"，"美国始终敌视古巴的独立，阻挠和破坏古巴爱国

---

① ［古］艾·罗依格·德·卢其森林：《古巴独立史》，生活·读书·新知三联书店1971年版，第88页。

者旨在争取向古巴派遣携有军火和医药用品的远征队所作的工作，它顽固地拒不承认古巴为交战一方；相反，曾多次为西班牙提供物质援助，使西班牙得以保持对古巴统治，而在它不能维持统治时，甚至还帮它恢复这种统治。这种态度，同美国人民在各个时期所表现的一贯同情古巴解放事业的态度相比，形成了一个鲜明的对照"，"美国就有两种完全不同的而且对立的态度。人民是坚决、勇敢地支持古巴的愿望；政府和官方的态度则是冷淡的、自私自利的，拒绝、阻挠和反对任何对古巴解放事业的支持和参与。这就是美国对待古巴一贯的真实态度，实质上这也是美国对拉丁美洲其他人民所采取的一贯态度"①。

---

① ［古］艾·罗依格·德·卢其森林：《古巴独立史》，生活·读书·新知三联书店 1971 年版，第 99、165—166 页。

第 三 章

美国控制下的古巴共和国
（1902—1959）

第一节　帕尔马政府和美国的第二次军事
占领（1902—1906）

一　古巴共和国的成立（1902）

古巴的独立和共和国的成立　1901 年 12 月 31 日，在美国的导演下，古巴举行了选举。1902 年 5 月 20 日，亲美的托马斯·埃斯特拉达·帕尔马就任古巴共和国首届总统，古巴共和国宣告成立。美国在确保其对古巴的控制后，才结束了其对古巴长达 4 年的军事占领，从古巴撤出军队，并承认古巴的"独立"。

然而，古巴的独立只是形式上的，《普拉特修正案》是套在古巴人民脖子上新的枷锁，使古巴不能实行独立的外交政策，美国控制了古巴的财政、金融，并有权干涉古巴的内政，使古巴成为美国的附庸。美国利用《普拉特修正案》于 1903 年 2 月租借了古巴的关塔那摩湾和翁达湾为海军基地。几年后，美国放弃了它所占的翁达湾基地，代之以扩大关塔那摩基地的面积。直至今日，美国仍霸占着古巴的关塔那摩海军基地。[①]

帕尔马政府[②]　帕尔马在"十年战争"中曾任战时共和国总统，马蒂

---

① ［古］何塞·坎东·纳瓦罗：《古巴历史——枷锁与星辰的挑战》，当代世界出版社 1999 年版，第 101—102 页。

② Tomás Estrada Palma-EcuRed，https：//www. ecured. cu/Tom% C3% A1s_ Estrada_ Palma.

牺牲后，他还接替成为古巴革命党代表（主席）。但是，帕尔马在1898年12月美西战争结束、巴黎和约签订的几天后，便解散了古巴革命党。在帕尔马的政府中，没有一名起义军老战士，没有一名革命侨胞，政府成员均由自治主义者组成，这样的政府不可能代表古巴人民的利益。

1903年，帕尔马政府同美国签订了贸易互惠协定，根据这一协定，只有小部分古巴产品在进入美国市场时可以享受比别的国家少20%的关税，而大批美国产品进入古巴时，关税却要降低25%到45%。由于美国资本已经渗入到古巴经济，降低古巴的关税主要对美国投资商有利。

为了履行《普拉特修正案》，1903年5月22日，帕尔马政府又与美国签订了一个《古美关系长期条约》（*Tratado Permanente de Relaciones entre Cuba y los EE. UU.*），该条约又重复了《普拉特修正案》的8项条款，限制古巴的主权。根据这一协定，古巴位于翁达湾（Bahía Honda）和关塔那摩湾的部分土地租给美国，关塔那摩湾的部分土地租给美国做海军基地。1912年，时任古巴内务部部长曼努埃尔·桑吉利（Manuel Sanguily，1848—1925）与美国国务院谈判，双方签署了新的条约，美国将所占翁达湾的土地归还古巴，但扩大了美国所占关塔那摩湾海军基地的面积。时至今日，美国仍霸占着关塔那摩海军基地。

1904年，帕尔马政府向美国银行借了3500万比索的贷款，以支付给前起义军官兵作抚恤金。帕尔马任内，美国资本大量涌入古巴。到1905年，在古巴已有29家美资糖厂，这些糖厂生产古巴21%的蔗糖；美国的烟草托拉斯已控制了古巴近90%的卷烟出口。帕尔马政府任内，古巴经济发展缓慢，农业处于荒芜状态，政府没有给参加独立战争的战士分配他们要求的土地和生产资料。

帕尔马上台后不久，1902年11月，爆发了古巴共和国的第一次总罢工，即"学徒罢工"。1903年，发生了两次武装起义和人民的大规模抗议活动。人民群众对国家日益处于依附状态越来越表示不满。帕尔马政府对起义和罢工都进行了残酷镇压。

从1903年起，在哈瓦那、曼萨尼略等地，建立了第一批早期的马克思主义组织，如由工人领导人卡洛斯·巴利尼奥（Carlos Baliño，1848—1926）领导的社会主义宣传俱乐部（1903）、工人党（1904）、"卡尔·

马克思"团体和曼萨尼略社会党（1905）、哈瓦那社会主义小组（1905）和古巴岛社会党（1906）等。[①]

1905 年 9 月 23 日，古巴举行大选，帕尔马为了自己能连选连任，不择手段导演了一场选举丑剧。帕尔马虽然再次当选，却激起了人民的反抗和起义。1906 年 5 月 20 日，帕尔马再次就任总统。8 月，反对党自由党发动了一场史称"八月小战争"（Guerrita de Agosto）的武装起义，起义威胁到帕尔马政府的生存。在这一形势下，帕尔马要求美国进行军事干涉。1906 年 9 月 29 日，美国开始第二次军事占领古巴，美国政府任命美国战争部部长威廉·霍华德·塔夫脱（William Howard Taft，1857—1930）为临时政府总督。

二 美国的第二次军事占领（1906—1909）

美国的第二次军事占领[②] 塔夫脱率领 6000 名美国军人到达古巴，并将他们分布在古巴各地。1906 年 10 月 13 日，塔夫脱委任查尔斯·爱德华·马贡（Charles Edward Magoon，1861—1920）为总督，马贡接任总督后，立即停止了国会的职能并擅自掌握立法权。他下令解散了起义的力量和帕尔马总统建立的民兵。在美国第二次军事占领古巴的两年多时间里，有下述两个特点：一是大量挥霍公共基金，腐败和贿赂盛行。通过兴建公共项目，盗用公款、聚敛资产，致使共和国负债累累。马贡动用国库的钱，支付"八月小战争"的费用，增加农村卫队的薪饷，支付美国干涉的费用；同意用 1650 万比索贷款修建哈瓦那的下水道工程。美国在接收帕尔马政府时国库有 1363 万比索，而在占领结束时只剩下 280 万比索，其中有 100 万是债券。美国对古巴的第二次占领为大肆腐败开辟了先例，成为古巴新殖民共和国的一大祸害。二是马贡残暴地镇压工人的罢工，当时工人们要求推行 8 小时工作制、合理的报酬、劳动保险和

---

① ［古］何塞·坎东·纳瓦罗：《古巴历史——枷锁与星辰的挑战》，当代世界出版社 1999 年版，第 103 页。

② Segunda ocupación militar de Estados Unidos en Cuba（1906 - 1909） - EcuRed，https：//www. ecured. cu/Segunda_ ocupaci% C3% B3n_ militar_ de_ Estados_ Unidos_ en_ Cuba_ （1906 - 1909）.

公平的待遇。马贡还残酷镇压了两次起义。

美国军事当局为了巩固它在政治、经济上对古巴的统治，制定了一系列补充1901年宪法的法律，如《城市法》《法律权力机构法》《民事法和选举法》等。在制定这些法律后，马贡成立了由3名美国人和9名代表不同政治倾向的古巴人组成的协商委员会，由1名美国人任协商委员会主席。在这一委员会中，古巴独立战争的老战士胡安·瓜尔贝尔托·戈麦斯（Juan Gualberto Gómez, 1854—1933）起了积极作用，他有关实行普选和市镇自治的主张得到采纳。

戈麦斯当选并就任总统　1908年8月1日，古巴举行了省和市的选举。随后，11月14日举行总统选举，自由党候选人何塞·米盖尔·戈麦斯（José Miguel Gómez, 1858—1921）战胜了保守党（即以前的温和党）候选人马里奥·加西亚·梅诺卡尔，当选总统。1909年1月28日，戈麦斯就任总统，从而结束了美国2年零4个月的第二次军事占领。

第二节　从美国的绝对统治到马查多独裁统治

一　美国的绝对统治（1909—1925）

美国在古巴的经济扩张　在这一时期，美国加紧对古巴的经济扩张，美国对古巴的投资急剧增加，从1906年的1.6亿美元，增加到1914年的2.15亿美元，1925年又增加到13.6亿美元。[①] 1915年美国在古巴的投资已超过了英国在古巴的投资。1914—1925年，古巴制糖业发展迅速，而美资很快控制古巴的制糖业。1914年，美资38家糖厂的产量占古巴糖总产量的38%，到1927年，75家美资糖厂的产量占古巴糖总产量的68.5%。其中美资古巴蔗糖公司（la Cuban Cane Co.）一家糖厂从1916年至1925年销售糖的收入达5.8亿美元，纯利润1.05亿美元。到1925

---

① Dominio absoluto de Estados Unidos（1909 – 1925）– EcuRed, http://www.ecured.cu/index.php/Dominio_ absoluto_ de_ Estados_ Unidos_ （1909 – 1925）, Leland H. Jenks, Nuestra Colonia de Cuba, Editorial Palestra, Buenos Aires, 1959, p.270.

年，美国已控制了古巴的经济命脉，美资控制了古巴经济的战略部门：制糖业、矿业、公共服务、银行、外债和土地。美国资本家成为古巴发电、电话、石油、煤炭、铁路、水泥、烟草、罐头制品等企业的老板。

制糖业的迅速发展需要增加大量劳动力，因此，自 1913 年起，古巴政府允许引进大量牙买加和海地的劳动力，到古巴甘蔗种植园砍甘蔗。从 1913 年至 1925 年共引进 25 万名牙买加和海地劳工，他们在古巴甘蔗园过着半奴隶的生活。

1927—1928 年，在古巴的美资甘蔗种植园占据了古巴 40% 最好的土地，其中 18 家美资企业拥有 103992 卡巴耶里亚土地（简称卡，1 卡 = 13.43 公顷），即 1395572 公顷土地。[1]

在帕尔马之后的 3 届政府即何塞·米盖尔·戈麦斯（José Miguel Gómez，1858—1921）政府（1909—1913）、马里奥·加西亚·梅诺卡尔（Mario García Menocar，1866—1941）政府（1913—1921）和阿尔弗雷多·萨亚斯 – 阿方索（Alfredo Zayas y Alfonso，1861—1934）政府（1921—1925）的共同特点是亲美和贪污腐败。

戈麦斯政府　自由党人何塞·米盖尔·戈麦斯[2]曾参加两次独立战争，获起义军少将军衔。在美国第一次军事占领古巴期间，被任命为拉斯维利亚斯省文官省长，并在该省成立联邦共和党，该党数名成员当选为制宪会议成员，参与起草宪法。

然而，执政后，他很快就背叛了民族解放事业，他聚敛大量财富，腐败盛行，官员贪污受贿成风，引起人民强烈不满，称他为"鲨鱼"。任内，戈麦斯政府准许斗鸡、恢复国家彩票、允许开赌场。他还从大规模的工程建设中捞油水，主要工程有：疏浚古巴港口，淘干萨帕塔沼泽地，兴建 6 所农业学校，修建公路、铁路、桥梁、医院、养老院等。此外，还创建了历史研究院、国家艺术馆、国家博物馆等机构，颁布了一些对人民有利的法律，如给每户无地的农户 1 卡的土地等。

---

[1]　Dominio absoluto de Estados Unidos（1909 – 1925）– EcuRed，https：//www.ecured.cu/Dominio_ absoluto_ de_ Estados_ Unidos_ （1909 – 1925）.

[2]　José Miguel Gómez-EcuRed，https：//www.ecured.cu/Jos% C3% A9 _ Miguel _ G% C3% B3mez.

戈麦斯政府建立了永久性的军队，改组了农村卫队。1912 年，他派农村卫队镇压东部地区爆发的大规模黑人起义，有 300 多名黑人被屠杀。

梅诺卡尔政府 马里奥·加西亚·梅诺卡尔①曾参加第二次独立战争，曾任战时共和国政府陆军部副部长，获起义军少将军衔。后经营甘蔗种植业，担任古巴美国蔗糖公司所属大种植园的总经理和保守党领袖。他是美国垄断集团在古巴的忠实代表。美国报刊说，与其说梅诺卡尔是古巴人，不如说他是美国人。由于他执行反工人和反人民的政策，被称为"工头"和"古巴的土皇帝"。

1917 年，他通过贿选连任总统，导致自由党人起义，他依仗美国势力平息起义。美国甚至派海军陆战队在古巴一些港口登陆。

其两任总统时期正值第一次世界大战（1914—1919），由于战争，欧洲的甜菜生产受到影响，因此，国际市场对古巴蔗糖的需求大增，糖价空前上涨，古巴蔗糖产量大幅度增加，使古巴经济一度出现繁荣。1913 年古巴生产了 242.8 万吨糖，占世界糖的总产量的 14.3%；到 1916 年，增加到 300 万吨，占世界糖的总产量的 18.48%；1919 年增加到 400 万吨，占世界糖的总产量的 26.6%。1913 年的糖价是每磅 1.15 美分，1920 年 5 月，达每磅 22.5 美分。除糖外，古巴铁和锰的出口量也增加，价格也上涨。这个经济繁荣阶段被称为"百万资产的舞蹈"（Danza de los millones）或"肥牛"（Vacas gordas）阶段。加西亚本人也乘机牟取了大量财富。这种繁荣的受益者主要是垄断资本集团、糖业巨头、大商人、银行家，尤其是对美国资本家和银行家有利，而广大劳动群众并没有得到好处。因为战争使消费品短缺、物价上涨，生活费用上涨了 100%，而工资只增加了 30%。由于战争，古巴烟草的主要市场英国市场关闭，导致古巴烟草生产减少，非甘蔗的农业生产不受重视，损害了农民的利益。

但是，经济繁荣的好景不长，第一次世界大战结束后，国际市场上糖价急剧下跌，使古巴经济受到重创。糖价从 1920 年 5 月的每磅 22.5 美分降到 7 月每磅 15.5 美分，8 月的 11 美分，9 月的 9 美分，10 月的 7 美

---

① Mario García Menocal-EcuRed，https：//www.ecured.cu/Mario_Garc%C3%ADa_Menocal.

分，11 月的 5.25 美分，12 月的 3.75 美分。

1920 年 10 月，面临这样明显的灾难，储户们开始到银行去取他们的存款，但银行没有现金支付，因为银行在糖产量大幅度增加、糖价上升时发放了大量贷款，因此当糖价猛跌时，就债台高筑，不能应对债权人的急切要求，致使古巴不少银行破产，而资本雄厚的美国银行乘机控制了古巴的信贷部门，从而进一步控制了古巴许多糖业公司、土地、多种不同行业的企业和不动产。梅诺卡尔本质上已成为美国垄断集团利益在古巴的代表。

梅诺卡尔任内，兴建了一些公路、道路、医院，创建了 6 所师范学校、建立了国家档案馆和国家博物馆，1915 年古巴第一次制造本国的货币。在军事方面也进行了重要的投资，为陆军、海军和农村卫队增加了武器装备，建立了海军学院和空军学校。其任内，古巴负债累累，他曾签订了 4 笔总价值为 5200 万比索的贷款，发行了 500 万比索的债券。

在梅诺卡尔任内，在俄国革命运动的影响下，古巴工人运动高涨，人民斗争加强，社会主义思潮、无政府工团主义和改良主义思潮等各种思潮活跃。古巴在这一时期成立和发展了数百个行业工会、工会、省一级和行业的联合会，在这些工会中，最突出的是海员、码头工人、铁路工人、烟草工人、糖业工人、印刷工人和制造业工人的工会举行过重要的罢工，但大多数罢工被政府用暴力镇压了，工人们的要求只有很小部分得到满足。

萨亚斯政府　萨亚斯起初曾加入自治党，后于 1895 年加入古巴革命党，1896 年因参加独立运动被捕入狱，1897 年被流放美国。后加入自由党，1898—1902 年任自由党主席，1901 年当选古巴立宪大会代表，参与起草古巴宪法。他曾反对《普拉特修正案》和反对将关塔那摩湾租借给美国。1909—1913 年何塞·米盖尔·戈麦斯任内，他任副总统。1919 年他脱离自由党，创立人民党。

1920 年他当选总统，1921 年 5 月 20 日就任。在他任内（1921—1925），美国资本几乎完全控制了古巴的经济命脉。在美国伍德罗·威尔逊总统的特使伊诺克·H. 克劳德（Enoch H. Crowder）监督下，萨亚斯成立所谓"廉洁内阁",并从美国获取 5000 万美元贷款。克劳德曾在美国两次军事占领期间在军政府中任职。

克劳德带了一批美国金融和行政管理方面的专家到古巴,萨亚斯总统对他们打开档案和其他政府资料的大门,无论这些档案资料是多么机密。克劳德通过发备忘录向萨亚斯总统发号施令,萨亚斯对克劳德则言听计从。如克劳德下令减少国民预算 5%,要求更新整个内阁成员,萨亚斯都照办。

后来,克劳德被美国沃伦·G. 哈丁总统任命为驻古巴大使,萨亚斯继续对克劳德毕恭毕敬,并利用职权聚敛大量财富,并把家族成员安插在政府中,使萨亚斯政府成为古巴历史上最腐败的政府之一。古巴历史学家何塞·坎东·纳瓦罗认为,"比腐败更令人感到羞耻和气愤的是美国的干涉。在整个萨亚斯执政时期,真正统治国家的是美国代表伊诺克·H. 克劳德。"①

群众运动的高涨和古巴共产党的建立　20 世纪二三十年代,古巴人民群众反帝反寡头统治的运动日益高涨。1922 年 12 月,在广泛的学生运动基础上成立了大学生联合会,1923 年召开了全国大学生代表大会。大会要求大学自治、大学改革,大会表示反对帝国主义,要求美国停止对古巴内政的干涉,取消《普拉特修正案》,承认古巴对松树岛的主权。1923 年举行了古巴全国第一次妇女代表大会,有全国 31 个妇女组织的代表与会。大会提出了男女平等、妇女选举权等要求。在糖业、卷烟业、铁路等各行业工人运动高涨的基础上,1925 年 2 月和 8 月先后在西恩富戈斯和卡马圭召开了两次古巴全国工人代表大会。全国 128 个工人组织参加了卡马圭大会,这次大会最重要的成果是建立了古巴第一个全国性的中央工会——古巴全国工人联合会。

在俄国十月社会主义革命胜利的影响下以及在工人运动的推动下,古巴原有的共产主义小组队伍日益壮大。从 1922 年起,哈瓦那社会主义小组已经执行了第三国际的纲领和策略。1923 年,该小组改名为哈瓦那

① 〔古〕何塞·坎东·纳瓦罗:《古巴历史——枷锁与星辰的挑战》,当代世界出版社 1999 年版,第 120 页。

共产主义小组。与此同时，在古巴国内其他一些地方又成立了类似的共产主义组织。1925 年 8 月 16—17 日，这些小组召开了第一次代表大会，成立了古巴第一个马列主义政党——古巴共产党。与会代表近 20 人，代表当时全国约 100 名共产主义者。大会通过了党章和争取工农权益的纲领，提出了参加选举斗争的主张，制定了有关工会、农民、青年和妇女工作的策略，并决定加入共产国际。大会选举产生了由卡洛斯·巴利尼奥（Carlos Baliño，1848—1926）、胡利奥·安东尼奥·梅利亚（Julio Antonio Mella，1903—1929）和何塞·米盖尔·佩雷斯（José Miguel Pérez）等 9 人组成的中央委员会，佩雷斯任总书记。[①]

二　马查多的独裁统治和 1933 年革命

马查多的独裁统治　在 1924 年 11 月大选中，自由党候选人、赫拉尔多·马查多－莫拉莱斯（Gerardo Machado y Morales，1871—1939）当选为总统，并于 1925 年 5 月 20 日就职。

马查多曾参加古巴第二次独立战争，并晋升为起义军准将。战后参加自由党，先后任圣克拉拉市市长、陆军总监和内政部部长，后从商，他与美国占领当局密切合作，与美资电力公司关系密切，在美国资金支持下，曾任一家糖厂的厂长。

马查多在就职前，1925 年 4 月，专门到美国访问，同美国银行界、工商界、商业界、政界和军界的代表聚会，向他们对古巴的投资做了绝对的保证，并表示，无论形势如何变化，他都无限效忠美国。[②]

他执政初期，实施了一项大规模的公共工程计划，其中包括修建从比那尔德里奥到圣地亚哥的全长 1142 千米的中央公路、哈瓦那市的国会大厦（Capitolio）、疏浚港口和修建码头、兴建医院和学校等。

1926 年，马查多政府颁布了海关法，对民族工业采取了一定的保护主义措施，促使了民族工业的发展。但 1928 年他操纵国会，修改宪法，

---

① 〔古〕何塞·坎东·纳瓦罗：《古巴历史——枷锁与星辰的挑战》，当代世界出版社 1999 年版，第 125—126 页。

② 〔古〕何塞·坎东·纳瓦罗：《古巴历史——枷锁与星辰的挑战》，当代世界出版社 1999 年版，第 130—131 页。

连任总统，并将任期从 4 年延长至 6 年，遭人民群众反对。在第二任期内，马查多实行独裁统治，压制舆论，残酷地镇压黑人独立运动和工人罢工，解散工会，派人到墨西哥杀害流放在那里的古共领导人梅利亚；为镇压学生运动，一度封锁哈瓦那大学并停办一些学校；逮捕和流放大批反对派。因此，被称为"带爪子的公驴"。他对外屈从美国的高压政策，向美国大量举贷，使古巴在经济上加深对美国的依附。在马查多任内，美国根据同古巴政府签订的贸易协议，禁止古巴生产多种产品，强迫古巴从美国进口这些产品，使其成为美国商品的倾销地。在 20 世纪 20年代末开始的经济危机中，尽管美国仍向古巴购买蔗糖等农产品，但是实际上它强迫古巴在出口蔗糖时支付美国所规定的关税。

1933 年革命　1933 年 7 月底，在古巴共产党和古巴工人联合会领导下，古巴爆发了总罢工，罢工得到各地工人、农民、学生和其他各阶层人民的广泛响应，8 月 12 日，在人民群众的强大压力下，马查多被迫辞职并离境。这一事件史称"1933 年革命"。

当晚，在美国认可下，古巴议会任命古巴国父塞斯佩德斯之子卡洛斯·曼努埃尔·德塞斯佩德斯－克萨达（Carlos Manuel de Céspedes y Que-sada，1871—1939）为临时总统。塞斯佩德斯宣布废除 1928 年宪法，恢复 1901 年宪法，解散议会和群众组织，拒绝实行社会经济改革，遭到人民激烈反对。同年 9 月 4 日，时任中士的富尔亨西奥·巴蒂斯塔（Ful-gencio Batista，1901—1973）等发动军事政变，迫使执政不到一个月的塞斯佩德斯辞职，9 月 5 日，由拉蒙·格劳·圣马丁（Ramón Grau San Martín，1881—1969）等 5 人组成执政委员会（Pentarquía），执政了 5 天。9 月 10 日，由格劳出任临时总统。

罗斯福"睦邻政策"与美古关系　富兰克林·德拉诺·罗斯福（Franklin Delano Roosevelt，1882—1945），作为民主党总统候选人参加1932 年 11 月 8 日大选获胜，当选总统，于 1933 年年初就任。3 月 4 日，他在就职演说中正式提出"睦邻政策"。他说："在对外政策方面，我认为我国应该奉行睦邻政策——决心尊重自己，从而也尊重邻国的权利——珍视自己的义务，也珍视与所有邻国和全世界各国协议中所规定的神圣义务。"① 4 月 12 日，罗斯福在泛美联盟的一次会议上对"睦邻政策"作了进一步的解释，他说："真正的泛美主义的本质，一个和睦邻政策的本质一样，这就是互相谅解，并通过谅解，同情地对待别人的观点。"睦邻政策的核心是放弃对拉美国家进行武装干涉政策。

罗斯福的睦邻政策是美国对拉美政策的一个重大转变。1933 年年初，古巴人民反对马查多独裁政权的斗争进入高潮。为保护美国在古巴的利益，同年 5 月，罗斯福派塞姆纳·威尔斯（Sumner Welles）任美国驻古巴大使。同年 8 月 5 日，古巴首都哈瓦那爆发总罢工和罢市，8 月 12 日马查多被迫逃亡巴哈马群岛避难。在威尔斯支持下，曼努埃尔·德塞斯佩德斯出任临时总统。9 月 4 日，巴蒂斯塔发动政变，推翻了塞斯佩德斯政府，政权落入 5 人委员会（Pentarquía）之手。9 月 10 日，格劳被推举为临时总统。格劳在人民群众压力下，实行了一些改良措施，并拒绝偿还其前任亲美政府向美国银行举借的贷款。威尔斯主张推翻格劳政府，不承认它，并紧急请求罗斯福总统派兵在古巴登陆。但罗斯福和国务卿赫尔认为，如果出兵干涉古巴，会在整个拉美地区产生"灾难性的反应"，破坏睦邻政策，所以美国没有像过去那样派兵到古巴进行赤裸裸的武装干涉。但是，美国还是以"护侨"为名，派出一支舰队驶入古巴海域，进行军事恫吓，并拒绝承认格劳政府。从 1933 年 9 月 5 日到 11 日，罗斯福政府派大小军舰共 30 艘到古巴海面，其中包括 3.2 万吨的战舰"密西西比号"和 1 万吨的巡洋舰"里士满号"和"印第安纳波利斯号"。②

1934 年 1 月 15 日，格劳政府被迫下台，政权落到右翼卡洛斯·门迭塔·蒙特富尔（Carlos Mendieta Montefur，1873—1960）手中，美国政府立即予以承认，并从古巴海域撤回几艘军舰。1934 年 5 月，美国政府与门迭塔政府签署一项条约，废除了《普拉特修正案》，但仍继续占据关塔那摩海军基地。

1934 年 8 月 24 日，美国与古巴签订新的互惠贸易协定，相互减免关

---

① 关在汉编译：《罗斯福选集》，商务印书馆 1982 年版，第 16—17 页。
② 洪育沂主编：《拉美国际关系史纲》，外语教学与研究出版社 1996 年版，第 88—89 页。

税，美国同意每年从古巴进口原糖 190.2 万吨，进口税从每磅 2 美分减少到 0.9 美分。对从古巴进口的其他产品如甜酒、水果、蔬菜、烟草等的关税也降低了许多。古巴则对近 500 种美国制成品降低关税，使美国商品大量涌入古巴。

罗斯福政府所推行的睦邻政策，有助于美国改善与包括古巴在内的拉美国家的关系，加强西半球的团结，以抵制德、意、日轴心国对拉美国家进行渗透和颠覆，并争取拉美国家参加反法西斯战争。从这个意义上说，睦邻政策起过一定的历史作用，具有某种进步意义。然而，从实质上说，睦邻政策仍然是一项帝国主义的政策，只不过手法有所变化而已。美国学者托马斯·帕特森认为，（睦邻政策）"改变了的不是美国称霸拉丁美洲的目标，而是确保这种霸权的方法"，"睦邻政策意味着新的策略，而不是新的目的。"① 美国共产党主席福斯特也一针见血地指出："事实上，睦邻政策只是把旧的帝国主义改头换面一下，以便更有效地对付拉丁美洲各国人民的日益增长的民族主义和民族精神，并且更有效地击败增强了的帝国主义竞争。这是实行帝国主义侵略的更有效的方法。"②

尽管睦邻政策的基本原则是不干涉，但实际上，美国政府在推行睦邻政策期间，并没有放弃干涉拉美国家的内政，这在美国政府对待古巴独裁者马查多倒台后的政策上得到充分体现。曾任古巴科学院院长的安东尼奥·努涅斯·希门尼斯认为，"这是一种多方面的干涉。从废掉一个执政者、任命一个代理人的典型的帝国主义做法，到在无法使人民政权屈服于帝国主义外交的意图的情况下，煽动武装力量叛变来阴谋搞掉人民的政府，都表现出来了。"③

格劳百日政府（el gobierno de los cien días，1933 年 9 月 10 日—1934 年 1 月 15 日）　格劳于 1908 年获哈瓦那大学医学博士学位，后任该大学教授和医学院院长。曾因支持学生反对马查多独裁政权被捕坐牢

---

① ［美］托马斯·帕特森：《美国外交政策》，中国社会科学出版社 1989 年版，下册，第 491 页。

② ［美］福斯特：《美洲政治史纲》（中译本），人民出版社 1956 年版，第 579 页。

③ ［古］安东尼奥·努涅斯·希门尼斯：《美帝国主义对拉美的侵略》（中译本），世界知识出版社 1962 年版，第 86 页。

并被流放国外。1933 年回国后参加推翻马查多统治的斗争。格劳政权由三种倾向的人组成，以格劳本人为首的一部分人主张改良主义；第二派是以巴蒂斯塔上校为代表的亲美派，以军人为主；第三派是以安东尼奥·吉特拉斯（Antonio Guiteras，1906—1935）为代表的激进派。吉特拉斯曾于 1933 年 9 月至 1934 年 1 月担任格劳政府的内政、作战和海军部部长。

格劳任临时总统期间，在激进派的推动下，进行了一些政治经济改革，如颁布了有利于古巴农民的关于 1934 年糖季的若干规定；免去美国人担任的国家糖业出口公司经理的职务，暂时停止偿还马查多政府欠纽约国家恰斯银行的债务；实现 8 小时工作制和禁止使用代金券和筹码来支付工资；确定产业工人的最低日工资是 1 比索，农业工人的最低日工资是 0.8 比索；禁止使用 18 岁以下的青少年从事夜间劳动，禁止使用 14 岁以下的童工；实施"劳动国有化法"，规定任何一个工作单位，古巴本土员工不得少于 50%；允许工人组织工会；建立退休金制度；承认大学的自治权，国家预算的 2% 用于高等教育；向贫困学生提供 1000 个奖学金名额；大幅度降低电费等。政府解散了传统的政党，召开立宪大会，任命全国的省长和市长。在吉特拉斯任内政、作战和海军部部长期间，格劳政府开除了 517 名旧军官，建立了一支由革命者和贫民出身的人组成的海军陆战队，取消了臭名昭著的秘密警察。

美国、前马查多政府官员和右翼组织对格劳的改革措施深为不满，拒绝承认其政府。1934 年 1 月 15 日，格劳被掌握实权的陆军参谋长巴蒂斯塔所策划的政变所推翻，从而结束了他的 127 天的"百日政府"。政变后，先是把格劳的合作者、工程师卡洛斯·埃维亚（Carlos Hevia）安置在总统的位置上，但是，几小时后，就让美国的驯服工具卡洛斯·门迭塔·蒙特富尔上校接替埃维亚任总统。

同年，格劳创建真正党（Partido Auténtico），该党颁布了民主改良主义的纲领，提出了"民族主义、社会主义和反帝主义"的口号。1940 年他参加竞选总统，但败给巴蒂斯塔。在 1944 年大选中，格劳再次竞选获胜，出任总统至 1948 年。

巴蒂斯塔　巴蒂斯塔全名鲁本·富尔亨西奥·巴蒂斯塔-萨尔迪瓦

（Rubén Fulgencio Batista y Zaldívar，1901—1973），古巴独裁者，1933—1940 年为古巴实际的军事领导人，1940—1944 年为民选的古巴总统。1952 年，他通过军事政变重新成为古巴的最高领导人，他的独裁统治招致了民众的普遍反对。1958 年年底，巴蒂斯塔在古巴革命胜利在望之时，被迫流亡国外。

巴蒂斯塔出生于古巴东部奥特连省的巴内斯（Banes）一个贫苦的农民家庭，他是一名混血儿，拥有非洲与欧洲西班牙的血统。当时的古巴人民正在为摆脱西班牙统治而努力奋斗。鉴于自己卑微的出身，巴蒂斯塔很小就开始工作，同时他也是一个苦学勤奋的人，晚上很晚还去学校学习，以及疯狂地阅读书籍。他还曾是一名理发师和甘蔗收割工。1921 年，巴蒂斯塔 20 岁时为了获得一份固定的职业而前往哈瓦那参军。在军中他成为一名速记员，并担任了几位将军的机要秘书，由此了解了军队的内部运作，这为他后来夺取政权奠定了基础。在 20 世纪 30 年代初，反美和反独裁的斗争日趋强烈，巴蒂斯塔也参加了计划推翻古巴独裁者格拉尔多·马查多统治的地下组织 ABC 党。1933 年，哈瓦那爆发斗争，8 月格拉尔多·马查多的独裁政权被推翻，卡洛斯·曼努埃尔·德塞斯佩德斯任临时总统。同年 9 月，巴蒂斯塔作为中士领袖发起"中士兵变"，临时总统被迫下台，政权落入拉蒙·格劳·圣马丁为总统所组成的五人委员会中，巴蒂斯塔出任陆军参谋长，提升自己为上将。1933—1940 年，巴蒂斯塔实际控制政权。1940 年，巴蒂斯塔当选总统。

门迭塔政府（1934 年 1 月 18 日至 1935 年 12 月 10 日）　在政变分子支持下，卡洛斯·门迭塔·蒙特富尔出任总统。门迭塔曾参加第二次独立战争，任起义军上校。加入过自由党。门迭塔虽然当了总统，但政权的实际领导权掌握在亲美的巴蒂斯塔手中，因此，民众称门迭塔政府是"门迭塔—卡弗里（美国驻古大使）—巴蒂斯塔"政府。

门迭塔任内废除了格劳政府颁布的一些政策措施，禁止工人罢工和示威，停止自由组织工会，取消了大学自治；成立紧急法庭，恢复了死刑；在美国的支持和帮助下，重组了军事机构。

1934 年，美国总统富兰克林·罗斯福出于改善与拉美各国关系和改善美国形象而推行睦邻政策，放弃了不得人心的军事干预方式，转向其他方法，如推行泛美主义、扶持稳定的当地政府、培训国民卫队、实行经济和文化渗透、加强对银行贷款与金融的监管和进行政治颠覆，以保持其在拉丁美洲的影响。

1934 年，美国罗斯福政府废除了《普拉特修正案》，松树岛归还古巴，但美国仍保持对古巴的控制，继续占据关塔那摩海军基地。同年 5 月 29 日，两国签署一项新的古美关系条约，保留了美军对关塔那摩湾的租契，并允许古巴和其贸易伙伴免费使用此湾。租金原来为一年 2000 美元，以金币形式支付，1934 年新条约改成相当于 1934 年 4085 美元的等值通货。除此之外还加入一项条件，规定只有当美国和古巴政府都同意后才能废止这项租契，或美国放弃基地财产。① 同年 8 月，古美签订了一个对美国有利的新的贸易协定。

门选塔任内，古巴工人、农民和学生运动高涨。1934 年，格劳建立了古巴革命党（真正党），同年，吉特拉斯建立了青年古巴组织。同年 4 月，古巴共产党召开二大，二大通过该党第一个党纲，布拉斯·罗加（Blas Roca，1908—1987）当选为古共中央委员会总书记。在古共和古巴全国工人联合会的领导下，古巴糖业、铁路等各行业工人纷纷举行罢工。1935 年 3 月，古巴举行总罢工，参加罢工的不仅有工人，而且包括了教师、医生、学生等各界人士。1935 年 3 月，门选塔政府使用武力镇压全国总罢工。1934 年，古巴全国很多地方，尤其是奥连特省的农民积极开展斗争，在关塔那摩山区的"第 18 号领地"的斗争是农民斗争的突出事件，该领地的农民提出"浴血保卫土地"的口号，最终阻止了大庄园主和军队对他们土地的抢夺。1935 年 12 月 10 日，门选塔在人民和其他反对力量的压力下，被迫辞职，由他的国务部长何塞·阿格里皮诺·巴尔内特 - 比纳赫拉斯（José Agripino Barnet y Vinajeras，1889—1950）接任临时总统。

在 1936 年 5 月举行的大选中，前总统何塞·米盖尔·戈麦斯之子米盖尔·马里亚诺·戈麦斯 - 阿里亚斯（Miguel Mariano Gómez y Arias，

---

① 1959 年古巴革命胜利、菲德尔·卡斯特罗执政后，除唯一一次外，古巴政府一直坚决拒绝兑付租金，因为古巴革命政府认为，美国占领关塔那摩基地是非法的。

1890—1950）在巴蒂斯塔为首的军人支持下，当选和就任总统。戈麦斯－阿里亚斯曾任哈瓦那市长，曾参加反对马查多独裁政权的斗争。1932 年因参加里奥贝尔德远征失败，被捕入狱，后流亡美国。戈麦斯－阿里亚斯任职时间很短，任内采取了一些民主改革措施，从而与巴蒂斯塔产生分歧。同年 12 月 24 日，他遭到国会弹劾，理由是他干涉国会立法权。

第三节　巴蒂斯塔独裁统治时期的古美关系

一　巴蒂斯塔的统治

布鲁政府（1936 年 12 月 24 日至 1940 年 10 月 10 日）　戈麦斯－阿里亚斯因与执掌实权的以巴蒂斯塔为首的军人集团有严重分歧，遭国会弹劾，于 1936 年 12 月 24 日被迫辞职，由副总统费德里科·拉雷多·布鲁（Federico Laredo Bru，1875—1946）继任总统，但实权仍被军人集团所控制。

　　布鲁任内，国际和古巴国内形势发生了重大变化。为对付纳粹法西斯主义的威胁，美国罗斯福政府开始在拉美实行“睦邻政策”，以取得拉美国家的支持。美国鼓励拉美各国通过选举和实行某些制度上的变革使原独裁政权变成立宪政府。巴蒂斯塔对美国的意图心领神会。在巴蒂斯塔默许下，布鲁任内，1937 年 1 月，通过了教育法；6 月，宣布制定三年计划；9 月，颁布了蔗糖协作法。古巴国内人民民主运动蓬勃高涨，1937 年年底，重新建立大学生联合会；1938 年，包括共产党在内的所有反对派组织和政党取得了合法地位；1939 年成立了古巴工人联合会。1939 年 11 月举行了有 11 个政党参加的立宪大会代表选举，选出了 76 名代表，格劳领导的古巴革命党（“真正党”）得票第一，有 10 名代表，共产主义革命联盟党（Partido Unión Revolucionaria Comunista，由古巴共产党和古巴革命联盟合并组成）有 6 名代表。1940 年 2—6 月召开了立宪代表大会，大会制定了具有进步意义的 1940 年宪法，该宪法于 1940 年 7 月 1 日通过，10 月 10 日生效。①

1940 年的宪法　宪法规定，国会是共和国的最高立法机构，由参议院和众议院组成。参议院 54 席，众议院 140 席，任期均为 4 年，每 2 年改选一半。总统是国家最高元首，行使国家最高行政权。总统由普选产生，任期为 4 年。最高法院法官由国会选举产生，总统任命。地方法院法官由最高法院任命。宪法规定，一切古巴公民，不分性别和种族享有同等权利，履行同等义务；公民有言论、出版、集会、结社、通信等自由。宪法还规定，反对经济剥削；实行 8 小时工作制，保护童工。承认工人有组织工会和罢工的权利，承认劳动集体合同制。年满 20 岁的古巴公民享有选举权。1940 年的宪法纠正以前总统滥用职权的弊端，大大加强了国会的权力。宪法还规定，内阁成员由总统任命，但直接对国会负责；国会可以以多数票通过对内阁的不信任案；总统卸任 8 年后，方能再次当选。该宪法被认为是当时拉美比较进步的宪法。

1940 年宪法不仅仅承认所有古巴公民在法律面前一律平等，而且宣布，一切性别、种族、肤色和阶级的歧视以及一切有伤害人类尊严的事情都将视为非法并将受到惩罚。宪法还提出要消灭大庄园制，"为了消灭大庄园制，法律将规定，在有关特定的情况下，每个人或每个单位最多可拥有的用于每一种作物的土地面积"。宪法的一项暂行条款规定，两年内停止把农民赶出家园，国会准备在这期间通过一项租赁土地和分租土地的法律，以便在一定条件下在农业劳动者中分配国家闲置的土地。尽管这部宪法承认私有制合法，但在当时仍然不失为美洲最先进的宪法之一。② 但是，宪法中许多的规定在现实生活中，并没有能够得到贯彻执行。

巴蒂斯塔政府（1940 年 10 月 10 日—1944 年 6 月 1 日）　1940 年 7

---

① 古巴 1940 年宪法原文，请参见：Cuba：Constitución de 1940，http：//pdba. george-town. edu/Constitutions/Cuba/cuba1940. html，对古巴 1940 年宪法的评价，请参见古巴百科网站《1940 年宪法》条目：Constitución de 1940 – EcuRed，https：//www. ecured. cu/Constituci% C3% B3n_ de_ 1940.

② ［古］何塞·坎东·纳瓦罗：《古巴历史——枷锁与星辰的挑战》，当代世界出版社 1999 年版，第 164 页。

月 14 日，古巴举行大选，作为民主社会主义联盟候选人的巴蒂斯塔在大选中提出了一个蛊惑人心的纲领，在民主党、自由党和共产主义革命联盟党的支持下，击败四人条约集团提名的候选人格劳，当选总统，并于同年 10 月 10 日开始执政。古巴共产主义革命联盟党支持巴蒂斯塔当选总统，曾引起该党党内的激烈争论。①

在 20 世纪 30 年代初期，古巴反美和反独裁的斗争日趋强烈，巴蒂斯塔也参加了计划推翻古巴独裁者马查多统治的地下组织 ABC 党。从 1933 年到 1940 年，古巴总统换了好几个，但是，巴蒂斯塔一直实际控制政权。1940 年举行大选，巴蒂斯塔当选总统。巴蒂斯塔是一位信奉绝对权力主义的独裁者，也是一位军队的统帅和精明的政治家。他得到了广大民众对他所取得成就的认可以及对他的衷心拥护，曾一直被视为古巴民族英雄。巴蒂斯塔在第一次掌权时受到了民众的拥戴，尽管他是作为幕后操纵者。巴蒂斯塔的反对者可以在国会和政治辩论中公开地驳斥他，公众和报界媒体也可以自由地对他的行为提出指责，从某种程度来说，法院也有其独立的裁决权。

巴蒂斯塔执政后，为赢得民心，颁布了一系列改善人民生活的社会立法，发展教育卫生事业，兴办了一些公共工程，接受共产党人入阁。1941 年 12 月珍珠港事件后，即向轴心国宣战。利用大战的时机，增加甘蔗生产和出口，使古巴经济取得较快增长。巴蒂斯塔还允许妇女参加选举，并鼓励工人争取最大范围内的团结。他倡议制定法律，确立国家投资兴办教育的体制。此外，巴蒂斯塔还颁布了改善工作条件，对意外事故、失业和穷困老人给予生活保障等方面的法律。巴蒂斯塔制定的这些法律没受到民众的任何抵制，全部得以顺利实施。他得到了民众对他所取得成就的认可以及对他的衷心拥护。但巴蒂斯塔首任总统期间，就暴露出屈从美国利益、行政腐败、生活费昂贵、歧视黑人和妇女、文盲多等多种问题。

格劳政府（1944 年 6 月 1 日—1948 年 6 月 1 日）　　在 1944 年 6 月 1

---

① ［古］何塞·坎东·纳瓦罗：《古巴历史——枷锁与星辰的挑战》，当代世界出版社 1999 年版，第 165 页。

日大选中，作为古巴革命党（真正党）和其他一些政党组成的真正共和联盟的候选人，格劳当选总统，于同年 10 月 10 日就任。在执政头两年，格劳采取了一些发展经济和改善人民生活的积极措施，如提出工业化目标，制定公共工程计划，减轻税收负担，提高部分工人工资，派代表团去美国谈判，要求美国提高所进口的古巴蔗糖价格等。但执政后期，其政府官员和其亲属贪污成风，格劳本人又热衷于连选连任，自 1947 年起，在工会中竭力排斥共产党人。格劳的所作所为遭到古巴革命党（真正党）党内一部分党员的强烈反对。1946 年，以爱德华多·奇瓦斯（Eduardo Chibás，1907—1951）为首的一部分党员反对格劳政府的贪污腐化，从古巴革命党（真正党）内分裂出来，另成立古巴人民党，又称正统党。

普利奥政府（1948 年 6 月 1 日—1952 年 3 月 10 日）　1948 年 6 月 1 日，古巴革命党（真正党）人卡洛斯·普利奥·索卡拉斯（Carlos Prío Socarrás，1903—1977）当选并就任总统。普利奥就读于哈瓦那大学法律系，获法学博士学位。曾参加反对马查多独裁政权的斗争。1934 年参与创建古巴革命党（真正党）。1945—1947 年任格劳政府的总理，1947—1948 年任劳工部部长。就任总统后，普利奥镇压工人运动，迫害共产党人，普利奥本人及其政府官员贪污腐败严重，遭到人民群众和古巴人民党的反对。奇瓦斯在广播电台宣传道义改革，抨击普利奥政府的腐败，主张建立民主廉洁的政府。1951 年 8 月 5 日，奇瓦斯因痛感无法实现自己的愿望，在电台录完反政府演讲后，自杀身亡。[①] 1952 年 3 月 10 日，普利奥被巴蒂斯塔策动的政变所推翻。

二　巴蒂斯塔的独裁统治与古美关系（1952—1958）

1952 年巴蒂斯塔政变（1952 年 3 月 10 日）　按照宪法规定，新的大选应在 1952 年 6 月 1 日举行，各政党都提出了自己的总统候选人，古巴革命党（真正党）提出工程师卡洛斯·埃维亚，联合行动党提出巴蒂斯塔，古巴人民党提出罗伯特·阿格拉蒙特。所有的民意测验表明，阿

---

①　http://www.cubagob.cu/otras inf/historia.htm，另据何塞·坎东·纳瓦罗所著《古巴历史——枷锁与星辰的挑战》一书，奇瓦斯是被人杀害的（见此书中文版第 184 页）。

格拉蒙特将赢得大选。为了阻止人民党的胜利和民众运动的进一步发展，在美国的支持下，同年 3 月 10 日，巴蒂斯塔策动军事政变后上台。

巴蒂斯塔的独裁统治与古美关系（1952 年 3 月 10 日—1959 年 1 月 1 日） 巴蒂斯塔政变上台后，便停止执行 1940 年宪法，解散议会，代之以所谓的协商委员会，实行独裁统治；巴蒂斯塔政权还解散了政党、工人和农民组织，禁止罢工、公共集会和游行，逮捕和迫害共产党人和进步人士。据统计，在巴蒂斯塔第二任内（1952—1958），约有两万人惨遭杀害。

巴蒂斯塔上台伊始，就表示要为美国的利益忠诚效劳。他限制本国蔗糖、烟草和其他项目的生产，使民族工业服从于外国竞争的政策。他同美国签订了许多协定，使本国生产进一步依赖美国资本，把古巴的老矿都交给美国公司，把占全国生产部门第三位的精炼镍矿和钴的生产交给了美国莫阿·贝公司和苏尔弗尔自由港公司，美国资本控制了古巴的经济命脉。美国在古巴的投资从 1951 年的 7.13 亿美元迅速增加到 1958 年的 10.1 亿美元。[①] 城市劳动人民生活水平显著下降，失业和半失业率高达劳动力的近 60%。在农村，土地兼并严重，广大农民失去土地。在外交方面，巴蒂斯塔积极投靠美国。他上台后不久，便于 1952 年 4 月同苏联断交。巴蒂斯塔政权的倒行逆施激起了古巴广大民众的强烈反抗。

巴蒂斯塔宣布于 1954 年 11 月 1 日举行大选，为装饰门面，他取消了新闻检查，1953 年 10 月 28 日，宣布恢复宪法保证。1954 年 7 月底，宣布作为支持他政变的 4 个政党（民主行动党、自由党、民主党和激进党）的候选人参加竞选总统。而反对党的唯一候选人是格劳。共产党人组成了民族联合阵线（Frente Unido Nacional）准备参选，但最高选举法庭不准该阵线合法登记。正统党和真正党两派认为大选缺乏保障而拒绝参选。巴蒂斯塔任命安德烈斯·多明戈·莫拉莱斯·德卡斯蒂里约（Andrés Domingo Morales del Castillo）为临时总统，以便自己参选。10 月底他在哈瓦那中央公园召开竞选大会，而格劳在圣地亚哥召开竞选大会。格劳得到

---

① ［古］安东尼奥·努涅斯·纳瓦罗：《美帝国主义对拉美的侵略》，世界知识出版社 1962 年版，第 88 页。

人民社会党的支持，但在大选前夕，1954 年 10 月 31 日，格劳宣布退出竞选。巴蒂斯塔成为唯一的候选人参选并当选总统。1955 年 2 月第一周，当选总统后巴蒂斯塔在哈瓦那欢迎到访的美国副总统尼克松，尼克松的访问与会见标志着美国对巴蒂斯塔的支持。1955 年 2 月 24 日，巴蒂斯塔就任总统，当天，他宣布恢复 1940 年的宪法。4 月，美国中央情报局局长杜勒斯（Allan Dulles）访问古巴，杜勒斯向巴蒂斯塔表示美国政府担心在古巴的共产党人的活动。对此，巴蒂斯塔心领神会，一个月后，5 月 15 日，巴蒂斯塔颁布法令，宣布成立镇压共产党活动局（Buró de Represión de Actividades Comunistas，BRAC），专门监督和镇压古巴国内共产党人和进步人士的活动。5 月 6 日，经古巴国会众、参两院的批准，巴蒂斯塔签署了大赦法，根据大赦法，菲德尔·卡斯特罗、劳尔·卡斯特罗等因攻打蒙卡达兵营失败被判刑并被关押在松树岛监狱的革命者被释放。

在美国统治集团的支持下，卖国独裁的巴蒂斯塔政府统治下的古巴，偷盗、行政腐败、赌博、嫖娼盛行，民众遭受失业、贫困和饥饿。而美国跨国公司却霸占了古巴最好的土地，推行单一蔗糖经济，垄断蔗糖工业和贸易。古巴成为美国冒险家的乐园。美国在古巴复制微型的军事和镇压机器，作为美国安全机构在古巴的分支机构，其指挥人员都曾在美国军事学院接受过培训。巴蒂斯塔亲美独裁政权残酷镇压民众抗议的行为和日益恶化的经济和社会形势激起民众多起起义，但是，大多数这些起义都先后被为白宫效劳的古巴独裁者残酷地镇压下去了。然而，美国统治集团精英所强加的耻辱的新殖民地地位所造成的苦难的处境激发了人民的爱国主义情绪，为革命的到来创造了主客观条件，引发了漫长的古巴解放伟业的决战和革命进程的最后胜利。

第四节　反对巴蒂斯塔独裁统治的斗争

一　三支革命力量

在反对巴蒂斯塔独裁统治斗争中，逐渐形成了三支有代表性的革命力量：一支是人民社会党（Partido Socialista Popular，PSP）① 及其领导下的组织；另一支是学生运动；第三支是以菲德尔·卡斯特罗为首的革命力量。

人民社会党及其斗争策略　人民社会党在巴蒂斯塔首任总统期间（1940—1944）曾参政，在 1952 年巴蒂斯塔政变上台后，该党提出要建立一个广泛的反对派统一战线，通过群众斗争迫使独裁政权退让，以恢复 1940 年宪法及一切民主与自由权利，举行自由选举。人民社会党不赞成搞武装斗争，主张以和平方式恢复宪制；认为 1953 年 7 月 26 日菲德尔·卡斯特罗及其战友攻打蒙卡达兵营的行动是冒险行动。当菲德尔·卡斯特罗领导"七·二六运动"（El Movimiento 26 de Julio，M－26－7）成员在马埃斯特腊山开始武装斗争时，该党仍重申不同意搞武装斗争，但又号召对起义战士进行声援。直到 1957 年年底，该党才改变斗争策略，开始支持卡斯特罗领导的起义军并在拉斯维利亚斯省的亚瓜哈伊（Yagua-jay）地区组织了一支游击队。

学生运动及其斗争策略　以大学生联合会（Federación Estudiantil Universitaria，简称大学联 FEU）为代表的学生运动是反对巴蒂斯塔独裁斗争的三支力量之一。1955 年在大学联基础上成立了大学生革命指导委员会（Directorio Revolucionario Estudiantil，简称革指委 DRE）。1956 年 2 月 24 日，大学联发表《致古巴人民书》，提出其政治纲领，内容包括武装起义、彻底改造古巴社会和摆脱外国资本的控制，等等。革指委的斗争策略与"七·二六运动"不同之处在于，它是以城市特别是哈瓦那市的斗争为主，并且常常采取袭击个人的办法，认为从肉体上消灭独裁者具有决定意义。

1957 年 3 月 13 日，革指委的成员攻打了总统府，目的是想刺杀巴蒂斯塔。袭击者虽冲到了总统府的第三层楼，但巴蒂斯塔已闻风逃走。在

---

①　即 1925 年 8 月成立的原古巴共产党（Partido Comunista Cubano，PCC），1938 年古巴共产党同革命联盟合并成共产主义革命联盟党，1944 年改名为人民社会党。古巴革命胜利后，1961 年 6 月，人民社会党与"七·二六运动"和"三·一三革命指导委员会"合并为古巴革命统一组织，1962 年，古巴革命统一组织改名为古巴社会主义革命统一党，1965 年 10 月，古巴社会主义革命统一党改名为古巴共产党。

攻打总统府的同时，革指委领袖何塞·安东尼奥·埃切维里亚（José Antonio Echeverría，1932—1957）率领一个小组攻入电台，宣读革命宣言。当他们完成任务返回驻地时，同警察遭遇，在交火中，埃切维里亚不幸中弹牺牲。为纪念这一事件，革指委改名"三·一三革命指导委员会"（Directorio Revolucionario 13 de Marzo）。从同年 11 月起，该组织转变了策略，开始建立游击阵线，后来同"七·二六运动"的起义军会合。①

以卡斯特罗为首的革命力量及其策略　菲德尔·卡斯特罗于 1926 年 8 月 13 日出生在古巴奥连特省马亚里市比兰村的一个甘蔗园主兼木材商家庭。1945 年进哈瓦那大学学习，大学期间积极参加学生运动，立志投身于古巴的民族解放事业。1950 年获哈瓦那大学法学博士学位。后加入人民党（正统派）（Partido del Pueblo Cubano-Ortodoxos，PPC-O），并以该党党员身份竞选国会议员，以实现自己的政治抱负。1952 年巴蒂斯塔的军事政变使卡斯特罗认识到，所有合法的、和平的道路都已关闭，建立真正民主政权的唯一希望，就在于通过武装斗争夺取政权。卡斯特罗的斗争策略是进行各种形式的斗争，但是把人民武装斗争作为主要的斗争形式。其步骤是先组织力量攻占一个重要的军营，以发动整个地区的武装起义，号召进行总罢工，把斗争推向全国。如这些行动不能奏效，则到山区和农村开展游击战争，直至全国胜利。卡斯特罗主张，"必须要发动一个小马达，让它来带动一个大马达"。② 卡斯特罗认为，革命的客观条件是存在的，但是需要建立必要的主观条件。

从 1953 年年初起，卡斯特罗开始组织革命力量，着手准备进行武装斗争。

二　从攻打"蒙卡达"兵营到"格拉玛"号远征

攻打"蒙卡达"兵营　卡斯特罗决定先攻打奥连特省（东方省）首府圣地亚哥的"蒙卡达"兵营。为什么选择东方省开始斗争呢？正如卡

---

① ［古］何塞·坎东·纳瓦罗：《古巴历史——枷锁与星辰的挑战》，当代世界出版社 1999 年版，第 240—241 页。

② ［古］何塞·坎东·纳瓦罗：《古巴历史——枷锁与星辰的挑战》，当代世界出版社 1999 年版，第 198—199 页。

斯特罗在 1975 年古巴共产党第一次全国代表大会的中心报告中所说："考虑到奥连特省居民的斗争传统和当地的地形，考虑到我国的地理条件，以及奥连特省离首都的距离和镇压力量的主力将被迫跋涉的长远路途，首先在奥连特省开始斗争的想法产生了。"①

"蒙卡达"兵营是古巴全国第二大军事要塞，驻有几千名官兵。在攻打"蒙卡达"兵营时，作为策应，也同时攻打巴亚莫市的德塞斯佩德斯军营。起义的日期定在古巴的狂欢节 7 月 26 日。

1953 年 7 月 26 日清晨，起义者共 159 人按计划在圣地亚哥和巴亚莫同时发动进攻，其中 131 人在圣地亚哥参与攻打"蒙卡达"兵营及附近的两个主要建筑市民医院和司法大厦。但是，卡斯特罗率领的主力在按计划拔掉敌人的岗哨后，遭遇了巡逻队，袭击没能成功。特别是载有一半起义者的车队因迷路而未能及时赶到战斗地点。在显然无望获胜的情况下，卡斯特罗被迫下令撤退，起义失败。与此同时，另外 28 名起义者在巴亚莫袭击军营也未能成功。② 参加起义的人大多数被杀害，卡斯特罗等人被捕。

1953 年 10 月 16 日，卡斯特罗在敌人的法庭上进行自我辩护，这就是后来发表的名为《历史将宣判我无罪》的自我辩护词。在这篇历史性文献中，卡斯特罗愤怒地揭发了巴蒂斯塔独裁政权的种种暴行，深刻地分析了当时古巴所处的严重危机。与此同时，他还提出了一条古巴革命第一阶段的基本纲领路线：恢复 1940 年宪法，建立革命政府，实现工业化和国有化，进行土地改革、教育改革，同拉美各国人民团结一致，等等。经过反动当局的非法审讯，卡斯特罗被判处 15 年徒刑。

1955 年 5 月 15 日，卡斯特罗及其战友在大赦中获释。同年 6 月 12 日，卡斯特罗和一些革命者在哈瓦那召开会议，组成了以 1953 年起义日命名的"七·二六运动"。7 月 7 日，卡斯特罗等人被迫流亡墨西哥。8 月 8 日，由卡斯特罗亲自起草的《"七·二六运动"致古巴人民的第一号

---

① 〔古〕菲德尔·卡斯特罗：《在古巴共产党第一、二、三次全国代表大会上的中心报告》，人民出版社 1990 年版，第 19 页。

② 〔古〕菲德尔·卡斯特罗：《卡斯特罗言论集》第一册，人民出版社 1963 年版，第 16—20 页。

宣言》在墨西哥发表，宣言介绍了"七·二六运动"的性质、宗旨、组织以及主要的斗争方法和形式，分析了古巴国内的形势，号召古巴人民通过武装起义来推翻独裁政府。正如古巴出版局在为《历史将宣判我无罪》写的序中所说："攻打蒙卡达兵营的行动在军事上虽然失败了，但从古巴革命运动的政治和思想方面来说则是一个胜利。攻打蒙卡达兵营的行动向广大的城乡人民群众展示了武装斗争的客观可能性。"[①]

"格拉玛"号远征　卡斯特罗及其战友在墨西哥积极为回国进行武装斗争作政治思想、人员物资、军事行动的各种准备。1955年9月，卡斯特罗在墨西哥首次同阿根廷年轻的革命者、医生埃内斯托·切·格瓦拉（Ernesto Che Guevara，1928—1967）会见。从此，格瓦拉的名字就一直与古巴革命紧密相连，他成为卡斯特罗的亲密战友和古巴革命的主要领导人之一。在墨西哥卡斯特罗还先后会见了古巴前总统普利奥、革命指导委员会领导人埃切维里亚、古巴人民社会党的代表和古巴圣地亚哥"七·二六运动"的领导人弗兰克·帕伊斯（Frank País，1934—1957）。1955年下半年，卡斯特罗到美国费城、纽约等城市，在古巴旅美侨民中开展工作，以争取他们对反独裁斗争的支持。1956年2月，卡斯特罗及其战友在离墨西哥首都墨西哥城40千米处的圣罗萨庄园建立了第一个训练营地。同年6月至9月，卡斯特罗和格瓦拉等人被捕，在古巴人民和墨西哥人民的声援下，通过墨西哥前总统拉萨洛·卡德纳斯（Lázaro Cárdenas，1895—1970）的斡旋，卡斯特罗等被释放出来。他们又在塔马乌里帕斯建立了一个新的营地，继续进行训练。

1956年11月25日凌晨，卡斯特罗率81名战友乘游艇"格拉玛"号（Granma）从墨西哥的图斯潘（Tuxpan）港出发，于12月2日清晨在奥连特省南岸拉斯科罗拉达斯（Las Coloradas，红滩）登陆。12月5日，革命者在阿莱格里亚德皮奥（Alegría del Pío）同政府军进行了一场遭遇战。革命者经过几天的奋战，转移到马埃斯特腊山区，开始了游击战争。

古巴革命胜利后，卡斯特罗在谈到攻打"蒙卡达"兵营和"格拉玛"

---

① ［古］菲德尔·卡斯特罗：《卡斯特罗言论集》第一册，人民出版社1963年版，第2页。

号登陆的意义时说："没有蒙卡达就没有'格拉玛号'，就没有马埃斯特腊山的斗争，也就没有 1959 年 1 月 1 日的伟大胜利。"①

三　从马埃斯特腊山的游击斗争到全国胜利

马埃斯特腊山的游击斗争　卡斯特罗和他的战友们渐渐地在马埃斯特腊山区（Sierra Maestra）扎下根来，得到贫苦农民的支持，队伍日益壮大。1957 年 1 月 17 日，起义军在拉普拉塔河（río La Plata）向政府军的营地发动了第一次袭击，取得了胜利。尽管这次战斗规模很小，但这是游击斗争的第一次胜利，意义重大。正如格瓦拉所说："（拉普拉塔之战的胜利）它的影响还远远超出了发生战斗的这个崇山峻岭的地区。它引起所有的人的注意，它证明起义军是存在的，并且是在准备战斗。对我们来说，它重新肯定了我们的最后胜利的可能。"② 1 月 22 日，起义军又在因菲埃尔诺河（Arroyo del Infierno）成功地袭击了政府另一个营地，进一步鼓舞了士气。

同年 2 月 17 日，"七·二六运动"全国领导在山区召开了会议，决定组织一个平原战斗小组来增援游击队。同一天，卡斯特罗在山区会见了美国《纽约时报》记者赫伯特·L. 马修斯（Herbert Lionel Matthews，1900—1977）。

《纽约时报》记者马修斯对卡斯特罗的采访　卡斯特罗领导的游击队逐渐在斗争中取得经验，然而，巴蒂斯塔政府军也加紧对游击队发动进攻。一方面，政府军打迂回战，尾随起义军，不断对他们进行飞机轰炸和机枪扫射；另一方面，政府军派人打入起义军内部，收买少数叛徒，收集有关起义军活动的情报，企图从内部来瓦解起义军。政府军还强迫农民离开自己的家园，以切断游击队的后勤供应。

卡斯特罗在马埃斯特腊山地区发动的游击战，使巴蒂斯塔独裁政权受到极大冲击，引起了古巴全国和全世界的关注。各国媒体对卡斯特罗

---

① ［古］菲德尔·卡斯特罗：《在古巴共产党第一、二、三次全国代表大会上的中心报告》，人民出版社 1990 年版，第 21 页。

② ［古］埃内斯托·切·格瓦拉：《古巴革命战争回忆录》，上海人民出版社 1975 年版，第 50 页。

和他的率领的游击队产生了巨大兴趣。而对卡斯特罗来说，他也希望国内外的记者们对马埃斯特腊山地区的游击队进行报道，让世界了解这里的真实情况。

1957 年 1 月底，卡斯特罗派福斯蒂诺·佩雷斯（Faustino Pérez，1920—1992）和雷内·罗德里格斯（René Rodríguez）下山，到圣地亚哥和哈瓦那同国内外记者取得联系，但古巴国内记者没有一个敢于前往山区报道游击队的活动，他们担心这会受到独裁政府的迫害，危及自己的生命。因此，佩雷斯和罗德里格斯只好找外国记者，他们找到《纽约时报》驻古巴女记者鲁比·哈特·菲利普斯（Ruby Hart Phillips，1898—1985）。

2 月 4 日，菲利普斯同佩雷斯和罗德里格斯在哈瓦那巴卡第大厦古巴银行前行长费利佩·帕索斯（Felipe Pazos，1912—2001）的办公室见面，帕索斯的儿子、哈瓦那大学经济系学生哈维尔·帕索斯（Javier Pazos）也参加了会见。在这次会见中，佩雷斯和罗德里格斯详细介绍了邀记者赴山区采访的目的和具体的安排。

菲利普斯本人对此很感兴趣，想亲自去山区采访卡斯特罗。但有人劝菲利普斯说，作为一名女记者去山区采访不太方便，而且作为《纽约时报》常驻古巴记者，如赴山区报道游击队，会受到古巴政府的迫害。于是，她决定请原本就打算来古巴的、曾报道过西班牙内战的、经验丰富的 57 岁的记者赫伯特·马修斯到马埃斯特腊山采访卡斯特罗及其率领的游击队。

2 月 15 日，马修斯及其夫人南希到达哈瓦那，随即在佩雷斯和哈维尔·帕索斯陪同下，从哈瓦那乘车向东部进发。一路上，马修斯装扮成美国富商，去奥连特省购买土地和进行投资考察，顺利通过了一个个关卡，经过十多小时跋涉，先到曼萨尼约市。南希留在曼萨尼约市，稍事休息后，马修斯在哈维尔·帕索斯陪同下，又乘吉普车经过几个小时的奔波，于 2 月 16 日晚上，到达马埃斯特腊山洛斯乔罗斯的埃皮德尼奥迪亚斯农场。当晚，出面接待的是"留着唇髭和胡子的笑容可掬的黑人"胡安·阿尔梅达（Juan Almeida，1927—2009）。2 月 17 日清晨，根据卡斯特罗的安排，马修斯一行从农场出发，被带到山上一个不知名的丛林中。留着长胡子的卡斯特罗健步走来，与马修斯等握手、寒暄几句后，卡斯特罗点燃一支雪茄，开始了与马修斯长达 3 小时的谈话。担任谈话翻译的是哈维尔·帕索斯和来自圣地亚哥的比尔玛·埃斯平（Vilma Espín，1930—2007）。埃斯平后来成为劳尔的妻子，曾任古共中央政治局委员和古巴全国妇联主席，2007 年 6 月 18 日因病去世。

马修斯对卡斯特罗的第一印象颇佳。他感到卡斯特罗具有巨大的魅力，非常健谈，是一个有着坚定信念的、不可折服的革命者。

马修斯在采访中看见穿着制服的游击队战士从他面前来来往往地经过，他们均背着步枪，显得十分威武。另外，有几次通讯员还给卡斯特罗送来远方部队的情况报告。这些都给马修斯留下了深刻印象，认为卡斯特罗的游击队是强大的。

卡斯特罗对马修斯说："我们已经连续战斗了 79 天，现在比过去任何时候都强大。政府军战斗力差，士气低落，而我们的士气很高。我们只在战斗中杀伤敌人，但是，我们从来不杀俘虏。我们审问他们，态度和善地与他们交谈，在收缴他们的武器和装备后，就立即释放他们。"

卡斯特罗对马修斯说："古巴人民从广播中听到有关阿尔及利亚的消息，可是他们听不到也读不到有关我们的任何消息。这是新闻检查造成的。您将是第一位向他们报道关于我们消息的人。这个岛上到处有我的追随者。凡是最优秀的人，特别是青年人，都站在我们一边。古巴人一切都能忍受，就是不能忍受压迫。"

卡斯特罗对马修斯说："我们对美国和美国人民没有任何敌视，我们是为争取建立一个民主古巴而战，目的是要结束独裁统治。"马修斯认为，"这是激进的、民主的，也是反对共产主义的古巴的新阶段"，"卡斯特罗这位古巴青年的起义领袖还活着，在古巴南端崎岖的马埃斯特腊山区成功地进行战斗"。马修斯对古巴和古巴革命寄予深刻的同情，古巴革命胜利后，他于 1959 年再次访问古巴，受到热烈欢迎。他对美国对古巴的敌视政策进行了批评。1977 年 8 月 1 日在澳大利亚逝世。

临近中午采访结束时，卡斯特罗在马修斯采访本上签了名，并注明了接受采访的日期。随后，他们还照了张合影。

采访结束后，马修斯回到哈瓦那，着手开始撰写有关卡斯特罗的报道文章。由于卡斯特罗给他留下了深刻的印象，他很快就写出了题为《古巴起义者在藏身处接受采访》这篇文章，并于2月24日发表在《纽约时报》的头版头条上。马修斯在文章中对卡斯特罗进行了高度评价，甚至将他写成一个传奇人物。他在文章中写道：

> 古巴年轻的起义领袖菲德尔·卡斯特罗还活着，在岛屿的最南端，在马埃斯特腊山无人居住的、几乎是难以进入的丛林中斗争着……他的人品颇具魅力，很容易理解为什么他的追随者崇敬他……他给人的第一印象是其体态和个性。他受过良好教育，狂热地投身于事业，充满理想、勇气和卓越的领导才干。他所追求的自由、民主、社会公正、恢复宪法、举行选举的思想根深蒂固。他有自己的经济理论，这理论在专家眼中可能是肤浅的。有趣的现象：菲德尔从"老乡"那里得到的一切都付钱。现在谁也不清楚他利用手中的权力将要做什么，连他自己也不清楚，因为他也发现有些想法，如取消赌博并非容易。一个巨大的反对巴蒂斯塔将军的运动正在发展中……菲德尔·卡斯特罗和他的运动是光彩照人的反政府象征。这一革命运动自称是社会化的……也是民族主义的，一般说来，拉美的这种运动意味着反美。纲领是空洞的，有些笼统的条款，但对古巴提出了新的设想，设想是激进的、民主的……反共产主义的……他承认与美国争吵是古巴无法承受的奢华。他希望友好，也希望这种友好得到同等的回报。卡斯特罗是个新的玻利瓦尔，是加勒比的林肯，是拉丁美洲的罗宾汉……

除此之外，马修斯又在2月25、26日连续发表了两篇相关文章。文章对古巴脆弱复杂的政治形势进行分析和评价。上述几篇文章发表后，立即在社会上引起轰动，并产生了重大影响。[①]

马修斯关于卡斯特罗的报道在2月24日发表后，巴蒂斯塔政府感到

---

① Angel Rodriguez Alvarez, La entrevista que estremeció a la tiranía, http：//www. radiomo-ron. cu/2007/02/17/fidel_ castro. asp.

十分恐惧，对这一天的《纽约时报》实行新闻检查，下令不准在古巴发行。但两天后，2月26日，在国内外舆论的压力下，不得不取消新闻检查。2月27日，古巴报刊开始刊登马修斯的报道。3月3日，古巴最有影响的《波希米亚》(Bohemia) 周刊全文刊登了马修斯的报道。尽管这样，巴蒂斯塔政府仍说马修斯的报道是虚假的。马修斯于28日的《纽约时报》上刊登了自己与卡斯特罗在马埃斯特腊山的合影照片，这在世界新闻媒体引起了强烈反响，它们纷纷转载刊登这张照片。3月17日，《波希米亚》周刊刊登了马修斯采访卡斯特罗的照片和起义军战士的10张照片。马修斯关于卡斯特罗和游击战士的报道大大地鼓舞了古巴革命者反对独裁统治的决心，是对独裁统治的一个巨大打击。

马修斯在报刊上发表了他同卡斯特罗的这次会见，从而证明卡斯特罗正在领导着一场真正的人民革命。从此，卡斯特罗成为世界上议论的传奇人物、最受关注的人物，也是政治舞台上的著名人物。①

乌维罗和阿瓜松林战斗的胜利　同年5月28日，起义军向位于奥连特省南岸乌维罗 (El Uvero) 的政府军军营发起进攻，取得胜利，打死打伤敌人三十多人，缴获敌人大量武器和弹药。格瓦拉称"这次胜利标志着我们的队伍已经成长起来了。自这次战斗后，我军士气大振，我们的决心和胜利的希望也就增强了。"②

1958年2月17日，起义军同政府军在阿瓜松林 (Pino del Agua) 进行了一场重要的战斗，起义军取得了局部胜利。从这场战斗起，起义军开始把运动战同阵地战结合起来，并逐渐以阵地战为主。同年3月，起义军成立了由卡斯特罗领导的第一阵线（包括第1、4、7三个纵队）和由其弟弟劳尔·卡斯特罗领导的第二阵线（包括第3、6两个纵队）。后来，由胡安·阿尔梅达领导的第3纵队又在圣地亚哥城郊建立了第三阵线。

反独裁斗争的广泛开展　在起义军节节取得胜利的同时，古巴全国各地反独裁斗争蓬勃发展。1957年3月13日，以埃切维里亚为首的40

---

① Jose Antonio Fulgueiras, La entrevista de Fidel con Matthews, http：//www. granma. cuba-si. cu/espanol/2007/febrero/sabado17/laentrevista3. html.

② ［古］埃内斯托·切·格瓦拉：《古巴革命战争回忆录》，上海人民出版社1975年版，第120页。

多名青年攻打总统府；5 月，古巴革命党人卡利斯托·桑切斯（Calixto Sanchez，1924—1957）率一批起义者乘船离开美国，在奥连特省北岸马亚里附近登陆。9 月，巴蒂斯塔的部分海军在西恩富戈斯发动兵变。1958 年 2 月，"三·一三革命指导委员会"在福雷·乔蒙（Faure Chomón，1929—2019）领导下，组织远征军，在卡马圭省北岸努埃维塔斯附近登陆，后到拉斯维利亚斯省埃斯坎布拉伊山区开辟一条新的阵线。人民社会党也改变原有立场，表示支持卡斯特罗的武装斗争路线，并在拉斯维利亚斯省东北部亚瓜哈伊地区组织了一支游击队。

随着反独裁斗争的进展，各种反对力量之间的协调不断加强。1957 年 7 月，公民抵抗运动等组织的代表上山，同"七·二六运动"签署了《马埃斯特腊山公约》，号召人民组成公民革命阵线，共同推翻独裁政权。1958 年 4 月 9 日，"七·二六运动"等组织联合举行了一次总罢工。同年 6 月 20 日，"七·二六运动"同大多数反对党派在委内瑞拉首都加拉加斯举行会议，签署了《加拉加斯协定》，号召各派政治力量联合起来，共同推翻巴蒂斯塔独裁统治。

夺取全国的胜利　1958 年 5 月 25 日，巴蒂斯塔对马埃斯特腊山发动了一次大反攻，被称为"夏季作战"或"FF 计划"，这里的 FF 有两层意思，一是"最后阶段"（Fase Final），二是"菲德尔的末日"（Fin de Fidel）。独裁政权动用了约 1 万兵力、飞机、坦克和军舰向马埃斯特腊山起义军发起进攻，企图一举消灭起义军。起义军在敌人进攻开始时只有 300 名武装人员。经过两个半月激烈的战斗，政府军死伤千人，其中死亡 300 多人，另有 443 人被俘。起义军死亡 27 人，伤 50 人。起义军还缴获了大量武器弹药。到 8 月上旬敌人反攻失败时，起义军人数增加到 800 多人。格瓦拉在评价这次战役胜利的意义时说："这次在马埃斯特腊山区出了名的最后攻势打断了巴蒂斯塔军队的脊梁骨，但是它还没有完蛋。斗争仍然继续着。"[1]

在粉碎政府军的夏季进攻后，8 月下旬，卡斯特罗下令向西部进军。

---

[1]　［古］埃内斯托·切·格瓦拉：《古巴革命战争回忆录》，上海人民出版社 1975 年版，第 263 页。

卡米洛·西恩富戈斯（Camilo Cienfuegos，1932—1959）和格瓦拉分别率第二和第八纵队离开马埃斯特腊山，前往中部的拉斯维利亚斯省以开辟新的阵线。他们在那里联合"三·一三革命指导委员会"以及人民社会党的游击队一起，先后解放了一个又一个城镇。10月，卡斯特罗颁布了名为"第三号法令"的土地改革法，把土地分给无地少地的农民。11月20日，卡斯特罗亲自指挥奥连特省吉萨（Guisa）战役，于11月30日取得重大胜利，这一胜利是起义军转入战略反攻的标志。由劳尔·卡斯特罗和阿尔梅达指挥的第二、第三阵线在奥连特省攻克一个又一个城镇，紧逼圣地亚哥市。1959年1月1日凌晨，巴蒂斯塔仓皇逃亡国外。同一天中午，格瓦拉率第八纵队攻克圣克拉拉（Santa Clara）。同一天晚上，卡斯特罗攻克圣地亚哥，并宣布成立新政府，由曼努埃尔·乌鲁蒂亚（Manuel Urrutia，1901—1981）任临时总统。古巴革命取得胜利。1月2日，西恩富戈斯和格瓦拉先后率军抵达哈瓦那，分别占领哥伦比亚兵营（Campamento Columbia）和卡瓦尼亚（Cabaña）要塞。1月8日，卡斯特罗胜利进入哈瓦那。

1999年1月1日，卡斯特罗在庆祝古巴革命40周年大会上的讲话中说："1956年12月18日在经历了几乎消灭了我们队伍的极其严重的挫折之后，我们又一次收集了七支步枪，继续我们的斗争。仅仅过了两年多，我们怎么能取得如此难以置信的胜利呢？当时我们要对付的军队有8万武装人员和数千名在军校受过训练的高素质的指挥干部。这支军队享有诱人的特权，有美国提供的可靠的咨询和有保障的给养，而且从来没有人怀疑过关于这支军队是不可战胜的传说。英雄的人民把正确的思想作为自己的思想，正是这些思想创造了这个军事上和政治上的奇迹。"[1]

---

① ［古］菲德尔·卡斯特罗：《全球化与现代资本主义》，社会科学文献出版社2000年版，第3—4页。

第 四 章

古巴革命胜利后初期的美古关系
（1959—1961）

第一节　艾森豪威尔政府承认古巴革命政府
　　　　与卡斯特罗访美

在菲德尔·卡斯特罗领导的起义军即将赢得武装斗争胜利时，艾森豪威尔①政府看到巴蒂斯塔独裁政权已不得人心，便逐渐减少对巴蒂斯塔的政治支持和军事援助，曾经想换马。1958 年 12 月初，美国中央情报局曾与胡斯托·卡里略（Justo Carrillo）为首的蒙特克里斯蒂集团（Grupo de Montecristi）联系，准备让该集团在军人支持下，策动政变推翻巴蒂斯塔，旨在将政权掌握在温和派手中，让起义军参与其中。但是，政变没有发生，因为军人不信任胡斯托·卡里略。12 月 8 日，美国又进行第二次尝试，企图摆脱巴蒂斯塔。艾森豪威尔总统派特使威廉·波利（William Pawley）劝说胡斯托·卡里略成立爱国军人执政委员会，确保巴蒂斯塔离开古巴到美国。但巴蒂斯塔说服特使说，只要美国提供军事援助，战争将在几周内结束，起义军不会到达哈瓦那，特使表示相信，于是美国仍继续给巴蒂斯塔提供军援。② 12 月中旬，美国国务院和中央情报局企图用拉蒙·巴尔金（Ramón Barquin）上校等组成的军事委员会取代巴蒂

---

① 德怀特·戴维·艾森豪威尔（Dwight David Eisenhower, 1890—1969），美国第 34 任总统（1953—1961）。

② Fulgencio Batista-EcuRed，https：//www.ecured.cu/Fulgencio_ Batista.

斯塔。直到 1958 年年底，美国驻古巴使馆还企图让巴蒂斯塔驻奥连特省的作战司令埃乌洛希奥·坎蒂略（Eulogio Cantillo）与卡斯特罗进行谈判以达成解决全国危机的协议，来阻止起义军的胜利。[①] 但是，美国的阴谋没能得逞，卡斯特罗领导古巴人民和起义军，挫败了美国和古巴寡头集团的种种计谋，将斗争进行到底，终于推翻了亲美的巴蒂斯塔独裁政权，取得了革命的胜利。

1959 年年初古巴革命胜利后，从 1 月 1 日至 2 月 16 日，卡斯特罗出任革命武装力量总司令。同年 2 月 16 日，出任政府总理兼武装力量总司令至 1976 年。

一　艾森豪威尔承认古巴新政府

艾森豪威尔政府于 1959 年 1 月 7 日承认古巴新政府。1 月 21 日，艾森豪威尔任命温和派菲利普·W. 邦斯尔（Philip W. Bonsal）为驻古大使，接替强硬派厄尔·T. 史密斯（Earl T. Smith）大使。

2 月 19 日，邦斯尔抵达哈瓦那，邦斯尔大使曾努力想与古巴建立积极的、平等的关系，他主张对古巴卡斯特罗政府采取"耐心和容忍"的政策与灵活、宽容的态度，他相信美国能掌控卡斯特罗。3 月 5 日，邦斯尔大使首次拜会卡斯特罗。卡斯特罗向邦斯尔介绍了革命政府的土改、削减房租、建设住宅和工业化等计划，邦斯尔表示美国政府希望与古巴保持良好和坦率的关系。第二天，卡斯特罗在记者会上说，他与邦斯尔大使的会见是亲切和友好的。[②] 但是，卡斯特罗后来避而不见邦斯尔大使，他认为，美国驻古巴大使已经不再是古巴的第二号人物，在古巴革命胜利前，美国大使在古巴颐指气使，甚至对古巴总统发号施令。卡斯特罗在公开讲话中，驳斥美国政府对古巴政府严惩巴蒂斯塔分子的做法，要求美国政府引渡逃亡美国的前巴蒂斯塔政府官员和归还他们盗走的公款。

---

① ［古］何塞·坎东·纳瓦罗：《古巴历史——枷锁与星辰的挑战》，当代世界出版社 1999 年版，第 269—271 页。

② William M. LeoGrande & Peter Kornbluh, *Diplomacia encubierta con Cuba, Historia de las negociaciones secretas entre Washinton y La Habana*, Fondo de Cultura Económica, 2015, p. 42.

二　卡斯特罗的美国之行①

卡斯特罗访美　同年 4 月 15 日至 4 月 27 日，卡斯特罗总理应美国民间组织美国报纸编辑协会（la Sociedad Americana de Editores de Periódicos，SAEP）的邀请，率领 40 人以私人身份访问美国，随后，又途径巴西、乌拉圭、特立尼达和多巴哥和阿根廷等国，5 月 8 日回国。其随行人员中有好几位主管经济的部长，如经济部部长雷希诺·博蒂（Regino Boti）、财政部部长鲁福·洛佩斯–弗兰斯克特（Rufo López-Fresquet）和国家银行行长费利佩·帕索斯（Felipe Pazos）等。卡斯特罗此访的目的是想让美国公众舆论了解并同情古巴革命的进程。为显示独立性，卡斯特罗不想利用此行请求美国的援助。在他到达美国后举行的首次新闻发布会上，当有记者问他，是否到美国来要求援助时，他斩钉截铁地回答说：“不是，我们为独立自主感到骄傲，我们不会向任何人祈求援助。”②

访美期间，卡斯特罗受到美国民众的热烈欢迎。当卡斯特罗一行到达首都华盛顿机场时，1500 人前来迎接。在纽约机场，有 2000 人欢迎。他在哈佛大学发表演说时，有 1 万名听众。在中央公园发表露天演说时，有 3.5 万名听众。③ 卡斯特罗访问了马萨诸塞州波士顿的哈佛大学、新泽西州的普林斯顿大学和纽约的哥伦比亚大学，并在这三所大学发表演讲，受到师生们的热烈欢迎。卡斯特罗还会见了 1957 年在马埃斯特腊山区采访过他的美国《纽约时报》记者赫伯特·L·马修斯。

但艾森豪威尔总统避而不见、故意怠慢卡斯特罗。在华盛顿，美国代理国务卿克里斯蒂安·赫脱（Cristian Herter）会见并设午宴宴请了卡斯特罗。卡斯特罗与参议院和众议院外事委员会委员们交谈了 1

---

① Cronología del viaje de Fidel Castro a EEUU en 1959 （＋Infografía y Video）｜Cubadebate，http：//www. cubadebate. cu/especiales/2015/07/19/cronologia-del-viaje-de-fidel-castro-a-eeuu-en－1959－fotos-y-video/#. Xi99k9J＿kZQ.

② William M. LeoGrande & Peter Kornbluh，*Diplomacia encubierta con Cuba*，*Historia de las negociaciones secretas entre Washinton y La Habana*，Fondo de Cultura Económica，2015，p. 46.

③ William M. LeoGrande & Peter Kornbluh，*Diplomacia encubierta con Cuba*，*Historia de las negociaciones secretas entre Washinton y La Habana*，Fondo de Cultura Económica，2015，p. 44.

个半小时，并多次用英语接受媒体的采访。4 月 19 日，尼克松副总统在国会大厦，而不是在白宫会见卡斯特罗。尼克松告诫卡斯特罗说，古巴政府中共产党人的影响在增长。尼克松家长式的口吻令卡斯特罗十分反感。

卡斯特罗谈他与尼克松的会见 2007 年 7 月 7 日，卡斯特罗在他撰写的题为《称霸世界》的思考文章中透露了他同时任美国副总统尼克松谈话的情况和美国解密备忘录有关他们两人谈话的备忘录。卡斯特罗的文章说：

> 那次数小时的见面主要谈了些什么呢？（美国）解密备忘录有所涉及；那是备忘录撰写人陈述的。我只记得当时的一些情景了。我从备忘录中摘出我认为最能反映尼克松思想的几段话如下：
>
> ……他访问美国主要关心的"不是寻求售糖份额，也不是寻求政府贷款，而是寻求美国公众舆论对他的政策的支持"……而我最关心的是评定他到底会是什么样的领导人……诚如我所言，他对共产主义的威胁全然不顾，丝毫不放在心上，似乎一点儿也不担心共产党人会最终在古巴夺取政权。在我们谈到共产主义时，我再次竭力向他陈述了他本人也感兴趣的一些观点，并指出他所领导的革命除非是控制住局势，确保共产党人掌不了权、施加不了影响，否则就有可能会走向反面，转而反对古巴人民。在这一点上，我觉得没有收到什么成效。
>
> ……我对他这个人的评价有点儿拿不准。我们所能肯定的是，他具有一种使其成为人们领袖的难以言状的品格。不管我们对他有什么看法，他将成为影响古巴发展、很可能影响整个拉丁美洲事务的重大因素。他似乎很坦诚，然而不是对共产主义抱有一种令人不可思议的天真想法，就是受了共产党的影响。
>
> 然而，由于他具有领导能力，所以我们唯一能做的事就是竭力引导他走上正确道路。
>
> ……尼克松本人承认，我从未向美国政府要过资金……他狂热地维护发达资本主义及其根据自然法对世界的统治。他竭力美

化资本主义制度。他就一根筋，根本没有同他进行沟通的可能性。①

访美期间，卡斯特罗并没有像历届古巴总统那样向美国要求援助。在卡斯特罗访美后，尼克松在接受记者采访时认为，卡斯特罗对共产主义抱有"十分天真的想法"，对自由选举、私人资本持怀疑态度，这使他感到卡斯特罗可能将成为美国利益的巨大威胁。几周后，尼克松便坚决主张必须用武力推翻卡斯特罗。

革命胜利初期，在古巴革命胜利后的最初几个月，美国政府和企业界急于搞清古巴革命与共产党的关系，以及古巴新政府对美国的态度。起初，两国间虽心生疑惑，但并没有出现直接对抗。卡斯特罗宣称，"古巴革命不是赤色的，而是橄榄绿色的"，卡斯特罗不止一次表示，古巴将在美苏之间保持等距离，并有兴趣寻求美国的经济援助；他强调，在全世界的冷战中，他的心是"同西方在一起的"②。美国驻古巴使馆在给国务院的报告中也认为，古巴新政府"对美国基本上是友好的，并倾向于反共"。中央情报局局长杜勒斯也认为，"古巴政府并不是共产党控制的"。

1959 年 4 月 24 日，卡斯特罗在访问美国期间，在纽约中央公园发表演说时称，"古巴革命奉行民主原则，它是人道主义的民主"③。5 月 8 日，卡斯特罗在结束访美回国后在一次群众集会上说，"古巴革命既不是资本主义，也不是共产主义，而是自己的革命"④。5 月 9 日，他在一次讲话中，称古巴革命是"完全民主主义的"，卡斯特罗还一再否认他是共

---

① ［古］菲德尔·卡斯特罗：《总司令的思考》，社会科学文献出版社 2008 年版，第 98—100 页。

② 洪育沂主编：《拉美国际关系史纲》，外语教学与研究出版社 1996 年版，第 235 页。

③ Discurso pronunciado por el comandante Fidel Castro Ruz, primer ministro del gobierno revolucionario, en el parque central de New York, Estados Unidos, el 24 de abril de 1959, . http：//www. cuba. cu/gobierno/discursos/1959/esp/f240459e. html.

④ Discurso pronunciado por el comandante Fidel Castro Ruz, primer ministro del gobierno revolucionario, en la concentración celebrada a su llegada del extranjero, en la Plaza Cívica, el 8 de mayo de 1959, . http：//www. cuba. cu/gobierno/discursos/1959/esp/f080559e. html.

产党人。①

第二节　美国对古巴革命政府土地改革、国有化等措施的激烈反应

一　第一次土地改革

土改法的颁布　古巴革命胜利后，卡斯特罗就一直着手为土地改革进行各种准备。1959 年 2 月 16 日卡斯特罗出任总理后，立即成立了以起义军上尉安东尼奥·努涅斯·希门内斯（Antonio Núñez Jimenez，1923—1998，后任古巴科学院院长）为组长的土改法起草小组，起草小组的成员有格瓦拉、塞莉亚·桑切斯（Celia Sánchez，1920—1980，卡斯特罗的助手和秘书）、皮诺·桑切斯（Pino Santos，1928—2004，经济学家和历史学家，曾任首任古巴驻华大使）、比尔玛·埃斯平等。1959 年 5 月初，土改法起草完毕，经过反复讨论和修改，形成初稿。卡斯特罗亲自对初稿作了多次重要修改，主要修改之处是，将那些经营比较好的、掌握在本国或外国人手中的大庄园变成由全国土地改革委员会组织的国营农场或农业合作社。卡斯特罗还决定当年 5 月 17 日在马埃斯特腊山区原起义军司令部所在地拉普拉塔签署土改法。

为什么选择 5 月 17 日颁布土改法？是为了纪念在这一天遇害的农民斗争领导人尼塞托·佩雷斯（Niceto Pérez）。这一天清早，卡斯特罗总理和他的助手乘直升机从曼萨尼约飞抵拉普拉塔。当地一些农民前来欢迎卡斯特罗，其中一个农民手提一篮子鸡蛋，交给了塞莉亚，说是给卡斯特罗早餐用的。随后，总统乌鲁蒂亚和部长们也抵达这里。在原起义军司令部附近的一间农民的茅屋里，古巴政府举行部长会议，一致通过土改法，卡斯特罗代表古巴政府签署了革命政府第 3 号法律《土地改革法》。部长会议还通过两项法令，分别任命卡斯特罗为全国土地改革委员会主席，安东尼奥·努涅斯·希门内斯为土改委员会执行主席。

①　［古巴］《革命报》，1959 年 5 月 10 日，转引自［英］休·托马斯《卡斯特罗和古巴》下册，上海人民出版社 1975 年版，第 444—448 页。

《起义军电台》两名著名的播音员比奥莱塔·卡萨莱斯（Violeta Casals）和豪尔赫·恩里克·门多萨（Jorge Enrique Mendoza）用人们熟悉的嗓音向古巴和全世界宣布古巴人民的"理想变成了现实"：古巴颁布了土改法。《起义军电台》直播了卡斯特罗在土改法颁布仪式上激动人心的讲话。卡斯特罗说，土改法的颁布是"古巴生活中的一件大事"，它将"使古巴经济生活开始一个全新的阶段"，"我们很高兴完成了我们的承诺，我们回到马埃斯特腊山来是表明我们实现了多年来我们的愿望"。卡斯特罗也预见到土改法这一革命措施将使 200 多万农民，特别是 20 万无地农民受益，同时必然会引起受土改影响的少数人的反对。①

土改法的颁布使古巴消灭了大庄园制，完成了卡斯特罗在《历史将宣判我无罪》中提出的"蒙卡达纲领"中有关土地改革的部分。

希门内斯在他著的《跟随菲德尔 1959 年》一书中生动、详细地介绍了古巴土改法颁布的过程和卡斯特罗为土改法的制定和颁布所作的贡献。

古巴革命胜利前，古巴的土地高度集中。占农户总数 1.46% 的大庄园（500 公顷以上），占全国可耕地的 46.8%，其中几乎全部属于美国糖业公司地产的全国 114 家最大的庄园（5000 公顷以上），只占农户总数的 0.07%，却占地 182 万公顷，占全国可耕地的 20%；而占农户总数 92.02% 的广大农民（100 公顷以下），只占全国可耕地的 29%。②

土改法的内容　土改法③规定，废除大庄园制度，将土地分配给无地的农民。土改法限定每个自然人或法人占有的土地最多不超过 30 卡瓦耶里亚（简称卡，1 卡等于 13.43 公顷，30 卡合 402.9 公顷），超过部分予以征收。种植甘蔗、水稻或用于畜牧业的土地可以多于这个限额，但最多不能超过 100 卡。地产所有者在其土地被征收后可以取得适当的赔偿，

①　Discurso pronunciado por el comandante en jefe Fidel Castro Ruz en la Plata, Sierra Maestra, el 17 de mayo de 1959, http://www.cuba.cu/gobierno/discursos/1959/esp/f170559e.html; Antonio Nunez Jimenez, *En Marcha con Fidel* 1959, Editorial Letras Cubanas, La Habana, Cuba, 1982, pp. 143 – 154.

②　Gonzalo Rodriquez Mesa, *El proceso de industrializacion de la Economia Cubana*, Editorial de Ciencias Sociales, La Habana, 1985, p. 133.

③　古巴第一次土地改革法的译文，请参阅齐世荣主编《当代世界史资料选辑 第三分册》，首都师范大学出版社 1996 年版，第 539—547 页。

这种赔偿将以年息不超过 4.5% 的债券形式在 20 年内支付。

土改法还规定成立全国土地改革委员会，其任务是进行调查研究，并就实行土改法的一些具体问题提出意见。由土改引起的案件，则由土地法庭审理。

在卡斯特罗领导起义军开展武装斗争时，曾于 1958 年 10 月 10 日在马埃斯特腊山区颁布关于土地改革的"第三号法令"，该法令规定无偿地把土地分配给穷苦的农民，但是当时仅仅规定把国有土地分配给农民，并没有触及大庄园制度。

新的土改法于 1959 年 6 月 4 日正式公布并开始实施。这次土改征收了大庄园主和美国人占有的土地 16.2 万卡（约合 217 万公顷），使 10 余万户无地少地的农民得到了土地。对无地和少地的个体农民，政府无偿地分给每户最多达 2 卡的土地。如果他们耕种的土地超过 2 卡但不到 5 卡，则他们可无偿得到 2 卡的土地，而超出部分可以分期购买。[①] 但对征得的大部分庄园，政府没有分给农民，而是直接组成国营人民农场和农牧业生产合作社，从而使 40% 的土地成为国有。[②] 这次土改消灭了大庄园制和外国资本土地占有制，完成了农村中的民主改革。

美国对古巴土改的反应 美国公司是古巴最大的庄园主。霸占土地是美国垄断资本对古巴进行掠夺的主要手段之一。经过多年来对古巴的强夺劫掠，美国的大糖业公司成为古巴主要的大庄园主。在制糖业中，23 家美国公司开设了 39 家糖厂，一共占有土地 7.2 万卡。此外，它们用租赁凭证或按照合同使用的土地有 3.6 万卡，总共 10.8 万卡。如果加上美国公司在矿产租借和其他方面占有的 5 万多卡，美国公司控制古巴土地总面积就达到 16 万卡，即占古巴全国面积的 25% 以上，而美国所占的恰恰是古巴最好的土地。[③]

美国对古巴土改法的颁布和实施反应强烈。美国国务院在 1959 年 6

---

① ［古］埃内斯托·切·格瓦拉：《古巴革命战争回忆录》，上海人民出版社 1975 年版，第 277—278 页。

② Ministerio de Relaciones Exteriores. Direccion de informacion：*Perfil de Cuba*，NLA，1966，p. 125.

③ 庞炳庵：《亲历古巴——一个中国驻外记者的手记》，新华出版社 2004 年版，第 190 页。

月 11 日致古巴政府的照会中公然对古巴的土地改革表示不满，并无理要求古巴政府就土改法将引起的后果同美国"进一步交换意见"。美国照会警告说，古巴没收外国人财产应"同迅速、充分和有效的赔偿这一相应的义务联结在一起"，否则美国将采取削减从古巴购糖的定额、停止对古巴的经援等报复措施。

古巴土改法规定，古巴对被征收的土地，用土改债券赔偿，为期 20 年，年息不超过 4.5%。但是，美国不接受这一赔偿方式，强迫古巴立即用现金进行赔偿。6 月 12 日，卡斯特罗召见美国大使邦斯尔，承诺古巴会给予赔偿，但不会马上拿现金来赔偿。卡斯特罗在同美驻古大使会晤后发表讲话，表示古巴"决不改动土改法的一个逗点"，"就是天塌了，古巴的土改法还是要进行"。

美国准备派飞机轰炸古巴的甘蔗田和糖厂，千方百计破坏古巴土地改革的实施，并扬言要对古巴进行武装干涉。为了显示古巴人民保卫土地改革和反对外国干涉的坚强决心，7 月 26 日，50 万名从古巴全国各地来的农民手持砍刀和哈瓦那 50 万名市民一起，在哈瓦那公民广场（后改名为"何塞·马蒂"革命广场）参加百万人群众集会。卡斯特罗总理发表讲话说："我们的农民强有力的手握着的 50 万把砍刀，是保卫我国革命的有力保证"，"即使受到外国干涉的威胁，土地改革还要进行下去，而且要进行得更好"。[1]

10 月 14 日，美国向古巴发出了第二个照会，抗议土改中的没收土地等条款。

二　第二次土地改革

第二次土地改革　随着革命的深入，1963 年 10 月 4 日，古巴政府颁布第二次土地改革法[2]，规定征收超过 5 卡（67.15 公顷）的全部私有土地。这次土改共征收了 1.5 万户富农的 201.3 万公顷的土地。经过两次土

---

[1]　庞炳庵：《亲历古巴——一个中国驻外记者的手记》，新华出版社 2004 年版，第 205 页。

[2]　古巴第二次土地改革法的译文，请参阅齐世荣主编《当代世界史资料选辑 第三分册》，首都师范大学出版社 1996 年版，第 547—555 页。

改，古巴农村的土地所有制发生了重要变化。全民所有制（主要为国营农场和甘蔗农场）占70%，小农和合作社的土地占30%。农村中的大庄园制和富农经济均被消灭。

卡斯特罗对土改的评价 2003年和2004年卡斯特罗在同法国记者拉莫内的访谈中，谈到了他本人对土改法草案的修改和土改的成果，他重点谈到了古巴土改的一个重要特点是古巴没有将所征收的本国和外国的大庄园的土地分配给农民，而是将它们变成了人民农场（即国营农场）或甘蔗合作社，保留了大的生产单位。

卡斯特罗对拉莫内说："在飞往奥连特的飞机上，我给这部法律补充了一些内容，后来还在那个司令部与有权根据《共和国临时宪法》批准它的其余部长们讨论过，诸如已经收入《历史将宣判我无罪》的关于合作社的想法。后来我们为发展农牧业生产合作社作了巨大努力。我们也主张建立国营农业企业。那些大庄园中，有的农业或牧业发展得不错，我们怎么能把它们分成几百个小庄园呢？

"我们在甘蔗区建立了合作社，并且比较快地取得一些成功。这里有占地20万公顷的大庄园，为外国人所有。有些美国企业拥有大型糖厂和广阔的土地。它们在许多国家有土地，但在历史上，这里的美国企业非常有实力，非常有影响。除了迟早将它们国有化以外，没有其他选择。实际上这个过程加快了，这不是因为我们想要加快，或者想要造成与美国的冲突。问题是，不管比较激进也好不太激进也好，第一部《土地改革法》对于一个其企业是古巴最好甘蔗地主人的国家来说，是绝对不能接受的。

"土改法中提出，最多占地100卡瓦耶里亚。有的庄园占地1万甚至更多卡瓦耶里亚。1卡瓦耶里亚相当于13.4公顷。如果土地正在有效地生产，那就尊重最多100卡瓦耶里亚的所有权；否则，最多30卡瓦耶里亚。这就是标准。任何一个企业不得拥有100卡瓦耶里亚以上。这样做的条件是，土地在技术上得到很好地开发；就是说，任何企业不得拥有1340公顷以上。如果不是产出很多的土地，任何人不得拥有30卡瓦耶里亚以上。

"我在《历史将宣判我无罪》中谈到了合作社、重新造林、工业化，还谈到'金牛犊'，我用了一种象征性语言。那时谁也不相信随便哪个古巴革命者的任何计划，因为许多人已经许诺过计划，但没有一个人实行了。实际上，我们的过错是超额实行了。

"农村地区有几十万人根本没有土地，数以万计的农民租种土地。其他人则是既没有土地证也没有土地权的短工和生产者，可以随意把他们赶出土地；这些人主要占着山里国家的土地。还有就是所说的佃农，这些人境遇更糟：地由他们种，三分之一甚至更多的收成被地主拿走了。都是已经分了的地。要做的是给这些农民他们占的那些土地的所有权，当时就是这样做的。

"但是，我们不想把制糖业搞乱。我们干预的最后土地是大型甘蔗种植园，那是最大的大庄园。最后，我们把大型农业企业作为国营集体企业保持下来，现在是合作社。甚至在燃料极其短缺的特殊时期，也认为把小块土地分给家庭耕种，以便有助于居民的食品供应是适宜的。我们没有像俄国革命某些困难时期那样做，就是强制性合作化，这种做法代价非常大，也很残忍。

"古巴革命从第一天起就规定，始终不渝地尊重农民的意志。永远不会对任何一个农民施加压力，让他把土地连在一起建立更大规模的农业单位，这样的单位也许按人头和公顷计算的效率更高——但也并非永远如此，可是，这就像所有用强力作的事情一样，总会留下创伤。"①

三　国有化

革命初期美国在古巴资产　1959 年 1 月 1 日古巴革命胜利时，美国控制着古巴公用事业的 80%、采矿业的 90%、牧场的 90%、石油提炼工业的几乎 100%、公共铁路的 50%、制糖业的 40% 以及所有银行存款的

---

① *Cien horas con Fidel*，*Conversaciones con Ignacio Ramonet*，Segunda edicion revisada y enrique-cida con nuevos datos，Oficina de Publicaciones del Consejo de Estado，La Habana，2006，pp. 274 – 276.

25%。在拉美各国中，古巴接受的美国投资居第三位。美国公司收取蔗糖利润的40%，而蔗糖出口要占古巴出口贸易的80%；美国公司直接投资的总收益达7700万美元（1957年），但它们雇用的古巴人只占该国人口的1.08%。1950—1960年美国对古巴的国际收支顺差达10亿美元。①

国有化措施　卡斯特罗1959年2月16日出任总理后不久，同年3月，古巴政府就接管了美国在古巴经营的古巴电话公司，同年10月，古巴政府颁布了石油法和矿业法，废除一切租让地，对外资企业课以重税。

1960年6月，政府又接管了3家外国炼油厂。7月6日，部长会议通过征用外国资本在古巴的财产的法律。

同年8月6日，在哈瓦那举行的有5万人参加的拉丁美洲第一届青年代表大会上，卡斯特罗总理庄严地宣布，把在古巴经营的美资古巴电力公司、古巴电话公司等26家最大的美国公司以及36家糖厂收归国有。卡斯特罗当着来自拉美各国的青年代表和古巴民众说：

> 鉴于1960年7月6日颁布的、1960年7月7日在政府公报上公布的第851号法令授予政府在认为符合维护民族利益的要求时，通过决定，对属于美国自然人和法人的所有财产和企业采取强制的剥夺方式收归国有。
>
> 鉴于：上述法令的通过是基于下列事实，美国政府和立法机关怀着政治目的，一贯采取侵犯古巴经济的根本利益的立场。这一立场的表现是美国国会通过的食糖法修正案，授予美国总统削减美国市场上古巴食糖定额的特别权力，作为反对古巴的政治行为的武器。
>
> 鉴于：美国总统运用上述特别权力，采取对我国进行经济和政治侵略的臭名昭著的态度，削减连接美国市场上的古巴食糖定额。
>
> 鉴于：这一行动是美国政府奉行的旨在阻挠我国人民行使其主权和健全发展的一贯政策的又一表现，这是适应一贯阻挠我国经济发展和阻挠我们巩固政治自由的美国垄断组织的利益。

---

① ［美］戴维·霍罗威茨：《美国冷战时期的外交政策：从雅尔塔到越南》，上海人民出版社1974年版，第179页。

鉴于：面对上述事实，我们意识到我们的崇高历史责任，为了合法保卫我国经济，必须采取必要措施，以防止侵略对我国所造成的损失。

鉴于：根据我们的宪法和法律的规定，我们认为，由于以上所指的侵略措施已经付诸实施，必须行使 1960 年 7 月 6 日的第 851 号法令上规定的权力，即采取强制的剥夺方式，把美国法人的财产和企业收归为古巴国家所有，这是正当的决定，因为我国必须补救古巴国家在经济上所遭遇的损失和巩固我们的经济独立。

鉴于：古巴电力公司和古巴电话公司曾经是垄断组织敲诈和剥削的典型例子，它们多年来一直吮吸和蔑视我国经济和我国人民的利益。

鉴于：各个糖业公司在普拉特修正案的庇护下占去了我国最好的土地……这些公司的贪得无厌和肆无忌惮的外国主人已经收回了超过他们投资额许多倍的价值。

鉴于：石油公司不断地压榨我国的经济，它们以垄断价格出售产品，这就是说，许多年来，它们攫取了大量的外汇，并力图使它们的特权永远保存下去，它们不遵守我国的法律，策划了抵制我国的罪恶计划，使革命政府不得不进行干预……

因此，根据 1960 年 7 月 6 日颁布的第 851 法令授予我们的权力，我们决定：

第一条：宣布采取强制的剥夺方式将下列设立于古巴领土上的美国法人和国民的一切财产和企业以及靠经营这些财产和企业而得来的权利和股份一律收归国有，并将美国国民的利益占主要成分的企业也收归国有，包括：

（1）古巴电力公司，

（2）古巴电话公司，

（3）埃索美孚石油公司古巴分公司，

……

（24）联合果品公司，

（25）索列达德糖业公司，

（26）埃尔米塔糖业公司。

……

除此以外，还有美国在古巴的 36 家糖厂。[①]

1960 年 8 月 6 日，古巴政府将所有美资炼油厂、电力电话公司和 36 家美资糖厂收归国有。同年 10 月 25 日，在美国宣布对古巴实行禁运后，古巴把余下的 167 家美资企业全部收归国有。至此，收归国有的美资企业共 400 多家，价值约 12 亿美元，从而实现了外国企业的国有化。此前，1960 年 1 月 28 日，政府颁布没收巴蒂斯塔分子全部财产的法令，将价值共 4 亿比索的财产收归国有。同年 9 月，政府接管了所有私营烟厂。10 月 13 日，将 383 家私营工商企业和全部私营银行收归国有。本国和外国企业的国有化使古巴的国民经济完全控制在国家手中。政府还于 1960 年 10 月 14 日颁布了《城市改革法》，规定每户居民只准拥有一所住宅，租房者以每月的房租分期偿还房价，在 5—20 年内积累还足房价后便可成为所住房屋的主人，从而逐步消除了城市中的房租剥削关系。

至此，"蒙卡达纲领实际上业已实现。在英勇的反帝斗争中，古巴革命进入社会主义阶段。"[②]

第三节　艾森豪威尔政府宣布与古巴断交

一　艾森豪威尔政府对古巴态度的演变

从"耐心和容忍"转变为"公开施压"　1959 年 1 月 1 日，起义军总司令卡斯特罗宣布古巴革命取得胜利，结束了美国在古巴 60 年的统治，建立了革命政府。由于古巴革命政府维护古巴人民的真正利益，不再接受美国的干涉，并且采取一系列革命与改革的措施，这危及了美国

---

　　① ［古］菲德尔·卡斯特罗：《在第一届拉丁美洲青年代表大会上的演说》，1960 年 8 月 6 日，载于《卡斯特罗言论集》第一册，人民出版社 1963 年版，第 145—177 页。

　　② ［古］菲德尔·卡斯特罗：《在古巴共产党第一次全国代表大会上的中心报告》，载菲德尔·卡斯特罗《在古巴共产党第一、二、三次全国代表大会上的中心报告》，人民出版社 1990 年版，第 35—36 页。

在古巴和在西半球绝对的帝国控制。在美国统治集团看来，古巴成为鼓励拉美和世界进步力量为争取彻底解放和国家主权、反对美欧新老殖民主义强加的腐朽政权而斗争的极坏的榜样。美国一些官员和政客辩解说，对古巴革命进程的担心是从美国当局得知古巴新政府企图与共产党集团在拉美地区的利益结盟后"开始"的。美国总统艾森豪威尔在他的回忆录中写道："尽管我们的情报专家数月来犹豫不决，事实逐渐使他们得出结论：卡斯特罗上台后，共产主义已经渗透到西半球。"他在回忆录中还承认："在卡斯特罗进入哈瓦那几个星期后，我们政府的官员就开始考虑，一旦卡斯特罗变成一种威胁，我们该采取哪些有效措施来镇压他。"

据卡斯特罗在他的思考文章中揭露，美国中央情报局西半球处处长J. C. 金早在 1959 年 12 月 11 日的一份备忘录中说"周密地分析了除掉菲德尔·卡斯特罗的可能性后……许多非常了解情况的人认为，没有了菲德尔，必将大大地加速（古巴）政府的垮台……"①

美国学者戴维·霍罗威茨认为，"美国（政府）对于古巴革命一开始就怀有敌意是明显的"，"可以很现成地举出两个思想根源，来说明为什么美国一开始就憎恨这场革命：一个是害怕共产主义，另一个是害怕那种将会对美国投资造成'不利气候'的社会改革"。②

正是艾森豪威尔与时任国务卿的约翰·杜勒斯和时任中央情报局局长的艾伦·杜勒斯兄弟策划了最初反对古巴革命的颠覆计划。杜勒斯兄弟在古巴拥有联合糖品公司的利益，该公司控制了在古巴大部分蔗糖生产的买卖。

美国一开始是限制，后来又阻挠古巴获取贷款、初级产品、进行贸易、劳务和发展生产，甚至取消向古巴销售重要的原材料，引起了古巴对进行经济抵制的公司实行国有化，古巴做出主权决定，接受苏联的声援，苏联答应向古巴提供古巴短缺的产品，并将这些产品运到古巴。当古巴政府着手惩处战犯和杀人犯时，美国艾森豪威尔政府立即发动了污

---

① ［古］菲德尔·卡斯特罗：《总司令的思考》，社会科学文献出版社 2008 年版，第101 页。

② ［美］戴维·霍罗威茨：《美国冷战时期的外交政策：从雅尔塔到越南》，上海人民出版社 1974 年版，第 177 页。

蔑古巴革命的诽谤运动，怂恿多米尼加共和国和危地马拉独裁政府出面干涉古巴。

1960 年 1 月 4 日，美国再次向古巴发照会，反对古巴征收美国人在古巴所拥有的地产，并向古巴提出"抗议"。同年 2 月，时任苏联部长会议主席第一副主席的米高扬访问古巴，苏古两国签署贸易协议，苏联购买古巴的糖，向古巴供应原油，苏联向古巴提供 1 亿美元的贷款，不久，两国恢复外交关系。3 月 4 日，一艘给古巴运载 65 吨武器的挂法国国旗的轮船"勒库贝尔"（La Coubre）号抵达哈瓦那港，船上的武器是古巴政府从比利时购买的。当工人们搬卸装这些武器的箱子时，突然发生了强烈的爆炸。一小时后，又发生了第二次爆炸。在这两次爆炸中，共有 233 人受伤，72 人死亡。3 月 5 日，卡斯特罗总理在为死难者举行的葬礼上发表讲话，认定这次爆炸事件是蓄意准备的破坏造成的，应该从美国政府官员中寻找进行破坏的祸首。随后，古巴政府认为，这一爆炸事件是美国中央情报局一手制造的。①

3 月 17 日，艾森豪威尔总统签署中央情报局《反对卡斯特罗政权的秘密行动纲领》。显然，此时美国政府对古巴的政策已经从"耐心和容忍"转变为"公开施压"。2007 年 7 月 7 日，卡斯特罗在他的思考文章中，揭露了美国中央情报局准军事头目杰克·霍斯上校在 1961 年 4 月入侵吉隆滩期间提交的一份关于"1960 年 9 月至 1961 年 4 月反古秘密行动纲领的落实情况"报告，报告列举了美国中情局对古巴所进行的一系列反革命行动：（1）派准军事人员潜入，包括 19 名无线电报务员在内的 70 名受过训练的准军事人员。（2）空投补给行动。（3）海上补给行动。（4）开展游击活动。（4）破坏活动。包括纵火 800 次，烧毁约 30 万吨甘蔗；纵火 150 次，烧毁 42 家雪茄烟商店、3 家造纸厂、1 家制糖厂、2 家乳品店、4 处仓库和 21 家共产党人居住的房子等；对发电厂、仓库、火车站、公交车站、兵营、铁路线、共产党办事处等实施了 110 次爆炸行动；在哈瓦那省安放了约 200 个炸药包；使 6 列火车脱轨，破坏一个火车

---

① Los autores del criminal atentado al vapor La Coubre tienen nombre y apellidos，https：//www. alainet. org/es/active/36547.

站以及微波电线和一些电力变压器；一支突击队从海上偷袭圣地亚哥，使炼油厂中断供油达一个星期左右。

卡斯特罗愤怒地指出，这是"反对古巴人民的野蛮残暴行为"①。

5月27日，美国宣布停止对古巴的一切经济援助。5月底，古巴政府要求在古巴的美资德士古、美孚公司和英荷壳牌三大石油公司的炼油厂提炼苏联供应古巴的原油。6月初，三大公司代表同美国国务院官员商量后表示拒绝提炼苏联的原油，并表示不再向古巴供应一桶原油。依照仍有效的1938年5月9日颁布的古巴矿产和燃料法第44条规定，在古巴的任何炼油厂必须提炼古巴国家要求提炼的原油。由于这三家公司拒不执行这一法律，6月29日和7月1日，古巴政府先后征收了德士古、美孚和壳牌公司。

7月5日，美国农业部宣布停止古巴食糖的进口。6日，艾森豪威尔总统宣布削减70万吨从古巴进口的食糖定额。

同一天，古巴政府发表声明，指责美国对古巴发动了"经济和政治侵略"，其目的是"侵略古巴和阻挠古巴革命的发展和进程"。为了抗击美国这一经济侵略，维护古巴的主权和经济独立，8月6日，古巴政府颁布法令，采取强行征收的方式，把26家美国公司在古巴的财产和企业收归国有。这一法令规定，如果美国以每磅5分4厘美元以上的价格向古巴购买食糖，购买数额超过300万吨时，古巴将用超出部分食糖的价值的四分之一，作为支付基金，以为期50年的债券，向被征收的公司提供赔偿。美国政府拒不接受这一赔偿形式并拒绝同古巴就赔偿问题进行谈判。

10月19日，美国政府宣布对古巴实行贸易禁运（除食品、药品和医疗器械以外）。

10月24日，古巴政府颁布第三号令，谴责美国对古巴的禁运"破坏了国际关系中最起码的准则"，其目的是企图"扼杀"古巴经济，是一种政治性的强制行为。为了反击美国的经济封锁，保护民族经济，古巴政府决定将尚未收归国有的美国在古巴的167家企业全部收归国有，其中包

---

① ［古］菲德尔·卡斯特罗：《总司令的思考》，社会科学文献出版社2008年版，第101—103页。

括化学公司、冶金公司、造纸厂、食品、采矿、保险、农机、纺织公司和企业、饭店等。至此，美国在古巴总资产 12 亿美元的全部企业都被古巴收归国有。

《哈瓦那宣言》　在外交方面，古巴革命胜利后不久，美国竭力通过美洲国家组织孤立古巴，企图进行"集体干涉"。1959 年 7 月，美国总统艾森豪威尔就公开诬蔑古巴革命引起了加勒比海地区的紧张局势，公然提出"指望美洲国家组织采取主动"进行干预。

在 1959 年 8 月在智利圣地亚哥和 1960 年 8 月在哥斯达黎加圣何塞先后召开的第 5 次和第 7 次美洲国家外长协商会议上，美国竭力拼凑反古巴阵线。

1959 年 8 月 12 日至 18 日，美洲国家外长第 5 次协商会议在智利首都圣地亚哥举行。美国操纵的美洲国家理事会为这次会议安排了两项议程：（1）加勒比地区的紧张局势问题；（2）代议制民主的有效实施和尊重人权问题。这是给革命的古巴设下的两个陷阱。美国蓄意利用这两项议程中的任何一项作为干涉古巴的借口。会上，在美国压力下，通过授权美洲国家和平委员会采取措施，来防止所有外国的旨在推翻现政府的活动，调查加勒比地区的干涉或侵略行为。但是，由于古巴代表在会上同美国的反古阴谋进行了坚决的斗争，美国未能使会议通过公开谴责古巴的决议。这次会议通过的宣言又引用了第 9 次美洲国家会议反对"共产主义威胁"的谰言。

1960 年 8 月 22 日至 29 日第 7 次美洲国家外长协商会议在美国的操纵下，通过了《圣何塞宣言》，宣言不点名地指责古巴"接受大陆外的威胁"（指古巴接受苏联援助），并强烈指责"大陆外强国对美洲共和国事物的干涉或威胁"，重申泛美主义和各种极权主义不相容。

为了反击《圣何塞宣言》，1960 年 9 月 2 日，100 多万名古巴人民在哈瓦那举行了第一次古巴人民全国大会，通过了《哈瓦那宣言》① 这一严厉声讨美国帝国主义行径的檄文。

《哈瓦那宣言》的主要内容是：（1）谴责《圣何塞宣言》是"美帝

---

① 《哈瓦那宣言》，西汉对照本，商务印书馆 1962 年版，第 3—19 页。

国主义加强的、侵犯大陆兄弟人民的民族自决权、主权和尊严的文件";
(2)"强烈谴责美帝国主义一个多世纪对拉丁美洲各国人民的明目张胆的
罪恶干涉";(3)"谴责保持门罗主义的企图";(4)"接受苏联在一旦古
巴领土遭到美国武装力量袭击时所给的火箭支援";(5)"批准古巴和全
世界人民友好的政策,重申和一切社会主义国家建立外交关系的意愿,
并且从现在起,运用它的主权和自由意志,向中华人民共和国政府表示
愿意在两国之间建立外交关系,此外,要断绝到今天为止古巴还和台湾
地区的美国第七舰队支持下的傀儡政权保持着的关系";(6)"谴责人对
人的剥削和帝国主义金融资本对不发达国家的剥削";(7)"每个国家的
人民应该支援所有的遭受压迫、处于殖民地地位、被剥削和受侵略的国
家的人民","全世界人民是兄弟";(8)重申"为了拉丁美洲的共同命
运而奋斗的决心",要"按照所有国家的共同意愿,建立起真正的团结"。
卡斯特罗总理在宣读了《哈瓦那宣言》后,在场的一百多万群众在欢呼
声中通过了这一宣言。

9月28日,古巴和中国双方发表建立外交关系的联合公报,稍后双
方互派大使,古巴是同我国建立外交关系的第一个拉丁美洲国家。中古
建交使两国的友好合作关系进入了新的阶段。

卡斯特罗出席联合国大会[①] 1960年9月18日,卡斯特罗率领古巴
代表团飞抵纽约,参加第15届联合国代表大会。代表团下榻在古巴驻美
大使曼努埃尔·比斯贝(Manuel Bisbé)预定的离联合国大厦较近的谢尔
伯恩(Shelbourne)酒店。代表团入住一天后,酒店经理要见卡斯特罗,
卡斯特罗让劳尔·罗亚(Raúl Roa,1907—1982)外长去见。经理对罗亚
说,他担心酒店因古巴代表团的入住会遭到袭击,损害酒店的设施,要
求古巴代表团缴纳2万美元的押金。罗亚没有同意,但经理一再坚持。
罗亚将经理的要求报告卡斯特罗。卡斯特罗生气地说:"这帮强盗!告诉
他,我们从这酒店搬走!"卡斯特罗十分生气,他让努涅斯·希门尼斯去
买帐篷,准备在联合国公园里搭帐篷,住在帐篷里。卡斯特罗让比斯贝

---

① http://www.cubadebate.cu/especiales/2018/09/23/fidel-en-la-onu – 1960/#.Xi_ yL9J_
kZQ.

大使打电话给联合国秘书长达格·哈马舍尔德（Dag Hammarksjöld）要求立即见他，秘书长劝卡斯特罗住在市中心好的酒店比较安全。

罗亚找到美国黑人民权运动领导人物、哈莱姆区社区领袖欢迎委员会成员马尔科姆·X（Malcolm X），马尔科姆安排古巴代表团入住哈莱姆区黑人社区的特雷莎（Theresa）酒店。当卡斯特罗一行来到特雷莎酒店时，受到几千名黑人和拉丁裔居民的热烈欢迎。在特雷莎酒店，卡斯特罗先后接待了苏共领导人赫鲁晓夫、印度总理尼赫鲁、埃及总统纳赛尔、加纳总统恩克鲁玛和几内亚总统塞古杜尔等领导人。

9月26日，卡斯特罗在联大发表了长达4小时29分钟的长篇演说，创造了联大最长演讲的纪录。在演讲中，他首先指责美方对古巴代表团的歧视和"粗暴的对待""恶劣的待遇""把我们限制在曼哈顿岛，命令所有的旅馆不租给我们房间，敌视我们，并借口安全措施而进行隔离""从我们居住的旅馆撵走我们"。接着，卡斯特罗阐述了古巴革命政府所采取的降低房租、电费、实施土改、扫盲、工业化和制定矿业法等改革措施，抨击了美国派飞机轰炸甘蔗田、工厂、商店，谴责当时的美国总统候选人肯尼迪和尼克松在竞选中的反古言论，强烈要求美国撤出关塔那摩海军基地。卡斯特罗在演讲中强调，"古巴的问题不是孤立的问题。如果只考虑古巴的问题，那就是一个错误。古巴的问题是所有不发达国家人民的问题"，"古巴的问题完全适用于整个拉丁美洲"，"拉丁美洲的问题和世界的问题一样，和世界的其他地区——非洲、亚洲——的问题一样。世界被垄断集团瓜分了"。同时他还警告美国人，不要对已经站起来的国家进行攻讦，这才是美古关系复杂的真实原因。卡斯特罗还在演讲中专门提出关于中华人民共和国的问题。他指出："在最近几年中，许多国家加入了联合国。在联合国里反对讨论中华人民共和国——它代表六亿多人口的国家的百分之九十九的人——的代表权，就是否认历史现实、否认事实和生活本身的真相。这个问题甚至没有讨论过，这显然是荒谬可笑的。"①

---

① 《在第十五届联合国大会上的演说》，载［古］菲德尔·卡斯特罗《卡斯特罗言论集》第一册，人民出版社1963年版，第179—180、190—235页。

二 艾森豪威尔政府宣布与古巴断交

随着古巴革命的深入发展，1960 年年底，美国艾森豪威尔政府取消了全部进口古巴糖的份额，停止对古巴的一切援助，对古巴实行贸易禁运。1961 年 1 月 3 日，艾森豪威尔总统指示美国国务院宣布同古巴断绝外交关系，并在 1 月 4 日要求在古巴的美国侨民撤回。1 月 16 日，美国国务院宣布，除经特别批准外，禁止美国公民前往古巴。

在任期届满前，艾森豪威尔还制定了利用雇佣军入侵古巴的计划，但他没能实施，这一计划由他的继承者肯尼迪总统予以实施。

第 五 章

美古断交后的美古关系

（1961—2009）

第一节　美国雇佣军对古巴的入侵（1961）

一　艾森豪威尔政府策划并批准雇佣军武装入侵古巴的计划

艾森豪威尔于 1953 年 1 月 20 日至 1961 年 1 月 20 日任两届美国总统。在巴蒂斯塔独裁统治期间，他在经济上和军事上支持巴蒂斯塔独裁统治，反对卡斯特罗领导的革命武装斗争。1959 年 1 月 1 日古巴革命胜利后，1 月 7 日，艾森豪威尔政府承认古巴革命政府。然而，随着古巴革命的深入发展，革命政府所采取的土地改革、国有化等措施触犯了美国垄断资本在古巴的利益，1960 年年底，艾森豪威尔政府取消了全部进口古巴糖的份额，停止对古巴的一切援助，对古巴实行贸易禁运。1961 年 1 月 3 日，艾森豪威尔政府宣布同古巴断绝外交关系。

杜勒斯批准一项消灭卡斯特罗计划　古巴革命胜利后不久，在艾森豪威尔任内，美国中央情报局就一直密切注视着古巴革命的进展和卡斯特罗等人的活动。中央情报局曾多次试图暗杀卡斯特罗等古巴领导人，并直接参与组织和领导对古巴的军事入侵。早在 1959 年 12 月，中央情报局局长杜勒斯就批准了一项"消灭"卡斯特罗的计划，1960 年 3 月，进一步提出推翻卡斯特罗政府的全面计划。计划的内容包括：统一古巴流亡者反卡斯特罗政权的活动，成立反卡斯特罗的心理和宣传机构，在古巴国内建立秘密情报和行动组织，对反卡斯特罗的古巴流亡者进行游击战训练，派遣他们潜入古巴进行游击活动。

中央情报局最初想用游击渗透的方法推翻卡斯特罗政权。1960 年 6 月，杜勒斯组织古巴流亡分子的骨干人物成立所谓的"民主革命阵线"，在古巴流亡分子集中的美国佛罗里达和中美洲各国招兵买马，在危地马拉建立了训练基地，对他们进行游击战训练，训练工作由一个在第二次世界大战中组织过抗日游击战的菲律宾军官担任。中央情报局计划把经过训练的流亡分子派回古巴，建立反革命据点，发展力量，组织反对古巴政府的游击战，最终推翻古巴卡斯特罗政权。负责具体计划的中央情报局官员作了下面这样的描述：

"计划接收约 25 名古巴流亡者，'要求他们年轻、目的性明确，对他们进行破坏和通讯联络的技术训练——把他们训练成游击队——然后再把他们安插到古巴去。第一个训练队共有 25 人，以后的训练队可能有 30—45 人，但不超过此数。设计要求是训练第二次世界大战时期那样典型的地下活动。我们的行动计划是最终训练由 75 人或者更多一些人，他们首先要掌握通讯技术和设备，其次能掌握某些破坏性技术。他们首先要进入古巴，参加游击队或那里已经存在的抵抗组织，并使他们与外界总部直接通讯联络，从而部分实现指挥控制，部分使他们能够通过船运或空运得到后勤供应'。"[1]

第一批受训人员有一部分被运送到了古巴，接着中央情报局还给他们空投了物资，"但多数情况下是卡斯特罗的人把空投物资拿走了"，许多潜入者也被古巴政府俘获。潜回国内的古巴流亡分子也进行了多次爆炸、纵火等破坏活动，给古巴造成了一些损失。然而到 1960 年 2 月，中央情报局所估计的古巴人民起来反对卡斯特罗的那种情况并没有出现，通过在古巴国内发动游击战推翻古巴政权的想法落空了。

于是，中央情报局开始组织雇佣军对古巴进行直接的军事入侵。一批美国教官前往危地马拉，对古巴流亡分子进行两栖入侵作战训练。

根据 1998 年解密的中央情报局总监赖曼·柯克帕特里克的报告以及曾参加雇佣军武装入侵古巴的雇佣军头目和飞行员写的证词和材料，早

---

① ［美］约翰·兰尼拉格：《中央情报局》，中国社会科学出版社 1990 年版，第 424 页。

在 1960 年 3 月 17 日，美国总统艾森豪威尔就对中央情报局下令训练古巴流亡分子。艾森豪威尔在他的回忆录中写道："1960 年 3 月 17 日，我对中央情报局下令，要他们主要在危地马拉训练古巴流亡分子。"①

艾森豪威尔批准推翻卡斯特罗的行动计划　1960 年 3 月 17 日，艾森豪威尔总统批准了中央情报局制定的《推翻卡斯特罗政府的隐蔽行动计划》，该计划拟采取 4 种手段推翻古巴革命政府："建立一个负责的、有吸引力的、团结的古巴反对派；通过'天鹅'电台以反对派名义开展宣传攻势；在古巴国内建立一个秘密情报和行动组织，配合流亡国外的古巴反对派；在古巴境外准备一支适当的军事力量，渗透国内并取得后勤支持。"② 但是，艾森豪威尔在卸任前没能实现他入侵古巴并推翻卡斯特罗的计划，尽管这一计划和兵力差不多已准备就绪。

在竞选总统期间，民主党候选人肯尼迪曾就古巴局势采取一种好战的姿态。他奚落共和党政府没有处理古巴问题，尽管肯尼迪并没有披露他的具体打算，但他允诺将为古巴的"民主反对派"做些事情。当时任副总统的尼克松自 1959 年 4 月以来就一直敦促以军事力量来对付古巴，并对行将发动的入侵是知悉的。但是，由于经艾森豪威尔批准的中央情报局的计划是保密的，因而他没有在竞选运动中正面回答肯尼迪。③

中情局 1960 年曾出资 15 万美元，雇用位列美国十大通缉犯名单的黑帮成员企图暗杀古巴领导人卡斯特罗。这份名称为"利用黑帮成员企图暗杀卡斯特罗"的备忘录提到，1960 年 8 月，当时的中情局官员理查德·比塞尔与该局安全办公室的谢菲尔德·爱德华兹会面，讨论"是否拥有渠道协助实施一次黑帮方式的敏感任务"，并明确提到"目标是菲德尔·卡斯特罗"。中情局最终确定了名为约翰尼·罗塞利的高级黑帮成员，他被认为垄断了赌城拉斯维加斯当时的所有制冰机业务。文件说，中情局聘请了一名前联邦调查局特工，在纽约希尔顿酒店接触罗塞利，

① EE. UU. ideó, organizó, financió y ejecutó la invasión en abril de 1961, *Granma internacional*, 18 de junio, No. 28, p. 5.

② EE. UU. ideó, organizó, financió y ejecutó la invasión en abril de 1961, *Granma internacional*, 18 de junio, No. 28, p. 5.

③ ［美］拉尔夫·德·贝茨：《美国史》下卷，人民出版社 1984 年版，第 271 页。

后者找来了萨尔瓦托雷·詹卡纳和桑托斯·特拉菲坎特，这两人均在美国司法部列出的十大通缉犯名单上。为了掩饰自己在暗杀企图中的作用，中情局还设计了刺杀原因。解密文件说，中情局通过中间人向罗塞利解释刺杀原因时称，卡斯特罗1959年发动革命推翻巴蒂斯塔独裁统治后，古巴境内的赌场生意就被宣布为非法，严重损害了一些跨国公司的利益。因此，罗塞利被告知，"这些公司"希望有人刺杀卡斯特罗，并愿意支付15万美元"赏金"。这几名黑帮成员认为，使用武器暗杀卡斯特罗可能会造成"麻烦"，建议使用"可以投放在卡斯特罗饮食中的某种药物"。最后，中情局通过罗塞利将6片剧毒药片交给一个名为胡安·奥尔塔的古巴官员。奥尔塔当时陷入经济困境。中情局认为，奥尔塔有可能接触到卡斯特罗。然而，在数周投毒未遂后，"奥尔塔心生怯意，要求退出任务"。虽然他又引荐了另一人，但此后的多次暗杀企图均告失败。文件说，所有这些参与刺杀阴谋的人"没有得到酬金"，甚至连暗杀用的药物也还给了中情局。中情局最终放弃了这个暗杀计划。2007年6月26日，美国中央情报局正式公布一批秘密历史档案，详细描述中情局特工在20世纪50年代至70年代初从事过的各种非法活动。其中，档案还以详细篇幅记录了古巴领导人卡斯特罗上台初期美国对他实施刺杀的企图。①

1975年12月17日，卡斯特罗在古共"一大"所作的中心报告中透露说："美国中央情报局多年来策划了数十次谋杀古巴领导人的阴谋。为此目的，中央情报局的武器库里还存有尖端武器，如可以毁灭整个城市的毒药；带消音器的手枪；在皮肤上几乎不留痕迹的微型子弹；装有微型针的自动铅笔，这种针可以用来在受害者没有感觉的情况下注射见效缓慢得可怕的有毒针剂，注射后连死因也无法查明。此外，还有带望远瞄准器的步枪、火箭筒、无后坐力枪、机枪、炸药和其他常规武器。"

卡斯特罗接着说："中央情报局多次把这些武器交给特务搞暗杀活动。为此，他们还雇佣了黑手党骨干分子。今天，人们通过美国参议院

---

① http：//www.granma.cu/espanol/2007/junio/mier27/cia-confirma-contrato-mafia-asesinar-fidel.html.

一个委员会自己的供词，对（美国）官方的这种阴险恐怖的内幕略知一二。"①

卡斯特罗对美国的卑劣行径进行强烈谴责："在国际关系史上，一个现代化的强国对另一国的领导人搞谋杀，这种做法还从来没有过。这一事实本身就具有一种异乎寻常的含义"，"这些行径在任何现代化国家的历史上都是没有先例的，它充分暴露了帝国主义的不负责任、利令智昏、难以置信已到了登峰造极的地步。过去他们想吞并我们，现在又想毒死我们……中央情报局的所作所为是野蛮的行径，对这些野蛮行径的揭露和道义上的谴责有助于避免在国际关系中出现如此卑劣的做法"。

卡斯特罗说："我们革命国家的安全部门，在保卫革命委员会和全国人民的有力支持下，粉碎了中央情报局的这些计划，这无疑是革命的又一辉煌胜利。"

卡斯特罗在报告中所提到的"美国参议院一个委员会自己的供词"是指1975年美国参议院特别委员会公布的调查美国中央情报局20世纪60年代暗杀外国领导人情况的一份报告。这个委员会是由参议员福兰克·丘奇领导的。

据美国参议院特别委员会的报告披露，从1960年至1965年，有中央情报局卷入的暗杀卡斯特罗的阴谋至少有8次，主要有：

1960年3月至8月，中央情报局曾研制一种准备向卡斯特罗经常发表电视演说的播音室里喷洒的一种化学药剂，这种药剂能产生类似迷魂药的作用，后因其效果不可靠而放弃这一计划。

1960年8月16日，中央情报局医疗办公室行动处曾将一盒卡斯特罗平时最喜欢抽的那种雪茄烟给一名工作人员，指示他将烟进行剧毒处理。这名工作人员向雪茄烟里注射了肉毒杆菌毒素。1961年2月13日，将这盒烟交给了一位没留姓名的人。

卡斯特罗以长有一脸"大胡子"著称。为了破坏这一形象，中央情报局专门制订了一项计划。特工人员在卡斯特罗出国访问前，在卡斯特

---

① ［古］菲德尔·卡斯特罗：《在古巴共产党第一、二、三次全国代表大会上的中心报告》，人民出版社1990年版，第34—35、169页。

罗将要穿的皮鞋里撒上了铊粉。铊粉是一种强脱毛剂，能使卡斯特罗的大胡子脱落。后因卡斯特罗因故临时取消这次出访，这项计划未能得逞。

1962年3月，中央情报局曾派人收买了卡斯特罗经常光临的自由哈瓦那饭店的招待员，指使他在卡斯特罗喜欢吃的巧克力冰淇淋里下毒药。后因放在冰箱冷冻室的装有毒药的胶囊被弄破，毒药流出来没法再用了。

1963年年初，中央情报局主管古巴秘密行动科制订了两项计划。一项计划是在卡斯特罗经常潜海捕鱼的水域放置一个带有爆炸装置的软体动物。另一项计划是在一件潜水服里喷洒可引起真菌皮肤病的真菌，并在潜水服的通气管里洒了结核杆菌，并设法将这件潜水服作为礼品送给卡斯特罗。

1965年年初，中央情报局特制一支带有皮下注射针头的圆珠笔，针头蘸有毒剂，拟送给卡斯特罗。中央情报局特工向古巴持不同政见者提供一支带有望远瞄准器和消音器的来复枪和一只装有几枚炸弹的旅行箱，用来谋杀卡斯特罗。[①]

美国参议院特别委员会的这份报告所披露的事实充分说明，为了达到刺杀卡斯特罗这一罪恶目的，中央情报局不择手段，无所不用其极。另据曾任起义军电台台长和革命报社社长，后流亡国外的卡洛斯·弗朗基披露，早在1959年4月卡斯特罗首次访问美国时，就有人企图在卡斯特罗在纽约一次集会发表讲话时扔手榴弹谋害他。[②]

美国中央情报局从一开始就密切关注着卡斯特罗及其所领导的革命的发展方向。早在1959年12月就制订了消灭他的计划。1960年1月和3月，中央情报局5412委员会的"特别小组"举行过正式的秘密讨论会，研究暗杀计划问题，菲德尔·卡斯特罗是目标之一。同年3月14日，中央情报局局长杜勒斯（1953—1961年任局长）和负责反卡斯特罗行动的西半球组长 J. C. 金上校讨论了"如果菲德尔、劳尔·卡斯特罗和切·格

---

① ［古］菲德尔·卡斯特罗：《在古巴共产党第一、二、三次全国代表大会上的中心报告》，人民出版社1990年版，第165—168页。

② Carlos Franqui：*Vida，aventuras y desastres de un hombre llamado Castro*；Planeta，Barcelona，España，1988，pp. 399–401.

瓦拉同时消失的话，古巴的政局将会发生什么变化的问题"①。同年 9 月，在中央情报局安全处官员的要求下，前联邦调查局官员、后来成为中央情报局私人调查员和自由特工人员的罗伯特·A. 马休，联络黑社会人物约翰·罗塞利、桑托斯·特拉菲肯特和山姆·吉安康纳，出资 15 万美元，要他们找人杀害卡斯特罗。当时考虑的暗杀方法有多种，其中包括在卡斯特罗的饮料或食物中下毒。1961 年 3 月和 4 月，曾先后两次试图用毒药杀死卡斯特罗，但都因投毒的古巴人"临阵畏缩"而失败。后来又制订了利用带毒的钢笔、用装有细菌粉尘的潜水服以及带毒标枪等的暗杀计划。

二 肯尼迪②实施雇佣军入侵古巴的计划

1960 年美国当选总统肯尼迪在获悉了中央情报局的新计划并听取了杜勒斯的汇报后，要求他把工作继续下去。1961 年 1 月肯尼迪上台后不久，即同中央情报局局长艾伦·杜勒斯等会晤，了解中央情报局制订的入侵古巴的计划，并要求美国国防部加以详细研究，国防部对这一计划予以肯定后，肯尼迪即授权中央情报局继续执行入侵古巴的计划。

美国雇佣军的组成 1961 年年初，训练完毕的美国雇佣军被编成代号为 2506 突击旅，下辖 7 个营：4 个步兵营、1 个摩托化营、1 个空降营、1 个重炮营和几个装甲分队。中央情报局认为，这些装备足以摧毁古巴的飞机和装甲车。同年 4 月初，美国政府已准备使用雇佣军力量对古巴进行侵略。美国政府用于这一行动的开支已达到 4600 万美元，投入这一行动的军官达 588 人，集结雇佣军约 1500 人（一说约 1390 人、1200 多人）。

美国所训练和武装的雇佣军都是一些什么人呢？其中有 194 人是巴蒂斯塔独裁政权前军人和官员，100 人是前大庄园主，24 人是大产业主，

---

① ［美］约翰·兰尼拉格：《中央情报局》，中国社会科学出版社 1990 年版，第 397—398 页。

② 约翰·费茨杰拉德·肯尼迪（John Fitzgerald Kennedy，1917—1963），美国第 35 任总统（1961—1963）。1963 年 11 月 23 日，肯尼迪遇刺身亡。

67 人是房地产开发商，112 人是大商人，35 人是工业巨头，179 人是富翁，112 人是流浪者和其他社会阶层分子。他们中很多人是失去财产和地位的富裕人家的子弟和亲属，从雇佣军人员的组成可以看出，他们参与入侵的目的是反攻倒算，幻想收复失去的"天堂"。①

为了支援雇佣军入侵古巴，美国派遣了 8 架 C—54 运输机、14 架 B—26 轰炸机、10 艘登陆舰艇。五角大楼还派了几艘潜水艇前往古巴沿海侦察地形，物色登陆地点。1961 年 4 月 4 日，上台不久的肯尼迪总统在与五角大楼和中央情报局官员联席会议上，批准了代号为"冥王星"的战役计划。

1961 年 4 月初，由美国支持、装备和训练的，由古巴流亡分子组成的雇佣军由危地马拉基地乘卡车前往尼加拉瓜，14 日从尼加拉瓜卡贝萨斯港上船向古巴进发，开始了武装入侵古巴的行动。入侵行动在中央情报局副局长比塞尔亲自监督下进行。

卡斯特罗亲临战场指挥吉隆滩战役②　4 月 15 日清晨，8 架美国 B—26 轰炸机从尼加拉瓜的卡贝萨斯港基地出发，对古巴的自由城、圣地亚哥、圣安东尼奥·德洛斯巴尼奥斯的机场进行突然袭击。美国使用惯用的狡猾手段，用古巴空军的标记伪装入侵古巴的美国飞机，使人感到似乎是古巴国内发生了起义。

美国飞机袭击古巴上述 3 个机场的目的是想摧毁弱小的古巴空军力量，以便在入侵古巴时，阻止古巴空军的行动。然而，尽管古巴的高射炮部队缺乏经验，他们还是英勇地打退了敌人的进攻，并击落了一架敌机，击毙了 2 个飞行员。古巴方面有 53 人受伤，12 人死亡。③ 牺牲的人中有一位名叫爱德华多·加西亚·德尔加多的年轻战士，他用自己的鲜血在他倒下的墙上写了"菲德尔"（卡斯特罗的名），以表示革命战士抗击美国侵略者的决心。

---

① ［古］何塞·坎东·纳瓦罗：《古巴历史——枷锁与晨辰的挑战》，当代世界出版社 1999 年版，第 290 页。

② 西方媒体称为"猪湾事件"。

③ ［古］何塞·坎东·纳瓦罗：《古巴历史——枷锁与星辰的挑战》，当代世界出版社 1999 年版，第 289 页。

空袭发生后，卡斯特罗发表了《告古巴人民书》。他指出，这次空袭是一场侵略的前奏，古巴人民将起来进行斗争和抵抗。古巴代理外长奥里瓦雷斯也召见了外国驻哈瓦那的外交使团，通报了美机对古巴空袭的情况。

4月16日，卡斯特罗在遭敌机突袭遇难者葬礼集会上宣布，古巴革命"这是一场贫苦人的、由贫苦人进行的、为了贫苦人的社会主义民主革命"，美国"不能容许我们在美国的鼻子底下进行一场社会主义革命"，而古巴人民"将毫不犹豫地为保卫革命流尽最后一滴鲜血"。①

第二天，4月17日凌晨2点半，由美国组织、训练武装和指挥的美国雇佣军2506突击旅共约1500人，从尼加拉瓜卡贝萨斯港出发，乘坐5艘美国船，在美国军舰和飞机护送下，在当时距哈瓦那约250千米的属于拉斯维利亚斯省、现属马坦萨斯省的南岸科奇诺斯湾（即猪湾）的长滩和吉隆滩登陆，其目的是利用那里的有利地形，建立一个桥头堡，成立反革命临时政府，然后立即要求美国政府的承认和干涉。与此同时，雇佣军的伞兵部队在吉隆滩北部降落，企图切断通往"澳大利亚"糖厂的公路，涂着古巴空军标记的美国B—26轰炸机，在美国空军歼击机的护送下，对当地军用和民用设施狂轰滥炸。

4月17日雇佣军到达长滩和吉隆滩后，同古巴一支民兵巡逻队发生遭遇战，遇到古巴民兵的顽强抵抗。枪声打破了凌晨的宁静，中央情报局原计划实行战术袭击的希望落空。而且，古巴国内也没有人响应这次入侵行动。一个多月前，古巴起义军和民兵给埃斯坎布拉伊的残余武装匪徒以毁灭性的打击，瓦解了美国中央情报局的计划。在遍布全国各地的保卫革命委员会配合下，古巴政府公安部门逮捕了3000多个对革命不满的人，粉碎了中央情报局想依靠这些人配合和支持雇佣军入侵的企图。

在卡斯特罗亲自指挥下，古巴军民同仇敌忾、保家卫国，经过不到72小时的激战，于4月19日全部歼灭入侵者。雇佣军有89人被打死，

---

① 《卡斯特罗言论集》第二册，人民出版社1963年版，第25—26页。

250 人受伤，1197 人被俘。古巴方面有 157 人牺牲，数百人受伤。①

三　美国在拉美战场上的第一次惨败

1961 年美国雇佣军入侵古巴是由美国两任总统艾森豪威尔、肯尼迪亲自批准，在肯尼迪任总统时实施的；是由中央情报局具体执行，美国陆、海、空军积极参与的。

雇佣军所使用的 14 艘登陆艇、运输艇、驳船、战艇；32 架飞机（其中 B—26 战斗机 16 架，C—46 运输机 6 架，C—54 运输机 8 架，水空两用飞机 2 架）；5 辆 M—41 型坦克，10 辆装甲车；75 门火箭炮，各种口径的迫击炮 60 门，无后坐炮 21 门；44 挺轻重机枪；8 具火焰喷射器；2.2 万颗手榴弹；108 支布朗宁自动步枪，470 支 M—3 型半自动步枪，635 支步枪和卡宾枪，465 支手枪和其他轻武器等，均是由美国提供的。②

美国还出动了 1 艘航空母舰"爱塞克斯号"、5 艘驱逐舰、1 艘 LSD 型登陆舰对雇佣军乘坐的舰艇进行护航。

在入侵前，雇佣军在美国的军事基地，或在美国在危地马拉、波多黎各的军事基地接受美国教官的训练，并按月领取美国政府发的津贴。

美国不仅出钱、出枪炮和飞机支持雇佣军入侵古巴，美国飞行员、军事顾问、蛙人和其他人员还直接参加了入侵。1961 年 4 月 19 日，古巴高炮部队击落了 2 架美国 B—26 轰炸机，驾驶这 2 架轰炸机的 4 名飞行员均为美国公民，而不是古巴流亡分子。

肯尼迪承认他在古巴问题上"作了错误的决定"　直到 4 月 20 日，肯尼迪在一次公开演说中还撒谎说："我坚持认为，这是一场古巴爱国者反对一个古巴独裁者的斗争。尽管不能希望我们隐瞒我们的同情。我们反复说明，美国的军队不会以任何方式进行干预"。然而，4 天后，由于中央情报局同其他部门之间互相推诿入侵失败的责任，美国白宫发表一

---

① ［古］何塞·坎东·纳瓦罗：《古巴历史——枷锁与星辰的挑战》，当代世界出版社 1999 年版，第 290 页。

② Demanda del pueblo de Cuba al Gobierno de Estados Unidos por daños humanos, *Granma Internacional*, 13 de junio, 1999, No. 23, p. 4.

项声明，声明说："总统从一开始就宣称，作为总统，他对最近几天发生的事件负责。"

1962 年 12 月 17 日肯尼迪在广播讲话中承认 1961 年他在古巴问题上"作了错误的决定"："在 1961 年我们在古巴问题上作出了错误的决定"，"1961 年在古巴，那些向政府提供意见的人也是一致的，这个意见是错误的。我要负责任"①。

卡斯特罗谈吉隆滩战役　2006 年古巴出版的《同菲德尔访谈 100 小时》一书中，卡斯特罗对法国记者拉莫内谈到吉隆滩战役时说：

> 是的，那一天（1961 年 4 月 17 日），一支大约 1500 名由中央情报局训练的雇佣军组成的远征军，分成 7 个营，每营 200 人，分乘 5 条运输船到了吉隆滩。此前的拂晓时分，投下了一个伞兵营，任务是占领穿过萨帕塔沼泽通往滩头的两条公路。美国的海军陆战队乘坐几艘美国军舰，其中有"USS 埃塞克斯号"航空母舰，停在距海岸只有几海里的地方，准备着一旦"临时政府"请求，即刻在海军和空军支援下登陆，只要占领吉隆滩一个滩头，就将"临时政府"空运进来。
>
> 雇佣军拥有一个 B—26 轰炸机群，有巴蒂斯塔的飞行员驾驶，也有美国飞行员驾驶的。4 月 15 日，他们突然用那些带有古巴标记的飞机袭击我们简陋空军的基地。这次袭击是个迹象，表明侵略迫在眉睫。第二天，在阵亡者葬礼上，我宣布了我们革命的社会主义性质。
>
> 他们为登陆选择了一个封闭的地方，就是吉隆滩，有一大片沼泽将它与其他领土隔开。很难进行反击，因为必须沿着仅有的两条公路前进，还要穿过 10 千米不可通行的沼泽。这就把那两条公路变成了像德摩比利（Térmopilas）那样的通道②。

---

① 《肯尼迪 1962 年 12 月 17 日广播谈话》，载《古巴事件内幕》，世界知识出版社 1962 年版，第 118 页。

② 古希腊狭窄通道（宽 10—15 米），又译"温泉关"。公元前 480 年这里发生过一场著名战役，一方是莱昂尼达斯指挥的斯巴达人，另一方是赫尔赫斯统率的波斯人。经斯巴达人顽强抵抗后，波斯人终于穿过狭道。

从 4 月 17 日拂晓到 19 日下午 6 点，连续战斗 60 个小时，经过一场激烈的战役，我们打败了他们，我们有 150 多人战死，几百人受伤。那场战役是在美国舰队面前进行的。将近 1200 名雇佣军作了俘虏，几乎是有作战能力的敌军的全部，不包括入侵的伤亡者。①

吉隆滩战役胜利的意义　古巴在吉隆滩战役的胜利使新生的革命政权得到巩固，提高了古巴革命在国际上的威望。卡斯特罗在吉隆滩战役结束后不久的一次长篇电视演说中说，吉隆滩战役是"美帝国主义在美洲遭到了它的第一次惨败"，"我们相信人民已经出色地证明，他们保卫了自己的权利，保卫了自己的土地，保卫了自己的荣誉。而且他们还在全世界人民面前赢得了巨大的赞扬，他们树立了巨大的威望，他们使帝国主义遭到惨败"。②

吉隆滩战役的胜利坚定了卡斯特罗走社会主义道路的决心。1961 年 5 月 1 日，卡斯特罗正式宣布古巴是一个社会主义国家；同年 12 月，"七·二六运动"、人民社会党和"三·一三"革命指导委员会三个革命组织合并，建立革命统一组织（1962 年 3 月，改名为古巴社会主义革命统一党，1965 年又改称古巴共产党），自任第一书记，劳尔·卡斯特罗任第二书记。

美国政府派雇佣军入侵古巴受到了国内外舆论的谴责。美国在吉隆滩战役中的惨败对于刚刚执政的肯尼迪无疑是个沉重的打击。

美古关于以战俘换拖拉机协议的谈判　1961 年 3、4 月间，古巴对被俘的雇佣军进行了审判，判处他们 30 年徒刑。5 月 17 日，卡斯特罗发表讲话，表示古巴政府建议美国政府用 500 台大型拖拉机作为赔偿换取吉隆滩战役被古巴俘虏的战俘。美国政府组成由前总统罗斯福夫人埃莉诺·

---

① *Cien horas con Fidel*, *Conversaciones con Ignacio Ramonet*, Segunda edicion revisada y enriquecida con nuevos datos, Oficina de Publicaciones del Consejo de Estado, La Habana, 2006, pp. 291 – 292；［古］菲德尔·卡斯特罗、［法］伊格纳西奥·拉莫内：《卡斯特罗访谈传记　我的一生》，中国社会科学出版社 2008 年版，第 229—230 页。

② ［古］菲德尔·卡斯特罗：《关于美国雇佣军入侵事件和吉隆滩战果的电视演说》，《卡斯特罗言论集》第二册，人民出版社 1963 年版，第 108—109 页。

罗斯福（Eleanor Roosevelt）等社会名流组成的"拖拉机换取自由委员会"。5 月 22 日，该委员会与卡斯特罗特许的、由 10 名雇佣军战俘组成的代表团在华盛顿希尔顿酒店谈判，雇佣军战俘代表团转达了古巴政府提出的要求美国提供 500 台 Caterpillar D - 8 型大型拖拉机或类似的农用机械作为赔偿换取战俘，但美方提出古巴不需要大型拖拉机，改为 50 台中型和 450 台小型拖拉机。古方不同意。后卡斯特罗邀请以罗斯福夫人为首的委员会成员访问古巴，继续谈判。但美方只派一些专家访古与卡斯特罗谈判。卡斯特罗提出美方也可赔偿 2800 万美元现金，美方不同意。6 月 23 日，该委员会解散。随后，战俘家属组成"为释放战俘的家属委员会"，准备筹措赔款。8 月 30 日，美国政府派詹姆斯·B. 多诺万（James B. Donovan）律师为代表到古巴与卡斯特罗谈判。古巴先释放了 60 名伤病俘虏，美方支付 290 万美元作为赔偿。12 月 21 日，多诺万与卡斯特罗经过 11 次会见和谈判，古、美最终达成协议，美方在 1963 年 7 月 1 日前，分批给古巴提供价值 5300 万美元的药品和食品。而古方则在 1962 年 12 月圣诞节前分两批全部释放战俘。①

2003 年至 2005 年，卡斯特罗在与法国记者拉莫内一百小时访谈中谈到战俘赔偿问题时表示：

> 我们判处他们为每位战俘支付一笔 10 万美元的赔偿金，或者一种替代性的刑事处罚。我们想要的是支付赔偿金，不是因为需要钱，而是因为这是美国政府对革命胜利的一种承认，更是一种道义惩罚。

卡斯特罗还揭露与他谈判的詹姆斯·B. 多诺万竟然给他带来一件有毒的潜水衣作为礼物：

> 令人难以置信的是，中央情报局企图利用跟我谈判的那位律师，

---

① William M. LeoGrande Peter Kornluh：*Diplomacia encubierta con Cuba*，Fondo de Cultura Económica，México，2015，pp. 78 - 85；Canje no，indemnización http：//www. granma. cu/granmad/secciones/giron - 50/artic - 35. html.

让他给我带来一件浸了足以杀死我的蘑菇和细菌的潜水衣作礼物。那个跟我谈判释放吉隆滩俘虏的律师!

……我不能说他卷入了这个计划。知道和了解的情况是,他们想利用他做工具。那个律师姓多诺万,詹姆斯·多诺万。没有任何迹象表明他是自觉参加的,而是他们想利用他。当然,我在这种炎热的气候下不常穿潜水衣。你穿上一件潜水衣,就必须给铅腰带增加重量,在我们的海里不能用。喏,在许许多多暗杀计划里有这个,因为美国国会的一个委员会调查和公布了这个计划。

……是的。所有这些都是他们调查的,不是我编造的。不过请注意,有什么道义嘛! 这就是谈判释放那些俘虏的那个人,许多俘虏本来是会以叛国罪处以极刑的。

……我想经过与多诺万讨论后,他们支付了200万美元现金,我们用它在加拿大买了孵化器来开发饲养业的基因学。据多诺万说,还有价值5000万美元的儿童食品和药品。药品收费相当贵,别以为比现在便宜多少。总数多少不重要,重要的是支付了赔偿。

……处罚不是出于仇恨和报复。胜利是对我们最重要的奖赏。我们把迈阿密要变成烈士的1200名俘虏留在这儿干什么?①

古巴两位学者欧亨尼奥·苏亚雷斯·佩雷斯 (Eugenio Suárez Pérez) 和阿塞拉·卡内尔·罗曼 (Acela Caner Román) 于2017年出版《战俘的赔偿——吉隆滩的第二场胜利》 (*Batalla por la indemnización. La segunda victoria de Girón*) 一书,详细地记载了历时20个月古、美艰难的吉隆滩战役战俘的赔偿谈判过程,书中引用卡斯特罗的讲话指出,吉隆滩战役是美帝国主义在拉美的第一次战败,而吉隆滩战役战俘的赔偿是美帝国主义第一次赔偿它的战俘。因此,这两位作者认为,吉隆滩战役战俘的赔偿是古巴人民吉隆滩战役的第二场胜利。②

---

① [古]菲德尔·卡斯特罗、[法]伊格纳西奥·拉莫内:《卡斯特罗访谈传记　我的一生》,中国社会科学出版社2008年版,第234—235页。

② http://www.cubarte.cult.cu/periodico-cubarte/batalla-por-la-indemnizacion-la-segunda-victoria-de-giron-por-elvis-r-rodriguez/.

第二节　古巴导弹危机①（1962）
对古美关系的影响

一　古巴导弹危机的爆发

1962 年秋冬之交，苏美两个超级大国在加勒比海地区进行了一场被称为古巴导弹危机（又称"加勒比海危机""十月危机"）的核对抗，几乎把人类拖入热核战争的深渊。这是冷战时期美苏进行的第一次真正的、直接的核对抗，是第二次世界大战后人类经历的最为严重的一次危机。

美国制订直接入侵古巴的"獴行动"计划　美国在吉隆滩入侵失败后，仍不甘心，千方百计地孤立古巴并企图扼杀古巴革命。1961 年 11 月，美国国家安全委员会制订了一项直接入侵古巴计划，即"獴行动"（Operación Mangosta，又译"猫鼬行动"）计划②。1962 年 1 月 22—31 日在乌拉圭埃斯特角举行的第 8 次美洲国家外长协商会议上，美国对拉美国家施加压力，使会议通过了关于把古巴排除出泛美体系的决议。2 月 3 日，美国总统肯尼迪签署法令，对古巴实行除药品和某些食品以外的全部贸易禁运。2 月 4 日，卡斯特罗针锋相对，宣读了《第二个哈瓦那宣言》，深刻地揭露了美国的侵略政策。肯尼迪任内，美国中央情报局加紧实施暗杀卡斯特罗的行动。3 月 14 日，肯尼迪总统正式批准"獴行动"计划。

苏联有关方面在得到有关美国这项入侵古巴计划的情报后，便向古巴进行了通报。苏联人对古巴人说，在赫鲁晓夫与肯尼迪在维也纳会晤后，他们已经确信有那个计划。

赫鲁晓夫缘何要把导弹部署到古巴　据赫鲁晓夫自己称，将苏联的导弹部署到古巴有两个目的，一是为了防止美国入侵古巴。赫鲁晓夫在下台后口述的回忆录说："我们确信猪湾入侵仅仅是个开头，美国人是不

---

① 又称"加勒比海危机"和"十月危机"。

② "獴行动"（Operación Mangosta）是美国国家安全委员会针对古巴制订的一项广泛的颠覆战计划。包括恐怖主义、经济战、情报战、心理战、支持武装集团和支持反革命政治组织等各种行动。1961 年 11 月根据马克斯威尔·泰勒（Maxwell Taylor）将军在试图从吉隆滩入侵失败后的思考抛出，1963 年 1 月 3 日正式终止。

会放过古巴的。"　"我们确信美国人决不会容忍古巴卡斯特罗政权的存在。"　"我们有义务尽一切可能来保卫古巴，务使其能作为一个社会主义国家而存在并成为其他拉美国家的现实榜样。我很清楚，如果我们不采取一些决定性的步骤来保卫古巴，我们很容易失去它。"　"我们一定要想出某种对付美国的实际办法。我们一定要建立一种具体而有效的遏制办法来对付美国对加勒比海的干涉。"　"符合逻辑的回答就是导弹。"①

二是为了达到同美国在军事战略上的平衡。赫鲁晓夫在下台后口述的回忆录说："我们在古巴设置了导弹就可以抑制美国对卡斯特罗政府采取轻率的军事行动，美国人用军事基地包围我国，用核武器威胁我们，而现在他们就会知道当敌人的导弹对准你的时候是什么滋味，我们干的也不过是小小地回敬他们一下。"②

为了同古巴领导人商谈对策，1962 年 5 月 29 日，苏联派了苏共中央政治局候补委员、苏共乌兹别克斯坦的第一书记沙拉夫·拉希多夫（Sharaf Rashidow）率高级代表团秘密访问古巴，代表团成员有苏联战略导弹部队的司令谢尔盖·比尔尤佐夫（Serguei Biryzov）元帅。卡斯特罗和劳尔·卡斯特罗与苏联高级代表团举行了第一次会谈。

古巴接受苏联建议在古巴部署中程导弹　苏联代表团向古巴领导人提出，要对付美国可能的直接入侵，唯一有效的措施是在古巴建立装有核弹头的中程导弹基地，其射程几乎可达美国全境。

卡斯特罗一开始并不愿意让苏联在古巴建立中程导弹基地，卡斯特罗提出要求苏联政府发表一项声明，明确和坚定地表示，对古巴的进攻就是对苏联的入侵，建议古苏两国可签订一项两国共同防务协定，协定规定苏联迅速向古巴提供常规武器，并立即派一批军事顾问来加强古巴的作战能力。当天晚上，古巴革命统一组织③书记处召开会议，会上达成

---

①　《赫鲁晓夫回忆录》，下册，生活·读书·新知三联书店 1973 年版，第 696—697 页。

②　《赫鲁晓夫回忆录》，下册，生活·读书·新知三联书店 1973 年版，第 697—699 页。

③　1961 年 7 月，在卡斯特罗倡导下，卡斯特罗创建的革命组织"七·二六运动"与古巴另外两个革命组织古巴人民社会党和"三·一三"革命指导委员会合并组成革命统一组织。1962 年 5 月，革命统一组织改名为古巴社会主义革命一党。1965 年 10 月，在古巴社会主义革命统一党的基础上正式建立古巴共产党。

共识，认为古巴不能光考虑自己一国狭隘的利益，而应为改变美国与社会主义阵营的核导弹力量对比做贡献。从国际主义的立场出发，书记处一致决定同意苏联关于在古巴设立中程导弹基地的建议。第二天，卡斯特罗把书记处的决定告诉了苏联代表团。

为了具体落实苏联的建议，劳尔于1962年7月3日至16日率古巴代表团访问苏联。7月7日，劳尔在莫斯科会见了赫鲁晓夫和苏联国防部长罗季翁·马利诺夫斯基（Rodion Malinovsky，1898—1967）。随后，劳尔又同苏联军方领导人就具体步骤进行了谈判。此外，作为古巴武装力量部部长，劳尔向苏联国防部长马利诺夫斯基提出了一项双边军事协议的草案。古巴方面再次建议古苏应签订一项军事合作协定，并将协定公布于众，以便让世界公众知道古苏两国根据《联合国宪章》，面临一个大国对一个小国武装入侵的威胁，为了世界和平并行使其主权，正在采取必要和合适的措施来阻止这一入侵。

根据卡斯特罗的指示，劳尔向赫鲁晓夫提出了卡斯特罗曾向苏联代表团提出过的同样的问题：如果美国发现苏联向古巴运送导弹，美国会有什么反应，而苏联会如何对付？但是，苏方没有对古巴领导人提出的这一重要问题做出具体和合适的答复。

2003年至2005年，卡斯特罗在与法国记者拉莫内一百小时访谈中谈到十月导弹危机时披露：

> 为了跟我们谈话，他们派了乌兹别克斯坦党的书记沙拉夫·拉希多夫和苏联战略导弹部队的首脑谢尔盖·比尔尤佐夫元帅。劳尔和我出席了与他们的第一次会见。
>
> 在提供了上述情报后，他们问，我想应该怎样才能避免那场袭击。我十分镇静地说："像他们在类似情况下做得那样，请您们发表一项公开声明警告美国，对古巴的攻击将被认为是对苏联的攻击。"
>
> 我阐述了那个观点。他们想了片刻，然后又说，为了不单单是个声明，必须采取一些具体措施。就在那时他们表明了他们的看法：在古巴部署最低限度的中程导弹。
>
> 在我看来，就像我察觉的那样，在苏美力量对比中取得优势的

愿望已经显而易见。我坦言，不太愿意那些武器在古巴存在，因为我们关注的是，避免我们国家成为苏联基地这样的形象，特别是在拉美范围内成为基地。我对他们说："咱们休会一会儿，我想跟革命的全国领导商量一下这件棘手又非常重大的事情。我就在中午商量。我记得参加那次会议的除了劳尔以外，还有布拉斯·罗加、切、多尔蒂科斯和卡洛斯·拉斐尔。我向他们说明了我们会谈的情况，和除了真心希望防止对古巴的攻击，赫鲁晓夫对这件事感到很为难以外，鉴于苏联导弹在古巴存在的意义，就是可以与美国通过类似导弹在苏联邻国土耳其和意大利存在取得的优势等量齐观，苏联人希望改善战略力量的对比。"

我还说，在美国侵略我们国家时，指望苏联和社会主义阵营全力支援，而在苏联和社会主义阵营需要我们时，如果我们拒绝面对政治和威信的风险，那将是我们前后不一。在领导层的会议上，大家一致接受了这个道义和革命观点。

回到苏联代表等候我们的地方，我的原话是这样对他们说的：如果是要保护古巴不受直接攻击，同时又巩固苏联和社会主义阵营，我们同意部署必要的中程导弹。①

7月7日在同古巴代表团会谈后，赫鲁晓夫和马利诺夫斯基便下令开始执行"阿纳迪尔行动②"计划，即将导弹和苏联军队运往古巴的计划。7月12日，一架图-114飞机将苏联驻古巴部队行动领导小组成员运到了哈瓦那。

古巴领导人认为，这一重大军事调动和在古巴设立导弹基地的行动迟早会被美国发觉。为了同苏联政府再次讨论向世界公众公布一项古苏军事合作协定的必要性，古巴派以格瓦拉为团长的高级代表团于8月27

---

① ［古］菲德尔·卡斯特罗、［法］伊格纳西奥·拉莫内：《卡斯特罗访谈传记　我的一生》，中国社会科学出版社2008年版，第242—243页。

② 阿纳迪尔（Anadir）是苏联境内的一条河的名字，取这一名称意在让敌人认为，这一行动只是在向阿纳迪尔河所在的苏联北部运送武器装备的过程中进行战略操练。阿纳迪尔河水汇入白令海。

日到苏联访问。格瓦拉带到苏联一份经卡斯特罗亲自修改补充的古苏军事合作协定草案，希望苏方能同意并公布于众。但是，赫鲁晓夫坚持认为，在"阿纳迪尔行动"计划完成之前和美国大选结束之前，不宜公布这样一份文件。赫鲁晓夫还说，他计划于11月访问古巴，届时将同古巴签订并公布这项协定。当格瓦拉再次向赫鲁晓夫提出，一旦美国在此前发现苏联在古巴建立导弹基地时，苏联将采取什么行动时，赫鲁晓夫回答说，苏联将派波罗的海舰队到加勒比海去。很显然，赫鲁晓夫的回答听起来似乎很漂亮和坚决，但实际上回避了最使古巴领导人担心的政治问题。①

苏古两国没有正式签订导弹协议　关于在古巴部署导弹的协议始终未能由两国最高领导人正式签署，协议的文本也从未公布过。只是在9月2日，曾发表古巴—苏联公报，公报只是提到："双方就有关帝国主义方面的侵略威胁交换了意见，苏联同意古巴要求，提供军火和派遣技术专家以训练古巴武装人员。"赫鲁晓夫把苏联的导弹核武器运入并装置在古巴领土上，但他并没有把这些武器交给古巴人，而是由苏联派遣的上万名军事人员掌握和管理，这些武器的使用权也在苏联的军官手中。这表明，赫鲁晓夫只是把古巴作为与美国较量的一个核武器基地，主动权在苏联手中。

二　苏联导弹如何运抵并在古巴部署

苏联在古巴的导弹部署　9月末，苏联的R—12中程导弹陆续运到了古巴洪达湾、马列埃尔和卡西达港。而第一批核弹头是装载在"印第斯基号"轮船于10月4日运到古巴马列埃尔港的。按计划，10月23日，其他所有的战术和战略导弹的核弹头包括R—14导弹的核弹头也将运到马列埃尔港。10月4日，在拉斯维利亚斯省北部的西蒂埃西托第一个导弹发射架已建成。10月10日，其他4个发射架也建成。到10月20日，

---

①　关于苏联在古巴建立导弹基地和派遣军队的经过，请参阅古共中央委员豪尔赫·里斯克特·瓦尔德斯写的回忆录：《古巴没有错》（Cuba no tuvo la culpa, testimonio de Jorge Risquet Valdés, http：//www. crisisdeoctubre. cubaweb. cu/discursos/discu2. htm）。

总共建成了 20 个发射架。5 天后，共拥有 36 枚 R—12 导弹的 3 个导弹团已做好战斗的准备。到 10 月份，苏联共运往古巴 42 枚导弹，还有数量可观的现代化军事装备，其中包括 42 架 IL—28（伊尔 28）型轰炸机、42 架米格 21 型截击机、24 套中程弹道导弹发射设备、4 个海岸防御导弹站和 12 艘装备有反舰导弹的巡逻艇。同时，苏联还在古巴部署了带有 80 枚常规弹头的 20 个巡航导弹发射器，并派出大约 4.2 万名军人和技术人员在古巴从事武器的装配、操纵、维修和保卫工作。这样一来，就使古巴拥有了在西半球仅次于美国的最大的、装备最好的军事力量。此外，根据原来的计划，苏联还试图在古巴建立一个可容纳 11 艘潜艇的基地，其中 7 艘潜艇携带水下发射的弹道导弹。"阿纳迪尔行动"计划正在顺利和迅速进行中，苏联的武器和军队源源不断地运到古巴。

与此同时，古巴人民为对付美国可能发动的入侵做好准备。10 月，古巴三军的总兵力已达到 27 万人，共有 56 个师。如再加上内务部力量、民兵，共有 40 万人随时准备投入反对侵略者的战斗。

9 月 29 日美国国会发表第 360 号联合声明，授权美国政府在发现古巴配置威胁到美国安全的"进攻性"武器时，可采取有力的军事措施。

古巴部长会议立即发表声明。10 月 8 日，正在纽约参加联合国大会的古巴总统多尔蒂科斯在联大宣读了这一声明，声明说："古巴人民只想通过和平和创造性的劳动来大踏步前进。我们被迫武装自己并不是为了进攻别人，只是为了保护自己。如果美国能够有效地确保古巴的领土完整和停止进行颠覆和反革命的活动，古巴就不需要加强国防，甚至不需要军队。"多尔蒂科斯总统还表示，古巴准备同美国谈判以寻求解决危机的办法。但是，美国不仅不同古巴谈判，反而通过各种手段千方百计想得到苏联在古巴安放核武器的证据。

苏联在古巴的军事集结虽是在极为秘密的状态下进行的，却并没有逃脱美国人的耳目，美国从 8 月初就开始有所觉察。美国海军舰只和飞机对驶往古巴的每一艘苏联船只都拍了照片，这一问题也成为美国政府一系列会议讨论的主题。8 月底，美中央情报局根据古巴流亡分子的报告和空中摄影，认为苏联对古巴的援助活动出现了新的异常情况，苏联正在改进古巴的防空系统，可能是建立萨姆导弹发射阵地网。肯尼迪总统要求国防部就摧毁古巴可以发射核武器的所有设施提出行动方案。但是，当时美国情报机构大都认为，苏联在古巴的军事行动是属于防御性的，而非进攻性的，不相信苏联会把进攻性导弹运进古巴。

苏联方面曾多次公开或私下向肯尼迪保证，在11月美国国会选举之前将不会挑起任何争端，并表示愿意在某些条件下签订在大气层禁止核试验的条约。9月11日，苏联政府授权塔斯社发表了一份措辞严厉并带有威胁性的声明，声称"苏联不需要为了击退侵略、为了进行报复性的打击而将自己的核武器转移到任何其他国家，例如古巴。我们的核武器爆炸力如此强大，没有必要在苏联疆土之外寻找发射核武器的场所"。声明还强烈谴责了美国"准备侵略古巴和其他爱好和平的国家"，并扬言"如果侵略者发动战争，我们的武装部队必须准备对侵略者给予毁灭性的报复打击"。

肯尼迪政府不断地向苏联发出警告，说美国不会容忍苏联将进攻性武器引入古巴，如果古巴"成为苏联具有强大力量的进攻性军事基地，那么美国将要采取一切必要的措施，以保护自身和盟国的安全"。但是，直到10月14日，肯尼迪总统的国家安全事务助理麦乔治·邦迪在接受美国广播公司记者采访时还表示：目前还没有证据表明古巴政府同苏联政府联合起来试图安装大规模进攻性设施。

美国发现在古巴部署的导弹　面对国内共和党保守势力的强大的政治压力，肯尼迪下令加强对古巴的空中侦察活动。10月14日，美国一架U—2型间谍飞机在古巴比那尔德里奥省圣克里斯托瓦尔地区上空拍摄了一组照片，这些照片充分证明核导弹的位置（据卡斯特罗2003—2005年接受法国记者拉莫内访谈时透露，"实际上是苏联情报机构的一个成员，奥列格·潘科夫斯基上校，把后来U—2飞机侦查到的导弹的精确位置给了美国人"）。10月15日晚，中央情报局人员在对14日拍摄的照片进行加工和分析后向邦迪报告说，苏联正在着手安装大约40枚射程为1000英里的中程导弹和射程为2200英里的中远程导弹，并使之处于随时可用的状态。这一非同寻常的发现揭开了导弹危机的序幕。

尽管肯尼迪已掌握了足够的证据，证明苏联已在古巴安放了进攻性武器，然而，10月18日，肯尼迪在会见苏联外长葛罗米柯时并没有向葛罗米柯出示上述这些证据，而只是重申了半个月前美国的一项声明的主要内容，即如果苏联在古巴国内放置导弹或进攻性武器，由此产生的严重后果必须由苏联政府负责。葛罗米柯则信誓旦旦地向肯尼迪保证，苏联运到古巴的只是少量防御性武器，苏联决不会向古巴提供进攻性武器。

美国的对策　在整个危机期间，美国方面的决策是由国家安全委员会执行委员会（简称执委会）来进行讨论和制定的，并实行了最严格的保密措施。10月20日下午，肯尼迪召开执委会扩大会议，商讨并最终决定对策。此前执委会已多次举行会议，执委会内部对如何对付危机，形成了两大派意见。以副总统约翰逊、参谋长联席会议主席泰勒上将、财政部部长狄龙、助理国防部长尼采、前国务卿艾奇逊等为代表的所谓"鹰派"强烈主张对在古巴的苏联导弹基地实施"外科手术式"的全面空中袭击。他们认为，一旦苏联在古巴成功地部署了导弹，就可能会影响各国领导人对于战略平衡的看法。通过空中袭击，不仅可以显示美国的决心，而且也会促使赫鲁晓夫取消他的轻率的冒险行径。但以国防部部长麦克纳马拉，肯尼迪总统的胞弟、司法部长罗伯特·肯尼迪，副国务卿鲍尔为首的所谓"鸽派"则反对空袭方案，主张对古巴实行海上封锁。他们提出，对像古巴这样的小国采取突然袭击的行动是与美国的历史和传统不相符的。

三　肯尼迪宣布实行海上封锁

最终，肯尼迪决定采用海上封锁的办法，不过，他把"封锁"两字改为"隔离"，但实质是一样的。肯尼迪之所以决定采用海上封锁的办法，主要是考虑：第一，封锁是比空袭更为有限、更为低调的军事行动，出现直接的军事报复的可能性较小。第二，封锁的灵活性较大，使美国方面可以有效地控制事态的发展，可根据形势的发展逐步升级或迅速升级，处于既可战又可和的有利地位，同时也使双方都有时间考虑一下各自的利害关系，找出一个不动用武力解决危机的办法。第三，不论美苏战略部队和地面部队的力量对比如何，在离美国海岸不远的加勒比海上进行军事对抗，可以充分发挥美国海军在该地区所占的绝对优势。第四，所谓"外科手术式"的空中袭击在军事上是不现实的，一次空袭即使出动 500 架次飞机也不可能保证摧毁所有的导弹，在空袭之后势必紧接着实施入侵，以便消除所有的剩余导弹。第五，采取空袭的行动不仅会有损美国的声誉，而且可能会遭到苏联的全面报复，从而可能导致一场核灾难。

1962 年 10 月 22 日晚 7 时整，神情严峻的肯尼迪发表电视讲话，他首次公开披露了苏联正在古巴构筑进攻性导弹基地的消息。肯尼迪指出，苏联构筑这些导弹基地的目的只能是建立反对美国的核打击能力，是美国绝对不能接受的；宣称美国不可动摇的目标是要消除这种对西半球的核威胁，他提出了对古巴实行海上"隔离"等几项初步措施，同时命令五角大楼为采取进一步军事行动做好一切必要的准备。肯尼迪说："正如所许诺的那样，政府一直严密监视苏联在古巴岛的军事活动。上星期，许多无可辩驳的证据说明，在这个大海环绕的海岛上，正在修建一个进攻性的导弹体系。这个导弹基地，除了提供一支进攻西半球的武装力量以外，不可能有其他的目的……有了这种具有大规模杀伤力的远程和显然是进攻性的武器，古巴将立即变为一个重要的战略基地。这就对所有美洲人的和平和安全构成了明显的威胁……苏联人第一次突然秘密地决定在他们的领土以外安装这种战略武器，说明他们蓄意改变'现状'，这是无法自圆其说的持久挑衅，美国决不能听任他们这样做。"

美洲国家组织的紧急会议 10 月 23 日上午，应美国政府要求，美洲国家组织召开紧急会议，会议一直开到下午 3 点 40 分进入对美国提出的决议草案进行投票。① 美国的决议草案主要包括三部分内容，一是要求古巴拆除和撤走一切苏联导弹和其他任何类型的进攻性武器；二是要求援引《里约热内卢条约》第 6 条和第 8 条，给古巴打上一个侵略者的标记，并授权美洲国家组织的成员国个别或集体地采取任何必要的步骤——包括使用武力——以保证使古巴不再得到进攻性军事装备，并防止导弹成为对美洲和平与安全的威胁；三是请求联合国安理会接受美国的决议草案，要求联合国派观察员前往古巴，以核实导弹基地是否撤除。在美国

---

① ［美］罗伯特·肯尼迪：《十三天——古巴导弹危机回忆录》的附录三《危机》（中译本），上海人民出版社 1977 年版，第 123—133 页。

的斡旋下，决议草案的第一部分是 19 票赞成，1 票弃权；第二部分是 17 票赞成，3 票弃权；第三部分是都赞成。这说明，绝对多数美洲国家组织成员国支持美国的决议案，支持美国对古巴实行海上"隔离"。当天下午 4 点，联合国安理会召开紧急会议，会上美国驻联合国代表史蒂文森宣读了美洲国家组织通过的决议。

肯尼迪宣布执行海上"隔离"　当晚 7 点，美国各大电视台宣读了一份由肯尼迪总统签署的第 3504 号文件即《禁止进攻性武器运往古巴》的公告，宣布从 24 日上午 10 时起，美国海军将在加勒比海域执行海上"隔离"任务，对古巴全岛实行全面封锁，任何开往古巴的舰只都必须接受美国军舰的检查，否则就将其击沉。美国的大型海军编队集结在加勒比海，一半以上的战略轰炸机已准备起飞，配备"北极星"导弹的核潜艇已经进入作战阵地。肯尼迪的演说同时用 38 种语言播往世界各地，引起了强烈的反响。美国开始行动，第二次世界大战后一场最严重的战争危机爆发了。

为了实行海上"隔离"，美国在加勒比海和南大西洋区域部署了 16 艘驱逐舰、3 艘巡洋舰、1 艘反潜航空母舰和 6 艘供应舰、150 艘后备舰，（据卡斯特罗对法国记者拉莫内说，美国共部署了"183 艘战舰，其中包括 8 艘航空母舰，和运输舰上的 4 万名海军陆战队士兵，从海上封锁古巴岛屿"，"与此同时，579 架战斗机集中在佛罗里达，军队的 5 个师随时待命，其中有空运的 82 和 101 王牌师"。）形成了一条严密的海上封锁线，虎视眈眈地面对着敢于靠近它们的一切船只，准备检查、阻止并必要时可损坏（而不是击沉）那些驶往古巴的、可能装载有任何进攻性设备的苏联船只。携带核弹头的成百架的战略轰炸机被疏散到国内 33 个民用机场和军事基地，66 架携带核弹头的 B—52 战略轰炸机升空待命。与此同时，全球美军也进入了高度警戒状态。此外，美国还在佛罗里达及邻近各州集结了总数达 20 多万人的登陆部队，并做好了随时实施入侵的准备。

在美国咄咄逼人的气势面前，苏联也不甘示弱。赫鲁晓夫立即召开紧急会议商讨对策。苏联国防部指示武装部队处于战备状态，所有休假都被取消，停止老兵的复转工作。10 月 23 日苏联政府发表声明，针锋相对地指责美国实行海上封锁是"史无前例的海盗行为"，是"朝着发动世界热核战争走去"。苏联表示,如果侵略者发动战争,那么决心给予最强烈的回击,"苏联有必需的一切"。掌握着大规模毁灭性武器的两个超级大国剑拔弩张,一场空前的较量开始了,军事冲突似乎难以避免。加勒比海上骤起风暴,人类处在核战争灾难的边缘。赫鲁晓夫认为,美国的行动只不过是试图吓唬一下苏联而已;虽然苏联还未来得及把全部武器和物资运到古巴,但已经装好的导弹就足以摧毁诸如纽约、芝加哥、华盛顿等大城市。因此,他决定不为美国的恫吓所吓倒。

10月24日,联合国代理秘书长吴丹出面进行干预。他写信给赫鲁晓夫和肯尼迪,呼吁实行两三个星期的"冷却"时期,苏联停止运送武器,美国则取消隔离,以便进行磋商,缓和这一地区的紧张局势。赫鲁晓夫接受了这一建议,并且表示,即使在封锁的情况下,也愿意进行谈判。但是,美国担心,这个建议将会使它丧失有利的外交上和军事上的主动权,如果谈判失败,恐怕不可能重新获得这种优势,而那时苏联却一切都准备就绪了。因此,尽管史蒂文森等人力主应给吴丹一个在外交上具有选择余地的答复,肯尼迪还是坚决拒绝了谈判的可能。

23日晚间,苏联货船队也浩浩荡荡地驶近隔离线,次日上午苏联6艘潜艇与18艘货船汇合在一起。美方已经准备下令击沉任何干扰隔离的潜艇。就在千钧一发之时,距离古巴较近的几艘船已经停驶并且调转船头,双方避免了一次冲突。从后来多勃雷宁写的回忆录中可以看出,后退的苏联船只运载的是核武器。

但是在25日,美海军第一次拦截了苏联货船"布加勒斯特"号。这艘苏联货船于9月份从苏联黑海敖德萨港装载了9000吨货物驶往古巴。24日,美国一艘航空母舰驶到大约距其300米的地方,25日凌晨几架美军飞机在它的上空盘旋。美舰只盘问船上装载的是何种货物,并未派人上船检查。上午8时多,"布加勒斯特"号降低了速度,在距美舰很近的距离内迎面开过。美官方称该船只是一艘普通油船。第二天一早,"布加勒斯特"号到达古巴哈瓦那港,受到了古巴码头工人的热烈欢迎。船长和50名船员接受了献花、古巴国旗和卡斯特罗肖像,因为他们"不顾美帝国主义威胁"来到古巴。

然而,其他船只就没有这样幸运。26日,苏联租用的巴拿马货船

"马鲁普拉"号在到达巴哈马群岛的拿骚东北约180海里处时,遭到美军驱逐舰的拦截,并派人登船查看了货单,搜查了船只,检查了货物,询问了船员,直到确认装载的是卡车及其零部件后,才予以放行。27日,古巴商船"西瓜纳湾"号在离古巴50海里的地方同样受到拦截。苏联已被迫停止"进攻性"装备的运送,但在古巴的核弹储备库的建设、导弹发射场的安装都在紧锣密鼓地进行。与此同时,美国继续进行空中试验。美苏双方也是在进行相持不下的心理较量。

四 赫鲁晓夫和肯尼迪来往的25封信

最初9封信的内容 危机期间,肯尼迪和赫鲁晓夫之间共通了25封信,① 前9封是通过正常的外交途径交换的,后16封(危机的第二阶段期间)则是通过苏联驻美大使多勃雷宁和美国肯尼迪总统的弟弟、司法部部长罗伯特·肯尼迪秘密传递的。此外,肯尼迪和赫鲁晓夫之间还有一条"秘密通道",即利用各方的情报人员进行私下的、几乎可以说是直接的接触。肯尼迪和赫鲁晓夫之间交换的全部信件已于1992年解密。2001年10月古巴国务委员会主席卡斯特罗在哈瓦那举行的纪念加勒比海危机40周年的古、美、俄三方研讨会上说,从这些信件可以看出"赫鲁晓夫很绅士、很坦率、很真诚,而肯尼迪则很强硬地对赫鲁晓夫施加压力"。

加勒比海一触即发的紧张状态,成为全球的关注中心,核大战的阴影也笼罩在各国人民的心上。作为东西两方阵营的首领,美苏两国首脑都想在危机的处理上,为自己的一方争得更多的利益,于是在开始时都摆出了一副决战的架势。然而,他们在内心深处对核战争对自己一方的危害又顾虑重重。

---

① 赫鲁晓夫和肯尼迪在1961年10月22日至12月14日之间共通了25封信,这些信已全部发表在〔美〕《共产主义问题》杂志1992年春季号特刊上,其中文译文曾发表在《世界历史研究动态》1993年第2、3、4期上。也可参见杨存堂编著《美苏冷战的一次极限——加勒比海导弹危机》一书的下篇"有关加勒比海导弹危机的档案选录",广西师范大学出版社,第115—409页。2002年这些信件有半数在1992年前是保密的,有半数曾公开发表过。《人民日报》1962年10月29日曾发表其中的两封信。

在加勒比海危机的第一周里，赫鲁晓夫与肯尼迪之间交换了9封信件。前者写了4封，后者写了5封。这9封信都是通过两国大使传递的，其内容大多数也是公开的。总体来看，肯尼迪给赫鲁晓夫的信是以最后通牒的口吻，带有威胁性；而赫鲁晓夫的信则用谴责的语调，带有辩解的色彩。

10月23日莫斯科时间下午3时，苏联向美国驻苏大使馆转交了一封口气强硬的信，这是赫鲁晓夫致肯尼迪的第一封信。在信中，赫鲁晓夫指责肯尼迪声明中所拟定的措施是"对各国人民的和平与安全的严重威胁"，声称："美国公开踏上粗暴地破坏《联合国宪章》的道路；踏上了破坏在公海上航行自由的国际准则的道路；踏上了既对古巴又对苏联的侵略道路。"针对美国所讲的苏联在古巴部署导弹是为了进攻美国，赫鲁晓夫声明："目前在古巴的武器，不管属于什么类型，都是用于防御目的，是为了保卫古巴共和国不受侵略者的攻击。"最后，他警告肯尼迪："我希望美国政府能表现出慎重，放弃正在采取的可能导致对全世界的灾难性后果的行动。苏联会做出最强烈的反应回击美国。"

肯尼迪看到信后，马上给赫鲁晓夫回了一封最后通牒式的信。该信于华盛顿时间当日下午6时51分由美国驻苏大使馆交给苏联外交部。肯尼迪告诉赫鲁晓夫，造成目前危机局面的原因是苏联秘密地在古巴部署进攻性的武器。他要赫鲁晓夫立即对苏联驶往古巴的船只发布必要的命令，遵守美国颁布海上"隔离"条例。

苏联外交部于莫斯科时间24日早7时收到肯尼迪信件，赫鲁晓夫看完后，便怒气冲冲地回信给肯尼迪："您向我们提出这些条件，就是向我们挑战。谁要您这样做呢？苏联决不能同意美国的做法。你们提出了一个最后通牒并且威胁说，除非我们服从你们的命令，否则美国就使用武力。想想看，您在说些什么！同意你们的要求就意味着在国家关系上不是遵循理性，而是纵容专横。你们不再求助理智，而是要胁迫我们……你们想迫使我们放弃每一个主权国家都享有的权利，你们在践踏一般公认的国际法准则。这一切都是出于对古巴及其人民政府的仇视。美国对古巴的行动完全是强盗式的，是堕落的帝国主义的愚蠢行为。"

赫鲁晓夫在信的最后明确告诉肯尼迪："苏联政府认为违反自由使用

国际水域和国际空间的行径，是一种要把人类推入世界核大战渊薮的侵略，所以，苏联政府不能指示开往古巴的苏联船只服从美国海军封锁古巴的命令。你们对苏联船只的命令应当严格遵守一般公认的在国际水域航行的准则。如果美国方面违反了这些规则，它必须认识到自己会承担什么责任。苏联也不单纯是美国船只在公海中海盗行为的观望者。那样的话，我们将被迫采取我们认为是必须与合适的措施以确保我们的权利。"赫鲁晓夫不无威胁他说，"对此，我们拥有必需的一切！"，赫鲁晓夫这封信的口气十分强硬。战争大有一触即发之势。

表面来看，肯尼迪和赫鲁晓夫的态度都很强硬，双方剑拔弩张，但在具体行动上却表现出相当的克制和谨慎。肯尼迪亲自指挥"隔离"措施的执行，掌握着危机的一切重要细节情况。他下令海军除非绝对必要，否则不得拦截任何苏联船只，更不得去追踪并登上那些被怀疑载有违禁品的船只，以避免节外生枝，使一触即发的形势上升到难以控制的地步。在整个"隔离"期间，美国海军只是在 10 月 26 日检查了一艘苏联租用的货船。赫鲁晓夫也极力避免与美国正面相撞，命令苏联船只暂时避开美国海军的拦截区，并打电话给肯尼迪，建议举行一次最高级会谈。

双方态度的转变　正当双方剑拔弩张、"以牙还牙、以眼还眼"的时候，人们注意到，在 25 日肯尼迪给赫鲁晓夫的信及赫鲁晓夫给肯尼迪的长篇复函中，各自的口气都有所缓和。他俩都争辩自己的做法有理并指责对方，但同时都表示应当克制，避免爆发战争，赫鲁晓夫对肯尼迪说："如果你们发动战争，那很明显，除了接受你们的挑战，我们别无选择，但是，如果您没有失去自控能力并能理智地认识到这会导致什么后果的话，那么，我们不应当拉紧系在战争上面的绳索。因为我们越拉，这个结就越紧，当它紧到连打这个结的人都无法解开的时候，那就必须砍开。这意味着什么，不用我对您解释。您本人也知道我国所有准备的武器有多么可怕。"

苏联的立场有所松动。10 月 26 日，18 艘苏联货船中的 16 艘开始返航；同一天，华盛顿收到了赫鲁晓夫给肯尼迪的一封私人信件，在信中赫鲁晓夫第一次承认苏联确实在古巴建立了导弹设施，但同时指出"它们部署在那里的目的是防御性的"，赫鲁晓夫在信中敦促肯尼迪审慎行事，保持克制，并且表示：如果美国总统作出不进攻古巴的保证和解除对古巴的封锁，那么苏联也可以考虑从古巴撤除导弹和拆除在古巴的导弹基地。

10月27日被称为"黑色星期六"，这一天世界接近核灾难的边缘。这一天，肯尼迪又接到赫鲁晓夫的一封信，信中再次表示愿意通过谈判解决危机，与上一封信不同的是，在这封信中提出了一个新的交易条件，即要求美国撤除它安置在土耳其的大力神导弹来换取苏联撤除在古巴的导弹。很明显，赫鲁晓夫是想苏联和美国做出对等的让步，从而他能体面地从古巴撤除苏联的导弹。赫鲁晓夫的信于当天莫斯科时间27日下午5时交给美国大使馆，一份副本给吴丹。莫斯科广播电台随即播发了全文。

美国 U—2 飞机被击落事件　同一天，美国的两架低空侦察机遭到古巴地面炮火的袭击，一架 U—2 飞机被击落，一名名为小鲁道夫·安德森的美国少校飞行员中弹身亡。赫鲁晓夫10月27日的信提出的条件和 U—2 飞机被击落事件无疑使肯尼迪陷入一种进退维谷的境地，这使得要求肯尼迪采取军事行动的压力骤然增大，在执委会会议上，绝大多数人都同意第二天清早就进行空袭，并将萨姆导弹发射场摧毁。但肯尼迪意识到这一行动所产生的后果会是多么严重，他坚持认为应当保持克制，并提醒说："我所关心的不是这第一步，而是双方相继升级到第四步、第五步的时候，我怕我们那会儿已不能升到第六步，因为已经没有人去干了。我们应当提醒自己，我们正在走上一条极其危险的道路。"①

为避免事态的进一步恶化，肯尼迪委派其胞弟罗伯特·肯尼迪向苏联驻美大使多勃雷宁转达口信，明确提出如苏联从古巴撤除导弹，美国保证不入侵古巴，否则，美国将不可避免地采取进一步的行动；同时又告诉苏联人，关于从土耳其撤除导弹问题的决定还得由北约做出，但美国方面已决心撤除这些导弹，在危机一经解决后不久，美国就会这样做。

美国和苏联双方提出的条件　在罗伯特·肯尼迪的建议下，肯尼迪

---

① 有关古巴导弹危机的全过程，可参考［美］罗伯特·肯尼迪《十三天 古巴导弹危机回忆录》，上海人民出版社1977年版，第1—69页。

决定在给赫鲁晓夫的回信中故意不理睬赫鲁晓夫的第二封来信中提出的交换条件，却接受了第一封信中所提出的建议，即以美国保证不入侵古巴来换取苏联从古巴撤除导弹。肯尼迪同意，如果苏联将进攻性的武器撤出古巴，美国也将尽快地解除海上封锁，并保证不侵犯古巴。在信中，肯尼迪提出了两个附加条件：第一，苏联在联合国适当的监督下从古巴撤除进攻性武器；第二，苏联要保证不继续向古巴运送类似武器。同时警告赫鲁晓夫，如果苏联不撤除导弹，或是把这一问题同欧洲和世界安全的更广泛的问题联系起来而使关于古巴问题的争论拖延下去，那么肯定会使古巴危机加剧，并使世界和平受到严重的威胁。

　　肯尼迪的这封信于华盛顿时间 27 日下午 8 时 5 分交给苏联大使馆，次日，28 日莫斯科时间上午 10 时 30 分转到苏联外交部。赫鲁晓夫意识到这场赌博已不能再继续下去了，不得不寻求妥协。10 月 28 日，他复信肯尼迪，同意对方所提的条件。信中不再提及美国从土耳其撤除导弹的条件，并同意让联合国代表核实导弹的撤除情况，要求与美国就解除对古巴的海上封锁迅速达成协议。肯尼迪于 28 日复信并发表声明，表示欢迎赫鲁晓夫"这一具有政治家风度的决定"。苏联的谈判代表，副外长库兹里涅佐夫于当晚到达纽约。吴丹又分别与美苏古三方代表进行频繁的会谈。吴丹在致赫鲁晓夫的信中说："我注意到您为消除加勒比海地区紧张局势而提出的建设性建议。我相信，在这些建议得到实施后，加勒比海地区的局势将会恢复正常。"

五　卡斯特罗在加勒比海危机中的立场

卡斯特罗坚持古巴有拥有任何武器的权利　10 月 22 日下午 3 点 50 分，卡斯特罗下令古巴军队处于"紧急"状态，下午 5 点 35 分下令军队处于"临战紧急"状态。当晚，肯尼迪宣布对古巴实行海上"隔离"。10 月 23 日凌晨，27 万名古巴正规军都拿起武器，随时准备投入战斗。苏联塔斯社传来令人鼓舞的消息，苏联政府发表强硬的声明，赫鲁晓夫在给肯尼迪的信中口气强硬，要求肯尼迪"放弃会使世界和平受到灾难性后果的行动"。赫鲁晓夫还写信给卡斯特罗，口气也很坚决："我们已给苏联驻古巴的军事代表，要求他们采取相应的措施，并做好完全的准备……我们坚信美帝国主义的侵略计划必然会遭到失败。"

10月23日晚，卡斯特罗发表电视讲话，明确指出，古巴没有义务向美国汇报，美国无权决定古巴应该不应该拥有什么样的武器和多少武器。卡斯特罗义正词严地说："对于我们认为需要取得的武器，以及为了妥善地保卫我国而准备采取的措施，我们一点也不打算向那些赫赫有名的美国参议员和众议员作报告或同他们商量"，"究竟世界上哪一部分和哪一个国家不能有武装自己的权力？究竟世界上哪一部分和哪一个国家用什么武器武装自己要受到检查？帝国主义者凭着什么借口来认为我们必须是世界的唯一部分的唯一国家呢？"

卡斯特罗指出，古巴不会侵略任何国家，但是也不会允许任何别的国家侵略古巴，古巴反对任何国家或组织视察古巴："我们永远不会成为侵略者，我们永远不会成为进攻者……我们也不会是随便受人侵略的牺牲品"，"我们必须采取不仅是为了抵抗而且是为了打败他们的措施……我们采取了适当的措施，为的是抵御和打退美国任何直接侵略"，"我们断然反对一切对我国进行检查和视察的企图，任何人都不能对我国进行视察，谁也不能来视察我国，因为我们永远不会准许谁来这么作，我们永远不会放弃我们主权"。①

卡斯特罗与赫鲁晓夫交换的信件　卡斯特罗在1962年10月26日给赫鲁晓夫的信中写道：

亲爱的赫鲁晓夫同志：

从对形势和我们掌握的报告的分析中，我认为侵略几乎在最近的24至72小时之内就会发生。

有两种可能的形式：第一种也是最有可能的，是对特定目标的空中袭击，以达到摧毁它们的有限目的；第二种虽有可能性但不太可能，是入侵。我明白，实行这种方式将要求大量兵力，此外，也是最令人厌恶的侵略方式，这一点可能会阻止他们。

---

① 《1962年10月23日电视演说》，参见［古］菲德尔·卡斯特罗《卡斯特罗言论集》第二册，人民出版社1963年版，第418—423页。

您可以放心，不管是哪种袭击，我们都将坚定和坚决地反击。古巴人民的精神状态极其高昂，将英勇地抗击侵略者。此刻，我想用简短的话表达一点个人意见。如果出现第二种方式，帝国主义者入侵古巴以便占领之，这种侵略政策包含的对人类的危险是如此之大，因此在那种情况发生后，苏联绝对不应该允许帝国主义者可能对古巴进行最先核打击的情况。

我之所以跟您这样说，是因为帝国主义者的侵略性变得极其危险，如果他们真的做出如此野蛮和违反法律和普遍道义的事，例如入侵古巴，那么无论解决方案多么残酷和可怕，那将是为了最正当的自卫永远消灭这样危险的时刻，因为不可能有其他解决方案。

看到这种侵略政策在怎样发展，帝国主义者怎样不顾世界舆论和无视原则和法律，封锁海域，侵犯我们的领空并准备入侵，而另一方面，尽管他们知道问题的严重性，却设法使任何谈判的可能性归于失败，这点意见是看到这些情况产生的。

您过去和现在都在不懈地维护和平，在您那超凡的努力受到如此严重的威胁时，我理解这些时日必定多么苦涩。尽管如此，我们将把和平得以拯救的希望保持到最后一刻，并准备做出我们力所能及的贡献。但同时，我们也平静地准备面对一种我们看到非常现实和非常迫近的形势。

再次向您表达古巴人民对待我们如此慷慨和亲如兄弟的苏联人民的无限感谢和尊敬，和我们对您的深切感激和敬佩，并祝在您掌管的巨大任务和严肃责任中取得成功。

顺致兄弟般的敬礼！

菲德尔·卡斯特罗·鲁斯

28 日晨，卡斯特罗从广播中获悉赫鲁晓夫写给肯尼迪的信，信中说：苏联政府已下令停止导弹基地的建设工程，并下达新的命令撤走美国所认为是"进攻性"的武器，并运回国。赫鲁晓夫还同意让联合国代表核实在古巴的导弹的撤除并不再提出美国从土耳其撤除导弹的条件。当天下午，卡斯特罗接到赫鲁晓夫写的一封信，通报了上述决定。赫鲁晓夫

给卡斯特罗回信说：

亲爱的菲德尔·卡斯特罗同志：

10 月 27 日我们致肯尼迪总统的信可以使问题按照有利于您们的方向得到处理，保卫古巴不受入侵和不致引发战争。看来，您也了解的肯尼迪的复信做出了美国不仅不用自己的军队入侵古巴，而且也不允许它的盟国实施入侵的保证。美国总统以此积极地回复了我 1962 年 10 月 26 日和 27 日的信件。

……

但是现在，法律不像五角大楼黩武主义者的不明智那样有效。现在，当协议遥遥在望的时候，五角大楼在寻找借口使协议归于失败。这就是它组织飞机进行挑衅飞行的原因。昨天您们击落了一架飞机，而以前在它们飞越您们领土时没有击落。这样的步骤将会被侵略者利用以达到他们的目的。

尼基塔·赫鲁晓夫

同一天，10 月 28 日，卡斯特罗回复赫鲁晓夫：

亲爱的赫鲁晓夫同志：

我国政府关于您向我们通报的情况的立场包括在今天提出的声明中，声明的文本肯定您已知晓。

关于我们采取的防空措施，我想向您说明一点。您说："昨天您们击落了一架飞机，而以前在它们飞越您们领土时没有击落。"

以前它们是孤立的侵犯，没有特定的军事目的或由那些飞行派生出的实际危险。

现在情况不同了。存在着对特定军事设施突然袭击的危险。我们决定不应该坐视不顾，因为关闭了侦测雷达，潜在的侵略性飞机不受惩罚地在目标上飞行，一场突然袭击可能会将它们彻底摧毁。在付出努力和花费之后，我们不认为应该允许这样的事，此外，那样会在军事和精神上极大地削弱我们。10 月 24 日，古巴军队怀着这样的动机动员了是我们全部储备的 50 门防空大炮，来支援苏联军队的那些阵地。如果我们想防止突然袭击的风险，炮兵必须得到射击的命令。关于击落飞机的情况，苏军指挥部可以向您提交补充报告。

以前，对我们领空的侵犯事实上是偷偷地进行的。昨天，美国政府企图将白天黑夜任何时候侵犯我国领空的特权正式化，对此我们不能接受，因为那等于放弃一项主权权力。然而，我们同意在恰恰可能对谈判造成极大损害的这个时刻防止发生事件，我们将向炮兵发出不要射击的指令，但只能在谈判进行期间，而且不撤销昨天发表的关于决心保卫我国领空的声明。此外应该考虑到在当前紧张情况下可能偶然发生事件的危险。

我还想告诉您，原则上我们反对对我国领土进行检查。

我特别赞赏您为保持和平做出的努力；我们绝对赞成必须为这个目标而斗争。如果能够公正、牢固和最终做到这一点，那将是对人类无可估量的贡献。

顺致兄弟般的敬礼！

菲德尔·卡斯特罗·鲁斯

美苏两个超级大国各自为了自身的利益，无视甚至任意践踏古巴的主权，它们不同古巴协商也不考虑古巴的意见便达成协议，背着古巴进行核武器交易，这激起了古巴人民的强烈不满。古巴人民感到受到美国和苏联的愚弄，有一种"被出卖"的感觉，卡斯特罗为此义愤填膺。

从以上卡斯特罗和赫鲁晓夫的来往信件中可以看出，赫鲁晓夫所做出决定和同肯尼迪达成的协议，即从古巴撤除导弹和允许联合国派人核查导弹撤除情况是事先完全没有同古巴政府商量过的。

直到 2003—2005 年卡斯特罗在同法国记者拉莫内访谈时，在谈到十月导弹危机时，还气愤地说：

我们是从公开渠道得知苏联人正在提那个撤走导弹建议的。绝对没有跟我们讨论！我们不反对找个解决方案，因为避免一场核冲突是重要的。但是赫鲁晓夫必须对美国人说："还应该跟古巴人讨论一下。"那时候缺少镇定和坚定。由于是原则问题，他们应该跟我们商量一下。

如果商量了，协议的条件肯定会比现在好。关塔那摩海军基地就不会还在古巴，就不会还坚持高空间谍飞行。所有这些使我们受到极大侮辱。我们提出了抗议。即使在达成协议后，我们还继续对掠地飞行开火。他们不得不停止了这样的飞行。我们与苏联的关系恶化了。那件事影响了我们的关系好多年。

我本不想对您详细叙述我们在那场危机中采取的所有步骤，但是，如果不了解赫鲁晓夫与我之间的来往信件，就不能理解那些步骤的全部政治、道义和军事含义。

……

没有，还商量什么！他们已经完全没落了。他们从没有商量过。凡是从这里运走的，都不作商量地运走了。"十月危机"中没有商量，他们承诺撤出导弹要在联合国监督下接受检查。我们说："不行，这里谁也不能检查，不准许，如果您们要走，那不是我们的事。"喏，他们又编造说要在路上，在远海检查。由于检查的方式，那次引起了一种相当紧张的形势。

我们提出了五点要求，包括停止对古巴的海盗袭击与侵略和恐怖主义行径……停止经济封锁，归还关塔那摩海军基地非法占有的领土。所有这些本来都可以在那种极度紧张的形势中办到，因为我前面说了，没有人愿意因为对古巴的经济封锁、一些恐怖主义袭击和违背古巴人民意志占领的土地上的一个非法基地而走向一场世界战争。谁也不会为此走向一场世界战争……1962 年 10 月，不是我们准许的，而是我们没有采取措施来阻止运走导弹，因为我们快要跟两个超级大国发生冲突了，这对古巴可是大事。①

---

① ［古］菲德尔·卡斯特罗、［法］伊格纳西奥·拉莫内:《卡斯特罗访谈传记 我的一生》，中国社会科学出版社 2008 年版，第 255—256 页。西班牙文原文: *Cien horas con Fidel, Conversaciones con Ignacio Ramonet*, Segunda edicion revisada y enriquecida con nuevos datos, Oficina de Publicaciones del Consejo de Estado, La Habana, 2006, pp. 314 –315, 322 –323.

卡斯特罗提出的解决冲突的五点要求　10 月 28 日下午，卡斯特罗代表古巴政府发表声明，提出了古巴对解决冲突的五点要求。声明表示："如果除了肯尼迪答应的撤除海上封锁以外不采取下列各项措施，肯尼迪总统所谈的不侵略古巴的保证就是不存在的：第一，停止经济封锁……第二，停止一切颠覆活动……第三，停止从美国和波多黎各的基地上进行的海盗攻击；第四，停止美国军用飞机和军舰一切侵犯我国领空和领海的行动；第五，撤除关塔那摩海军基地和归还被美国所占领的这块古巴领土。"①

10 月 28 日晚，劳尔在圣地亚哥举行的纪念卡米洛·西恩富戈斯遇难 3 周年的集会上宣读了卡斯特罗代表古巴政府发表的声明。

联合国代秘书长吴丹访古　由于当时苏古两国关系紧张，赫鲁晓夫已无法说服卡斯特罗接受联合国检查，只好请联合国代秘书长吴丹积极联络。27 日，吴丹致电卡斯特罗，呼吁在谈判期间停止建造和发展古巴的重要军事设备和设施。卡斯特罗复信表示准备在美国不进行威胁和入侵的条件下，接受吴丹的建议，并邀请吴丹访问古巴，"讨论古巴局势行动，包括对我国的海军封锁"。然后，吴丹又复函卡斯特罗，约定 30 日去哈瓦那。

应当说，卡斯特罗对吴丹还是很礼貌的，但在原则上则是寸步不让。28 日，卡斯特罗发表了声明，要求撤除美国在古巴的关塔那摩海军基地。但是，美国国务院 29 日反驳了这一要求，同时辩解说："根据 1903 年签订的条约，保持使用基地的权利。"

自 10 月 29 日凌晨起，古巴军民群情激昂，表示支持卡斯特罗提出的 5 项要求，对美国的态度表示愤怒，对苏联政府未同古巴政府协商所做的让步表示失望。在古巴的不少苏联军人对苏联政府的决定表示苦恼。

为了安排联合国监督拆除苏联在古巴导弹基地的工作，在古巴进行军事演习的紧张气氛中，吴丹一行 19 人，于 10 月 30 日到达哈瓦那。未及拂尘，立即与卡斯特罗、多尔蒂科斯总统和外长罗亚举行了会谈，卡

---

① 《古巴政府就肯尼迪关于古巴问题致赫鲁晓夫的复信发表的声明》，参见［古］菲德尔·卡斯特罗《卡斯特罗言论集》第二册，人民出版社 1963 年版，第 434—435 页。

斯特罗向吴丹解释了古巴的 5 点要求和反对视察的立场。卡斯特罗指出："和平的道路并不是牺牲各国人民权利、侵犯各国人民权利的道路，因为这恰恰是导致战争的道路。和平的道路是保证各国人民的权利和各国人民决心为保卫这些权利而进行抵抗的道路"，卡斯特罗斩钉截铁地说："美国没有任何权利侵略古巴，并且不能依靠一个不犯罪的诺言、依靠关于不犯一种罪行的简单诺言来进行谈判，面对这种危险的威胁，我们相信我们自卫的决心胜于相信美国政府的空话"，"我们不能接受视察，这有许多理由，首先因为我们绝不愿意牺牲我国的一个主权原则……我们没有放弃过掌握我们认为合适的各种武器的权利，这是行使我国的一项主权权利。我们没有放弃过这个权利。我们认为这是我们的权利。我们为什么要答应别人来视察，来使外国的一个图谋得到认可呢？因此，我们不接受视察。"① 卡斯特罗坚决拒绝联合国派人到古巴来视察。吴丹只得表示："联合国在古巴领土上的一切行动只能够在古巴人民和政府的许可下才能开始进行。"当日，古巴发表公报说："在经过两小时零一刻钟的交换意见之后，吴丹的代表团和古巴的代表决定在星期三上午再次举行会议，没有达成任何协议。"31 日下午 3 点，吴丹与卡斯特罗又举行了 1 小时 40 分钟会谈，仍没有实质性的进展。吴丹的和平使命似乎到了"山穷水尽"的地步。

11 月 1 日晚，卡斯特罗在电视台向古巴人民介绍了与吴丹会谈的情况和结果，谈到了古苏两国由于苏联未同古巴商量便决定撤除导弹而产生的分歧，这些分歧将在古苏两党之间进行讨论。卡斯特罗说，"在这次危机中，应该说，在危机的过程中，苏联政府和古巴政府之间出现了某些分歧"，"我们相信苏联的原则性政策，相信苏联的领导，也就是说相信苏联的政府和领导党"。② 卡斯特罗重申："真正的和平解决必不可少的条件是古巴政府提出的五点保证"，"古巴的态度过去是、现在仍然是，我们不接受视察"，卡斯特罗强调："和平的道路并不是牺牲各国人民权

---

① 《关于吴丹会谈的性质和结果的电视演说》，载〔古〕菲德尔·卡斯特罗《卡斯特罗言论集》第二册，人民出版社 1963 年版，第 445—452 页。

② 《关于吴丹会谈的性质和结果的电视演说》，载〔古〕菲德尔·卡斯特罗《卡斯特罗言论集》第二册，人民出版社 1963 年版，第 458 页。

利、侵犯各国人民权利的道路。和平的道路是保证各国人民权利和各国
人民决心为保卫这些权利而进行抵抗的道路。"①

　　卡斯特罗的这些强硬的要求是美国保证不侵略古巴的基本条件，与
赫鲁晓夫同肯尼迪作的妥协成鲜明的对照。

　　值得一提的是在赫鲁晓夫10月30日写给卡斯特罗的信中，说卡斯特
罗曾向他建议苏联向美国的领土进行核打击，他认为"这个建议是不正
确的"，"这将是一场热核战争的开始"。对此，在10月31日卡斯特罗给
赫鲁晓夫的复信中坚决否认这一点："我没有提议您苏联发动进攻"。下
面是这两封信的详细摘要：

10月30日，赫鲁晓夫给卡斯特罗的信说：

　　亲爱的菲德尔·卡斯特罗同志：

　　我们已经收到您10月28日的信和关于您，还有多尔蒂科斯总统
与我们大使举行的会谈的通报。

　　……

　　我们理解，由于我们答应美国政府从古巴撤出作为进攻性武器
的导弹基地，以换取美国方面放弃用美国自己及其西半球盟国的军
队入侵古巴的计划，从而解除"四十天行动"，即终止对古巴的封锁
的承诺，这样做给您造成了一定困难。这样做导致消除了——正如
您非常清楚的那样——孕育在两大强国对抗之中的加勒比地区的冲
突，并消除了这场冲突成为世界性热核和导弹战争的变化。

　　如同我们对我们大使理解的那样，在一些古巴人中存在着这样
的看法：古巴人民希望得到另一种性质的声明，无论如何也不希望
得到关于撤出导弹的声明。

　　……

　　还有意见说，如同大家所知，在采取您所知道的决定之前，我
们和您没有就这些问题进行磋商。

---

　　①　《关于吴丹会谈的性质和结果的电视演说》，载［古］菲德尔·卡斯特罗《卡斯特罗言
论集》第二册，人民出版社1963年版，第445、452、454页。

……

难道这不是您们方面与我们的磋商吗？我们理解这封电报是极度恐慌的信号。如果在已经造成的情况下，同时还考虑到美国黩武主义这个无节制的好战集团想利用造成的形势对古巴进行袭击的情报，我们继续磋商，我们早就失去了时间，这场打击也早就实行了。

我们形成了我们在古巴的战略导弹变成了对帝国主义分子有吸引力的力量的看法：他们被吓住了，由于害怕会发射导弹，他们可能会冒险通过轰炸来消灭之，或者可能会冒险对古巴实行入侵。应该说他们能够使导弹退出战斗。因此，我再说一遍，你们的恐慌是完全有理由的。

在您 10 月 27 日的电报中，您建议我们首先对敌人的领土进行核打击。您当然清楚这样会导致怎样的结果。这将不是一次单纯的打击，而是一场世界性热核战争的开始。

亲爱的菲德尔·卡斯特罗同志，我认为您的这个建议是不正确的，虽然我理解您的动机。

我们经历了可能爆发世界热核战争的最严重时刻。在发生那种战争的情况下，美国显然会遭受极大损失，但苏联和整个社会主义阵营也会损失很大。至于古巴和古巴人民，甚至很难笼统地说，对他们那将会怎样结束。首先，古巴将会在战火中烧光。毫无疑问，古巴人民会英勇斗争，但也会英勇地消失，这也是毫无疑问的。

……

现在，由于已经实行的措施，我们已经达到了我们与您谈判向古巴运送导弹武器时提出的那个目标。我们已经使美国承担起他们自己不入侵古巴、也不允许其拉美国家盟友入侵古巴的义务。我们在没有核打击的情况下得到了这一切。

……

在保卫古巴和其他社会主义国家时，我们当然不能相信美国政府的否决权。我们已经并将继续采取一切措施来加强我们的防务和积蓄力量，以备还击的不时之需。

……

我们认为侵略者遭受了失败。他准备侵略古巴，但我们中止了侵略并迫使他在世界公众舆论面前承认在现阶段不这样做。我们评价这是一次伟大的胜利。帝国主义当然不会停止反对共产主义。但我们也有我们的计划，而且要采取我们的措施。只要世界上存在着两种政治—社会制度，只要其中的一个——我们知道那必将是我们的共产主义制度——没有在全世界胜利，这个斗争过程就将继续下去。

尼基塔·赫鲁晓夫

10月31日，卡斯特罗回信道：

亲爱的赫鲁晓夫同志：

10月30日来信收悉。您认为在采取撤走战略导弹的决定之前确实征求过我们的意见。其根据是您所说的从古巴传去的令人惊恐的消息，最后还有我10月27日的电报。我不知道您得到了怎样的消息；我只对10月26日夜发出、您10月27日收到的信负责。

赫鲁晓夫同志，我们在事态面前所做的就是做好准备和决定斗争。在古巴只有一种警报：战斗警报。在据我们判断帝国主义的袭击已经迫在眉睫时，我认为将此情况通报给您，并提请苏联政府和指挥部对袭击的可能性保持警惕是适宜的，因为已经有苏联部队承诺：在保卫古巴共和国不受外部侵略时与我们一起战斗，而对于这样的袭击，我们无法阻止，但可以抵抗。

……

危险不会影响我们，因为我们感到我们国家面临危险已经很长时间，从某种意义上说。我们对它已经习以为常了。

……

当得知撤走武器这个突然的、出乎意料的和实际上无条件的决定时，许多准备以无比高尚的尊严献身的古巴人和苏联人的眼里流出了泪水。

或许您不了解，古巴人民为了履行他们对祖国和人类的义务准备到了何种程度。

我在写信时不知道，信中的话可能被您误解，或许由于您看得不仔细，或者由于翻译，或者由于我想用太少的话说明太多的意思，结果确实误解了。然而我没有犹豫就那么写了。赫鲁晓夫同志，您以为我们是自私地想着我们自己，想着确实不是没有意识到、而是完全确信他们正在经历的风险而准备牺牲的高尚的我国人民吗？

……

我们知道——您别以为我们不知道，正如您在信里暗示的那样，如果爆发热核战争，我们必定被消灭。然而，我们没有因此要求您撤走导弹，没有因此要求您让步。难道您以为我们想要那样的战争？但是如果入侵就要发生，怎样来防止这样的战争呢？问题恰恰是这种事情是可能的，恰恰是帝国主义封死了所有的解决出路，而他们的要求在我们看来是苏联和古巴所不可能接受的。

既然事情正在发生，对发动战争的疯子该怎么办呢？您本人曾指出，在目前情况下，战争必然会很快变成一场热核战争。

我理解，侵略一旦发生，就不应该把决定什么时候使用核武器的特权给予侵略者。这种武器的毁灭力如此之大，运输工具又如此之快，以致侵略者会在初期占有相当大的优势。

赫鲁晓夫同志，我没有提议您苏联发动进攻，因为那样做不仅不正确，而且是我方不讲道义和卑鄙无耻；而是提议您，从帝国主义进攻古巴，和在古巴进攻用于在外来进攻时帮助古巴自卫的苏联军队，而帝国主义分子因这一事实变成对古巴和苏联的侵略者那一刻起，给他们以毁灭性的回击。

……

赫鲁晓夫同志，我没有提议您苏联在危机中发动进攻——而从您在信中对我说的话似乎得出这样的意思，而是提议帝国主义发动进攻后，苏联要毫不犹豫地进攻，绝对不要犯允许敌人对苏联首先进行核打击那样情况的错误。从这个意义上说，赫鲁晓夫同志，我坚持我的观点，因为我认为这是对一种特定形势做出的现实和正确的评估。您可以说服我说我错了，但不能没有说服我就说我错了。

……

您可能会想我有什么权利这样做。我是遵照作为革命者义务的我的觉悟的启示，怀着对苏联敬仰和亲热的最无私的感情，不在乎会有多少麻烦这样做的。

……

我看不出怎么能说就您采取的决定跟我们商量过。

此时此刻我不可能希望别的，只希望我错了。但愿是您全对了。

正如向您报告的那样，这一阶段经历着无以言表的苦涩和悲伤时刻的古巴人不是寥寥几个，而是许许多多。

帝国主义分子已经开始重新谈论入侵国家，这证明他们的诺言是短暂的，不值得相信。然而，我国人民仍坚定不移地保持着他们抗击侵略者的意志，而且或许比任何时候都更加需要相信自己和那种斗争意志。

我们将和逆境做斗争，我们将战胜目前的困难，我们将继续前进，没有任何东西能够破坏对苏联友好和永远感激的纽带。

顺致兄弟般的敬礼！

菲德尔·卡斯特罗①

苏联部长会议副主席米高扬的使命　11 月 2 日至 11 月 25 日苏联部长会议副主席米高扬到古巴访问，他到达古巴后，立即表示支持古巴的 5 点要求。在同古巴领导第一次会谈时，卡斯特罗提醒米高扬说，在苏联作了让步后，美国将提出新的要求，如要求撤出 IL—28 型轰炸机等。米高扬说，苏联会拒绝美国的新的要求。

苏联对美国所做的让步并没有能完全满足美国的要求，美国再次向苏联施加压力并企图欺侮古巴。随着导弹的撤除，美国又提出了新的要求使冲突复杂化。直到几个星期后，美国对古巴海上封锁才得以撤销，

---

① 1990 年 11 月 23 日，古共党报《格拉玛报》首次刊登了在加勒比海危机期间，卡斯特罗与赫鲁晓夫之间所交换的五封信的全文（西班牙语），请参见 http：//www. crisisdeoctubre. cubaweb. cu/cartas/indexcartas. htm.

美国对古巴的直接军事威胁才得以解除。

在双方多次漫长的会谈中，古苏双方在一些悬而未决的问题上有明显分歧。古巴反对苏联完全撤出摩托化部队、伊尔—2 轰炸机、可马尔导弹等，反对单方面视察古巴。肯尼迪的最后通牒，促使赫鲁晓夫急于与古巴达成协议。为了打破苏古谈判的僵局，赫鲁晓夫只好对古巴做出让步。苏联以更多地在政治和经济方面支持古巴的许诺，换取古巴在撤出武器问题上的谅解；米高扬还利用古巴对苏联的依赖，软中带硬地施加压力。根据 1960 年 2 月苏古贸易和支持协定，苏联保证在 5 年内每年向古巴购买 100 万吨原糖，提供苏联的工业设备、必需的商品和价值 1 亿美元的贷款。更重要的是，同古巴已建交的东欧社会主义国家唯苏联马首是瞻。如果卡斯特罗惹恼了赫鲁晓夫，古巴将夹在美苏为首的两大阵营之间，后果不堪设想。顶了一阵子之后，卡斯特罗也不得不借坡下驴。这样，在肯尼迪最后通牒的次日，即 11 月 19 日，卡斯特罗与米高扬一起致函吴丹，表示同意撤走 42 个导弹发射台和伊尔—28 飞机。米高扬终于完成了任务，返回莫斯科。

美国节外生枝　狡猾的美国人又节外生枝，向苏联提出了新的要求：从古巴撤走伊尔—28 型喷气轰炸机。结果，本来已经出现转机的问题又复杂起来，加勒比海危机进入了第二阶段，一直持续到 11 月 20 日。

11 月 4 日，美国驻联合国大使史蒂文森向苏联新派到纽约参加消除古巴紧张局势谈判的第一副外长库兹涅佐夫递交了一份进攻性武器的清单。其中，除了导弹及其设备之外，最主要的就是伊尔—28 飞机。这些飞机是 1962 年夏天运到古巴的。美国认为，虽然苏联正在拆除在古巴的导弹，但这些飞机就其航程和运载核炸弹的能力而言，也属于进攻性武器之列，必须撤走。于是，肯尼迪和赫鲁晓夫分别代表美国和苏联两国进行了新一轮的讨价还价。从 11 月 4 日到 12 月 14 日，他们通过多勃雷宁、史蒂文森、罗伯特·肯尼迪又秘密传递了 16 封信。由于这些信件 30 年后才公之于世，因此，加勒比海危机的这一幕长期不为人所知。

11 月 8 日，美国以轰炸机为借口，计划对古巴进行空中袭击。根据美国泰勒将军 11 月 16 日向肯尼迪报告，美国已动员了 10 万步兵，4 万海军陆战队，1.45 万名伞兵，550 架战斗机和 180 艘军舰准备对古巴采取军事行动。肯尼迪继续向赫鲁晓夫施加压力，要求苏联撤出轰炸机。

11 月 11 日，赫鲁晓夫致信肯尼迪，虽然表示了种种不满，但仍表示，只要美国保证不侵略古巴，苏联一般原则上同意撤出伊尔—28 飞机。见赫鲁晓夫让了一步，肯尼迪次日口头答复说，如果赫鲁晓夫同意在 30 天之内撤出飞机，美国就取消封锁。13 日，赫鲁晓夫在给肯尼迪的一封密信中提出苏联在二三个月内撤走飞机，要求美国停止对古巴的空中监视，在联合国秘书长吴丹的参与下同古巴达成协议。可是，肯尼迪不让步，坚决要求苏联在一个月内撤走飞机，并保证不再向古巴运送进攻性武器。只有这样，美国才能考虑解除对古巴的封锁。与此同时，肯尼迪又向赫鲁晓夫发出了最后通牒，要求他在 24 小时之内给予美国满意的答复。否则会如何，肯尼迪没有明确地讲。不过，美国的飞机加紧在古巴上空盘旋，军舰在古巴岛四周游弋，无疑是用武力相迫。结果，赫鲁晓夫只得再次退让，19 日深夜起草了致肯尼迪的秘信，通过苏联外交部电传给驻华盛顿苏联大使馆，并命令多勃雷宁立即见罗伯特·肯尼迪以便尽快将信送给肯尼迪总统。赫鲁晓夫同意苏联在 30 日之内撤走伊尔—28 飞机，但条件是美国要解除对古巴的封锁。

赫鲁晓夫让正在古巴的米高扬提前将这一决定通报古巴。古巴被迫向吴丹通报说，由于轰炸机是苏联的，所以如果苏联认为了谈判的顺利进行撤出轰炸机是适宜的，古巴不会阻挠。这是在 11 月 19—20 日发生的事。11 月 20 日晚 6 点肯尼迪举行记者招待会，宣布由于苏联已经同意撤走伊尔—2 轰炸机，美国决定最后解除对古巴的海上封锁。伊尔—2 轰炸机将撤出古巴，美国将停止“海上隔离”。

危机的结束　至此，持续了近一个月的加勒比海危机结束了。冰消雪融，苏美两国关系似乎和暖如春。一些具体技术问题由苏美两国代表及专家协商解决。

11 月 5 日至 9 日苏联撤走了在古巴的全部导弹，并在公海上接受了美国海军船靠船的检查和拍照。在美国向苏联提出撤出在古巴的伊尔—28 轰炸机后，11 月 19 日，苏方又答应在 30 天内撤完在古巴的伊尔—28 型轰炸机。20 日，肯尼迪宣布撤除对古巴海面的封锁，举世瞩目的导弹危机宣告结束。1963 年 1 月 7 日史蒂文森和库兹涅佐夫联名致信联合国秘书长吴丹："美利坚合众国政府和苏联政府希望，在危机的形势下为了防止战争威胁而采取的行动，将会解决它们之间的其他分歧并使战争威胁延续的紧张局势普遍缓和下来。"因此，美苏请求安理会认定古巴事件终结。1963年1月7日，美苏宣布危机了结。

六　加勒比海危机的反思

危机的反思　1992年6月，也就是在加勒比海危机30年之后，美国和俄罗斯两国政府达成协议，同时首次公布当时美国总统约翰·肯尼迪和苏联部长会议主席尼基塔·赫鲁晓夫当时来往的25封信件全文。这些信件的大多数此前都是保密的，只有极少数人知道。美国《共产主义问题》杂志1992年6月专门出版了春季号特刊，用英、俄两种文字将它们刊登出来。

在为美苏首脑这些信件写的序言中，美国前国务卿J.贝克说："30年前，古巴的导弹横亘在美国和苏联中间，我们两国的分歧几乎将我们带入战争。我们两国从来没有如此接近战争，从来没有如此清楚在核时代这种冲突有多么危险。我认为，任何生活在那个时候的人都忘不了当时的紧张状态和恐惧。"俄罗斯外长A.科济列夫也在写道："在1962年10月的日子里，人类站在核战争灾难渊薮的边缘。苏联的核导弹部署在古巴，美国的肯尼迪总统要不惜一切代价将它们除掉，军事冲突似乎难以避免。"除了他们俩以外，曾是肯尼迪总统助手的A.施莱辛格、俄罗斯的著名历史学家V.祖波克等也在同期发表了评论文章。

这些信件，以及1990年苏联外交部公布的赫鲁晓夫与古巴部长会议主席菲德尔·卡斯特罗在危机期间的6封密信，使长期以来明暗参半的加勒比海危机内幕昭然若揭，在很大程度上帮助人们走出了因缺乏第一手资料、依靠想象和推测所造成的误区。它们向世人展现了赫鲁晓夫和肯尼迪这两位几乎编排出将人类带入热核战争悲剧中的大导演的心态和幕后交易，揭示了这次空前绝后的危机发展的不同阶段以及牵扯到的更为广泛的世界性问题。

可是，肯尼迪在那个时刻表现明智，他不想让事情复杂化，下令停止掠地飞行，后来还命令暂停"獴行动"。据美国历史学家拉尔夫·德·

贝茨说，"肯尼迪总统阻止任何政府官员发表讥嘲对方'投降'或诸如此类的言论，这是明智的。他恢宏大度地赞扬赫鲁晓夫作出了'有政治家气度的决定'，他心里明白，这位苏联领导人，不管出自何种考虑，都已陷于危难的境地，而给他搭个梯子下楼，是符合大家利益的"。①

这一切使所有反对古巴革命的人对肯尼迪恨之入骨，因为他没有给舰队下令开进吉隆滩支援雇佣军，因为他没有像许多将军和许多古巴的敌人劝告的那样，利用"十月危机"的紧张局势干涉古巴。

加勒比海危机虽然已经结束，但是长期以来，这场危机一直引起人们对它的反思。有关这场危机的根源，苏联为什么要在古巴部署进攻性导弹，如何评价赫鲁晓夫、肯尼迪和卡斯特罗在这场危机中的表现，如何评价这场危机的结果和这场危机的教训是什么，至今仍众说纷纭。

关于危机的根源　苏联（俄罗斯）学者强调，危机的根源不仅在于美国政府推行的"危机外交"政策，而且还在于"战后美国军火工业集团推行的外交战略，国际上的实力地位政策以及妄想破坏各国人民安全的顽固企图"，认为危机的政治根源是"因为卡斯特罗政府决定使古巴沿着深刻的社会主义革命的道路前进"。美国学者则认为，冲突的原因"在于赫鲁晓夫自 1957 年以后奉行了以洲际弹道导弹为基础的对外政策，并且一心想把北大公约组织的武装力量赶出西柏林"。古巴领导人和学者认为，这场危机的主要原因是美国对古巴的敌视政策以及苏联领导人赫鲁晓夫的"过错"。卡斯特罗认为："由于美国政府对古巴的侵略和野蛮政策，和一项直接使用该国海上、空中和地面部队入侵我们岛的计划，这项计划是在他们在吉隆滩遭受惨败 10 个月后，在危机爆发前大约 8 个月时通过的，世界差一点发生一场热核战争"，"客观和主观因素的结合加快了我国的革命和变革进程。这一切导致了与美国的对抗和 1962 年'十月危机'"。中国一些学者认为，这场危机是冷战时期美苏两国长期进行实力竞赛、推行冷战外交的必然产物，是双方关系发展的合乎逻辑的结果。

对于苏联在古巴部署进攻性导弹的动机　苏联（俄罗斯）的多数学

---

① ［美］拉尔夫·德·贝茨：《美国史》下卷，人民出版社 1984 年版，第 278 页。

者认为，苏联这样做的主要目的是出于保卫古巴，防御美国的入侵。美国等西方国家学者认为，苏联是要利用古巴的导弹作为杠杆向美国施加压力，迫使美国撤出柏林。中国一些学者认为，赫鲁晓夫把导弹运进古巴的真正意图并不在于保护古巴免受美国的侵略，也不是为了向美国施加压力以求得柏林问题的尽快解决，其最主要的动机在于谋求所谓的"战略均势"，解决苏联的核劣势问题，实现其与美国平起平坐、共同主宰国际事务的凤愿。如果把导弹部署在古巴，苏联就可以大大提高第一次打击的能力。这些导弹的射程可以覆盖整个北美大陆，并且可以绕过美国的导弹警报系统，出其不意地发动进攻。因此，把导弹安置在古巴，有助于扭转美苏两国导弹数量和攻击时间上的不平衡，抵消美国的战略优势。赫鲁晓夫在其回忆录中称："我们在古巴设了导弹就可以抑制美国对卡斯特罗采取轻率的军事行动。除了保护古巴，我们的导弹也可以在达到西方所谓的'均势'中起些作用。美国人用军事基地包围我国，用核武器威胁我们，而现在他们就会知道当敌人的导弹对准你的时候是什么滋味，我们干的也不过是小小地回敬他们一下，现在正是让美国人知道自己的国土和人民遭受威胁是什么味道的时候了。"[1] 对于苏联领导人来说，古巴只不过是个机会，一个向美国核优势挑战、弥补"导弹差距"的机会，保卫古巴充其量是一个漂亮的借口。

关于危机得以迅速解决的原因 这场危机前后历时 13 天，之所以能在短期内迅速解决，主要是由以下几方面的因素促成的：美苏两国首脑在具体行动上都保持了比较克制和忍耐的态度，竭力避免冲突的升级，力图减少战争风险。美苏两国领导人深深体会到了这种对抗所包含的巨大的危险性，认识到在核战争中没有胜利者，因而双方都表现出寻求和解的愿望。肯尼迪和赫鲁晓夫亲自控制着局势的发展，将危机控制在可操作的范围内。美苏之间建立了迅速、有效和秘密的联系渠道，也有助于消除双方的误解，避免了局势的不断恶化。

赫鲁晓夫对苏联在加勒比海危机的评价 在《赫鲁晓夫回忆录》中，赫鲁晓夫谈到在古巴安置苏联导弹最初是他的主意，其目的"除了保护

---

[1] 《赫鲁晓夫回忆录》下册，生活·读书·新知三联书店 1973 年版，第 676—677 页。

古巴，我们的导弹也可达到西方所谓的'均势'中起某些作用"，他承认由于苏联未同古巴商量就同意从古巴撤出导弹使"我们和古巴的关系突然恶化起来。卡斯特罗甚至停止接待我们的大使。在古巴人眼里，我们撤出导弹似乎就是遭到了一次道义上的失败。我们在古巴的声誉不是提高而是下降了"，卡斯特罗"因我们撤出导弹而生气"。赫鲁晓夫认为："加勒比海危机的主要点在于它保证了社会主义古巴的存在"，"通过这个插曲……赢得了一个社会主义的古巴。我个人很引以自慰的是，我们这一方面的行动是很正确的，我们没有给美帝国主义吓倒，而是完成了一件革命的壮举。加勒比海危机是苏联外交政策的胜利，也是我本人作为一个政治家和集体领导成员一员的经历中的一次个人胜利。我可以这样说，我们不发一枪就取得了一次辉煌的成功。"[1] 在《赫鲁晓夫回忆录》中，赫鲁晓夫透露，当苏联一开始提出要在古巴设置导弹时，卡斯特罗是拒绝的："当卡斯特罗同我谈到这个问题时，我们争论了又争论。我们争论得很激烈。但是最后菲德尔（即卡斯特罗）同意了我的意见"，赫鲁晓夫认为苏联的做法是正确的："我们的立场是：我们可以从古巴撤回我们的导弹，条件是美国必须公开声明，保证不侵犯古巴，并且答应要它的盟国也不侵犯古巴"，"我们做得很得体，并且迫使美国人遣散了雇佣军和承认古巴——不是在法律上，而是事实上的承认。古巴今天仍然存在，这是由于苏联在对付美国时执行了正确的政策。我对我们的所作所为感到自豪。在回顾这个插曲时，我对我的人民、我们执行的政策和我们在外交战线上所赢得的胜利感到自豪"，"加勒比危机的解决是一个历史里程碑。美国有史以来第一次公开保证不侵略一个邻国，并且不干涉它的内政"。[2]

卡斯特罗对加勒比海危机的评价　卡斯特罗对加勒比海危机的看法前后有些不同。在危机尚未结束时，1962 年 11 月 1 日卡斯特罗强调"我们没有放弃过掌握我们认为合适的各种武器的权利，这是行使我国的一项主权权利"，"古巴的态度过去是、现在仍然是，我们不接受视察"，

---

① 《赫鲁晓夫回忆录》下册，生活·读书·新知三联书店 1973 年版，第 676—677 页。
② 《赫鲁晓夫回忆录》下册，生活·读书·新知三联书店 1975 年版，第 684—686 页。

"在这次危机中，应该说，在危机的过程中，苏联政府和古巴政府之间出现了某些分歧"。①

在危机结束后不久，1963 年 1 月 2 日，卡斯特罗在一次公开讲话中认为，古巴在这场危机中履行了两项义务："我们履行了这两项义务：一项是对祖国的义务，另一项是根据无产阶级国际主义原则的国际主义义务。在社会主义革命中，爱国主义和无产阶级国际主义是合二为一的东西"，"你们全明白，危机是怎样开始、怎样发展和怎样结束的。我们想说，我国人民在帝国主义敌人和帝国主义侵略者面前，永远保留采取自己认为适当的一切措施和拥有自己认为适当的武器的全部权利"，"为了和平，苏联政府同美国政府达成了某些协议，但是这并不等于说我们放弃了这种权利，即拥有我们认为适当的武器和采取我们作为一个主权国家在国际政策方面认为适宜的各种步骤的权利……我们不接受有人企图在这里进行单方面的视察"。②

1975 年 12 月 17 日，卡斯特罗在古共"一大"中心报告中在谈到"十月危机"（即加勒比海危机）时说："作为部分解决办法，美国被迫做出不侵略古巴的承诺。当时，我国人民很难懂得那种做法的价值。今天，时隔 13 年，我们客观地看到，1962 年的 10 月危机是革命阵营的胜利。"③

1998 年 9 月 18 日，卡斯特罗在接受美国有线电视台采访时谈到加勒比海危机时说，赫鲁晓夫同肯尼迪达成的协议"是一个令人感到耻辱的协议"，"危机的产生是赫鲁晓夫的过错"，"许多年过去了，入侵没有发生，我们应该承认，尽管方式不正确，尽管本应该同我们商量，尽管犯了许多错误……如果赫鲁晓夫还活着，可能会说：'我是对的，避免了对古巴的一场入侵'。但是，我们也要说，是古巴人民的努力和防卫侵略的

① 《关于吴丹会谈的性质和结果的电视演说》，载 [古] 菲德尔·卡斯特罗《卡斯特罗言论集》第二册，人民出版社 1963 年版，第 452、458 页。

② 《在庆祝古巴革命胜利四周年群众大会上的演说》，载 [古] 菲德尔·卡斯特罗《卡斯特罗言论集》第二册，人民出版社 1963 年版，第 484—485 页。

③ [古] 菲德尔·卡斯特罗：《在古巴共产党第一、二、三次全国代表大会上的中心报告》，人民出版社 1990 年版，第 33 页。

能力起了重要作用。危机结束了，世界大战没有发生。古巴和苏联关系一度紧张，但是，古苏联盟一直保持到冷战的结束"。① 2002 年 10 月 22日卡斯特罗在哈瓦那举行的纪念十月危机 40 周年三方研讨会上说，赫鲁晓夫同肯尼迪达成的协议几乎是"投降行为"②。

1962 年加勒比海危机是 20 世纪人类历史上经历的最危险时刻之一，几乎将人类带入热核战争的灾难之中。作为这惊险一幕导演的赫鲁晓夫和肯尼迪过去和现在都是人们评判的主要对象。特别是在他们之间的秘密联系渠道公布之后，东西方许多学者认为：美苏两国首脑之间的通信和达成的谅解促使了这场危机的解决。肯尼迪显示出自己的勇敢、灵活和坚强的意志；赫鲁晓夫的明智妥协的意义足以与他在苏共二十大上作的"秘密报告"相提并论。

然而，人们不应当忘记，美苏这两个超级大国凭借武力争霸世界而给人类和平事业造成多么大的威胁；不应当忘记，它们不惜牺牲别国的利益来达到自己的目的的以强凌弱的做法。

1992 年 1 月，卡斯特罗出席由美国、俄罗斯和古巴三方在哈瓦那举行的加勒比海危机讨论会，余怒未消，仍愤愤不平地说："当时我们有权利接受导弹，我们没有违反国际法。为什么要秘密地进行呢？"

卡斯特罗与法国记者拉莫内谈话时，对赫鲁晓夫在十月危机中的所作所为耿耿于怀，卡斯特罗说：

> 请注意，那是一个非常紧张的时刻。我们自己相信冲突不可避免，我们决心接受那场风险。我们脑子里没有闪过在对手的威胁面前让步的念头。
>
> 可是苏联人让步了。
>
> 在那个极度紧张的时刻，苏联人向美国发出建议。赫鲁晓夫没有跟我们商量那个建议。他们提出，如果美国从土耳其撤出大力神

---

① http：//www. cip. cu/webcip/eventos/serv_ espec/crisis_ oct/valoraciones/valora_ fidel2. html.

② http：//www. radioreloj. cu/noticiasdia2/notidia23 – 10 – 02. htm#1.

导弹，他们就撤走导弹。10 月 28 日，肯尼迪接受了这项承诺。苏联人决定撤走 SS—4 导弹。我们认为那绝对是不正确的。那种做法引起了极大愤怒。①

第三节　美国企图在外交上孤立古巴和
千方百计企图暗杀卡斯特罗

一　迫使美洲国家组织通过埃斯特角决议

1961 年 4 月 17—19 日，美国雇佣军入侵古巴，遭到失败。肯尼迪政府在美入侵古巴失败后，并不甘心，仍千方百计企图孤立古巴并进而扼杀古巴革命。美国加强了在泛美体系中的反古活动。

埃斯特角决议　在美国的强大压力下，1961 年 12 月，美洲国家组织理事会会议通过了哥伦比亚根据美国旨意提出的一项提案，要求该组织根据《里约热内卢条约》（《美洲国家互助条约》）第 6 条规定，召开美洲国家外长协商会议，来讨论古巴局势"对西半球和平的威胁"问题，以制造集体干涉古巴的借口。

1962 年 1 月 12 日至 31 日，在乌拉圭埃斯特角举行第 8 次美洲国家外长协商会议。会上，美国国务卿腊斯克要求与会各国"采取行动"以实现以下 4 个目标：（1）宣布古巴政府"同泛美体系的宗旨和原则不相容"；（2）把古巴完全排除在美洲国家组织及其各项机构之外；（3）停止拉美国家同古巴之间的贸易往来，特别是军火的运输；（4）要求在泛美防务委员会下设一个特别机构，向美洲各国政府提出"单独的或集体的措施"，以对古巴采取进一步军事干涉行动。在美国的压力下，埃斯特角会议通过了把古巴"排斥"出"泛美体系"的决议。古巴投了反对票，墨西哥、巴西、厄瓜多尔、阿根廷、智利和玻利维亚投了弃权票。由于一些国家的反对，美国并没有完全达到它上述 4 个目标，但把古巴排除

---

①　［古］菲德尔·卡斯特罗、［法］伊格纳西奥·拉莫内：《卡斯特罗访谈传记　我的一生》，中国社会科学出版社 2008 年版，第 247 页。

出泛美体系的主要目标还是达到了。

会议所通过的决议的主要内容是：任何美洲国家组织成员国依附马克思主义都是与泛美主义不相容的，这样的一个政府与共产党集团的联系破坏西半球的团结一致；古巴现政府已经正式声明自己是一个马克思列宁主义的政府，它与泛美体系的原则和宗旨是不相容的。因此，古巴现政府不得参加泛美体系。美洲国家组织理事会和泛美体系的其他机构和组织应立即采取必要的措施来实施这项决定。

墨西哥、巴西和厄瓜多尔外长在表决上述决议后先后在会议上发表声明，指出会议通过的决议是没有法律根据的，因为外长协商会议没有开除或停止任何会员国会籍的法律权利。

美国在埃斯特角会议强调通过反对和干涉古巴的决议，激起了古巴人民的严正抗议。

肯尼迪宣布对古巴实施完全禁运　1962 年 2 月 3 日，肯尼迪总统根据埃斯特角决议，颁布总统第 3447 号令，宣布除食品和药品以外，对古巴实行贸易完全禁运。同年 3 月，美国财政部宣布，禁止任何在第三国加工生产的、含有古巴的原料或零部件的产品进入美国。5 月，美国政府单方面取消对古巴的"最惠国"待遇。9 月，美国国务卿腊斯克要求北约国家的船只不要将商品运往古巴。12 月 22 日，肯尼迪政府决定对将商品运往古巴及将古巴商品运往国外的船只进行惩罚。

《第二个哈瓦那宣言》　为了直接反击埃斯特角会议通过的反古巴决议和美国的禁运，古巴人民于 1962 年 2 月 4 日在哈瓦那举行了有一百多万人参加的第二次古巴人民全国大会，并且通过了由卡斯特罗总理宣读的《第二个哈瓦那宣言》①。

《第二个哈瓦那宣言》对美国的侵略政策进行了详尽和深刻的揭露，对埃斯特角会议通过开除古巴的决议进行了猛烈的抨击。《第二个哈瓦那宣言》的主要内容是：（1）简述了世界资本主义从它的诞生直到今天濒于最后崩溃和死亡的过程。（2）用具体数字和事实历数美帝国主义侵略和掠夺拉丁美洲的罪行及其后果。（3）谴责美国利用埃斯特角外长协商

---

①　《哈瓦那宣言》（西汉对照），商务印书馆 1962 年版，第 22—109 页。

会议反对古巴革命和镇压拉美民族民主革命运动的阴谋，指责美洲国家组织已成为"美国的殖民部、军事联盟、镇压拉丁美洲人民解放运动的工具"。揭露了肯尼迪的"争取进步联盟"计划的侵略和掠夺的本质，表明了古巴人民和拉美人民反对美帝国主义和维护民族独立与主权的决心。（4）驳斥了美国关于古巴输出革命的指控，指出："古巴能够给予并且已经给予各国人民的是它的榜样"。（5）总结了古巴革命的经验，指出了拉美各国人民反对美帝和争取解放的道路是武装斗争的道路，"所有革命者的任务是进行革命"。（6）在阶级分析的基础上阐述各阶级在民族民主革命运动中的地位和作用，特别提出了农民的作用；谴责帝国主义和统治阶级的分裂活动，并指出拉美各阶层人民应团结起来，结成最广泛的民族民主统一战线，一致对敌。（7）号召拉美各国人民进行"反对世界上最强大的帝国主义宗主国"，"反对世界资本主义体系中最强大的势力"的解放斗争，为人类做出比过去反对西班牙殖民统治斗争曾做出的更大的贡献。

在 1962 年 10 月的古巴导弹危机期间，美苏两个超级大国各自为了自身的利益，无视甚至任意践踏古巴的主权，它们背着古巴进行核武器交易，激起了古巴人民的强烈不满。卡斯特罗对美苏两国通过秘密交往达成的协议提出强烈抗议，他说，两个大国又一次决定一个小国的命运，事先并不征求这个国家的意见。卡斯特罗断然拒绝联合国的观察员进入古巴境内视察，要求美国做出停止对古巴的经济封锁、停止一切颠覆活动、停止从美国和波多黎各的基地上进行的海盗攻击；停止侵犯古巴领海、领空的行动；撤除关塔那摩海军基地，归还美国占据的这块古巴领土等 5 点保证。

古巴在导弹危机中为捍卫国家主权，对美国的侵略行径进行了针锋相对的斗争。然而，古巴导弹危机对古巴与拉美国家之间的关系产生了负面影响。苏联把导弹运进古巴，这使拉美国家产生某种恐慌。美国利用此事大做文章，企图使古巴在美洲处境更加孤立。

1962 年 10 月 23 日，即在导弹危机爆发的第二天，美洲国家组织在华盛顿召开理事会议。在美国的要求下，把会议升格为临时协商会议，即外长协商会议，提案得到通过。美国国务卿腊斯克参加了会议，但参加这次的大多数是拉美国家驻美洲国家组织的代表，临时行使外长职权。会议通过了美国提出的一项决议案，要求撤出在古巴安置的导弹和其他进攻性武器。

1963 年 7 月，美国财政部发布法令，冻结古巴在美国的所有资产。古巴政府随即照会美国，指责美国这种"愚昧、卑鄙和徒劳的做法"，"粗暴地践踏了《联合国宪章》的原则和国际法的起码准则"。

格瓦拉与古德温的秘密会晤　吉隆滩战役结束后，古巴领导人切·格瓦拉曾主动向美方发出信号，要求举行秘密会晤。1961 年 8 月 18 日，格瓦拉与白宫年轻的助手理查德·古德温（Richard Goodwin）在乌拉圭埃斯特角参加泛美经济与社会理事会国际会议时曾进行"私下会晤"，格瓦拉通过古德温送一盒古巴雪茄烟给肯尼迪表示希望与美国开展外交对话。格瓦拉在会晤中表示，古巴希望与美国达成某种妥协（modus viven-di）。古巴建议与美国成立一个谈判机制。古巴可以在 5 个方面做出让步：（1）通过贸易赔偿被没收的美国企业；（2）古巴不与"东方"（指苏联东欧集团）建立政治联盟；（3）古巴可举行自由选举；（4）古巴可以讨论它在其他拉美国家的活动；（5）古巴不会进攻关塔那摩基地。古德温回美国后，把一盒古巴雪茄烟转交给肯尼迪，并向肯尼迪口头和书面汇报了与格瓦拉会晤的情况。他建议美国中情局可考虑继续与古巴进行秘密对话，但他的建议没有被采纳。古德温本人后来参与了入侵古巴的"獴行动"计划。[①]

此后，两国就释放吉隆滩战役被俘虏的雇佣军事宜进行谈判，达成"以俘虏换药品和食品"的协议。古巴导弹危机后，美方主动与古巴进行秘密接触，卡斯特罗曾派人直接向肯尼迪表示古巴愿与美国改善关系的意愿。

1962—1963 年，卡斯特罗曾亲自会见美方谈判代表詹姆斯·多诺万，卡斯特罗还接受了美国女记者莉莎·霍华德的采访，表示愿意与美国接近并改善关系。

---

① William M. LeoGrande Peter Kornluh: *Diplomacia encubierta con Cuba*, Fondo de Cultura Económica, México, 2015, pp. 75-78.

肯尼迪执政后期，美古出现关系缓和的迹象，美古表面上对抗激烈，但私下通过秘密渠道进行对话与沟通，肯尼迪开始考虑改善与古巴的关系。① 直到 10 月底，肯尼迪还委托法国记者简·丹尼埃尔（Jean Daniel）到古巴会见卡斯特罗，希望美古达成谅解。正当卡斯特罗第二次与丹尼埃尔在瓦拉德罗海滩会见时，从收音机里传来了肯尼迪遇刺身亡的消息。②

二　美国暗杀卡斯特罗的计划

美国雇佣军武装入侵古巴的"猪湾"行动计划失败后，暗杀卡斯特罗的行动再次提上中央情报局的议事日程。中央情报局重新和马休、罗塞利以及吉安康纳等人进行联系。新的暗杀计划在 1961 年 11 月开始。后来担任中央情报局局长的理查德·赫尔姆斯（Richard Helms）回忆说：1961 年 11 月或 12 月，"中央情报局得到指示，要继续执行干掉卡斯特罗的计划"。1962 年 5 月 7 日，中央情报局领导人理查德·赫尔姆斯等就中央情报局暗杀卡斯特罗的计划与黑社会进行联络的情况，向司法部部长罗伯特·肯尼迪做了汇报，并决定"让华盛顿的私人侦探罗伯特·A. 马休去联络吉安康纳，让他出 15 万美元雇佣一些枪手潜入古巴杀掉卡斯特罗"。1962 年 1 月 19 日，司法部部长发表讲话，强调总统对搞掉卡斯特罗十分感兴趣，"无论花费多少时间、金钱、精力或人力……都在所不惜"。行动小组在如何"收拾"卡斯特罗问题上提出了 33 个不同的方案。白宫和肯尼迪的高级助理们还常常绕过中央情报局，直接要求"行动小组"考虑"消灭或暗杀卡斯特罗"。

1962 年 10 月，发生了古巴导弹危机事件。罗伯特·肯尼迪曾指示中央情报局局长约翰·亚利克斯·麦科恩（1961—1965 年在任）停止一切反古巴的活动，因为美国不想给苏联在古巴设置导弹提供借口。导弹危机后的一个时期，肯尼迪总统为了缓和苏美关系，也一度减少了对古巴

---

① El acto final de Kennedy: acercarse a Cuba | Cubadebate, http://www.cubadebate.cu/o-pinion/2013/11/22/el-acto-final-de-kennedy-acercarse-a-cuba/#.XQIMDdLOkZQ.

② William M. LeoGrande Peter Kornluh: *Diplomacia encubierta con Cuba*, Fondo de Cultura Económica, México, 2015, pp. 93–110.

的秘密行动。但仅仅 8 个月之后，即 1963 年 6 月，肯尼迪政府再次指示中央情报局加强对古巴的秘密行动，暗杀卡斯特罗的计划也仍在执行之中。中央情报局特别行动组组长菲茨杰拉德制订了两项暗杀计划，一是由情报局技术情报处制造一种形似海蚌的炸弹，安置在卡斯特罗经常游泳或捕鱼的海域底部；二是通过正在同古巴就吉隆滩战役美国雇佣军战俘问题进行谈判的美方代表詹姆斯·P. 多诺万，把涂有毒药的潜水服"赠送"给卡斯特罗（多诺万本人对中央情报局的计划并不知情，他自己另外买了一件潜水服送给了卡斯特罗，中央情报局的计划落空）。

中央情报局在代号为 AMALASH 的行动中，和古巴的罗兰多·库贝拉斯少校进行了联络，并同他讨论了暗杀卡斯特罗的问题。库贝拉斯是前古巴起义军少校，从 1961 年起成为中央情报局的间谍。他"接近卡斯特罗，但有野心，想发动一场置卡斯特罗于死地的政变。他要求得到来复枪和毒药"。按照库贝拉斯的要求，中央情报局制造了一只带有皮下注射装置的圆珠笔，里面装有"黑叶—40 型"的物质。1963 年 11 月 22 日，中央情报局把这只毒笔交给了库贝拉斯，但他"要求得到一些高级的东西"。情报局特工答应为他在指定地点存放一支带有望远瞄准器和消音装置的来复枪和数枚炸弹，供谋杀卡斯特罗之用。而恰在此时，肯尼迪总统在美国达拉斯遇刺身亡。肯尼迪死后，中央情报局刺杀卡斯特罗的图谋一度暂停，但它继续支持库贝拉斯发动政变的计划，支持古巴流亡分子的暗杀行动。

美国中央情报局还多次企图利用卡斯特罗外出访问之际，对其下手。1971 年卡斯特罗访问智利时，中央情报局的一名特工假冒记者，企图用一支形似照相机的手枪暗杀他。1976 年，当卡斯特罗访问牙买加时，中央情报局曾试图让一个名叫艾伯特·鲁宾逊的间谍见机下手。1986 年不结盟国家第 8 次首脑会议在津巴布韦首都哈拉雷召开前夕，中央情报局官员专程到哈拉雷收集卡斯特罗行程、居住和活动日程的情报，计划伺机暗杀卡斯特罗。中央情报局的暗杀计划后来被打入该机构的古巴特工及时察觉才未能得逞。

自中央情报局 1961 年首次决定暗杀卡斯特罗以后的 30 多年期间，卡斯特罗曾 600 多次遭遇险情。在谈到中央情报局针对自己的暗杀计划时，卡斯特罗透露：这些刺杀阴谋"其中有些是中央情报局直接策划的，其余的则由中央情报局设计、安排和给予经济支持"。事实也的确如此，中央情报局的官员对其中的一些暗杀计划也供认不讳。

第四节　约翰逊、福特和尼克松执政时期的美古关系（1963—1977）

一　约翰逊政府（1963—1969）对古巴的政策

1963 年 11 月 22 日肯尼迪遇刺身亡，副总统约翰逊①继任总统。约翰逊对古巴继续执行敌视政策。在经济方面，加强了对古巴的封锁。1964 年 5 月 14 日，约翰逊政府决定完全禁止向古巴销售药品和食品。美国这种做法在国际上是绝无仅有的。按照日内瓦公约，即使在战争时期，也不能禁止销售药品和食品。同年 7 月 2 日，美国参议院外委会修改美国援外法案，对任何同古巴有贸易往来的国家，停止对其援助。

约翰逊政府多次派人对古巴进行颠覆和破坏活动，派飞机轰炸古巴的工厂，驻扎在关塔那摩海军基地的美国海军陆战队开枪打死打伤古巴士兵和百姓，1964 年 7 月打死了古巴哨所士兵拉蒙·洛佩斯·培尼亚；1966 年 5 月打死了路易斯·拉米雷斯·洛佩斯。1964 年共发生了 1323 起来自美国关塔那摩海军基地的挑衅行动。②

美洲国家组织对古巴的"集体制裁"　1964 年 7 月 21 日至 26 日，在华盛顿召开了第 9 次美洲国家外长协商会议。在美国的指示下，在会上由委内瑞拉出面，指责古巴向委内瑞拉游击队提供武器、训练游击队、干涉委内瑞拉内政。在美国的压力下，会议通过了对古巴进行"集体制裁"的决议。决定的主要内容是：（1）美洲国家政府不保持同古巴政府的外交和领事关系；（2）美洲国家政府中断同古巴进行的一切贸易往来，食品、医药和医疗设备除外；（3）美洲国家政府中断它们和古巴之间的

---

①　林登·贝恩斯·约翰逊（Lyndon Baines Johnson，1908—1973）约翰逊副总统在肯尼迪总统遇刺身亡后，继任美国第 36 任总统（1963—1969）。

②　［古］何塞·坎东·纳瓦罗：《古巴历史——枷锁与星辰的挑战》，当代世界出版社 1999 年版，第 303 页。

一切海运，出于人道主义的必要运输除外。在投票表决这一决议时，遭到当时同古巴仍保持外交关系的玻利维亚、智利、墨西哥和乌拉圭的反对。

通过这次会议，美国基本上达到了孤立古巴的目的。会议结束后不久，智利、玻利维亚和乌拉圭先后同古巴断交，只剩下墨西哥一国同古巴始终保持着外交关系。这种状况直到 20 世纪 60 年代末 70 年代初才有所改变。

《圣地亚哥宣言》　针对华盛顿会议所通过的对古巴进行"集体制裁"的决定，古巴人民在 1964 年 7 月 26 日在奥连特省省会圣地亚哥市举行的群众集会上通过了《圣地亚哥宣言》①。宣言指出，"美洲国家组织没有任何理由和权利来审判和处罚古巴"。宣言列举大量具体事实指控美国和拉美一些独裁寡头政府是该地区颠覆活动和战争危险的罪魁祸首。宣言警告说，如果不停止侵略，不停止训练雇佣军，不停止组织特务间谍网，不停止向古巴领土运送武器和炸药，那么"古巴将认为有同那些干涉我们内部事务的国家一样的权利，尽一切可能来支援这些国家的革命行动"。

卡马里奥加移民危机②与《古巴适调法》　1962 年 10 月导弹危机后，随着古美两国关系的恶化，美国政府宣布停止美古两国正常航班的飞行，不少在美国有亲属的古巴人想方设法偷渡到美国。美国政府阻止古巴人合法移居美国，不断鼓励古巴人偷渡到美国。

1965 年 9 月 28 日，在古巴保卫革命委员会成立 5 周年的③公众集会上，卡斯特罗宣布古巴政府将开放位于马坦萨斯省北部的卡马里奥加（Camarioca）港，允许来自美国佛罗里达的船只到该港接收古侨的亲属去美国，但限定不准 15 岁到 26 岁的青年、从事一些职业的技术人员和从事

---

① Declaración de Santiago de Cuba | Fidel soldado de las ideas, http：//www. fidelcastro. cu/es/documentos/declaracion-de-santiago-de-cuba.

② Camarioca：cuatro décadas de éxodo y dolor-Cubanet News Internacional-Noticias de Cuba / Cuba News, https：//www. cubanet. org/htdocs/CNews/y05/sep05/26o6. htm.

③ Discurso Pronunciado Por El Comandante En Jefe Fidel Castro Ruz Resumiendo Los Actos Del V Aniversario De Los Comites De Defensa De La Revolucion, En La Concentracion Efectuada En La Plaza De La Revolucion, El 28 De Septiembre De 1965, Discursos e Intervenciones | Fidel soldado de las ideas, http：//www. fidelcastro. cu/es/discurso/1965 - 9 - 28.

某些工作的官员离开古巴。两天后，卡斯特罗重申这一决定，并宣布古巴准备允许每天有两个航班飞机，接受古巴侨眷从哈瓦那飞往迈阿密。自 10 月 3 日起，百余条大大小小的船驶往卡马里奥加和巴拉德罗，同一天，约翰逊总统宣布，允许古巴人到美国避难。卡马里奥加共开放了 42 天，到 11 月 5 日关闭。共有 2979 名古巴人移居美国。11 月 6 日，古美两国就移民问题达成备忘录。古巴同意每天有两班飞机接送古巴侨眷从巴拉德罗飞往迈阿密，每月大约三四千人。到 1973 年 6 月 4 日这一路径被取消为止，这一航线约接送了 26 万古巴人。卡马里奥加事件是古美之间发生第一次移民危机。

1966 年 11 月 2 日，约翰逊任内，美国国会通过第 89—732 号公共法，即"古巴适调法"（西班牙文 La Ley de Ajuste Cubano，英文 Cuban Adjustment Act，CAA），约翰逊批准了"古巴适调法"。该法规定，不管以何种途径抵达美国的古巴人，均可在接受移民归化局的调查后，将由他们在美国的亲友照顾，抵美的头 6 个月每人均可得到津贴，一年后便有权获得住房和就业机会，就可自动获得永久居留权。"古巴适调法"从法律角度规定对古巴移民和"难民"予以特殊待遇。美国政府出台"古巴适调法"这一对古巴移民的特殊政策的目的在于鼓励古巴人铤而走险、不择手段地逃往美国，企图利用移民制造事端，煽动古巴内乱，挖走古巴技术和专业人才，破坏古巴经济社会正常发展，动摇卡斯特罗政权。

1995 年克林顿政府对该法案进行了修改，在处理古巴非法移民问题上采取了"干脚湿脚"政策，即停止接收在海上被美拦截的古巴偷渡者，但继续接收成功踏上美国领土的古巴人。"干脚湿脚"政策直到 2017 年 1 月 12 日奥巴马总统离任前才宣布取消，但"古巴适调法"没有被取消，仍在起作用。

二　尼克松政府（1969—1974）对古巴的政策

尼克松的"低姿态"政策　1969 年 1 月尼克松①上台伊始，就宣布：

---

①　理查德·米尔豪斯·尼克松（Richard Milhous Nixon，1913—1994），美国第 37 任总统（1969—1974）。

"在我任总统期内，美国对卡斯特罗的政策是不会改变的。"1971 年春，尼克松声称，只有古巴在拉美停止"输出革命"后，美国才有可能重新考虑其对古巴的政策。1973 年 5 月，尼克松在提交国会的对外政策报告中重申，只有"在古巴改变其对西半球其他国家的政策时"，美国才会"考虑改变其对古巴的政策"。

尼克松任内，美国国务卿威廉·P. 罗杰斯（William P. Rogers, 1913—2001）曾要求时任国家安全事务助理的基辛格授权他探索与古巴的接近和复交问题。[①]

美古有关防止空中和海上劫持行为达成协议　20 世纪六七十年代，劫机问题日益严重。1961 年至 1967 年，有 17 架飞机被劫持到古巴。1968 年，增加到 29 架。1968 年至 1972 年，全世界共有 325 架飞机被劫持，其中有 173 架被劫持到古巴。仅在 1969 年头两个月，就有十几架飞机被劫持到古巴。与此同时，也有人劫持飞机从古巴飞到美国。尼克松任内，1973 年 2 月 15 日，美古两国通过瑞士驻古巴大使馆为中间人，曾就防止空中和海上劫持行为达成一项协议。协议规定，两国将对所有劫持者驱逐出境或根据本国的法律对其进行审判并将其引渡回国，但美方提出，因政治避难原因劫机者除外。然而，尼克松强调美古反劫持协议的达成并不意味着两国关系的改善或正常化。[②]

尼克松政府坚持美古恢复外交关系的两个先决条件：一是古巴断绝与苏联的军事联系，二是古巴停止在拉美的颠覆活动（即支持该国反政府的革命斗争，特别是武装斗争）。卡斯特罗表示，古巴决不会接受美国的两项条件。古巴方面对美国提出古美关系正常化的两个条件，一是结束越南战争，二是结束美国在拉丁美洲的宪兵作用。尼克松任内，古美关系没有得到改善。有人认为，卡斯特罗和尼克松的个人之间的仇恨是他们达成谅解的主要障碍。卡斯特罗常常把尼克松斥为"战犯"和"法

---

① William M. LeoGrande Peter Kornluh: *Diplomacia encubierta con Cuba*, Fondo de Cultura Económica, México, 2015, pp. 170 – 172.

② William M. LeoGrande Peter Kornluh: *Diplomacia encubierta con Cuba*, Fondo de Cultura Económica, México, 2015, pp. 156 – 159.

西斯分子"。①

古巴支持拉美的游击中心运动 古巴革命的胜利在拉丁美洲产生了深远的影响。许多拉美革命者向往古巴，把古巴视为革命的圣地，纷纷到古巴取经和寻求支持。古巴革命领导人卡斯特罗、格瓦拉等也把传播革命经验和支持拉美革命视为己任。1962 年 2 月 4 日，卡斯特罗宣读的《第二个哈瓦那宣言》明确指出，"古巴能够给予并且已经给予各国人民的是它的榜样。古巴革命指出了什么呢？那就是：革命是可能的，各国人民能够进行革命……所有革命者的任务是进行革命。尽人皆知，在美洲和全世界，革命必将胜利。但是，革命者不应坐在家门口等着看帝国主义的尸体抬过"②。1966 年 1 月初，格瓦拉在给三大洲会议的信中说："美洲，这个被最近的政治解放斗争遗忘了的大陆，通过三大洲会议，通过本大陆人民的先锋古巴革命的呼声，开始被人感觉它的存在，它必将担任起远为突出的任务：开辟第二个或第三个越南，或第二个和第三个世界的越南"。格瓦拉认为，"帝国主义是一个世界性的体系，是资本主义的最后阶段，必须在世界性的斗争中把它打倒"，"美洲的解放必然具有变成社会主义革命的特点"，"美洲的斗争，由于各国的特点的相似，到一定时刻，将发展成为整个大陆的斗争。美洲将是人类争取解放所进行的许许多多大战役的舞台"③。

1960 年古巴出版了埃内斯托·格瓦拉·德拉塞尔纳（Ernesto Guevara de la Serna，1928—1967）著的《游击战》一书④，系统地介绍游击中心主义，强调游击队是人民的战斗先锋队。格瓦拉提出的一套游击中心理论源于古巴革命的经验，其主要内容是：（1）拉美已基本具备革命形势，不一定要等待一切革命条件都成熟，起义中心可以创造革命条件；（2）革命的形式应是武装斗争，由于拉丁美洲不发达，基本战场应该是农村；

---

① ［美］卡梅洛·梅萨 – 拉戈：《七十年代的古巴——注重实效与体制化》，商务印书馆 1980 年版，第 178—185 页。

② 《哈瓦那宣言》，商务印书馆 1962 年版，第 91、101 页。

③ ［古］切·格瓦拉：《格瓦拉政治—军事文选》，复旦大学拉美研究室，1974 年，第 71—72 页。

④ 中文版参见［古］切·格瓦拉《游击战》，上海人民出版社 1975 年版。

（3）武装斗争应从游击战开始，游击战是人民争取解放斗争的基础，其领导者和参加者是游击队本身。"政党就是军队"，"游击队是先锋队的先锋队"，"游击队就是孕育中的党"；（4）进行游击战的方式是建立"游击中心"，最后发展成"人民军队"，夺取政权；（5）拉美革命的性质是社会主义的。

古巴革命胜利后初期，古巴支持过阿根廷、萨尔瓦多、危地马拉、洪都拉斯、墨西哥、秘鲁、智利、哥伦比亚、玻利维亚、委内瑞拉和乌拉圭等国的游击斗争。根据美国的报告，20 世纪 60 年代估计有 1500 至 2000 名拉丁美洲的革命者在古巴接受军事训练或"政治教化"。[①] 在古巴革命的影响下，拉丁美洲的武装斗争在 60 年代迅速发展，有近 20 个国家和地区先后出现了上百个游击中心组织，这些组织少则几十人，多则数千人，其成员大部分是青年学生。1965 年 4 月 1 日，格瓦拉给卡斯特罗写信，辞去其在古巴党和政府中所担任的职务，放弃少校军衔和古巴国籍，告别家人，"世界上的另外一些地方需要我去献出我微薄的力量"[②]。

1966 年 1 月 3 日至 15 日，在哈瓦那召开了亚非拉革命力量会议，即"三大洲会议"（Conferencia Tricontinental）。卡斯特罗在会上表示，世界上到处都有帝国主义者，对古巴革命者来说，反帝战场包括全世界。世界上每一个角落的革命运动都可以指望得到古巴战士的支持，古巴支持亚非拉人民的民族解放运动，并强调"帝国主义必将失败"。

1967 年 7 月 31 日至 8 月 10 日，在哈瓦那召开了拉丁美洲团结组织（La Organización Latinoamericana de Solidaridad，OLAS）第一次会议，会议通过了致格瓦拉的信，赞成格瓦拉关于创造几个越南的主张，赞同在拉美开展游击战的方针，并预言在拉美将出现一系列新的游击中心，这些中心将成为埋葬帝国主义的坟墓。卡斯特罗在会议闭幕式上发言，强调古巴党和人民认为，在拉丁美洲任何国家都不可能以和平方式夺取政

---

① ［美］汤姆·海登：《听好了，古巴很重要》，冯建三译，联经出版事业股份有限公司 2016 年版，第 131 页。

② La carta de despedida del Che a Fidel | Fidel soldado de las ideas，http：//www. fidelcastro. cu/es/articulos/la-carta-de-despedida-del-che-fidel.

权，对此，不能抱有幻想，不能欺骗群众。卡斯特罗坚持认为，游击队是革命运动的基本核心，游击斗争是斗争的主要方式，但这并不排斥武装斗争的其他方式。①

1965 年 4 月格瓦拉离开古巴后，先率领一个战斗小组去刚果（利）（现称刚果民主共和国），在那里培训游击队并发起了 50 多起战斗行动，7 个月后，他秘密回到古巴。1966 年 10 月 23 日，他又率领一些同他一起在古巴和刚果（利）打过仗的战友去玻利维亚开展游击斗争，11 月 3 日，他们抵达玻利维亚。经过一段时间，游击队一度发展到 48 人（29 名玻利维亚人、16 名古巴人和 3 名秘鲁人），在山区与政府军进行战斗。由于游击队势单力薄，又得不到村民的支持和没有后援，而玻利维亚政府军得到美国军队和中央情报局的全力支持和指挥，1967 年 10 月 8 日，格瓦拉在战斗中被玻利维亚政府军俘获，次日被杀害。游击队员大部分人被杀害。格瓦拉之死是对拉美游击运动的巨大打击，使拉美游击运动发展势头逐渐减弱，处于低潮。

1964 年 7 月第 9 次美洲国家外长协商会议通过对古巴进行"集体制裁"决议后，到同年 9 月，在拉美加勒比地区，只有墨西哥一国保持与古巴的关系。卡斯特罗曾对法国记者说过："他们（指美国）把封锁国际化了，我们要把游击战国际化。"卡斯特罗指出，"美国对古巴的要求多种多样，一直在变，每时每刻都增加新要求。最初，它要求我们必须放弃社会主义。后来，要求我们必须断绝与苏联的贸易和一切形式的关系……接下来是拉丁美洲的武装斗争：拉美斗争爆发后，古巴应该停止对这些斗争的任何支持……"卡斯特罗承认，古巴曾给拉美一些国家的游击队支持。但卡斯特罗认为："我们向中美洲的革命者提供了微不足道的合作。但是，有共同利害关系对革命运动给予民众形式的合作不意味着输出革命。"②

---

① Discurso Pronunciado En La Clausura De La Primera Conferencia De La Organizacion Latino-americana De Solidaridad（Olas）| Fidel soldado de las ideas, http://www.fidelcastro.cu/es/discursos/discurso-pronunciado-en-la-clausura-de-la-primera-conferencia-de-la-organizacion.

② ［古］菲德尔·卡斯特罗、［法］伊格纳西奥·拉莫内：《卡斯特罗访谈传记 我的一生》，中国社会科学出版社 2008 年版，第 262—265 页。

到 20 世纪 70 年代，拉美政治形势发生显著变化，加勒比地区一些国家宣告独立，在南美洲和中美洲，先后出现了一些具有民族主义倾向的军人上台执政的国家。70 年代随着拉美政治形势的变化，古巴和拉美的关系明显好转。1970 年 11 月，智利社会党领袖阿连德就任总统后，推行独立自主的对外政策，率先同古巴恢复外交关系。应阿连德总统的邀请，卡斯特罗于 1971 年 11 月 10 日至 12 月 4 日访问了智利，受到智利人民团结政府和智利各界民众的热烈欢迎。1972 年 6 月，秘鲁同古巴恢复外交关系。继智利和秘鲁之后，巴巴多斯、圭亚那、特立尼达和多巴哥、牙买加（均在 1972 年 12 月），阿根廷（1973 年 6 月）、巴拿马（1974 年 8 月）、委内瑞拉（1974 年 12 月）、哥伦比亚（1975 年 3 月）等国也先后同古巴建交或复交。

1975 年 12 月，卡斯特罗在古共"一大"的中心报告中，赞扬了墨西哥、秘鲁、巴拿马、牙买加、特立尼达和多巴哥、圭亚那、委内瑞拉等国与古巴建交或复交的立场。在谈到古美关系时，卡斯特罗表示："我们是准备谈判的……但只要美国政府不从根本上改变封锁政策，两国就不能举行官方的谈判。这并不是在计较每一方应该走哪几步。不过，如果用尺来量一量的话，那么另一方还得走很长一段路才能接近国际上的公正所要求的程度。现在的问题是要在平等的条件下进行谈判。我们已经说过，封锁对于我们来说就是把刀架在脖子上，这种谈判状况是我们永远也不能接受的。"①

1979 年 7 月 19 日，尼加拉瓜桑地诺民族解放阵线通过武装斗争，推翻了统治尼加拉瓜数十年之久的索摩查家族的独裁政权，取得了革命胜利，使拉美，特别是中美洲国家的游击运动又出现了一个新的高潮。但是，自 70 年代后半期起，拉美不少原由军人执政的国家，先后经过不同方式，"还政于民"，由文人上台执政，实现了民主化进程，游击斗争已不再是大多数国家左翼政党和革命者主要的斗争形式，古巴与大多数拉美国家建立或恢复了外交关系，逐渐减少对拉美一些国家反政府游击队

① ［古］菲德尔·卡斯特罗：《在古巴共产党第一、二、三次全国代表大会上的中心报告》，人民出版社 1990 年版，第 206—209 页。

的支持，到80年代末和90年代，随着国际形势和拉美形势的变化，特别是东欧剧变、苏联解体，古巴最终放弃了这一支持。

三　福特政府（1974—1977）对古巴的政策

1974年8月9日，尼克松总统因"水门事件"被弹劾后，副总统福特①继任美国总统。福特就任总统三个月后，美古就在纽约和华盛顿开始了秘密会谈。采取主动的是基辛格，古方则派出两名特使。在持续一年的会谈中，双方都提出了阐明各自立场的文件，并就几个关键问题进行了讨论：如赔偿古巴国有化时没收美国公民或公司资产、美国归还在美国冻结的3000万美元的古巴资产，美国取消对古巴的贸易禁运，释放政治犯，古巴家属的团聚问题，相互船只的检查权和关塔那摩海军基地的地位等问题。② 但除一些次要的问题外，在重要问题上没能达成协议。

福特执政期间，古美关系一度有所松动。1974年11月，美洲国家组织外长协商会议讨论撤销对古巴制裁时，美国代表投了弃权票。1975年7月，在美洲国家组织特别会议上，美国福特政府的代表同意一些拉美国家的提案，同意修改《里约热内卢条约》，把通过提案必需三分之二多数票的规定改为简单多数票。随后，在7月底在圣何塞举行的第16次美洲国家外长协商会议上，以15票赞成、3票反对、2票弃权，通过了墨西哥等11国的提案，授权美洲国家组织成员国以各自认为适当的级别和方式处理同古巴的关系，从而取消了对古巴的集体制裁。在表决时，美国代表投了赞成票。

1975年8月21日，福特政府宣布部分撤销其对古巴的禁运，放宽美国设在第三国的子公司向古巴出口商品的限制，其条件是只要不是战略性商品；此外，其商品中所含美国原材料或零件的成分不得超过20%。对那些允许其飞机和船舶运货进出古巴国家，美国不再拒绝给予援助。同年9月23日，美国助理国务卿罗杰斯宣布，美国准备同古巴改善关系。

---

① 杰拉尔德·鲁道夫·福特（Gerald Rudolph Ford，1913—2006），美国第38任总统（1974—1977）。

② ［美］卡梅洛·梅萨－拉戈：《七十年代的古巴——注重实效与体制化》，商务印书馆1980年版，第185页。

卡斯特罗称，自古巴革命以来，这是古美关系最接近突破的时期。

基辛格通过中间人试图使美古关系正常化　亨利·基辛格（Henry Kissinger，1923—　）1969—1973 年任尼克松政府国家安全事务助理，1973—1977 年任国务卿。任内，1975 年 7 月 9 日，国务卿基辛格通过副国务卿助理劳伦斯·S. 伊格尔伯格（Lawrence S. Eagleburger）、泛美事务助理国务卿威廉·D. 罗杰斯（William D. Rogers）与古巴驻联合国代表团一秘桑切斯·帕洛迪（Sanchez Parodi）在纽约举行首次关于两国关系正常化的正式秘密谈判，双方各自提出了关系正常化的条件，并签署了备忘录。[①]

但是，古美关系松动的好景不长。1975 年秋，古巴发起了关于支持波多黎各独立运动的拉丁美洲会议，引起美国不满。1975 年 11 月，古巴在苏联支持下，出兵安哥拉。1975 年 12 月 21 日，福特总统宣称，古巴此举妨碍了古美关系的改善。同年 12 月 23 日，国务卿基辛格表示，古巴从安哥拉撤军是美古关系改善的先决条件。福特总统也表示，古巴对安哥拉和波多黎各采取的行动排除了与古巴改善关系的任何可能性……终止了关于通过与古巴建立友好关系的任何尝试。卡斯特罗则针锋相对地回答：古巴对安哥拉人民解放运动（简称"人运"）的援助比恢复古美关系更为重要。卡斯特罗说，美国的军队和军事顾问遍及世界各地，美国在道义和法律上有什么权利向古巴提出抗议呢？对此，福特大骂卡斯特罗是"国际亡命徒"，扬言要对古巴的"侵略"行为进行报复。

古巴客机坠毁事件[②]　1976 年 10 月 6 日，一架古巴客机 Cu—455 在巴巴多斯近海坠毁，机上 73 人全部遇难。据调查，飞机坠毁原因是美国中央情报局指使其特务古巴裔路易斯·波萨达（Luis Posada）、奥尔兰多·博什·阿维拉（Orlando Bosch Avila），委内瑞拉人埃尔南·里卡多（Hernán Ricardo）和弗雷迪·鲁戈（Freddy Lugo）事先在飞机上安放炸弹爆炸所致。这 4 名罪犯后被委内瑞拉当局抓获，并判处 20 年徒刑。但

---

① William M. LeoGrande Peter Kornluh：*Diplomacia encubierta con Cuba*，Fondo de Cultura Económica，México，2015，pp. 173 – 175.

② Crimen de Barbados-EcuRed，http：//www. ecured. cu/index. php/Crimen_ de_ Barbados.

后来，美国政府将弗雷迪·鲁戈引渡回美国，路易斯·波萨达被关押 8 年后，从监狱中出逃。古巴政府谴责美国这一新的罪行，宣布废除 1973 年签署的古美关于防止空中和海上劫持行为的协定，古美关系正常化进程搁浅。

以美国前驻美洲国际组织代表索尔·迈伦·利诺维兹（Sol Myron Linowitz，1913—2005）为首的美拉关系两党委员会曾于 1974 年 10 月和 1976 年 12 月先后向美国政府提交《变化中的世界和拉丁美洲》和《美国和拉丁美洲：下一步怎么走？》的两份报告。这两份报告建议美国政府面临迅速变化着的国际形势和拉美形势，为反击苏联对拉美的扩张、缓和美拉矛盾、巩固其后方，美国应对拉美采取"新的方针"，"抛弃建立在统治和家长作风的基础上的过时政策"，"同拉美国家进行合作"。1976 年的第二份报告提出了有关改善美拉关系的 28 条具体建议，其中包括主动有条件地改善同古巴的关系等。

第五节　卡特执政时期的美古关系
（1977—1981）

一　卡特对古巴和拉美的"新方针"

卡特调整对古巴的政策　1977 年 1 月入主白宫的卡特[①]总统（1977—1981）基本上采纳了利诺维兹委员会提出的建议，调整了美国对拉美的政策，对拉美采取一种比较积极主动的"新方针"。同年 3 月 5 日，卡特发表谈话，一方面坚持要求古巴"不干涉西半球国家的内政"并释放政治犯，另一方面又表示愿意尽其所能来缓和同古巴的关系。卡特提出了实现美古关系正常化的三个条件：一是古巴不干涉西半球国家的内政，二是减少对非洲的军事卷入，三是尊重人权和释放政治犯。[②] 卡斯特罗对卡特上台执政也做出了善意的表示。卡斯特罗对记者说，卡特是一个

---

① 吉米·卡特（Jimmy Carter, 1924—　　），美国第 39 任总统（1977—1981）。
② ［美］卡梅洛·梅萨－拉戈：《七十年代的古巴——注重实效与体制化》，商务印书馆 1980 年版，第 187 页。

"品行端正的人"，"我想，像卡特这样的人，是会奉行原则性政策的"。卡斯特罗还表示："如果卡特愿意的话，我将乐意同他会谈。"

1977 年 1 月，卡特就职后立即中止了对古巴的高空侦察飞行。卡特政府不再坚持把古巴从安哥拉撤军作为谈判的先决条件。3 月，卡特政府取消对美国公民去古巴的禁令。3 月 24 日，古美两国就捕鱼和海上边界问题在纽约举行谈判，这是两国断交以来政府间举行的第一次直接谈判。4 月 28 日，古美签署关于古巴在佛罗里达海峡美国 200 海里海域管辖区内捕鱼问题的协议以及关于两国 200 海里海域临时分界线协议。

同年 9 月 1 日，古美两国分别在对方的首都互设了利益照管处。10 月，古巴外贸部部长马塞洛·费尔南德斯应美国 75 家公司邀请访美，同美国商界就恢复双边贸易问题举行会谈。12 月，古美之间开辟了一条旅游航线。

卡特指责古巴出兵非洲　但是，古美关系的缓和没有持续多久。1978 年 1 月，卡特总统指责古巴派军队支持埃塞俄比亚同索马里作战的做法是"与和平解决非洲的争端背道而驰的"，并成为美古关系发展的障碍。卡特说，他毫不怀疑，古巴在非洲的几个地方充当了苏联的代言人。而卡斯特罗则多次表示，他"支持非洲革命运动"是"不容谈判的问题"，古巴决不会为改善同美国的关系而"在原则问题上作出任何让步"。

1979 年 10 月 1 日，卡特就发现在古巴驻有两三千人的苏联作战旅问题宣布采取 4 项措施：加强对古巴的监视，建立专职加勒比海联合特别部队，增加美国在加勒比海的定期演习，增加向加勒比海国家提供军援等。卡斯特罗抨击美国采取这些行动，是为了败坏古巴的声誉。

1980 年 12 月，卡斯特罗在古共"二大"报告中说："在卡特政府初期的一段时间，美国领导人似乎有某种要开始进行谈判的意向。卡特无疑是向古巴作了一些姿态：执政初期停止了间谍飞行，批准美国公民到我国旅行，并提议建立了照管利益办事处。这些姿态古巴都接受了。但是，卡特某些顾问的反动思想最终还是压倒了万斯和马斯基领导下的国务院不那么好战的主张，于是，两国间的关系重又紧张起来"，"如果有人向我们挥动橄榄枝，我们不会拒绝。如果有人继续对我们采取敌视态度或进行侵略，我们将给予有力的回击"。卡斯特罗表示："古巴不反对解决同美国的历史纠纷。但任何人都不应试图要古巴改变立场，放弃原则。"①

二　"马列尔港大逃亡"事件②

1980 年 4 月初至 9 月底，在美国的煽动下，古巴发生了 12.5 万人大批逃亡到美国和拉美国家的难民事件，由于这些难民是通过哈瓦那附近的马列尔港逃亡的，这一事件被称为"马列尔港大逃亡"（El éxodo del Mariel）事件。

由于美国政府明目张胆地支持和鼓励古巴人从古巴非法出逃，1980 年再次爆发了一次非法移民潮。1980 年 4 月 1 日，6 名古巴人开着一辆偷来的汽车强行猛冲进秘鲁驻古巴使馆，要求避难。守卫使馆的古巴警察企图拦阻汽车入内时与这些古巴人发生冲突，1 名警察和 3 名古巴人受伤，这名警察后因伤势过重而死亡。4 月 4 日，古巴外交部发表声明宣称，古巴政府不能保卫不同其保卫工作合作的使馆，因此，将撤走秘鲁使馆的门卫，并不再负责使馆的安全。声明还指责秘鲁政府鼓励古巴人闯入使馆的行动，并强调使馆的行动同美国加强对古巴的敌视和侵略威胁是有联系的。在古巴政府撤走秘鲁使馆的门卫后，要求离开古巴的古巴人争先恐后大量涌入使馆，据估计达 1 万人。小小的使馆已人满为患，难觅立锥之地。4 日至 5 日清晨，卡斯特罗同秘鲁使馆代办举行了 3 次会谈，讨论避难者的移民问题。5 日，古巴外交部发表公报，古巴政府允许愿意去秘鲁等国的人离境。6 日，古巴警卫人员又重新回到秘鲁使馆门口看管。4 月 14 日，美国总统新闻秘书宣布，美国准备接纳 3500 名逃到秘鲁驻古使馆要求政治避难的古巴难民。同一天，古巴《格拉玛报》发表社论，强烈谴责美国纵容、支持古巴人出逃。随后，古巴政府同意居住在美国的古侨驾船到马列尔港接走他们的亲属。于是，成百上千艘船只

---

① ［古］菲德尔·卡斯特罗：《在古巴共产党第一、二、三次全国代表大会上的中心报告》，人民出版社 1990 年版，第 348、352 页。

② https: //www.ecured.cu/Sucesos_ de_ la_ embajada_ de_ Per% C3% BA_ en_ La_ Habana_ （1980）.

往来于美国与古巴之间的海面上。到 6 月 3 日，已有 100083 名古巴人乘坐 1596 艘船只抵达美国基韦斯特。在汹涌的难民潮的冲击下，美国政府不得不改变"欢迎"的态度，开始对古巴难民采取强硬态度。到 9 月底，古巴政府封闭了马列尔港。这样，大约 12.5 万古巴难民涌入美国及秘鲁等国的非法移民潮暂时告一段落。

三 古巴出兵非洲对古美关系的影响

冷战时期，美国曾对古巴提出美古关系改善的三个条件，一是要求古巴不充当苏联的附庸；二是不支持拉美或其他地区的革命运动，特别是武装斗争；三是要求古巴撤回派到非洲的军队。① 福特和卡特两任总统曾为美古关系的改善做出了一些努力，但是，都因为古巴出兵非洲受挫。

从 20 世纪 50 年代起，在反对葡萄牙殖民统治过程中，安哥拉先后成立了三个民族解放组织：安哥拉人民解放运动（简称安人运，MPLA）、安哥拉民族解放阵线（简称安解阵，FNLA）和争取安哥拉彻底独立全国联盟（简称安盟，UNITA），并于 60 年代相继开展争取民族独立的武装斗争。

早在 60 年代，古巴就开始支援非洲的革命斗争。1961—1962 年，古巴派往加纳和阿尔及利亚的军事使团就同安人运驻两国的代表建立了联系。1963 年阿尔及利亚人民争取独立时，古巴曾提供武器。1965 年，格瓦拉曾秘密到达刚果（利）等地，帮助那里的人民开展游击斗争。1965—1966 年，古巴曾派教官在加纳和阿尔及利亚培训安人运领导人，安人运曾派人赴古巴受训。

1975 年 1 月 15 日，安哥拉上述三个组织同葡政府达成关于安哥拉独立的《阿沃尔协议》，并于 1 月 31 日同葡当局共同组成过渡政府。不久，安人运、安盟、安解阵之间发生武装冲突，过渡政府解体。6 月，古巴派 230 名军事教官到安哥拉培训安人运军官。同年 11 月 11 日，安人运宣布

---

① William M. LeoGrande Peter Kornluh: *Diplomacia encubierta con Cuba*, Fondo de Cultura Económica, México, 2015, pp. 451 – 452.

成立安哥拉人民共和国，结束了葡萄牙人五百年来的殖民统治，安人运领导人阿戈斯蒂纽·内图（Agostinho Neto）任总统。

安哥拉独立后，苏联和古巴支持的安人运和由美国、南非政府支持的安盟引发对立冲突，后演变成全国性内战。自 1975 年 11 月起，古巴大批军人乘坐苏联提供的商用飞机和运程运输机抵达安哥拉。据统计，1975 年 11 月，古巴派到安哥拉部队的人数一度达 5.3 万人。从 1975 年至 1991 年，古巴先后曾派遣 377033 名军人和 5 万名各行业的人员，包括建筑、医疗、教师和市政工作人员等到达安哥拉。据统计，80 年代初，古巴在非洲 20 多个国家驻有数万军人或文职人员，主要是在安哥拉和埃塞俄比亚。

古巴认为，派兵到安哥拉是履行革命的国际主义义务。卡斯特罗强调，古巴派兵到安哥拉，目的是"拯救一个非洲的黑人民族"。古巴外长劳尔·罗亚说，在古巴人的血管里流动着的是渗透于古巴的历史和文化的非洲之血，这对于古巴做出这一决定起了重要作用。古巴对外政策的基石之一是，非洲的命运也是古巴的命运。古巴将它在安哥拉的军事行动以 1843 年在古巴一次起义中牺牲的黑奴卡洛塔的名字命名，称为"卡洛塔行动"（Operación Carlota）。① 1977 年 7 月，苏联和古巴支持的安哥拉政府军与美国、南非支持的安盟部队在马温加、奎托夸纳瓦莱发生大规模战斗，双方损失惨重。

1982 年安哥拉政府与美国就解决南部非洲冲突问题开始会谈，1984 年 2 月，安哥拉与南非达成《脱离军事接触协议》。后由于美国和南非坚持把撤军与纳米比亚独立问题联系在一起，以及美国公开向安盟提供军事援助，谈判陷入僵局。

1987 年 8 月 22 日，南非正式与古、安签订停火协议，规定南非军队从 9 月 1 日起撤出安哥拉。9 月底，安、古、美、南非 4 国就古巴在 24 个月至 30 个月内撤出军队的时间表达成协议。12 月 13 日，安、古、南非签署《布拉柴维尔协议议定书》，建议从 1989 年 4 月 1 日起，古巴在 27 个月内从安哥拉撤走全部军队。

---

① http://www.la-razon.com/opinion/columnistas/cubanos-Angola_ 0_ 3300269995.html.

与此同时，1987 年 8 月 14 日至 1988 年 3 月 23 日，安哥拉政府军在古巴和苏联支持下，与南非支持的安盟部队在奎托夸纳瓦莱进行了一场安哥拉内战期间最大的一次常规战役，也是自第二次世界大战以来非洲大陆最大的一次战斗。奎托夸纳瓦莱之战促成了由美国调停的第一轮三边谈判，使古巴和南非军队在 1991 年之前撤出安哥拉和纳米比亚。

国际上关于纳米比亚独立的谈判持续不断，由于南非坚持"联系方案"，把古巴从安哥拉撤军作为实现纳米比亚独立的先决条件，以及设置其他障碍，这些谈判都未取得实质性的进展。1988 年 5 月，南非与安哥拉、古巴和美国在伦敦重开谈判。同年 12 月 22 日，安、古、南三国在纽约签署关于和平解决西南非洲问题的三方协议，同意从 1989 年 4 月 1 日起实施 435 号决议。1989 年 11 月举行制宪议会选举，努乔马领导的西南非洲人民组织以 57% 的多数票获胜，12 月 21 日纳米比亚组成影子内阁。1990 年 2 月，制宪议会通过独立宪法，努乔马当选总统。3 月 21 日，纳米比亚正式宣告独立。

古巴在安哥拉的军队尚未撤离安哥拉时，1977 年 7 月 13 日到 1978 年 3 月 15 日，古巴又卷入了发生在埃塞俄比亚的欧加登战争[①]。这是一场埃塞俄比亚和索马里之间的战争。战争起因是索马里对埃塞俄比亚的欧加登地区提出领土要求。在这场战争中，苏联和古巴公开支持埃塞俄比亚，古巴出兵 1.7 万人，支持门格斯图·海尔·马里亚姆（Mengistu Haile Mariam）。战争最后以索马里撤出欧加登地区告终。古巴出兵埃塞俄比亚后，卡特中断了同古巴改善关系的进程，卡特称古巴是一个不结盟国家是一个"笑话"，古巴的所作所为是苏联的代理人，卡特要求古巴和苏联军队撤出埃索冲突地区。[②]

美国总统卡特和美国其他一些决策者和人士指责古巴是苏联的代理人，甚至把古巴派往非洲的军队称作苏联的"雇佣军"。对此，卡斯特罗

①　La Fuerza Aérea de Cuba en la Guerra de Etiopía（Ogadén）· Rubén Urribarres, http：//www.urrib2000.narod.ru/Etiopia.html.

②　William M. LeoGrande Peter Kornluh：*Diplomacia encubierta con Cuba*, Fondo de Cultura Económica, México, 2015, pp. 203 – 209.

矢口否认，他强调，古巴派兵到非洲是履行国际主义义务，是自主决定。他说："向安哥拉出兵的决定，完全由古巴自己负责……像这种性质的决定只能由我们党自己做出……苏联从未要求过古巴向那个国家派出一兵一卒。"① 卡斯特罗还透露说："在安哥拉，当我们决定发动'卡洛塔行动'时，我们在任何时候都没有得到苏联任何可能的'保护'……苏联政府担心美国佬做出反应，对我们施加了巨大的压力，要求我们迅速后退……在决定向安哥拉派遣军队之前我们没有征求苏联人的意见。"但卡斯特罗也承认，苏联"还是为创建安哥拉军队提供了军火，并在战争期间对我们提出的有关军需物资的请求作了积极的回答"②。

美国政府反对古巴出兵非洲　1975 年 12 月 21 日，福特总统称，古巴出兵安哥拉妨碍了美古关系的改善。12 月 23 日，国务卿基辛格宣布，古巴从安哥拉撤军是美古关系改善的先决条件。而卡斯特罗针锋相对地表示，古巴对安人运的援助比恢复古美关系更为重要。而卡特总统则认为，古巴是苏联的一个卫星国，是苏联的代言人。1981 年 1 月里根就任总统后，也多次指责古巴"成为苏联的一个卫星国"。

四　卡特卸任后两次访问古巴

卡特 2002 年对古巴的访问　在卡特卸任总统 21 年之后，2002 年 5 月 12—17 日，应卡斯特罗主席的邀请并经美国布什政府的批准，卡特以前总统的身份对古巴进行了为期 6 天的私人访问。

卡斯特罗之所以邀请卡特访古，是出于三点考虑：第一，通过卡特访古，进一步增强美国国内要求取消经济封锁和贸易禁运的呼声，促使两国关系尽快正常化；第二，针对不久前日内瓦联合国人权会议在美国的策划下通过的批评古巴人权现状的决议，想通过卡特的古巴之旅，向世界展示古巴在尊重人权、发展医疗卫生、公共教育方面的成就，反驳美国在人权问题上对古巴的指责，并消除一些国家在人权

---

① 毛相麟、杨建民：《古巴社会主义研究》（修订版），社会科学文献出版社 2019 年版，第 344 页。

② ［古］菲德尔·卡斯特罗、［法］伊格纳西奥·拉莫内：《卡斯特罗访谈传记　我的一生》，中国社会科学出版社 2008 年版，第 289—290 页。

问题上对古巴的误解;第三,通过卡特的古巴之旅,驳斥美国国务院副国务卿博尔顿等高级官员无端指责古巴正在研制和扩散生化武器的谎言。卡斯特罗认为,卡特是可以帮助古巴打破同美国坚冰的美国最有影响的人物。

卡特本人和美国政府都强调卡特这次访古是一次私人访问。美国政府批准卡特访古,是希望卡特能在人权、"自由""民主选举"和推行"多党制"方面对古巴施压。卡特则表示,他不是美古之间的调停人,但希望通过这次访问,寻求取消美国对古巴的禁运和取消对美国公民到古巴旅游禁令的可能性。卡特说,他的古巴之旅有三个目的:一是广泛地同古巴人民进行接触和交流;二是同卡斯特罗等古巴领导人、宗教人士和持不同政见者会见;三是设法改善美古两国的关系。

卡特是古巴革命胜利以来,到访古巴的最高级美国政界人士。卡斯特罗和古巴政府对卡特的访问十分重视,对其访古日程作了精心的安排并给予国家元首级的高规格礼遇。早在卡特到达古巴之前,卡斯特罗就表示,卡特访古期间,他可以到任何想去的地方参观,可以会见任何想会见的人,可以对古巴提出批评。卡特抵古和离古时,卡斯特罗主席亲自到机场迎送。卡特抵古时,在机场上举行了隆重的欢迎仪式,奏起了两国国歌,欢迎人群挥舞两国国旗;卡斯特罗多次同卡特举行会谈,多次陪同卡特进行参观,亲自设宴招待卡特。卡特还同古巴全国人民政权代表大会主席和外长等古巴高级官员进行了会谈。卡特在哈瓦那大学用西班牙语发表了题为"美国和古巴:面向二十一世纪"的演讲并同师生们就政治和司法制度问题进行了讨论。古巴破例对卡特在哈瓦那大学的演讲以及同师生的讨论进行了实况转播,并将卡特的讲话在古巴报纸上全文发表。卡特参观了有争议的古巴生物技术和基因工程中心、拉美医学院、社会工作者学校、残疾人学校、艾滋病病人疗养院等机构和设施,并与古巴宗教界高级人士和持不同政见者的头目进行了接触;在回国前,卡特还举行了记者招待会。

通过接待卡特访古,古巴基本上达到了预期的目的,古巴在外交和对外宣传方面得分较多,取得主动。卡特在访古期间多次呼吁美国取消对古巴的封锁,并主张美国作为大国,在改善两国关系方面应采取主动；卡特建议成立一个由著名人士组成的委员会，以推动两国关系的发展。古巴外长佩雷斯在同卡特会谈后表示："古巴人民不仇视美国人民，不把我们承受的痛苦归咎于美国人民。我们知道，大多数美国人希望实现关系正常化，不愿与古巴为敌"；佩雷斯还说："我们希望有朝一日，在相互尊重和包容的基础上，两国关系会实现正常化。"卡特在参观了古巴的文教卫生设施后，公开赞扬古巴在发展教育、卫生方面所取得的"令人难以置信的成就"。通过随行的大批外国记者，古巴向全世界展示了近十年来古巴改革开放所取得的成就和在维护人权与发展文教、科技、卫生方面的进步。卡特在结束对生物技术和基因工程中心参观后说，美国副国务卿博尔顿在他访问古巴前夕对古巴提出"生物恐怖主义"的指控是没有证据的，是别有用心的，他不相信博尔顿对古巴的指控。卡特表示："我为古巴人民和他们的政府致力于生物技术研究，尤其是他们将人的生命利益放在利润之上的精神，而深深感动。"卡特的这番讲话无疑是对博尔顿指责古巴研制和扩散生化武器谎言的最有力的反驳。

从卡特角度来看，通过访问，一方面表达了他本人和美国各界有识之士改善两国关系的良好意愿，了解到了古巴在发展教育、卫生方面的成就；另一方面，在访问中，卡特也宣扬了他本人和美国资产阶级上层代表一贯的有关人权、"自由""民主"的观念和主张。卡特在哈大的讲话中希望古巴政府允许联合国主管人权的高级专员和国际红十字会的代表到古巴视察古巴的人权现状；在讲话中他批评古巴政府没有实施宪法中有关言论自由和结社自由的规定，不准组建反对党或运动，他表示支持古巴持不同政见者向古巴人大提出的要求就政治改革举行公民投票的"巴雷拉提案"。卡特会见了古巴非法的持不同政见者组织的头目。卡特在结束访问前举行的招待会上表示，他这次访问基本上达到了预期的三个目的，将会产生"积极的效果"，他对古巴方面的接待表示"十分满意"。但他认为，美古关系的改善需要时间。

卡特的古巴之旅，对取消美国对古巴的封锁和恢复两国正常关系起了一定的促进作用。美国有的报刊把卡特这次访古称为"破冰之旅"，但由于美对古的敌视政策由来已久，美古之间的冰块太厚，一时还很难解冻。总统布什和国务卿鲍威尔均强调，美国对古巴的强硬政策不会因卡特的古巴之行而改变。卡特古巴之旅的影响是有限的，不可能给美古关系带来实质性的变化。

2003—2005 年，卡斯特罗在与法国记者拉莫内谈话中评价卡特时说：

> 他是个有道德的人。他的对古巴政策是具有建设性的。他是最值得尊敬的总统之一，有伦理，有道德……卡特不仅赢得了大选，而且还改善了对古巴的态度。他想有所改变。照管利益办事处的建立应归功于他。
>
> ……
>
> 虽然卡特是一个可恶的帝国主义的头子，但我感到他是一个具有道义的人……他是我认识的美国总统中最好的，这与我对其他每一位总统的评价没有关系。①

2011 年卡特再次访问古巴　2011 年 3 月 28—30 日，美国前总统卡特又应邀第二次访问古巴。这次访问是由美国卡特中心安排，不属于官方事务而是"私人性质"，目的是了解古巴新经济政策和即将召开的古巴共产党代表大会情况，并探讨如何改善美古双边关系。访问期间，卡特会见了卡斯特罗、古巴国务委员会主席兼部长会议主席劳尔、古巴大主教奥尔特加等。卡特主张美国取消对古巴的封锁，废除赫尔姆斯—伯顿法。劳尔称赞卡特是一个诚实的人，是美国历届总统中，在与古巴关系方面，表现最好的总统。②

---

① ［古］菲德尔·卡斯特罗、［法］伊格纳西奥·拉莫内：《卡斯特罗访谈传记　我的一生》，中国社会科学出版社 2008 年版，第 362—364、367 页。

② La Jornada：Un hombre honesto de visita en Cuba，https：//www. jornada. com. mx/2011/04/07/index. php？section = opinion&article = 028a1mun#.

第六节　里根和老布什执政时期的
美古关系（1981—1993）

一　里根政府（1981—1989）对古巴的强硬措施

里根对古巴的强硬措施　里根①就任总统（1981—1989）后，多次指责古巴干涉西半球其他国家的内政，说古巴已成为"苏联在美洲推行殖民主义的一个牢固的前沿阵地"，"成为莫斯科的一个卫星国"。里根采纳极右智囊机构"圣菲委员会"（El Comité de Santa Fe）的建议，对古巴采取强硬政策。里根政府宣布对古巴采取一系列强硬措施，其中包括：减少去古巴旅游的美国人数，恢复对古巴驻联合国外交官规定的旅行限制，明令禁止古巴共产党和政府官员及职员入境，进一步控制美元流入古巴或古巴驻其他国家的公司，禁止古巴移民通过第三国进入美国等。

美国国务院自 1982 年起，在历年所公布的的《全球恐怖主义形势报告》中，无端指责古巴为"支持恐怖主义的国家"。直到 2015 年 4 月 15 日，奥巴马任内，美国才把古巴从"支恐"国家名单中删除。

1983 年 7 月，卡斯特罗指责里根政府是 1959 年古巴革命胜利以来美国最"残暴和凶恶的政府"，是"极右的反动集团"，"执行公开好战和法西斯的外交政策"。同年 10 月，美国军队入侵格林纳达，古巴驻格人员在同美军交火时有 24 人死亡，卡斯特罗强烈谴责美国入侵格林纳达。②

然而，里根任内，美古之间并非没有谈判和对话，美古之间就移民问题进行谈判，并达成协议。

古美达成移民协议　1980 年发生的"马列尔港大逃亡"事件使大批古巴人移居美国，古美之间就移民问题的交涉和矛盾增多。1981 年 11 月底，在墨西哥总统洛佩斯·波蒂略（López Portillo，1920—2004）的斡旋下，古巴国务委员会副主席和部长会议副主席卡洛斯·拉斐尔·罗德里

---

①　罗纳德·威尔逊·里根（Ronald Wilson Reagan，1911—2004），第 40 任（第 49—50 届）美国总统（1981—1989）。

②　徐世澄主编：《帝国霸权与拉丁美洲——战后美国对拉美的干涉》，世界知识出版社 2002 年版，第 89—111 页。

格斯（Carlos Rafael Rodríguez，1913—1997）与美国国务卿亚历山大·黑格（Alexander Haig M.，1924—2010）在墨西哥城波蒂略总统的别墅会晤。在会晤时，黑格提出，美古关系正常化的条件是：古巴接收1980年马列尔事件逃亡美国的古巴人中的一部分犯罪分子，古巴停止向尼加拉瓜桑地诺政府提供武器、停止支持萨尔瓦多游击队、从非洲撤军和远离苏联。罗德里格斯回答说，古巴作为一个主权国家，有权帮助尼加拉瓜，帮助安哥拉和埃塞俄比亚。难道美国作为一个大国，就有权支持萨文比（注：安哥拉人民联盟主席）游击队，而古巴作为一个小国，就无权支持吗？罗德里格斯表示，古巴支持萨尔瓦多问题的和平解决，古美恢复关系对古巴来说是好事，但是古巴不会牺牲原则来讨好美国，这些原则包括维护主权、保持与苏联的友谊和声援第三世界国家。古巴希望避免与美国发生对抗，但是，古巴不怕对抗。[①]

古美两国政府经过多次谈判，于1984年12月14日在纽约签署了一项移民协议，协议规定古巴接纳1980年逃亡美国的移民中美国要求遣返的2740名古巴人，美国政府同意重新开始向要求移民美国的古巴人发放签证，每年接纳古巴合法移民2万人。但由于美国开设专门对古巴进行颠覆性宣传的"马蒂电台"，1985年5月20日，古巴宣布中止执行该移民协议，直到1987年11月，两国才恢复此协议。

里根开设反古的"马蒂电台"　里根政府采纳保守的智囊团"圣菲委员会"的建议，在古巴流亡分子组织美古基金会资助和支持下，于1985年5月20日在佛罗里达州正式开播由美国官方机构美国新闻署领导的"马蒂电台"，加剧对古巴的电波侵略。

古巴政府立即对此做出强烈反应。同一天，古巴政府发表声明，谴责美国"马蒂电台"的开设和开播是"恬不知耻和挑衅性的"，因此，古巴政府宣布中止执行1984年12月古美两国达成的移民协议。

1986年2月4日，卡斯特罗在古共"三大"所做的中心报告中，对里根政府决定开设"马蒂电台"表示愤慨。卡斯特罗说："在移民协定生

---

① William M. LeoGrande Peter Kornluh：*Diplomacia encubierta con Cuba*，*Fondo de Cultura Económica*，México，2015，pp. 265 – 267.

效的四个月中，我们严格地履行了我们承担的义务。但是美国政府突然以挑衅的方式，在仅仅提前几个小时进行预先通知的情况下便采取毫无必要的攻击行动，决定实施其妄想的计划，开始进行针对我国的颠覆性的中波电台广播。更有甚者，它竟敢无耻地盗用我国民族英雄的名字来命名这一广播。为此，我们决定中止已签署的各项协定。"

卡斯特罗在报告中指责里根政府用"极端侵略性来对付古巴"，"比以往各届政府都更加肆无忌惮地阻止古巴进行正常的贸易和财政活动"，"毫无顾忌地宣称要制定针对古巴的新的军事侵略和颠覆计划"。他指出，"对讨论同美国长期的分歧，寻求和平和两国人民更好的关系，古巴不会无动于衷……这有助于改善本地区的政治气候，也将以某种形式来影响国际政治。但是，这必须以完全尊重我们国际的地位为基础，不能容忍给我国独立蒙上阴影。为了祖国的尊严和主权，一代又一代古巴人进行斗争并作出牺牲。只有美国决定认真进行谈判，并准备以平等和对等的精神以及完全互相尊重的态度同我们打交道时，才有可能实现上述一切。那个帝国在我国为所欲为的时代已经一去不复回了"①。

同年4月，美国飞机轰炸利比亚后，卡斯特罗称里根把世界推向核战争的边缘，并把里根同希特勒相比。同年8月，里根政府宣布对古巴实行更加严厉的贸易禁运。12月，美国飞机入侵古巴领空，哈瓦那数十万名群众举行抗议游行示威。

古巴军队全部撤出安哥拉　自1988年5月起，古巴、安哥拉、南非和美国四方就解决南部非洲问题和外国军队撤出安哥拉和纳米比亚独立举行了几轮会谈。同年12月22日，安哥拉、古巴和南非三国在美国的调解下，在纽约联合国大厦签署协议，规定自1989年4月1日起，南非军队撤出纳米比亚，古巴军队自同日起在27个月内全部撤出安哥拉。

古巴作为一个小岛国，在70年代中期至80年代后期，在苏联的支持下，先后派遣约50万军队到万里外的非洲去支持安哥拉、埃塞俄比亚、纳米比亚和南非等国的解放斗争，其在国际舞台上的作用不逊于任何一

---

① 〔古〕菲德尔·卡斯特罗：《在古巴共产党第一、二、三次全国代表大会上的中心报告》，人民出版社1990年版，第456—457页。

个大国。古巴领导人认为，古巴出兵非洲，是履行国际主义义务，帮助非洲国家人民获得解放。卡斯特罗认为，出兵非洲是古巴自主的决定。[①] 80 年代后期，由于苏联削减了对古巴的援助、东欧剧变，古巴不得不收缩其对外政策，与美国、南非等国达成协议，到 1991 年 5 月，古巴将其军队完全撤出非洲，据统计，古巴共有 2200 多名军人牺牲在非洲战场。

二 老布什执政时期（1989—1993）的美古关系

老布什企图"结束"卡斯特罗政权 1989 年 1 月乔治·布什即老布什[②]上台初期，美古关系一度出现松动。1989 年 2 月，美国取消了古美之间邮件进出口的限制。随后，古巴也建立了负责直接分发来自美国信件的古巴邮件公司，从而恢复了中断 20 多年的古美两国之间的邮政业务。但自同年下半年起，随着东欧剧变和苏联解体，布什政府（1989 年 1 月—1993 年 1 月）又强化了对古巴的经济封锁和贸易禁运，企图在短期内一举搞垮古巴的社会主义政权。

1990 年 2 月底，美国国会参众两院分别成立了对古巴加强经济封锁的领导小组。1992 年 2 月 27 日，老布什亲自在《迈阿密先驱报》上撰文，公然声称美国政府的目标是"结束"卡斯特罗政权[③]。3 月 4 日，老布什在迈阿密附近古巴裔集中居住的海厄利亚城发表竞选讲话，叫嚷"卡斯特罗必定要下台"。老布什说，他"期待着成为踏上卡斯特罗之后的古巴自由土地"的"第一位美国总统"。老布什强调说，只要卡斯特罗的专制统治仍然存在，美国就不能同古巴有正常的对话。老布什说，"我们将对这个非法政权保持巨大的压力，我们将严格保持我们对古巴的禁运"。

老布什开设"马蒂电视台" 1990 年 3 月 27 日凌晨 3 点 28 分，正当古巴人睡意正浓时，老布什政府开始了对古巴蓄谋已久的"电视侵略"。1985 年由里根政府开始筹划的"马蒂电视台"计划，终于由老布什政府付诸实践。

---

① www. cubadebate. cu/especiales/2019/05/25/contribucion-de-cuba-a-la-liberacion-de-africa.

② 乔治·赫伯特·沃克·布什（George Herbert Walker Bush，1924—2018），美国第51 届、第41 任总统（1989—1993），常被称为老布什。

③ *Miami Herald*，febrary 27，1992.

"马蒂电视台"是经美国国会批准、由美国新闻署主办和出资，得到极右的古侨组织美古全国基金会的大力支持。其节目从华盛顿通过北大西洋上空的卫星传到迈阿密，再传到佛罗里达州南部卡乔岛空军基地上万米上空的浮空器，通过浮空器将信号传到古巴全国各地，所使用的频率是古巴国内第 13 台频道的频率。由于古巴干扰电波的反击，"马蒂电视台"的节目图像开播后只持续了 20 分钟就消失了。

古巴外交部发表声明，强烈谴责美国的"电视侵略"。3 月 28 日，古巴各界、各群众组织纷纷发表声明并举行集会，强烈谴责美国开设旨在颠覆古巴政府的电视台。同一天，古巴副外长里卡多·阿拉尔孔（Ricardo Alarcón，1992 年任外长，1993 年 3 月 15 日至 2013 年 2 月 24 日任古巴全国人大主席）在联合国总部举行记者招待会，严正指出，美国非法占用古巴第 13 频道，建立"马蒂电视台"，违背国际电信联盟协议，是对国际法的粗暴践踏，也是对"古巴主权的侵犯"。

4 月 3 日晚，卡斯特罗在哈瓦那大会堂举行记者招待会，236 名记者参加了招待会，其中外国记者有 110 名。他对美国开播"马蒂电视台"表示十分愤怒。当有记者问卡斯特罗，怕不怕美国对古巴干扰"马蒂电视台"的设施采取"军事外科行动"时，卡斯特罗斩钉截铁地说："在这种情况下，我们将使这位'外科医生'获得最糟糕的结果……我们也可以采取'军事外科行动'，古巴不希望发生军事对抗，但是也毫不惧怕美国。"

卡斯特罗说，"一旦美国采取这种冒险行动，一旦开始侵略一个主权国家，那么任何事情都是可能发生的"。他说，对古巴的任何侵略都可能演变成一场战争，"一场全面的、不分前方和后方的战争"，但是，侵略者要为此付出高昂的代价。

卡斯特罗说，古巴不希望发生军事对抗，但也丝毫不惧怕美国人，古巴准备在任何地方进行抵抗。他说，社会主义在东欧的失败加重了第三世界的危机。美国打算成为世界"宪兵"，因为它认为同苏联达成的协议意味着同苏联实现了和平，使它有可能继续同第三世界进行战争。卡斯特罗说："但是，只要世界上有人不承认这个主子，美国就不能主宰世界。"

　　根据古巴提出的申诉，国际频率注册理事会于 4 月 18 日致函美国政府，信中指出，"马蒂电视台"的建立，无论是从地点、功率、天线高度还是从天线方向来看，都不符合有关规定的精神，违反了第 2666 号无线电规定，信中要求美国立即关闭"马蒂电视台"，停止干扰古巴的国内电视频道。

　　然而，从里根总统到布什总统，从布什总统到克林顿总统，美国这三任总统不顾古巴的抗议，也不管古巴成功的干扰，照样每年拨出巨款资助"马蒂电台"和"马蒂电视台"对古巴进行电波侵略。只要美国不停止对古巴的电波侵略，古巴决不会放弃反对美国电波侵略的斗争。

　　美国通过"托里切利法案"[①]　　1990 年 2 月底，美国国会参众两院分别成立了对古巴加强经济封锁的领导小组。1992 年 2 月 5 日，新泽西州众议员、民主党人罗伯特·托里切利（Robert Torricelli, 1951— ）向众议院提出了一项加强对古巴实行全面封锁的法案。法案的正式名称是《1992 年古巴民主法案》（*Ley de la Democracia cubana 1992*），通常称为"托里切利法案"（*Ley Torricelli*，简称"托法"）。托里切利同流亡美国的古巴人极右组织美古全国基金会交往甚密，并得到过资助。"托法"的主要内容是：禁止设在第三国的美国公司的子公司同古巴做生意；禁止任何进入古巴港口的船只在 6 个月内进入美国港口；对任何向古巴提供经援和开展贸易的国家进行制裁。"托法"的宗旨是通过加强对古巴的贸易禁运和经济封锁在经济上扼杀古巴，以搞垮卡斯特罗革命政权。据美国《新闻周刊》1992 年 6 月一篇文章透露，美国公司在第三国的子公司每年同古巴的贸易额达 7 亿美元。美国子公司在加拿大、墨西哥、巴西、巴拿马、阿根廷和西班牙等国同古巴的代理商进行接洽，通过各种渠道同古巴进行贸易。古巴主要购买粮食、机械、日用品、食品和药品等。通过这一贸易，实际上打破了美国的封锁。"托法"的目的之一，就是要切断这一贸易。

　　1992 年 9 月，美国参、众两院先后通过了"托法"。1992 年 10 月 23 日，老布什总统为竞选连任总统争取选票，在迈阿密签署了"托法"。他

---

　　① Ley Torricelli-EcuRed, https：//www.ecured.cu/Ley_ Torricelli.

在签字后对选民说，"托里切利法案的实施将加速卡斯特罗独裁统治不可避免的灭亡"。

老布什总统在迈阿密签署并批准"托法"的消息传到古巴后，在古巴反应强烈。古巴全国上下同声声讨和谴责"托法"。10 月 25 日，古共召开（四届）三中全会，全会的公报指责"托法"违犯了国际自由贸易、自由航行的法则。10 月 29 日，古巴全国人大发表声明，拒绝美国的"托法"。

国际社会特别是拉美、欧共体国家、加拿大等国广泛批评和强烈反对"托法"。墨西哥外长索拉纳发表声明，宣称墨西哥政府反对老布什批准的"托法"，认为是对国际法准则的践踏。委内瑞拉总统佩雷斯表示，委内瑞拉和其他拉美国家都不会接受"托法"。欧共体委员会发表声明，对老布什总统不顾欧共体的抗议而批准"托法"深表遗憾。加拿大司法部部长金·坎贝尔表示，加拿大的贸易公司将根据加拿大的法律与规定，而不是某个外国的法律与规定同别国进行贸易。美国国内政界、企业界不少人士也纷纷反对"托法"。

卡斯特罗一针见血地指出："美国布什政府越来越加强对古巴的封锁，并策划新的反古措施，甚至不惜损害第三国的主权。美国政府还不善罢甘休，想置古巴于更加困难的境地：它千方百计阻止古巴在国际市场上购买燃料，不遗余力地使古巴没有外汇来购买和支付燃料的费用；他阻挠古巴增加出口，阻挠古巴同资本主义国家的企业进行合资，阻挠古巴出口新的产品，它以前所未有的强大力量来破坏古巴经济。正因如此，目前美国的经济封锁比过去任何时候要有害得多。"

三 苏联解体对古美关系的影响

在冷战时期，美国政府一直要求古巴摆脱对苏联的依附，并把此作为美古关系改善和正常化的先决条件之一。但是，苏联解体后，美国不仅没有解除对古巴的封锁，反而更加加剧。

古巴和苏联关系的发展与演变 古巴和苏联关系的发展并非一帆风顺。卡斯特罗在进行武装斗争时，和苏联没有任何接触。卡斯特罗在同法国记者拉莫内的访谈中说："（古巴）这场革命是古巴人自己进行的，苏联人没有给过古巴一分钱、一支枪。1959 年 1 月，我一个苏联人都不认识，也不认识苏联领导人。"① 在卡斯特罗进行武装斗争时，同苏联共产党和政府有联系的是古巴人民社会党领导人，而不是卡斯特罗和他领导的"七·二六运动"，而古巴人民社会党在卡斯特罗进行武装斗争初期，是持反对态度的。

古巴曾于 1942 年同苏联建交，但 1952 年 4 月，通过政变上台的巴蒂斯塔独裁政府宣布与苏联断交。所以，1959 年初革命胜利时，古巴同苏联没有外交关系。1959 年 1 月 10 日，在美国承认古巴临时政府之后第三天，苏联承认古巴临时政府。由于美国对古巴采取敌视政策，从取消购买古巴糖的配额、实行贸易禁运和经济封锁到断交，迫使古巴不得不靠近苏联和东欧社会主义国家，把发展对外关系的重点转向了苏联和东欧社会主义国家。1960 年 2 月，当美国企图从经济上扼杀古巴时，苏联部长会议第一副主席米高扬访古，古苏建立贸易关系，苏联向古巴提供 1亿美元的贷款，并在 5 年内每年购买古巴糖 100 万吨。同年 5 月 8 日，古巴与苏联恢复外交关系。

在 1962 年加勒比海危机中，卡斯特罗对赫鲁晓夫未征求古巴意见就致函肯尼迪表示同意从古巴撤走导弹并同意联合国派人去古巴"现场监督"和核实导弹撤走情况很有意见，并断然拒绝联合国派人到古巴"现场监督"。苏联迫不得已，再次派米高扬访古做劝说工作。1963 年和1964 年卡斯特罗总理两次访问苏联，在第二次访苏期间，古苏签署食糖长期贸易协定。自 1963 年起到 80 年代末，古苏关系十分密切，苏联一直是古巴的最主要的经济贸易伙伴，两国党政军领导人互访频繁。古巴主要领导人卡斯特罗和劳尔·卡斯特罗等曾多次访苏，苏联领导人米高扬、部长会议副主席柯西金、苏共中央总书记勃列日涅夫、苏共中央总书记和最高苏维埃主席戈尔巴乔夫等也先后访古。

在一些重大问题上，古巴常常支持苏联的立场，如 1968 年卡斯特罗公开支持苏联侵占捷克斯洛伐克；在联大，古巴代表多次投票反对要求

---

① ［古］菲德尔·卡斯特罗、［法］伊格纳西奥·拉莫内：《卡斯特罗访谈传记　我的一生》，中国社会科学出版社 2008 年版，第 257 页。

苏从阿富汗撤军等。

古巴革命胜利后不久，东欧社会主义国家也陆续同古巴建交。从那时起直至80年代末，古巴与东欧国家保持了密切关系，既是政治上的盟友，又是经济上重要的伙伴。1972年，古巴确定了依靠经互会的支援建设社会主义的战略方针，成为经互会的成员。从此，它的国内生产按照经互会的分工进行，它的对外经贸关系也被纳入经互会体系。这不仅加深了古巴同经互会国家的关系，也加深了它在经济上对经互会国家的依赖。

在美国长期禁运和封锁下，古巴自革命胜利后不久直至20世纪80年代末，经济上一直依赖于苏联。苏联在经济、军事上给予了古巴大量援助，以优惠价格向古巴提供石油，高价购买古巴食糖，平均每年要向古巴提供30亿美元以上的援助。在东欧剧变、苏联解体前，古巴外贸的85%是同苏联和东欧社会主义国家进行的，其中苏联约占80%。这说明，古巴在经济上对苏联、东欧国家的依赖是多么深。80年代末，古巴积欠苏联、东欧国家的债务为260亿美元。在古巴的苏联专家和顾问一度超过1万人，驻军约12600人。多年来，苏联在古巴修建了许多现代化军事基地和设施，包括空海军基地、核潜艇基地、弹药基地及指挥通讯中心等。苏联在古巴的经济援建项目多达1000多项，其中有100多项是大型工业企业，如莫阿镍联合加工厂、奥尔金联合收割机厂、圣地亚哥纺织联合加工厂等。与此同时，古巴的糖、柑橘、烟和镍等矿产品满足了苏联的需要，其中糖和柑橘分别占苏联总消费量的25%和29.7%。

1985年3月戈尔巴乔夫就任苏共中央总书记后，在"新思维"指导下，苏联调整了外交政策，包括其对古巴的政策。苏联逐渐疏远同古巴的关系，削减对古巴的援助，减少对古巴的贸易优惠，压低购买古巴食糖的价格。1989年4月戈尔巴乔夫访古期间，苏古两国签署了为期25年的古苏两国友好与合作条约。但不久，由于国际形势和苏联国内形势的急剧变化，上述条约成了一纸空文。苏联形势和其对古政策的变化，给古巴经济发展产生重大负面影响。

1991年9月11日，戈尔巴乔夫在莫斯科同美国国务卿贝克会晤后举行的记者招待会上表示："我们打算在贸易和经济联系的基础上，在互利合作的范围内发展苏联同古巴的关系。以此为重点，解除这种关系在另外的时间、不同的时代所形成的其他成分，为此我们要尽快同古巴领导人讨论撤出部署在那里并在自己角色的范围内完成了自己任务的军事训练旅的问题。"苏联对古巴的石油出口从1989年的1200万吨降至1991年800万吨。苏联对古政策的变化，给古巴经济发展产生重大负面影响。

卡斯特罗对苏联的变化早有所提防。80年代后期，卡斯特罗多次强调古巴不能照抄照搬苏联的模式和经验，应该寻找自己的道路。1986年6月，卡斯特罗在一次会议上说："我们必须从过去和现在的这些经验中吸取教训，即每次革命必须加强和发展自己的风格和做法。当我们拒绝他国的一切经验时，我们是犯了错误；但当我们抄袭其他国家的经验时……我们也犯了错误。"[①] 1988年6月，卡斯特罗又强调说："我们将寻找自己的道路，自己的办法。"当外国记者问他对苏联的"改革"如何看待时，他诙谐地回答："'彼雷斯特洛依卡'（俄语，意即'改革'）是他人的妻子，我无意干涉他人的婚事。"

1989年4月4日，卡斯特罗在古巴全国人大欢迎戈尔巴乔夫的特别会议上发表讲话，强调古巴同苏联的差异：古巴的面积是苏联的5%，人口是苏联的3.6%；古巴在实行土改后没有像苏联那样，把土地分成小块分给农民，而是建立国营农场，他强调，"每个社会主义国家都是一个实验室，正在试验如何实现自己的政治、经济和社会目标"。卡斯特罗还意味深长地说："如果一个社会主义国家想建设资本主义，我们应该尊重它建设资本主义的权利，我们不应该干涉它"。[②]

1989年7月26日，卡斯特罗在纪念攻打蒙卡达兵营33周年大会上提醒古巴人民说："我们应该警告帝国主义，不要幻想一旦社会主义大家庭瓦解，古巴革命会停止抵抗……有一天，我们一觉醒来得知苏联发生

---

① Fidel Castro: *Por el camino correcto. Compilacion de textos.* Editora Politica, La Habana, 1987, pp. 18 – 35.

② Discurso pronunciado por Fidel Castro Ruz en la sesión extraordinaria y solemne de la Asamblea Nacional, con motivo de la visita a nuestro país del compañero Mijail S. Gorbachov, celebrada en el Palacio de las Convenciones, el 4 de abril de 1989, http://www.cuba.cu/gobierno/discursos/1989/esp/f040489e.html.

内战或者苏联解体，即使在这种情况下，古巴和古巴革命仍将继续斗争，继续抵抗到底！""国际反对派、帝国主义对苏联出现的问题感到兴高采烈，手舞足蹈……"卡斯特罗预见到，美国布什政府会因为苏联的解体和社会主义阵营的消失而加紧对古巴施加压力。卡斯特罗说："布什得意忘形地认为社会主义的末日已来临，社会主义阵营即将瓦解，他会对英雄的古巴、坚强的古巴更加敌视。布什趾高气扬，盛气凌人，咄咄逼人。布什希望苏联解体"，"如果出现这一情况，帝国主义会像野兽一样疯狂地扑向古巴，扑向第三世界"，"即使这样，各国人民将继续斗争下去，古巴人民、古巴、古巴革命将站在斗争第一线！"①

　　东欧剧变、苏联解体、冷战结束后，1993 年 3 月和 1994 年 9 月古巴国务委员会和部长会议第一副主席劳尔·卡斯特罗曾对报界发表两次谈话，在谈到过去 30 年古苏关系时，他认为苏联欠古巴的更多。劳尔说："我们过去从苏联无偿得到的武器装备是对我们国家的援助，对此，我们是永远感激的。但是，应该指出的是，在社会主义和资本主义两种制度对抗的情况下，苏联和古巴的军事关系对苏联是非常上算的，这才是公正的评价。其次才是互惠互利的。当存在着两个超级大国、两个世界和永久对抗时，应该了解这个小岛的战略意义……从这个意义上看，如果我们所给予苏联的援助以及我们所经历的风险能够用物质的价值来计算的话，那么对苏联来说，应该是他们欠古巴的，而不是古巴欠他们的。"劳尔·卡斯特罗在同墨西哥《太阳报》总裁马里奥·巴斯克斯·拉尼亚（Mario Vásquez Raña，1932—2015）访谈时说："80 年代初，我访问苏联，同苏联最高苏维埃主席和苏共中央总书记进行正式会谈……面临里根政府对古巴的侵略威胁，我访苏的目的是向苏联领导人提出古巴领导的意见，强调古巴希望苏联采取非常的政治行动和外交行动，来阻止美国企图从军事上打击古巴的企图。我们向苏联正式提出，希望苏联方面公开表示：苏联不会容忍美国对古巴的侵略，要求美国严格遵守 1962 年

---

① Discurso pronunciado en el Acto Conmemorativo Por el XXXVI Aniversario del Asalto Al Cuartel Moncada，Celebrado en la Plaza Mayor General " Ignacio Agramonte，Camagüey，el día 26 de Julio de 1989..http：//www. cuba. cu/gobierno/discursos/1989/esp/f260789e. html.

十月危机时做出的承诺。这样做可表明古苏之间政治军事关系更加密切"，"但是，苏联领导人却明白无误地回答说：'一旦美国入侵古巴，我们不会到古巴去作战，因为你们离我们1.1万千米，我们怎么会到那里去挨打呢？'苏联向我们说明，他们不准备向美国提出任何有关古巴的警告，甚至也不会提醒华盛顿遵守肯尼迪在1962年10月所作的诺言……当时正是最危险的时候，但苏联领导人却郑重、明确和正式地告诉我们，如果五角大楼军事入侵古巴，古巴将会孤立无援"，"表面上，古苏关系像以往一样，依然不错，甚至有更加密切的某些姿态，这使敌人难以了解苏联的真实立场"①。

时隔十多年后，卡斯特罗对法国《外交世界》主编拉莫内说：

假如我们做这种"改革"，美国人就会很高兴，因为苏联人实际上是自己毁了自己。如果我们这里分成十个派别，在这里发生可怕的权力之争，美国人就会成为地球上最幸福的人。他们就会说："我们终于摆脱了古巴革命。"如果我们做那种类型的、同古巴的现实毫无关系的改革，我们就自己毁了自己。但是，我们不会自毁的。这一点应当十分明确。

您瞧，我对戈尔巴乔夫从他上台时起所做的一切有极坏的看法。最初，当他说要把科学引入生产领域，要依靠劳动生产率的提高，要沿着集约生产的道路前进，而不是用增加工厂的数量来扩大生产时，我很高兴。外延生产的道路已经走到尽头，应该采取集约生产的道路前进。更高的劳动生产率，采用集约技术，没有人会不同意这一点。他还谈到反对获得非劳动收入。这些都是一个真正社会主义者的言论。

这些是戈尔巴乔夫最初的言论，最初我们很看好它们。他甚至反对酗酒。我认为这很正确。当然，我认为在那里解决这个问题不会太容易，需要做长期的说服工作，因为很久以前俄罗斯人就知道

---

① Mario Vásquez Raña, *Interview Granted by General of the Army Raúl Castro to El Sol de México Newspaper*, Defence Information Center, 1993, FAR, Cuba, p. 29.

如何在一个随便什么样的蒸馏器里生产烈性酒伏特加了。我甚至和他讨论了这个问题。我喜欢讨论这些事情。

我也对您解释了苏联用别的方法处理同其他政党的关系的必要性，这种关系更加广泛，不仅仅是同共产党的关系，也是同左派力量，同所有进步势力的关系问题。

当他在苏联执政时，他尽一切可能不做伤害古巴利益、影响同我国的良好关系的事情。他是一个有着良好愿望的人，因为我毫不怀疑，戈尔巴乔夫具有为完善社会主义而斗争的意图。我不怀疑这一点。

但是，他没有找到解决他的国家遇到的巨大问题的办法。毫无疑问，他对在苏联出现的现象，以及后来的灾难起了重大作用。他没有能够避免苏联的解体，不懂得如何维护它的大国地位。相反，他的错误，他随后表现出来的软弱，促成了解体。

以后，他开始了国际政策方面的让步，战略武器方面的让步，在所有领域都做出让步。①

四　苏联解体对古巴的影响

20 世纪 80 年代末的东欧剧变和 1991 年 12 月的苏联解体对古巴造成沉重的冲击。据古巴官方统计，1989 年，古巴外贸的 85% 是同苏联和东欧社会主义国家进行的，其中约 80% 是同苏联进行的。1988—1989 年在古巴的出口商品中，有 63% 的糖、73% 的镍、95% 的酸性水果和 100% 的电器零配件是向经互会市场出口的；在古巴的进口商品中，有 63% 的食品、86% 的原料、98% 的燃料、80% 的机器设备、72% —75% 的制成品来自经互会国家。

苏联解体后，俄罗斯宣布停止对古巴的一切援助，撤走援古技术人员，贸易关系仅限于以国际市场价格用石油交换古巴的糖，而糖和石油

---

① ［古］菲德尔·卡斯特罗、［法］伊格纳西奥·拉莫内：《卡斯特罗访谈传记　我的一生》，中国社会科学出版社 2008 年版，第 322—327 页。

的交易额也大幅度下降。俄罗斯向古巴提供的石油从苏联时期 1989 年的 1200 万吨降至 1992 年的 600 万吨，使古巴能源短缺。由于古巴的能源过去主要靠苏联的原油，石油的短缺，导致发电量显著下降，大批工厂被迫关闭或减产，大批农机闲置，客运货运大幅度减少，居民生活用电经常中断。由于燃料短缺和缺少外汇进口化肥、除虫剂等原因，蔗糖产量和收入锐减。由于俄罗斯不再向古巴出口粮食，使古巴政府不得不一再降低居民的食品定量。据估计，苏联的解体使古巴遭受的直接经济损失约 40 亿美元。东欧剧变和苏联解体使古巴在政治上失去了重要的战略依托，经济上陷入危机，1990—1993 年古巴国内生产总值累计下降 34%。1993 年俄罗斯与古巴的贸易额仅为 5.39 亿美元。东欧剧变后，古巴同东欧的经贸关系几乎已不复存在。正如 1993 年 7 月 26 日卡斯特罗在攻打蒙卡达兵营 40 周年纪念会上所说的："苏联消失的时刻发生了真正急剧的变化，我们实际上不得不承受双重的封锁。社会主义阵营的垮台使我国在各方面遭受到沉重的打击，我们遭受到政治上的打击、军事上的打击，尤其遭受到经济上的打击。"①

　　卡斯特罗在谈到苏联解体对古巴的影响时说："当那个大国在一天之内崩溃时，我们国家遭受一次毁灭性的打击。我们陷于孤立，孤立无援。我们的糖失去了所有市场，我们得不到粮食、燃料，乃至为死者举行宗教葬礼所需的木材。转眼之间我们就会没有燃料，没有原料，没有食品，没有卫生用品，什么也没有。所有人都认为：'要垮台了。'一些愚蠢的家伙到今天还认为古巴会垮台，认为即使今天不垮台，以后也会垮台。只要他们还心存幻想，还希冀我们垮台，我们就应该多想想，我们就应该得出自己的结论，使我们这个英雄的人民永远不会遭遇失败的命运。美国加强了禁运。出现了'托里切利法'和'赫尔姆斯—伯顿法'，两者都有治外法权的性质。我们的市场和基本供应的来源都遽然消失。卡路里和蛋白质的消费减少了几乎一半。国家经受了考验，并在社会领域大大前进了。今天，大部分营养需求已经恢复，其他领域也得到快速发展。

---

　　①　http：//www.fidelcastro.cu/es/discursos/clausura-del-acto-central-por-el-xl-aniversario-del-asalto-los-cuarteles-moncada-y-carlos.

即使在这种条件下，几年里完成的事业和人们的觉悟都创造了奇迹。为什么我们经受了考验？因为革命过去、现在和将来都越来越得到人民的支持，这是一个智慧的人民，越来越团结的人民，更有知识和更具战斗精神的人民。"[1]

由于缺油，古巴发电量显著下降。发电量下降使大批工厂被迫停产或减产，大批农机闲置，客运和货运受影响，居民生活用电不能保证。由于缺油、缺少外汇进口化肥和杀虫剂等原因，古巴主要产品蔗糖产量下降，糖的出口收入锐减。糖产量从 1990 年的 843 万吨降至 1991 年的 750 万吨、1992 年的 700 万吨、1993 年和 1994 年又进一步分别降至 420 万吨和 400 万吨。糖产量的下降，加上国际市场上糖价的疲软，使古巴外汇收入大幅度减少，无力向国际市场大量购买工业所需的原材料和零配件，以及农牧业所需的化肥和饲料等，使工业和农业都受到影响。东欧的剧变和苏联的解体使古巴经济陷入危机。据统计，1990 年，古巴经济下降 3.1%，出现了自 1987 年以来第一次负增长。1991 年下降 25%，1992 年下降 14%，1993 年又下降了 10%。东欧剧变、苏联解体和美国长期的封锁使古巴人民生活必需品定量供应的数量和品种减少。

卡斯特罗应对苏联解体的政策　卡斯特罗领导的古巴共产党和政府应对东欧剧变和苏联解体的主要对策是：

政治上，坚持、改善和加强党的领导，坚持一党制，坚持马列主义，坚持社会主义。经济上，进行逐步的、适度的改革开放。社会方面，坚持全民免费教育、免费医疗和普遍的社会保障制度。外交方面，调整外交政策，积极发展对外关系，推进外交关系多元化。

1990 年 9 月，卡斯特罗宣布进入"和平时期的特殊阶段"（简称"特殊阶段"）。在特殊阶段里，古巴的基本对策是：坚持计划经济，根据特殊阶段的要求调整经济计划和经济工作的重点。古巴政府采取一系列应急措施，实行生存战略，维持国家经济的运转和居民的基本食品供应，同时，采取一些有长期发展战略意义的措施，加快纳入世界经济体系的

---

[1]　［古］菲德尔·卡斯特罗、［法］伊格纳西奥·拉莫内：《卡斯特罗访谈传记　我的一生》，中国社会科学出版社 2008 年版，第 327 页。

进程。为解决食品短缺，古巴制订了食品计划。为解决外汇短缺，古巴改变过去重点发展重工业的经济发展战略，把经济发展的重点放在创汇部门，特别是旅游、医疗器材和生物制品的医药产品的生产和出口。

1991年10月，古巴共产党召开"四大"。大会提出了"拯救祖国、革命和社会主义"的原则和口号，卡斯特罗在开幕式讲话中明确提出了古巴对外开放的政策："我们正在广泛的实行开放，广泛地对外资实行开放。""四大"通过的关于修改党章和党纲的决议指出，古巴革命的最高目标是在古巴建设社会主义，古巴共产党坚持共产主义的理想，古巴共产党是马列主义政党，是古巴社会的领导力量。

古共"四大"将对外开放作为国策确定下来。"四大"后，古巴加快了开放的步伐。1997年10月，古巴共产党召开"五大"，"五大"制定的方针要点是：坚持共产党领导和坚持社会主义；反击美国的经济制裁和政治及意识形态攻势；在不改变社会性质的前提下，继续稳步进行经济改革，并尽可能减少由此带来的社会代价。

古共"五大"通过的中心文件《团结、民主和捍卫人权的党》明确指出：坚持社会主义和共产党的一党领导，是维护国家独立、主权以及抵抗美国封锁、获得生存的保障；以马列主义、马蒂思想及菲德尔（卡斯特罗）思想为指导的古共，是国家稳定的捍卫者和中流砥柱，社会主义和共产党的领导，是古巴的唯一选择。"五大"通过的《经济决议》指出："古巴的经济政策开始了一个新阶段，它应当包括经济结构方面，如多样化、振兴出口、发展食品基地、提高能源、物资和财政部门的经济效益等"，"提高效益是古巴经济政策的中心目标"。

古共"五大"后，古巴又继续推出一些新的改革举措。自1991年年底起古巴所实行的改革开放政策已取得了明显的成效，自1994年起，由于实行改革开放，古巴经济开始连续恢复增长；古巴的经济结构和外贸结构多元化；古巴的所有制和分配方式多样化：合资、外资所有制，个体所有制已初具规模；古巴已从巨大的灾难中摆脱出来，它不仅经受住美国封锁和侵略的考验，而且也经受住了苏联东欧剧变的严峻考验，使社会主义的古巴依然屹立在西半球。古巴的经济逐步好转，政治社会基本稳定，人民的基本生活得到保障，古巴的国际环境不断改善。

20 世纪 90 年代以来，为摆脱困境、争取生存和发展、挫败美国的孤立和经济封锁政策，古巴积极发展对外关系，推进外交关系多元化。古巴对美国的封锁和敌视政策采取以斗争求生存，但不激化矛盾，避免美国的进一步干涉；对改善古美关系持积极态度，但不抱幻想。

古巴与俄罗斯关系的发展　苏联解体后，古巴竭力维系同俄罗斯、独联体其他国家及东欧国家的正常关系。与此同时，俄罗斯为了自身的民族利益和经济利益，逐渐扭转向西方"一边倒"的方针，恢复和发展同古巴的关系。从 1992 年下半年开始，古俄经贸关系有所改善。1992 年 11 月，两国在莫斯科签署了政府间经济、贸易和航运合作协议，成立了政府间经贸和科技合作委员会，并签订了俄罗斯将以 310 万吨石油换取古巴 150 万吨食糖的贸易和支付协议书。1993 年 5 月，俄罗斯部长会议副主席舒梅科出访古巴；同年 7 月，古巴部长会议副主席索托回访俄罗斯。俄罗斯答应协助古巴完成 12 项未完成的工程，向古巴提供燃料、零配件、化肥，向胡拉瓜核电站提供 3000 万美元的贷款。古俄还签订了关于建立合资企业的备忘录。同年 12 月，两国共同建立了俄古国际经济联合会，吸纳了双方众多公司企业。

在军事关系方面，1992 年 9 月 16 日，古巴同俄罗斯就俄罗斯撤出原驻古巴的苏联军队达成协议。根据协议，原苏联军事教练旅军事人员及其家属已于 1993 年上半年全部撤出古巴。

90 年代后期期，古巴同俄罗斯的关系逐步有所恢复。1995 年 5 月，古巴外长在苏联解体后第一次访问俄罗斯。古俄签署了用 100 万吨食糖换取 300 万吨石油的协议。俄罗斯还决定向古巴提供贷款，恢复古巴核电站的建设。同年 10 月，俄罗斯第一副总理索斯科韦茨出访古巴，两国签署了 1996—1998 年贸易议定书，规定 1996 年俄罗斯以 450 万吨石油换取古巴的 150 万吨食糖，签署了关于延长俄罗斯向古巴胡拉瓜核电站提供的 3000 万美元贷款期限的议定书，此外，还签署了关于密切两国企业在旅游、运输和轻工业方面进行合作的议定书。古俄贸易 1993 年为 5.39 亿美元，1995 年降为 4.67 亿美元。1996 年一度增加到 8.77 亿美元。1996 年 5 月，俄罗斯外长普里马科夫访古，这是苏联解体后俄外长首次出访古巴。普里马科夫访古期间，古俄两国签署了相互关系准则声明和文化、教育和科技合作协定。1998 年 3 月、1999 年 1 月，古巴外长再次访俄。
1999 年 1 月，当时已任总理的普里马科夫对到访的古外长表示，俄罗斯
同古巴的关系是俄罗斯在拉美地区的重点之一。

2000 年 12 月 13—17 日，俄罗斯总统普京访问古巴。这是苏联解体
后，第一位访问古巴的俄国总统。普京访古期间，古俄两国签署了 5 项
合作协议，两国国防部还签署了一项技术—军事合作计划。古俄两国关
系明显升温。然而，2001 年 10 月 17 日，普京总统单方面宣布俄罗斯将
关闭在古巴的洛尔德斯电子监听站，使两国刚升温的关系再次降温。这
一监听站由苏联建于 1964 年并为苏古共同使用，冷战结束后交俄罗斯使
用，俄方向古巴每年付 2 亿美元租金。2002 年 1 月底，监听站正式关闭。

东欧剧变和苏联解体后，古巴受到很大的冲击，古巴经济进入和平
年代"最困难的时期"，人民生活水平大幅度下降。与此同时，美国加强
了对古巴的封锁与和平演变的力度，通过各种手段千方百计在古巴社会
中制造裂隙，妄图分裂古共，使古共与社会、与人民脱离，与武装力量
脱离。古巴的一些非政府组织和反对派发言人乘机加紧活动，反对现政
权。在国外反对势力的煽动下，古巴曾发生了多起冲击国外驻古代表机
构，掀起多次非法移民潮，伴之以抢商店、与军警对峙的社会扰乱事件。
在美国的纵容和支持下，以美国迈阿密为基地的古巴裔美国人组成的
"兄弟救援会"（Hermanos de Rescate），明目张胆地多次派遣轻型飞机入
侵古巴领空，进行反古活动。有些预言家们预言，古巴的社会主义政权
维持不了多久了。当时来自世界各地的数百名记者聚集在哈瓦那等待古
巴的垮台。流亡美国的古巴裔反古分子兴高采烈地叫嚷"要返回哈瓦那
过（1990）圣诞节"。美前总统老布什称，已经听到古巴政权垮台的声音
了。他甚至声称，"期待着成为踏上卡斯特罗之后的古巴自由土地的第一
位美国总统"。

但事实是，东欧剧变后，古巴社会主义政权并没有垮台，依旧傲然
屹立在近在咫尺的、世界上最强大的宿敌美国的面前，老布什想成为踏
上卡斯特罗之后的古巴自由土地的第一位美国总统的美梦也自然彻底
破灭。

1998 年 10 月 18 日，卡斯特罗在接受美国有线电视台记者采访时说，

古巴早已从非洲撤军，履行了自己的诺言；古巴同拉美国家的关系已大大改善，早已不存在所谓古巴支持拉美革命运动，在拉美搞颠覆的问题；苏联已解体，美国过去一直指责古巴为苏联"马前卒"，并以此作为改善美古关系主要障碍的借口已不复存在……所有过去美国历届总统所提出的不能改善美古关系的借口均已解决。但是，现在美国又提出了新的要求和条件。卡斯特罗表示，古巴准备在平等、相互尊重的条件下同美国进行谈判；但是，古巴决不会接受美国单方面提出的要求和先决条件。①

正如卡斯特罗所说，美国原先提出的改善美古关系的 3 个条件都已解决，但是，美国又提出新的条件，要求古巴尊重人权、开放党禁、进行自由选举、实现民主过渡，一句话，就是要古巴改变社会主义制度、复辟资本主义。这当然是古巴决不会接受的。

第七节　克林顿执政时期（1993—2001）的 美古关系

一　克林顿②"以压促变"的对古政策

1993 年 1 月克林顿就任总统后，对古巴继续采取"以压促变"的政策，旨在促使古巴和平演变，最终融入以美国为主体的西方社会。克林顿政府同其前任一样，利用古巴人民生活的暂时困难，于 1994 年夏天蓄意煽动移民潮，人为地挑起美古争端，在美国的煽动下，约有三四万名古巴人乘自制的木筏、橡皮筏和其他渡海工具，冒险向美国佛罗里达州南岸漂划，这些古巴人，被媒体称作"筏民"，这一事件被称作"筏民潮"或"筏民事件"。

1994 年的"筏民潮"　由于从里根政府、老布什政府到克林顿政府，均不认真执行 1984 年美古达成的移民协议。从 1984 年至 1994 年 7 月 22 日，美国总共只发给 11222 名古巴人签证，10 年内发放签证的总数还不

---

① 徐世澄：《冲撞：卡斯特罗与美国总统》，东方出版社 1999 年版，第 182—183 页。

② 威廉·杰斐逊·克林顿（William Jefferson Clinton, 1946—　），第 42 任（第 52、53 届，1993—2001 年）美国总统。

到移民协议所规定的一年应通过合法途径发放的签证数额；另外却通过反古宣传，唆使古巴人通过各种手段，甚至通过劫持民用客机、轮船、打死打伤边防海防战士等暴力手段非法移民美国。

20世纪90年代初，由于苏联解体和美国加紧对古巴的封锁，古巴国内经济困难加剧，食品和生活用品匮乏，再加上美国反古电台的煽动，正常移民获签证的渠道不畅，一部分古巴人试图漂渡美国以改变生活处境。有的利用自制小木船、舢板乃至汽车内胎；有的则动用武力劫持渡船或其他公共船只，企图驶往美国。

1994年7月13日，两名古巴人在哈瓦那港口劫持了一艘在113年前建造的拖船，企图偷渡美国。由于燃料不足，拖船在驶离哈瓦那湾后不久便沉没，船上63名古巴乘客，有31人被营救，其余32人淹死。

从7月13日至8月14日的一个月中，在哈瓦那港及附近的马列尔港，古巴一些不法分子先后劫持6艘拖船、摆渡客轮、军用救生艇或外国油轮，杀死1名海军军官和1名士兵。

在这6起劫船事件中，有3起未能得逞，有3起则在逃离古巴海域后受到美国海岸巡逻艇的接应，连残酷杀害1名海军中尉的凶手也被接应送往美国而逍遥法外。

在劫船偷渡事件频频发生的日子里，受到美国迈阿密反古巴电台宣传迷惑的古巴一些不法分子蠢蠢欲动。8月5日他们在哈瓦那滨海大道（"马莱孔"）一个商业区聚众闹事，用石块袭击了一家饭店和几家商店，打碎了18处橱窗玻璃，并对其中几家商店进行了抢劫。有的不法分子还跑到附近一个码头，企图劫持停泊在那里的船只。令人难以容忍的是，这些不法分子竟呼喊反动口号煽动围观的人群，企图挑起更严重的骚乱。这些为数众多的不法分子同迅速前来维持治安的警察和由民兵组成的"快速反应部队"发生冲突，有35人受伤，其中包括10名警察。古巴警察和民兵对肇事者予以坚决反击，同时注意在行动中尽量避免事态扩大。

卡斯特罗主席闻讯后，不顾个人安危，亲临肇事现场，做群众的工作，受到人民群众的热烈欢迎和积极支持，风波迅速平息下来。

8月5日当晚卡斯特罗发表电视讲话，指责美国是古巴移民潮和政治暴力事件的罪魁祸首，指出美国企图利用移民问题诋毁古巴，煽动古巴内乱和寻找借口对古巴进行军事干涉。他表示，如果美国继续鼓励、纵容非法移民，古巴政府将"不再成为美国边疆的卫士"，不再阻拦那些想去美国的古巴人乘船筏去美国。

据美方统计，从1994年1月1日至8月9日，美国海岸巡逻队共接应了5270名筏民，其中8月1日至9日为539人。而从8月中旬至9月13日约一个月时间内，就有3万多人。

古巴偷渡者蜂拥而入的"筏民潮"引起佛罗里达州政府和当地居民的惴惴不安。克林顿总统担心1980年的马列尔港事件重演，从而影响他连选连任总统。

大批古巴"筏民"的涌入使美国政府背上了一个沉重的经济包袱。佛罗里达州州长劳顿·奇尔斯（Lawton Chiles）抱怨说，佛州政府每年花在接纳和安置古巴难民方面的费用高达8亿美元。这位州长在8月18日宣布该州处于"移民紧张状态"，要求克林顿立即采取措施，防止古巴筏民继续入境。

此外古巴筏民的大量涌入也给美国带来不少社会问题，如加剧了佛罗里达州的失业问题和社会治安问题。古巴筏民中不乏不法之徒和游手好闲者，他们胡作非为，制造种种麻烦，引起当地居民的反感。

由于以上种种原因，一向对古巴非法移民网开一面并给予特殊优待的美国政府感到招架不住，不得不改弦易辙。8月18日晚，克林顿总统宣布，自19日起，美国不再接收古巴筏民，凡是非法进入美国水域的非法移民，都将被拘留并将被押送到古巴东南部的关塔那摩海军基地上的难民营，并禁止美国公民去海上迎接古巴非法移民，否则将没收其海上交通工具。

8月19日，克林顿在记者招待会上重申了美国不再接受古巴筏民的决定，随后，他又无端攻击说，是古巴政府"怂恿古巴人乘坐不安全船筏海上出走，以摆脱古巴国内的困难"，"想把政治经济危机推卸到美国身上"，克林顿重申，"美国千方百计要结束卡斯特罗政权"，美国将"继续使用我们所具有的恰当的手段来达到这一目的"。

舆论认为克林顿是在招架不住移民潮时被迫改变政策的。克林顿在与卡斯特罗在移民问题的较量中失利，在美国人面前丢了面子。在古巴流亡分子极右组织的压力下，以及为了挽回面子，8 月 20 日，克林顿发表一项声明，宣布对古巴实行新的制裁措施：禁止美籍古巴人将现金汇到古巴；限制美国飞往古巴的飞机航班；加强和扩大对古巴的广播宣传；美国将继续向联合国和其他国际组织控告古巴"违反人权"等。

8 月 24 日卡斯特罗发表电视讲话，批评美国政府对古巴移民的政策，认为美国应对目前古巴出现的大量非法移民问题负责。卡斯特罗强调，美国的封锁给古巴造成的困难是筏民潮的主要根源。他希望美国与古巴通过谈判来商讨解决移民潮的办法。

批准"赫尔姆斯—伯顿法"①　　克林顿就任总统后，对古巴继续采取"以压促变"的政策。1995 年 2 月 9 日和 14 日，美国参议院对外关系委员会主席杰西·赫尔姆斯（Jesse Helms，1921—2008）和共和党众议员丹·伯顿（Dan Burton，1938—　）分别向参、众两院提交一项内容相似的提案，被分别称为"赫尔姆斯法案"和"伯顿法案"或合称为"赫尔姆斯—伯顿法"（*Ley Helms-Burton*，简称"赫—伯法"），其正式名称是"古巴自由和民主团结法"（*La Ley de Libertad Cubana y Solidaridad Democrática*），旨在强化对古巴的封锁。

"赫—伯法"的主要内容是：要求古巴赔偿 1959 年革命胜利后被没收的、后加入美国国籍的古巴人的企业和财产；不给购买或租借古巴没收的美国企业和财产的外国公司发赴美签证；禁止海外的美国公司向上述公司提供信贷；美国有权拒绝向与古巴有信贷关系的国际金融机构支付债务；美国公民有权向法庭起诉与古巴没收其财产有牵连的外国政府或个人；美国政府必须定期向国会报告对外经贸关系的状况；等等。

1995 年 9 月 21 日，美国众议院通过"伯顿法案"。同年 10 月 19 日，美国参议院通过了"赫尔姆斯法案"。克林顿在美国国会众、参两院分别通过"伯顿法案"和"赫尔姆斯法案"后，举棋不定，犹豫不决，既没有立即签署，也没有予以否决。当时他担心，若他立即签署，必然会招致欧盟各国、加拿大、墨西哥等拉美国家的同声谴责；若否决，又会得罪国会中的保守派和颇有实力的佛罗里达州古巴右翼侨民。

---

① Ley Helms-Burton-EcuRed，https：//www.ecured.cu/Ley_ Helms-Burton.

1996 年 2 月 24 日，古巴空军在多次警告无效后，击落了 2 架侵犯古巴领空的、由美国裔古巴人驾驶的"兄弟救援会"（Hermanos de Rescate）的"海盗"飞机。美国政府认定这 2 架飞机被击落时正在国际海域上空飞行，克林顿总统指责古巴"违反了文明行为的准则"。2 月 26 日，克林顿在白宫新闻发布会上宣布将对古巴实施一系列报复性制裁措施，包括无限期中断美国飞往古巴的所有的包机飞行；限制古巴官员对美国的旅行和访问；扩大电台对古巴的反政府宣传；要求国会立法，替 4 名遇难人员的家属索赔，赔款来自被美国冻结了的古巴在美国的资金；要求联合国安理会通过谴责古巴的决议；同意国会通过"赫—伯法"。

同年 3 月 5 日和 6 月，美国参、众两院分别通过了经过精心修改的、旨在进一步对古巴实行经济封锁的"赫—伯法"。3 月 12 日，克林顿总统签署了"赫—伯法"。

1997 年 1 月，白宫向国会提交了一份题为《支持古巴向民主过渡》的报告，由克林顿总统撰写序言，报告提出了促进古巴"过渡"的各项政策建议。

1996 年经克林顿签署生效的"赫—伯法"与 1992 年经布什总统签署生效的"托法"，可以说是一根藤上结的两个瓜，其目的都是加强美国对古巴的封锁。不同的是，"托法"的重点是阻挠他国与古巴进行贸易，欲置古巴于死地。而"赫—伯法"从表面看，似乎在纠缠财产索赔的具体事务，实际上其锋芒指向在古巴的外国投资。古巴革命胜利后所没收的财产几乎涉及所有经济部门，外资一经与之瓜葛，便处于美国的制裁之列。"赫—伯法"打击的范围几乎涉及所有与古巴保持经贸关系、特别是保持投资关系的国家。

修改后的"赫—伯法"① 主要包括四方面的内容：

（一）加强对古巴的国际制裁。提出 16 项反古措施，其中主要有：要求联合国安理会对古巴实施"国际义务封锁"；反对古巴加入国际货币

---

① "赫—伯法"全文的西班牙文，请参阅 https：//oncubanews.com/wp-content/uploads/2019/01/ley-helms-burton.pdf，Ley Helms-Burton-EcuRed，https：//www.ecured.cu/Ley_Helms-Burton.

基金组织和世界银行；反对古巴重返美洲国家组织；制裁向古巴提供任何援助或参与古巴胡拉瓜核电站建设的原苏联地区的国家；支持古巴国内的"独立政治组织和人士"等。

（二）支持建立"自由和独立的古巴"。该法提出在古巴建立"民主选举的政府"，提出古巴政府、社会组织和政治组织形式的 28 条标准，并把它们作为与古巴建立外交关系、解除封锁和开始归还关塔那摩基地谈判的前提。在进行"自由和公正选举"前，先建立"过渡政府"，"过渡政府"成员中不得包括菲德尔·卡斯特罗和劳尔·卡斯特罗；"过渡政府"必须归还 1959 年 1 月 1 日以后被没收的美国和古巴公民的财产或给予相应的赔偿。

（三）保护美国国民在古巴的财产权。"赫—伯法"第三条规定，美国国民（包括原为古巴国民、后流亡美国加入美国国籍的美籍古巴人）有权向美国法庭起诉与被古巴政府没收财产有牵连的外国人，有权要求得到相当于被没收财产 3 倍的赔偿。"被没收的财产"不仅包括原来的产业，而且包括后来以合资形式注入的外国资本及其全部收益。第三条还规定，美国总统可以以"维护古巴民主和美国国家安全"为由，作出推迟 6 个月实施该条款的决定。

（四）美国政府有权拒绝向与被没收的美国财产有牵连的外国人、其亲属及代表发放签证，或有权将他们驱逐出境。

古巴对"赫—伯法"反应强烈。1995 年 3 月 25 日，卡斯特罗针对刚刚炮制的"赫尔姆斯法案"评论说，"美国国会有位议员所提出的法案中有一项新发明，谁也比不上他，他居然提出除了要赔偿被古巴革命所没收的美国财产外，还要将逃往美国，后来成为美国公民的所有的地主、大庄园主、富人的财产归还给这些人。这就意味着要将你们住的房子归还给这些人，将普通农民分到的小块土地归还给这些人，要将一切没收的财产归还给这些人。这是世界上最荒谬、最令人发指的发明"。

1996 年 3 月 12 日克林顿签署"赫—伯法"后，当天，古巴全国人民政权代表大会主席阿拉尔孔发表电视讲话，指责"赫—伯法"是"对全世界的污辱"，"将使克林顿的威信扫地"。

3 月 19 日，古巴外交部发表声明，强烈谴责"赫—伯法"。声明指出，"美国国会通过的这项法律是对古巴的侵略，是再次对古巴强行霸权主义和扩张主义"，"美国政府在采取这一行动时，表明它显然无视法律准则和国际共存的原则。尊重主权、独立和自主等基本原则均受到美国的践踏"，"美国企图把它的法律强加给第三国，强迫各主权国家的政府、公民和私营单位加入到美国对古巴经济封锁的政策当中去，这种政策已经受到了国际大家庭坚决的反对和谴责"。

同年7月26日，卡斯特罗在群众集合会上说，"赫—伯法"反映出美国政府"专横和狂妄"的霸权主义行径。他说，美国想通过"赫—伯法"，把其"专制意志"加强给所有的人。

同年12月24日，古巴全国人大通过了一项抵制美国"赫—伯法"的法案，即"重申尊严与主权法案"，宣布"赫—伯法"是"行不通的和没有法律作用的"。

1996年7月10日，美国政府宣布，自即日起，正式开始实施"赫—伯法"。美国国务院发言人伯恩斯说，美国决定首先对继续在古巴从事经营活动的加拿大谢里特国际公司实行制裁，禁止这家从事采矿及能源业的公司的股东和高级管理人员在今后的45天内获得进入美国的签证。接着，美国还向墨西哥多莫斯电话集团、意大利伯阿兹奥尼电讯公司、法国伯诺德里卡德酿酒公司、西班牙索尔梅里亚饭店集团和以色列BM农业生产企业发出警告。

为了推进"赫—伯法"的实施，克林顿任命商务部副部长斯图尔特·艾森施塔特为总统特使，去拉美、加拿大和欧洲国家游说，协调那些因实施该法其利益受到损害的国家与美国的关系。

"赫—伯法"一经抛出和实施立即遭受国际社会的强烈反对。加拿大外长阿克斯沃西警告美国：美国政府如不收回"赫—伯法"，就有可能遭到愤怒的加拿大人发起的抵制。加拿大谢里特国际公司发言人说："本公司不惧怕美国政府的决定，我们与古巴的业务仍将照常进行。"

墨西哥外交部7月11日表示，墨西哥政府强烈要求美国政府立即停止实施这项法令。欧盟委员会主席桑特致函克林顿，要求他延缓执行"赫—伯法"。7月中旬，欧盟15国外长在马德里召开特别会议，提出了4项反制裁措施：对美国商人进入欧盟国家实行签证方面的限制；对欧盟国家的企业提供司法保护，以避免这些企业被迫接受美国法庭的司法程序和裁决；要求世界贸易组织对这一贸易纠纷进行仲裁；制定采取对等报复措施的美国企业的名单。7月30日，欧盟执委会提出12项反制裁措施，其中规定，对不遵守欧盟有关规定的欧盟国家的企业实行制裁，制裁措施包括对撤出古巴的欧盟成员国的企业征收高额罚款。

1999年6月和2000年1月，古巴中央工会等8个主要群众团体对美国先后提出两次法律起诉，第一次状告美国40年来对古巴进行的各种敌对活动给古巴造成了3478人死亡和2099人伤残以及巨大的财产损失，要求美国赔偿共1811亿美元；第二次要求美国赔偿因封锁禁运给古巴造成的经济损失1210亿美元。古巴指责美国企图破坏1999年11月在哈瓦那召开的伊比利亚美洲国家首脑会议；谴责美国明目张胆地支持古巴国内的持不同政见者组织和个人从事各种反政府活动。

为了缓和同加拿大、欧盟和墨西哥等拉美国家的关系，1996年7月16日，克林顿总统决定在随后6个月内暂不实施"赫—伯法"第三条有关在美国法院起诉外国公司的规定。随后，美国历届政府每隔半年，宣布推迟6个月实施"赫—伯法"第三条。但是，2019年3月4日，特朗普政府宣布自即日起，实施"赫—伯法"第三条，加大对古巴的制裁。

二　克林顿放松对古巴的制裁

古美达成移民协议　克林顿政府在继续对古巴保持压力的同时，在一些具体问题上表现出一定的灵活性。如1994年，在"筏民"事件后，美国和古巴在美国前总统卡特、古巴著名电影导演阿尔弗雷多·格瓦拉（Alfredo Guevara）、墨西哥总统卡洛斯·萨利纳斯·德戈尔达利（Carlos Salinas de Gordali）和哥伦比亚著名小说家加西亚·马尔克斯（García Márquez）等斡旋下，古美双方就阻止非法移民问题进行会谈并达成协议。9月1日，美国被迫同意就移民问题与古巴在纽约进行谈判。经过7轮谈判，9月9日，古美就制止非法移民问题达成一项协议。根据双方发表的联合公报，"双方同意采取措施以保证两国之间的移民能安全、合法和有秩序的进行"。这些措施主要包括：美国方面每年允许两万名古巴人合法进入美国，这个数额将不包括美国公民在古巴的直系亲属。此外，对于目前已申请但一直未拿到美国签证的 4000 名至 6000 名古巴人，将于第二年批准入境。美国将不再允许非法移民进入美国。古巴政府则将采取有效措施，主要用劝说的办法阻止古巴人出境。古巴同意通过外交途径安排接受那些在 1994 年 8 月 19 日之后到达美国或美国领土以外的避难地（主要是美国在古巴的关塔那摩海军基地）、自愿返回祖国的古巴人。①

联合公报没有提及美国取消古巴的经济封锁问题。美国国务院发言人说："除非我们看到古巴进行政治和经济模式的改革，否则美国不会与古巴进一步讨论取消制裁的问题。"克林顿认为这个协议"是一个公正的好协议，对美国有利"。古巴代表团团长、古巴全国人大主席阿拉尔孔则认为，"协议本身就是对（美国）封锁和敌视古巴政策的局部打击"。

古巴政府为了履行古美协议，从 9 月 13 日中午 12 点起，开始采取严厉措施禁止本国公民偷渡出国。

1995 年，克林顿总统对《古巴调整法案》作出修正，出台"干脚湿脚"政策（Política de Pies Secos-Pies Mojados），规定没有签证但试图进入美国的古巴国民若在海上被美方边境执法人员拦截，将被遣返回古巴或送至第三国；若成功登陆，则在美国居留一年后有机会获得美国居民资格，这一政策鼓励古巴人非法移居美国。

放松对古巴的制裁 1995 年 10 月，克林顿政府一度放松了对美古两国民间交往的限制。1998 年 1 月，罗马教宗约翰·保罗二世访问古巴，保罗二世访古期间，严厉谴责美国对古巴的封锁是"不公正的，从道义上说，是不能接受的"，教宗呼吁"古巴向世界开放，世界向古巴开放"。教宗的访问，对古巴打破美国的封锁产生了积极影响。越来越多的美国宗教界和政界人士主张美国应该放松或取消对古巴的制裁，重新审视对古巴的政策。

1998 年 10 月 12 日，美国 20 名参议员（其中有 15 名共和党参议员）和包括前国务卿基辛格、伊格尔伯格、前副国务卿威廉·D. 罗杰斯（William D. Rogers）、前国防部部长卢卡奇等在内的知名人士联名上书克

---

① 关于美古双方有关移民等问题的秘密谈判情况，参见：William M. LeoGrande Peter Kornluh: *Diplomacia encubierta con Cuba*, Fondo de Cultura Económica, México, 2015, pp. 318 – 332。

林顿总统，要求成立一个由共和党和民主党议员、私人企业界、学术界、非政府组织人士组成的两党委员会，重新审视对古巴的政策。同年10月18日，卡斯特罗在接受美国有线电视台记者采访时说："毫无疑问，克林顿是一个聪明的、有教养、有文化的人"，"他应该明白，封锁的政策是荒谬的，它只能使美国的威信扫地、陷于孤立、制造麻烦"。

1999年1月4日，克林顿正式宣布拒绝上述关于成立两党委员会的建议，但是，在各界人士的强烈要求下，1月5日，克林顿发表书面声明，宣布几项放松对古巴制裁的措施。这些措施包括准许在美国的古巴人每人每年向古巴国内的亲属汇回1200美元，扩大两国民间交往和体育往来，允许向古巴非政府部门和宗教团体出售美国食品和粮食，允许向古巴直接通邮，允许包机飞往古巴首都哈瓦那及古巴其他主要城市。1999年，美、古两国棒球队实现了互访，开始了"棒球外交"；美国商会会长、参议院民主党领袖、伊利诺伊州州长、美国农业代表团先后访问古巴。但是，与此同时，克林顿政府强调，美国并没有改变对古巴现政府的政策。2000年10月11日和18日美国众、参两院先后通过允许向古巴出口基本食品和药品的议案，克林顿随后签署了此法案。但此法案又附加苛刻条件，不允许美国向古巴提供任何公共或私人贸易信贷，即古巴只能用现金支付，而且规定，不允许古巴同时向美国出口任何产品。

对卡斯特罗的暗杀行动　克林顿任内，1994年、1995年、1997年和1998年，在卡斯特罗先后到哥伦比亚卡塔赫纳、阿根廷、委内瑞拉的玛格丽塔岛、葡萄牙参加第4、第5、第7和第8届伊比利亚美洲首脑会议时，美国中央情报局都曾派人企图谋害卡斯特罗。

1998年7月12日和13日，美国《纽约时报》发表长文，详细披露了美国中央情报局如何雇佣古巴流亡者企图在玛格丽塔岛召开伊比利亚美洲首脑会议期间暗杀卡斯特罗。1998年8月25日，美国司法部宣布，7名古巴裔美国人因被指控企图谋杀卡斯特罗于当天在波多黎各被起诉。1998年8月，卡斯特罗访问多米尼加共和国时，美国中央情报局又一次阴谋杀害卡斯特罗。20世纪90年代初，卡斯特罗在一次接受意大利《新闻报》记者采访时透露："我逃过了无数次暗杀阴谋，其中有些是美国中央情报局直接策划的，其余的则由中央情报局献计、安排和予以经济支持"，卡斯特罗还幽默地对记者说："假如（被谋杀）这是奥林匹克运动会上的项目，我肯定夺得金牌。"1998年8月，卡斯特罗在访问多米尼加共和国时说，自古巴革命胜利以来，美国处心积虑、千方百计企图从肉体上将他消灭，卡斯特罗幽默地说，在世界各地领导人中，他是遭美国暗杀阴谋次数最多的一个，可以得冠军。据前述古巴群众团体对美国的起诉书，40年来，有据可查的美国针对卡斯特罗的谋杀阴谋竟达637次之多！①

据卡斯特罗本人说，古巴国务委员会历史事务办公室主任佩德罗·阿尔瓦雷斯－塔比奥撰写的一部书稿，对美国解密的文件作了详细分析。书中阐明："1993年之前，古巴国家安全机构就发现、破获了总共627起谋杀总司令菲德尔·卡斯特罗的阴谋。"②

1999年的"埃连事件"③　1993年的"筏民潮"之后，由于美国并未废除"古巴适调法"，仍不断有古巴人乘船筏冒险驶向美国。1999年11月22日，14名古巴人乘小船离开古巴北部海岸，企图偷渡去美国。11月25日凌晨，小船遇到风浪，14人全部翻船落水，11人葬身大海，3人被救起，其中包括年仅6岁的小男孩埃连·冈萨雷斯（Elián González）。小埃连的母亲和继父落水身亡。小埃连在古巴的生父胡安·米格尔·冈萨雷斯（Juan Miguel González）根据古美移民协议和其他有关法律，要求美国归还小埃连。但是看管小埃连的远房亲戚在美国右翼政客和古巴流亡分子极右组织的操纵下，拒不执行美移民局和司法部关于埃连应属于其在古巴的生父、允许埃连回国的决定，美国反古势力利用美国的复杂的法律程序拖延时间，阻止埃连回国。

围绕着埃连返回古巴的问题，古美之间掀起了一场外交风波和外交斗争。卡斯特罗亲自领导了这场斗争。美国亚特兰大上诉法院驳回埃连

---

①　参阅徐世澄《卡斯特罗评传》，人民出版社2008年版，第23章遭暗杀次数最多的国家元首，第307—323页。

②　[古] 菲德尔·卡斯特罗：《总司令的思考》，社会科学文献出版社2008年版，第101页。

③　关于这一事件的详细过程，请参阅焦震衡《闻名世界的男孩埃连的遭遇——古美关系史中的一个重大事件》一书，世界知识出版社2003年版。

在美国的亲属的上诉，做出支持埃连随同他亲生父亲回国的判决。2000年6月24日，卡斯特罗发表了告人民书说："7个月前，在极端敌对和不利的环境下，我们开展了反对给我们造成严重伤害的非正义行为的斗争"，"在埃连、他勇敢的父亲与其他家人和同伴返回古巴后，我们也不会休息一分钟。制止'古巴适调法'吞噬古巴众多儿童、母亲和其他国民的生命是我们的责任"。在卡斯特罗亲自领导下，古巴人民为争取埃连回归祖国展开了不屈的斗争，终于使埃连在其生父等人的陪同下，于2000年6月28日晚，胜利地回到了祖国。

7月1日，卡斯特罗写信给在古巴东南部城市曼萨尼略举行的有30万人参加的露天论坛，信中说："胡安·米格尔和埃连回到我们祖国令人激动的时刻刚刚过去几天，他们两人已成为精神巨人。我们的祖国毫不停歇、精神抖擞地重新开始了一个新的持久阶段"，卡斯特罗号召古巴人民要"继续7个月来所举行的思想战和群众斗争来对付最强大的帝国"，"现在和将来古巴都与它的信念、它的榜样和它的人民的不屈不挠的抵抗精神同在。一切侵略和扼杀我们并使我们屈服的企图必定要失败"①。"埃连事件"发生后，古巴党和政府在古巴全国开展意识形态方面的斗争，即所谓"思想战"，针对美国的经济封锁、意识形态渗透和"和平演变"等策略，经常举行"反帝论坛"。

第八节　小布什执政时期（2001—2009）的美古关系

一　"9·11"恐怖袭击后古美之间的互动

美国开始向古巴出口食品和药品　乔治·沃克·布什②即小布什政府执政后，对古巴继续采取强硬政策，2001年9月11日美国遭恐怖袭击后，古巴政府旗帜鲜明地谴责恐怖主义，卡斯特罗代表古巴政府和人民

---

① Mensaje a la Tribuna Abierta de Manzanillo, donde participaron más de 300 mil orientales. 1ro de julio del 2000. http://www.cuba.cu/gobierno/discursos/2000/esp/f010700e.html.

② 乔治·沃克·布什（George Walker Bush, 1946—　），美国第43任（第54、55届）总统。

向美国表示："无论是由于历史原因还是出于道德原则，古巴政府强烈谴责袭击事件并对所造成的痛苦的、不可原谅的生命损失向美国人民表示最深切的哀悼"，"在这痛苦的时刻，古巴人民向美国人民表示声援"，古巴表示愿向美国提供医护救援、血浆和其他所有可能需要的帮助，并决定向美国受袭击行动影响的飞机提供中转的方便。[①]

同年 11 月 7 日，古巴遭受飓风袭击后，美国政府也破例向古巴递交外交照会表示慰问，并表示愿意提供人道主义援助。这在 40 年的古美关系中是前所未有的。古巴对此表示感谢，并主动提议由古巴国营公司用美元现金购买美国的食品和药品，获美方同意。但 12 月初，美国务院负责拉美事务的助理国务卿利诺·古铁雷斯强调美国对古巴的禁运政策没有改变。12 月 16 日，满载美国食品和粮食的美国货船 40 年来第一次抵达哈瓦那。据称，在几个月内，古巴共花费 3000 万美元现金购买美国食品和粮食。2002 年，古巴用现金从美国直接进口的商品达 2.5 亿美元，2003 年达 3.4 亿美元。从 2001 年 12 月至 2004 年 8 月，古巴从美国购买的食品价值共计 9.6 亿美元。[②]

古巴不反对美国使用关塔那摩基地关押塔利班和"基地"组织战俘　2002 年 1 月 3 日，在会见美国两名共和党参议员时，卡斯特罗重申古巴将同美国在扫毒方面进行合作，同时还表示古巴不反对美国使用关塔那摩海军基地关押塔利班和"基地"组织战俘。1 月 11 日，古巴政府发表声明指出，古巴不会对美国将塔利班及"基地"组织部分战俘移送到关塔那摩基地设置障碍。声明强调关塔那摩基地是古巴领土的一部分，美国违背古巴人民的意愿剥夺了古巴对它的管辖权。尽管如此，古巴对美国上述俘虏的转移不会采取阻挠行动。据古巴政府声明，美国事先向古巴政府通报了美国准备转移俘虏的决定和详细行动方案。

二　小布什继续执行对古巴的强硬政策

美国对古巴 5 名特工不公正的判决　2001 年 12 月 27 日，美国迈阿

---

① Granma Internacional，16 de septiembre de 2001，p. 6.

② 毛相麟、杨建民：《古巴社会主义研究》（修订版），社会科学文献出版社 2019 年版，第 358 页。

密联邦法院宣布对赫苏斯·埃尔南德斯等5名古巴人判处以15年至无期徒刑不等的判决。这5名古巴人是在1998年9月，美国警方以"威胁美国国家安全，从事间谍活动和企图实施谋杀"为罪名，在美国被逮捕的。古巴政府强烈反对美国的指控和判决，坚持认为这5人是无辜的。古巴方面认为，这5名古巴人在美国收集有关恐怖主义的情报是为了采取措施，揭露和阻止恐怖分子从美国对古巴实施恐怖活动，他们并没有触犯美国法律。同年12月29日，古巴全国人大召开特别会议，强烈谴责美国对这5人的不公正的判决，并一致通过决议，授予这5人"共和国英雄"称号。①

美国污蔑古巴研制并扩散生化武器 2002年5月6日，就在美国前总统卡特访问古巴前夕，美国副国务卿约翰·博尔顿（John Bolton）宣称，指责古巴利用其先进的生物技术和基因工程中心在研制并扩散生化武器，并将生物武器技术扩散到一些对美国不友好的"无赖国家"，美古关系再次出现波澜。尽管在访古期间卡特对博尔顿的谎言进行了有力的批驳，但美国国务院仍坚持认为古巴正在研制生化武器。总统小布什和国务卿鲍威尔均强调，美国对古巴的强硬政策不会因卡特的古巴之行而改变。在卡特结束访古后不久，5月20日，小布什在华盛顿和迈阿密两次宣布，除非古巴举行"自由和公正的选举"、释放所有政治犯、允许反对派合法活动和建党，否则美国将继续并加强对古巴的封锁和颠覆活动。

小布什加强对古巴的封锁和制裁 2003年10月10日，小布什总统在佛罗里达承诺加强对古巴施压，宣布成立"声援自由古巴委员会"，由国务卿鲍威尔领导，旨在"准备古巴的民主过渡"。他还决定"加强对旅游的控制，禁止未经批准的赴古旅游"。10月，由于"迈克"飓风造成严重损失，美国政府批准，在严格限制下，向古巴出售食品和农产品。尽管自1962年以来禁运一直有效，事实上，美国成为古巴最大的食品和农产品供应商。

2004年2月16日，小布什总统签署命令，进一步加强对美国人去古

---

① 关于这5名古巴特工"5名英雄"的事迹，参见 Los Cinco Héroes-EcuRed, https：//www. ecured. cu/Los_ Cinco_ H% C3% A9roes.

巴旅行的限制。5 月 8 日，美国政府公布一项计划，要"加快古巴向民主过渡"，限制居住在美国的古巴人赴古巴旅游，强化经济和贸易封锁，拨款 3600 万美元用于资助古巴国内的反对派组织。5 月 7 日，古巴共产党中央委员会和古巴政府发表联合声明，谴责美国政府公布的旨在加速推翻古巴现政府的若干项措施，称这是一项企图吞并古巴的计划，是对古巴内政的悍然干涉。声明说，美国 40 多年的经济封锁已经对古巴造成了严重影响，而日前出台的反古措施表明，美国政府企图尽一切可能加深古巴的困境，使古巴人民遭受饥饿和疾病之苦，这是对古巴人民人权的严重侵犯。新措施提出对古巴裔美国居民回国探亲及侨汇进行苛刻限制，同样也严重侵犯了他们的人权。声明还指出，美国政府斥资数千万美元用于实施对古巴的反动宣传并支持古巴国内反革命分子，这是对古巴政府的悍然挑衅，严重违背了国际法准则。

5 月 14 日，在哈瓦那，面对成千上万名示威群众，卡斯特罗宣读他的"第一封致乔治·布什的信"。6 月 21 日，在一次百万群众的集会上，卡斯特罗宣读"第二封致乔治·布什的信"，信中指出，美国对古巴实行新的制裁措施，将会造成更严重的移民危机，甚至战争。7 月，美国政府 2 月制定的措施生效。这些措施旨在"抽空古巴政权的基础"。流亡在外的古巴人回国探亲访友被限制在每 3 年一次，每次 14 天，而且仅限于直系亲属；他们可携带的现金由原来的 3000 美元缩减到 300 美元，每日花费由 164 美元减少到 50 美元，行李重量原来没有限制，现在限定为 27 千克；由美国向古巴汇款的额度每年限制为 1200 美元，而且仅限于直系亲属。此前，通过 130 万流亡或移居美国的古巴人捐助和探亲访友方式，由美国流向古巴的资金每年达到 12 亿美元。8 月 26 日，由于巴拿马即将离任的总统米雷娅·莫斯科索决定特赦因图谋暗杀卡斯特罗而被判刑的波萨达·卡里莱斯及其 3 个同谋犯，古巴宣布同巴拿马断绝外交关系。

2005 年 1 月 18 日，美国国务卿赖斯在美国参议院外委会谈及小布什第二任期内对古巴的政策时强调，美国政府将把"支持自由古巴委员会"关于加强对古巴封锁的建议付诸实践，美国"必须在西半球孤立卡斯特罗独裁政权"，"促使古巴人民获得自由的日子早日到来"。2 月 22 日，小布什政府制定新的规定，限制古巴用美元现金购买美国的食品。美国财政部新规定要求古巴有关企业必须提前支付美元，而此前则是在货物到达古巴或从美国运出后才支付美元现金。

2006 年 7 月 5 日，美国"支持自由古巴委员会"向国家安全委员会提交了一份长达 93 页的报告，抨击古巴现行政治制度，认为美国应当认识并尊重"古巴人民对于民主的追求"，"帮助"古巴脱离"专制统治"。报告的主要内容包括：给予反古势力以资金支持，在未来两年内美国政府建立一项针对古巴的、总数为 8000 万美元的"民主基金"；主张美国还应加强对古巴的经济封锁；提议建立一个国际联盟，支持古巴转型。该报告还将对古巴的颠覆活动的具体实施时间定在卡斯特罗去世之后，认为一旦卡斯特罗去世，美国政府应立即协助古巴反政府势力迅速在古巴建立"过渡政府"；新政府一旦成立，美国政府应当在几个星期内派遣"顾问团"进驻古巴，协助古巴过渡政府建立并巩固"民主秩序"。

在 2006 年 7 月底卡斯特罗因病暂时移交权力后，8 月初，美国总统小布什和国务卿赖斯先后呼吁古巴人民"为岛上的民主改革而努力"，"促使古巴向多党选举的民主制度转变"。古巴政府认为这是美国政府领导人明目张胆对古巴的挑衅和对古巴内政的粗暴干涉。

2008 年 2 月 24 日，古巴最高领导层完成了权力的交替，在当天召开的第 7 届古巴全国人民政权代表大会上，劳尔·卡斯特罗当选并就任古巴国务委员会主席和部长会议主席，正式接替他的哥哥、执政长达 49 年的菲德尔·卡斯特罗。

面临着生死存亡的挑战，卡斯特罗、劳尔·卡斯特罗和古巴人民没有被吓倒，也没有屈服。卡斯特罗号召和动员古巴人民反对"双重封锁"，渡过"和平时期最危险、最困难的特殊时期"，提出了"拯救祖国、拯救革命、拯救社会主义"和"誓死捍卫社会主义、誓死捍卫马列主义"的誓言。

卡斯特罗作为古巴这个拉美小国的领导人居然与近在咫尺的世界超级强国的 10 位总统碰撞、抗衡了近半个世纪。

第 六 章

奥巴马执政时期的美古关系
（2009—2017）

第一节　奥巴马政府调整美国对古巴的政策

　　贝拉克·侯赛因·奥巴马①作为民主党总统候选人在 2008 年 11 月大选中获胜，当选总统。2009 年 1 月 20 日就任总统。其首任期间，美古关系有所改善。2013 年 11 月，奥巴马在大选中连选连任，于 2014 年 1 月 20 日再次就任美国总统。同年 12 月 17 日，奥巴马和古巴国务委员会主席兼部长会议主席劳尔·卡斯特罗分别在各自首都发表声明，宣布两国将就恢复两国外交关系展开磋商。2015 年 7 月 20 日，两国正式恢复外交关系，古美关系的正常化迈出了第一步。

一　美古关系正常化的国际国内环境

　　美古关系正常化有着深刻的国际国内背景，从国际背景来看，20 世纪末至 21 世纪头 15 年，拉美左翼的崛起是促使美古关系正常化的一个重要的国际因素。

　　拉美左派的崛起和退潮　奥巴马任内，拉美左翼从群体崛起到逐渐退潮。拉美左翼的崛起，迫使奥巴马不得不调整对古巴和对拉美的政策，与此同时，也使劳尔·卡斯特罗在坚持原则的前提下，改善与美国关系

---

　　① 贝拉克·侯赛因·奥巴马（Barack Hussein Obama, 1961—　），美国第 44 任（第 56、57 届）美国总统（2009—2017）。

的主张得到拉美多数国家政府的支持。而 2015 年后拉美左翼的退潮，又使奥巴马政府后期，特别是 2017 年 1 月上台执政的特朗普政府继续对古巴和拉美左翼政府采取强硬的政策。

自 20 世纪末起，拉美左翼力量出现群体性崛起，其影响力快速提升。1999 年 2 月 2 日，乌戈·查韦斯（Hugo Chávez，1954—2013）通过选举获胜就任委内瑞拉总统，标志拉美左派开始崛起。随后，拉美一系列国家的左派政党或组织在本国的大选中接连获胜。到 2015 年年初，左翼或中左翼政党掌权的拉美国家多达十多个。拉美左翼政府执政后，在政治、经济、社会和对外政策方面进行了改革和探索。在政治上，一些国家如委内瑞拉、玻利维亚、厄瓜多尔等国制定颁布了新的宪法，阿根廷、巴西等国修改了宪法，扩大了民众的权利，增加了民众对本国政治的参与程度，逐渐建立由人民主导的参与式民主。一些拉美左翼执政党和政府，如委内瑞拉统一社会主义党、厄瓜多尔祖国主权联盟提出了"21 世纪社会主义"，玻利维亚争取社会主义运动提出了"社群社会主义"，巴西劳工党也提出了"劳工社会主义"。在经济上，反对新自由主义的发展模式，提出"替代"模式，加强国家对经济的干预，通过对国民经济关键部门的国有化，掌握本国的经济命脉。2004 年至 2012 年，拉美左翼执政的国家和其他拉美国家，受益于国际市场上原油和初级产品价格攀升等因素，经济发展速度均比较快。在社会方面，注重社会公平和正义，如查韦斯政府执行"深入贫民区"计划，使中下层居民享受免费医疗；巴西劳工党卢拉·达席尔瓦（Lula da Silva，1945—　）和迪尔玛·罗塞夫（Dilma Rousseff，1947—　）政府先后实施"零饥饿计划"、"家庭救助计划"和"无贫困计划"等扶贫计划，使近 4000 万人脱贫，贫困人口减少，其中 3000 万人进入中产阶级行列，贫富差距有所缩小。在外交方面，反对帝国主义、霸权主义和强权政治，声援古巴、反对美国对古巴的封锁，奉行独立自主、多元化的外交政策，积极促进拉美地区的一体化，先后成立美洲玻利瓦尔联盟（ALBA）、南美洲国家联盟（UNASUR）和拉丁美洲与加勒比共同体（CELAC），主张建立国际政治和经济新秩序等。古巴哈瓦那大学西半球和美国研究中心主任豪尔赫·埃尔南德斯·马丁内斯教授认为，拉美左翼的崛起促使美国改变对古巴的政策。①

拉美左翼政府的这些改革措施，改变了这些国家此前政变频仍、政局动荡的局面，推动了民族经济和社会的均衡发展，保持了经济增长和社会稳定，从而得到民众的广泛认同和支持。

然而，2015 年之后，拉美政治格局明显地出现了"左退右进"的变化，拉美左翼政权受到前所未有的挑战，接连受挫，右翼势力抬头，拉美政坛的钟摆明显向右摆。2015 年 11 月 22 日，阿根廷中右翼"变革联盟"候选人、共和国方案党领袖毛里西奥·马克里（Mauricio Macri）当选总统，并于同年 12 月 10 日就任。马克里任内，奉行新自由主义经济政策，使阿根廷经济发生危机。2015 年 12 月 6 日，在委内瑞拉国会选举中，右翼反对派联盟"民主团结联盟"赢得了三分之二的多数席位，控制了国会。2016 年 8 月 31 日，巴西左翼劳工党罗塞夫总统被弹劾。拉美政局"左退右进"的变化，对美古关系正常化产生了不利的影响。

美国国际国内环境　从美国方面来看，美国面临的国际和国内环境发生了变化。奥巴马的前任小布什在执政 8 年中，不顾国际社会和美国国内民众的反对，秉持单边主义，以反恐为名，发动对阿富汗和伊朗的战争，使美国的国际威信下降。2007 年 8 月，美国爆发次贷危机，紧接着，又引发影响全球的金融危机。与此同时，国际格局加速调整和变革，世界多极化趋势日益加快，俄罗斯在普京执政下经济加快发展，外交表现强势；中国、印度、巴西等新兴大国崛起；发展中国家在国际事务中的话语权不断扩大，拉美国家作为重要的新兴力量在国际上的地位大大上升，美国的霸权地位受到严重挑战，迫使美国不得不调整其外交战略。

美国对古巴和拉美的政策遭到拉美大多数国家的反对，美国不得不希望通过改善美古关系来调整美拉关系。联合国大会自 1992 年起至 2014 年，连续 23 年以压倒性多数通过古巴提出的"终止美国对古巴经济、贸易和金融封锁之必要性"决议草案，要求美国立即结束针对古巴所实施的长达半个世纪的封锁。到 2009 年 6 月，拉美和加勒比所有国家都与古

---

① Jorge Hernández Martínez：*El Conflicto Cuba-Estados Unidos y la dinámica hemisférica：más allá de la coyuntura*, en Cuadernos Americanos, No. 153, julio-septiembre del 2015, pp. 173 – 174.

巴建立或恢复了外交关系。多年来，古巴进行不懈的外交努力，致力于在国际上打破美国的封锁，以创造更好的国际环境，保证国家的经济社会发展和本国经济模式的更新能顺利进行。

1990年老布什政府提出西半球经济一体化的"美洲倡议"，1994年美国和拉美国家宣布启动美洲自由贸易区的谈判，计划在2005年建立美洲自由贸易区。然而，拉美左翼政府明确反对新自由主义和美洲自由贸易区，它们主张加速拉美一体化的进程，提出新自由主义的替代方案，终于使美国在2005年建立美洲自由贸易区的计划遭到失败。2010年2月，在墨西哥召开的第21届里约集团峰会暨第二届拉美峰会（又称"拉美和加勒比团结峰会"）决定筹建涵盖所有33个拉美和加勒比独立国家的新地区组织，并定名为"拉美和加勒比国家共同体"（Comunidad de Estados Latinoamericanos y Caribeños —CELAC，简称"拉共体"），以替代里约集团和拉美峰会。2011年12月2日，拉共体在委内瑞拉首都加拉加斯宣告成立。这是一个将美国和加拿大排除在外、包括所有拉美和加勒比33个独立国家的一体化组织。拉共体的诞生，结束了拉美没有独立、统一和完整的地区组织的历史，是拉美和加勒比国家一次重要的区域联合。面临拉美地区日益上升的"离心"倾向，美国政府开始意识到对拉美的政策有调整的必要。奥巴马总统和希拉里·克林顿（Hillary Clinton）、约翰·克里（John Kerry）两任国务卿都曾表示美国的对拉政策已经失败。

美国国内形势也促使奥巴马政府调整对古巴的政策。奥巴马就任总统时，受金融危机影响，美国经济发展缓慢，国内就业形势严峻，社会保障和医疗保险等问题突出；美国国内政界人士和民众，特别是古巴裔美国人及其组织对古巴的民意发生重大变化。奥巴马就任时的民调结果显示，约80%的美国民众支持美国政府恢复与古巴的关系和主张美国取消对古巴的禁运。美国前总统卡特分别于2002年和2011年两次访问古巴，他呼吁美国政府取消对古巴的封锁，迈出实现美古两国关系正常化的第一步。美国民主党人士中，支持美古关系正常化的比例达60%，即使在传统上支持对古巴采取强硬政策的共和党人士中，支持改善美古关系的比例也有52%。国会内部也有不少议员大力推动美古关系的改善。

2009 年 2 月，美国参议院外交委员会委员、共和党参议员理查德·卢格（Richard Lugar）在一份报告中称，"美国对古巴的经济制裁遭到失败，我们应该承认我们现有对古巴的政策无效"①。同年 4 月初，由芭芭拉·李（Barbara Lee）率领的美国众议院代表团一行 7 人对古巴进行了访问，成为奥巴马就任总统以来首个访问古巴的官方代表团，代表团受到古方的热情接待，并受到古巴国务委员会主席劳尔·卡斯特罗和卡斯特罗的接见。劳尔·卡斯特罗表示，在"相互尊重和维护国家主权"的原则下，可以随时同美国进行对话。2013 年 2 月，由美国民主党参议员利希率领的由 5 名参议员和 2 名众议员组成的美国国会代表团对古巴进行了为期 3 天的访问。该代表团称，他们的访问目的是寻求改善美古关系。美国不少学者如卡梅洛·梅萨－拉戈（Carmelo Mesa-Lago）和豪尔赫·多明格斯（Jorge Domingez）等也主张美古关系正常化。2014 年 10 月，美国主流媒体《纽约时报》连续发表社论，要求奥巴马政府取消对古巴的禁运。②

古巴裔美国人对美古关系改善的态度发生了显著的变化。另据佛罗里达国际大学 2014 年对古巴裔美国人的民调结果，68% 的古巴裔美国人支持美古恢复外交关系，52% 支持美国取消对古巴的禁运。③ 2014 年上半年，30 岁以下的古巴裔美国人中支持美古复交的高达 88%。古巴裔美国人组织古美基金会的立场也发生演变，新的领导层决定呼吁美国政府采取更为温和的行动。古巴裔美国人对古政策主张的变化影响着奥巴马的决策。

在竞选总统期间，奥巴马曾多次表态要改善与古巴的关系，奥巴马较为务实的态度受到许多古巴裔美国人，特别是年轻的古巴裔美国人和 20 世纪 90 年代后期移居美国的古巴人的支持。2008 年 5 月，奥巴马在迈阿密受到古美基金会的欢迎。他在基金会讲话中承诺，如果他当选总统，

---

① http：//www. palavrasdosbrasileiros. com/2009/02/o-senador-republicano-richard-lugar. html.

② Editorial Board，"Obama should end the embargo on Cuba"，*The New York Times*，11 – X – 2014.

③ Carmelo Mesa-Lago，Normalización de relaciones entre EEUU y Cuba：causas，prioridades，progresos，obstáculos，efectos y peligros. Real Instituto Elcano，Documento de Trabajo 6/2015，8 de mayo de 2015，pp. 4 – 5.

将放松对古巴的制裁。

奥巴马上台后，他力图改变小布什单边主义和"先发制人"的战略，转向注重运用软实力和"预防性遏制"的战略手段，主张与"敌对国家"进行对话和谈判，以达成妥协。2013年11月18日，奥巴马的第二任国务卿克里在位于华盛顿的美洲国家组织总部发表演讲时称，"纵观美国历史，历任总统都强调门罗主义，并选择了相似的外交政策。然而今天，我们作出了不同的选择。门罗主义时代已经终结……美国一直在探索并致力于发展一种新型关系，这种关系不再是美国宣布在何时以何种方式干预美洲国家事务，而是所有国家都平等相待，分担责任，就安全议题进行合作。我们不再遵从门罗主义，而是遵守美洲国家作为合作伙伴共同作出的决定，以推进共同的价值观和利益"。他指出："我们已经走过了（门罗主义）那个时代，今天我们必须走得更远。问题在于，我们作为平等的合作伙伴能否实现目标？这将需要变革的勇气和意愿，但更重要的是，我们之间应该有更高水平、更深入的合作。"①

古巴国际国内环境　从古巴方面来看，20世纪90年代初苏联的解体在政治上和经济上给古巴巨大的打击。然而，20世纪90年代末和21世纪头15年拉美左翼的崛起，使古巴的国际环境有了大的改善，特别是在委内瑞拉查韦斯执政时期，委内瑞拉与古巴成为莫逆之交。在政治上，委古两国共同高举反美大旗，成为拉美地区左翼运动的带头人；在经济上，互相帮助。古巴向委内瑞拉派遣大批医务人员和教师，委内瑞拉以向古巴提供大量的原油作为回报。古巴每天需要13万桶原油，但古巴本国只能日产5万桶左右，委内瑞拉自2002年起每天以低价供应古巴5万桶原油左右，后又增至10.5万桶，除满足古巴本国需求外，还略有剩余，古巴将剩余部分提炼加工后转出口获取外汇。但是，2013年3月5日查韦斯因病去世后，由于国际油价下跌和委内瑞拉本国石油产量下降，委内瑞拉发生经济危机，自2014年9月起，委内瑞拉对古巴供应的原油大幅度减少，对古巴的其他援助也显著减少，这不能不促使古巴领导人考

---

① "La era de la doctrina Monroe ha terminado", asegura John Kerry, https：//expansion. mx/mundo/2013/11/18/la-era-de-la-doctrina-monroe-ha-terminado-asegura-john-kerry.

虑尽快恢复与改善和美国的经贸关系。

2006年7月31日，菲德尔·卡斯特罗因健康原因，将国家最高权力暂时移交给了劳尔·卡斯特罗。2008年2月，在古巴第七届全国人大会议上，劳尔正式当选为古巴国务委员会主席和部长会议主席，接替卡斯特罗。劳尔执政后，多次表示，古巴政府愿意在尊重主权、自主和平等的基础上与美国政府谈判，使两国关系正常化。

2011年4月，古巴共产党召开"六大"，劳尔接替卡斯特罗当选为古共中央第一书记。古共"六大"通过了《党和革命的经济与社会政策的纲要》（简称《纲要》）这一纲领性文件。2016年4月，古共召开"七大"，"七大"通过了《古巴社会主义经济社会模式的理念》（简称《理念》）等重要文件。古共"六大"和"七大"通过的这些文件，为古巴社会主义经济和社会模式的更新指明了方向道路，使全党和广大民众统一思想、达成共识。为落实这些文件，古巴党和政府采取了一系列更新经济和社会发展模式的新改革措施。

古共"六大"以来，古巴模式的更新和经济建设取得了一定的成效，但由于国内外的种种原因，模式更新的经济效果并不明显。古巴经济增长比较缓慢，2011年至2015年年均国内生产总值增长率为2.8%。其中2014年只增长1.3%，没有完成预定2.2%的指标。古巴迫切希望通过改善与美国的关系，敦促美国减少甚至取消对古巴的封锁和制裁来加快本国经济的发展。

二 古美关系正常化的进程

奥巴马第一任内（2009—2013）古美关系的变化　2009年1月20日，民主党奥巴马就任第44任美国总统。奥巴马在竞选中，多次承诺将改变对古巴的政策。2007年8月20日，奥巴马发表署名文章《我们的主要目标：古巴的自由》，文章说"如果古巴开始民主化进程，美国已经准备好开启与古巴关系的正常化，放松维持半个世纪的制裁措施"①。不久，

---

① CSC news：Obama Calls for Easing Cuba Embargo，https：//cuba-solidarity. org. uk/news/article/1133/obama-calls-for-easing-cuba-embargo.

他在迈阿密一次竞选集会上承认，"美国过去50年对古巴采取的政策是失败的，我们需要改变它"。奥巴马执政后，开始调整对古巴的政策，增加了与古巴政府的接触和对话，启动与古巴关系的正常化。与此同时，古巴政府也对奥巴马政府愿意对话谋求两国关系正常化的意愿予以积极回应。

在国内外的压力下，奥巴马在其第一任期内，采取了一些缓和与古巴关系的举措，如加强民间交流、放宽美籍古巴侨民汇款额度、允许美籍古巴人回古探亲，以及在两国通航、通邮、通商等方面都迈出了较大的步伐，双方官方层面上的互动增加。

第5届美洲国家首脑会议 奥巴马就任总统不久，2009年4月17—19日，第5届美洲国家首脑会议在特立尼达和多巴哥首都西班牙港举行。自1994年第1届美洲峰会起，古巴一直被排除在美洲峰会之外。第5届美洲峰会同样没有邀请古巴参加。但是，古巴却成为这次峰会缺席的主角。美国国务卿希拉里·克林顿在峰会开幕前访问多米尼加共和国时说，美国此前对古巴政策已经"失败"①。

在4月17日峰会的开幕式上，第一个发言的上届峰会主席阿根廷总统克里斯蒂娜·费尔南德斯（Cristina Fernández）强调，美国应该取消对古巴的封锁。代表中美洲一体化体系的尼加拉瓜总统丹尼尔·奥尔特加（Daniel Ortega）也强调说，没有古巴的参加，美洲峰会就不能称作美洲峰会。在峰会的进程中，许多拉美国家领导人都强烈要求美国取消对古巴的封锁，要求美洲国家组织重新接纳古巴，要求下届美洲峰会必须邀请古巴参加。

奥巴马不得不临时修改他的讲话稿，在开幕式发言中表示美国将寻求与古巴关系的"新开端"②，他表示理解拉美国家对美古关系的关切，美国现阶段可以就其他广泛议题与古巴展开磋商。但奥巴马认为美古关系性质的改变不会"在一夜之间完成"。

---

① https：//www.abc.es/20090417/internacional-estados-unidos/clinton-reconoce-politica-hacia－200904171755.html.

② https：//www.elmundo.es/elmundo/2009/04/18/internacional/1240011619.html.

人们注意到，就在峰会召开前夕，4 月 13 日，奥巴马宣布，解除古巴裔美国人前往古巴探亲及向古巴亲属汇款的限制，修订关于礼物包裹的规定，将此前规定的非食品类礼物包裹的 200 美元的限定价值提高至 800 美元，允许美国电信公司进入古巴市场。

奥巴马在 4 月 19 日峰会闭幕那天举行的记者招待会上说，美国期待古巴方面做出某种回应，如释放政治犯、开放民主，要求古巴政府不要对旅美古侨往古巴国内的汇款收取高额的手续费等。同一天，奥巴马的经济顾问拉里·萨默斯（Larry Summers）表示，尽管美古之间的对立关系出现松动，但他认为，美古关系的真正改善尚需时日。拉美国家领导人对奥巴马对美古关系的表态表示欢迎，但认为这只是"良好的开始"和"小小的一步"，还远远不够。

第 39 届美洲国家组织年会 2009 年 6 月，在洪都拉斯召开的第 39 届美洲国家组织年会上，拉美国家一致提出重新接纳古巴回到该组织，美方表示同意和支持，会议最终通过废除该组织 1962 年有关驱逐古巴的决议。

7 月，美古两国正式恢复 2004 年小布什任内中止的关于移民问题的对话。9 月，美国财政部进一步落实奥巴马 4 月宣布的对古巴的新政策，宣布修改针对古巴的《财产控制规定》，允许在美国的古巴侨民可无限制地回古巴探亲，并且可对其在古巴国内的亲属无限额和无次数限制地汇款。

古美在非传统安全领域的合作出现了突破性的进展。2010 年 1 月 12 日，海地遭遇 7.3 级强烈地震，造成 20 多万人死亡和 19 万人受伤。古美双方在海地救灾和重建联合行动中开展合作。同年 4 月 20 日，墨西哥湾"深水地平线"钻井发生爆炸并导致漏油事故后，古美两国展开环保合作，以阻止漏油进一步扩散到古巴海岸。

第 6 届美洲国家首脑会议 2012 年 4 月 14—15 日，第 6 届美洲国家首脑会议在哥伦比亚卡塔赫纳市举行，这次峰会的主题是"美洲团结：合作繁荣"。美国仍以古巴政府是非民主选举产生为由，不让古巴领导人出席峰会。厄瓜多尔左翼总统拉斐尔·科雷亚（Rafael Correa）宣布，由于古巴领导人未被邀请，他拒绝与会，以抗议将古巴拒之门外。与古巴关系密切的委内瑞拉、尼加拉瓜等国领导人也抵制这次峰会，阿根廷和玻利维亚总统提前离会。由于西半球左右翼政权严重对立，在一些重大问题上立场迥异，第6届美洲峰会没有能实现团结的愿望，古巴等问题使这次峰会不欢而散，这次峰会没能发表共同声明。许多拉美国家领导人表示，如果下届美洲首脑会议再不邀请古巴参加，他们将拒绝出席。

奥巴马继续对古巴施压　奥巴马政府一方面松动对古巴的经济制裁，另一方面依然对古巴施压要求其改变社会制度，并以此作为美国放弃经济制裁和取消封锁的条件。此外，奥巴马政府还专门拨款资助古巴反政府势力，如2010年美国联邦政府就在预算中划拨5000多万美元资助古巴反政府势力。古巴领导人劳尔说，美国当局正在对古巴进行新一轮破坏活动，企图"颠覆古巴经济和社会制度"。

据美国媒体报道，美国国际开发署及其承包商自2009年10月起，以旗下项目为幌子，秘密派遣来自委内瑞拉、哥斯达黎加和秘鲁的年轻人前往古巴从事反政府活动，这些年轻人通常伪装成游客或以开展卫生和民间项目为幌子，入境古巴后四处物色能被"策反"为反政府人士的大学生等普通古巴人。[①]大约10名来自拉美国家的年轻人受到招募，每小时佣金为5.41美元。与此同时，美国国际开发署在2010年至2012年在古巴创建和运营一个制定了一个名为ZunZuneo（蜂鸟的叫声）的计划，创建了一个社交媒体网络，表面上通过向用户推送文字信息并为用户之间的交流提供平台，但暗地里却企图利用这一网络破坏古巴政权。其数百万美元的资金来源均来自美国国际开发署，目的是"使古巴政治不稳定"。

奥巴马第一任内，美古关系有所缓和，双边关系取得明显进展，在一些非传统安全领域双方开始合作，为后来两国关系正常化打下了良好的基础。但是，奥巴马政府仍坚持对古巴施压，派人到古巴从事破坏和颠覆活动。由于奥巴马想争取连选连任，他害怕因在改善与古关系方面步子迈得太快会影响自己的得票率，因此，在其第一任内，在美古关系

---

① http://www.cubadebate.cu/noticias/2014/08/05/the-christian-science-monitor-la-nueva-arti-mana-contra-cuba-otro-tanto-en-contra-de-la-usaid/.

正常化方面没能取得突破性进展。

第二节　奥巴马与劳尔·卡斯特罗
历史性的宣告

2012 年 11 月 6 日，奥巴马再次当选总统，并于 2013 年 1 月 20 日就任。在其第二任内（2013—2017），奥巴马加快了与古巴关系正常化的步伐。

一　秘密谈判打开了双边关系正常化的大门

2013 年 2 月，劳尔在接见访古的美国国会代表团时称，古美两国都犯过错误，但现在应该将过去的一页翻过去了。自 2013 年 6 月开始，古美两国政府高级代表奥巴马的国家安全事务副助理本杰明·罗兹（Ben Rhodes）、国家安全委员会拉美事务顾问里卡多·苏尼亚加（Ricardo Zuniga）和国务院泛美事务助理国务卿罗贝尔塔·雅各布森（Roberta Jacobson）与古巴政府高级代表、古巴外交部美国司司长何塞菲娜·比达尔（Josefina Vidal）等在加拿大进行了长达 18 个月的秘密谈判①，双方代表一共举行了 9 轮会议。谈判地点主要在加拿大，但加拿大政府没有直接参与谈判。此外，罗马教宗方济各（Pope Francis，1936—　）曾协助双方接触。

同年 12 月 10 日，奥巴马与劳尔在南非共同出席曼德拉葬礼时罕见握手，迅即引发国际社会的强烈关注。

古巴关系正常化的障碍和症结　　古美关系正常化有不少障碍。对古巴来说，主要障碍之一，是美国对古巴的经济贸易和金融的封锁。根据古巴副外长阿贝拉多·莫雷诺（Abelardo Moreno）2014 年 9 月 9 日在新闻发布会上公布的数字，美国对古巴实施经济封锁 52 年，到 2014 年 3 月，给古巴造成了 1168.8 亿美元的经济损失，如果考虑美元贬值因素，

---

① Cuba-EEUU: 18 meses de conversaciones secretas en Canadá y el Vaticano, http: // www. teinteresa. es/mundo/meses-conversaciones-secretas-Canada-Vaticano_ 0_ 1268275368. html.

损失超过 1 万亿美元。他还指出，自 2009 年 1 月奥巴马上台后至 2014 年 7 月，美国政府对 37 家与古巴进行贸易的美国和外国企业罚款达 110 亿美元。①

困扰古美关系正常化的主要症结之一是被古巴关押的美国承包商艾伦·格罗斯（Alan Gross，1949—　）的释放问题和被美国关押的古巴特工的释放问题。②

格罗斯在总部设在美国马里兰州的发展选择公司工作，而该公司是美国国际开发署承包商。他先后 5 次以旅游者身份到古巴，于 2009 年 12 月在古巴被捕。他在个人行李中把一些卫星通信设备和其他高技术装备偷运进古巴，并帮助古巴各地一些持不同政见者和组织安装这些设备以便与国外反古机构联系。古巴认定，格罗斯非法携带通讯设备进入古巴，按照美国政府一个秘密项目在古巴建设网络，"扰乱古巴宪法秩序"，从事"破坏古巴独立和领土完整"活动，企图颠覆古巴政权。因此，2011 年他被判 15 年监禁。美国前总统卡特、前州长比尔·理查德森（Bill Richardson）等美国政要曾到访古巴，游说古方放人，但均以失败告终。但古巴方面一再表示愿意就释放格罗斯一事与美方保持接触。

1998 年 9 月，美国警方以"威胁美国国家安全、从事间谍活动和企图实施谋杀"的罪名，逮捕了在美工作的赫拉尔多·埃尔南德斯等 5 名在美国的古巴特工人员。2001 年 12 月 27 日，美国迈阿密联邦法院宣布对这 5 人分别判处 15 年至无期徒刑不等的判决。古巴政府强烈反对美国的指控和判决，坚持认为这 5 名古巴人是无辜的。古巴方面认为，这 5 人在美收集有关恐怖主义的情报是为了揭露和阻止恐怖分子从美国对古巴阻止实施恐怖活动，没有触犯美国法律。2001 年 12 月 29 日，全国人民政权代表大会授予被美国囚禁的 5 位古巴人以"共和国英雄"③ 的称号。到 2014 年，这 5 人中，费尔南多·冈萨雷斯（Fernando González）和雷

---

① http://www.elnuevoherald.com/2014/09/09/v-print/1838898/cuba-cifra-en-11-billones-de-dolar.

② Perfil：Conozca quién es Alan Gross ｜ Noticias ｜ teleSUR, https://www.telesurtv.net/news/-Perfil-Conozca-quien-es-Alan-Gross-20141217-0043.html.

③ Los Cinco Héroes-EcuRed, https://www.ecured.cu/Los_Cinco_H%C3%A9roes.

内·冈萨雷斯（René Gonzalez）两人因刑满已被美国释放回国，尚有3人仍被关在监狱，这3人是：赫拉尔多·埃尔南德斯（Gerardo Hernández）、拉蒙·拉瓦尼诺（Ramón Labañino）和安东尼奥·格雷罗（Antonio Guerrero）。埃尔南德斯是这5人小组的负责人，1998年被捕后于2001年以间谍和阴谋谋杀等罪名被判处两次终身监禁外加15年。拉瓦尼诺先是被判处终身监禁外加18年，后于2009年被改判30年监禁。格雷罗于2009年被美国改判22年监禁。古巴此前曾提出愿意通过释放格罗斯交换在美国被控间谍罪的3名古巴特工人员，但遭美方的拒绝。

古巴的埃博拉外交使美古关系拉近　2014年2月，西非发生埃博拉疫情后，古巴迅速派医务人员到西非。

2014年10月17日，美国国务卿克里称赞古巴在抗击埃博拉病毒方面是"以惊人之举打头阵的伟大的小国"，是"地球村模范市民"。10月18日，卡斯特罗在《格拉玛报》上发表题为《是该负起责任的时候了》的文章①，文章称："我们很乐意同美国医疗工作者一起合作来完成抗击埃博拉病毒的任务，这并不是为了寻求多年来一直敌对的两国之间的和平，而是为了世界和平这一可能和必然要实现的目标。"紧接着10月20日，劳尔也在哈瓦那召开的美洲玻利瓦尔联盟峰会上说，古巴愿意将争议暂时搁置，与美国合作抗击埃博拉。10月29—30日，美国派疾病控制与预防中心（CDC）中美洲事务主任内尔逊·阿尔博雷达（Nelson Arboleda）等参加了在哈瓦那召开的地区抗击埃博拉技术会议。有评论说，抗击埃博拉使古巴与美国接近。②

2014年10月20日，古巴辩论（Cuba Debate）网站全文转载了《纽约时报》一篇题为《古巴在抗击埃博拉方面的贡献令人瞩目》的社论。社论说，"作为一个贫穷、相对封闭的岛国，古巴与埃博拉正在肆虐的西非大陆远隔7000多千米。尽管如此，通过承诺派遣数百名医务人员前往疫区中心，古巴成为国际社会抗击埃博拉表现突出的一员。古巴做出的

---

① http：//www.cubadebate.cu/especiales/2014/10/18/articulo-de-fidel-la-hora-del-deber/.

② http：//www.infolatam.com/2014/10/29/el-ebola-argumento-de-acercamiento-entre-estados-unidos-y-cuba/.

巨大贡献无疑是为努力改善其在国际舞台的地位，但它仍然应该获得赞赏与效仿。埃博拉给世界造成恐慌，那些有能力的国家却未能做出恰当的应对。尽管美国和其他一些国家表示愿意提供资金，但只有古巴和少数几个非政府组织提供了目前最急需的帮助：诊治病人的医务人员。令人遗憾的是，美国作为抗击埃博拉最主要的资金提供者却未与古巴建立外交关系。对于奥巴马政权而言，这种进退两难的局面说明，与古巴关系正常化利大于弊。"

格罗斯和古巴特工被释放　自 2013 年 6 月起，古美两国政府高级代表在加拿大进行了长达 18 个月的秘密谈判。期间，罗马教宗方济各曾协助美古双方的接触，他分别致信奥巴马和劳尔，敦促双方致力于改善两国关系。① 美国国务卿克里曾数次与古巴外长布鲁诺·罗德里格斯（Bruno Rodríguez）通电话。2014 年 12 月 16 日，奥巴马与劳尔·卡斯特罗通话 45 分钟，最终确定了双方达成的协议。

经过古美两国多轮谈判和罗马教宗的斡旋，2014 年 12 月 17 日，美国宣布，古巴已于 2014 年 12 月 17 日释放了格罗斯，格罗斯已乘坐飞机回美国。同时，美国也释放了被关在美国监狱里的、刑期未满的 3 名古巴特工人员。至此，这一阻碍两国关系正常化的问题，终于得到解决。

二　历史性的宣告

奥巴马和劳尔宣告美古关系开始正常化　2014 年 12 月 17 日，美国总统奥巴马和古巴国务委员会主席劳尔分别在各自首都同时宣布两国将就恢复两国外交关系展开磋商。奥巴马在白宫发表讲话②说，美国将终止过去半个多世纪对古巴执行的业已"过时的"政策，转而寻求开启两国关系"新篇章"，他宣布，国务卿克里将就恢复两国外交关系与古巴进行磋商，美国将在数月内在古巴首都哈瓦那重建大使馆。奥巴马还说，美国政府将重新审视把古巴列为支持恐怖主义国家的问题，白宫将就取消

---

① Cuba-EEUU：18 meses de conversaciones secretas en Canadá y el Vaticano，http：//www. teinteresa. es/mundo/meses-conversaciones-secretas-Canada-Vaticano_ 0_ 1268275368. html.

② 奥巴马讲话的西班牙文参见：http：//www. cubadebate. cu/noticias/2014/12/17/intervencion-del-presidente-barack-obama-anunciando-cambios-en-la-politica-hacia-cuba/。

对古巴长达半个多世纪的贸易禁运与国会进行磋商。美国正在采取措施扩大与古巴的旅游和贸易等。

与此同时，劳尔也在同一天发表以下电视讲话①：

同胞们：

自从我当选国务委员会主席兼部长会议主席以来，我在多次场合反复表明，我们愿意与美国政府在主权平等的基础上进行相互尊重的对话，从而以互惠的方式解决各种问题，不损害民族的独立和我们人民的自决权。

这是在我们长期斗争中的各个时期，菲德尔·卡斯特罗以公开和个人的方式，向美国政府表明的立场。他提出不放弃我们的任何原则，以谈判的方式讨论和解决分歧。

英勇的古巴人民在面对重大危险、侵略、逆境和牺牲时，表现出忠于并将一直忠于我们追求独立和社会公正的理想。在革命胜利后的56年里，我们紧密团结，对自1868年古巴独立战争以来为捍卫这些原则而牺牲的烈士们无比忠诚。

现在，尽管困难重重，但是我们仍向前推进经济模式的更新，旨在建设一个繁荣和持续的社会主义。

经过高层对话，包括昨天我与奥巴马总统的电话交谈，双方在解决两国共同关心的某些问题上能进一步推进。

正如菲德尔在2001年6月所做出的承诺，他当时说："他们一定会回来！"今天，赫拉尔多、拉蒙和安东尼奥回到了我们的祖国。

他们的家人以及为实现这个目标不懈努力的我国全体人民，都感到十分高兴。这份喜悦传到数百个委员会和声援小组；传到各国政府、议会、组织、机构和重要人物，16年来，为解救他们，这些机构和个人不断呼吁和全力以赴。我们向他们表示最深切的感谢和

---

① Los discursos de Obama y Castro, https：//www. ambito. com/mundo/los-discursos-obama-y-castro-n3871707, http：//www. cubadebate. cu/opinion/2014/12/17/alocucion-del-presidente-cubano-los-cinco-ya-estan-en-cuba/#. VUW‑H9JAU‑0.

承诺。

奥巴马总统的这个决定值得受到我国人民的尊重和感谢。

我想感谢梵蒂冈的支持，尤其是感谢教宗方济各为改善古美关系所给予的支持。同样，感谢加拿大政府为实现两国高层对话创造了便利条件。

同时，我们决定释放一位服务美国的古巴裔间谍并将其送回美国。

另一方面，基于人道主义理由，美国公民艾伦·格罗斯今天也获得释放回国。

我们单方面决定并严格依照我们的法律程序，这些囚犯获得司法方面的优待，包括我们还释放了美国政府关注的一些犯人。

我们同意恢复两国外交关系。

但这并不说明双方的主要分歧已解决。美国应停止对我国实行的经济、贸易和金融封锁，这造成我们巨大的人员伤亡和经济损失。

尽管封锁措施已成为法律，美国总统可以使用行政权修改这些措施。

我们建议美国政府采取相互措施，改善双边气氛，以《联合国宪章》和国际法原则为基础，推进两国关系正常化。

古巴重申愿意与联合国等多边组织进行合作。

我们承认我们两国之间在国家主权、民主、人权和对外政策这些基本领域存在重大分歧，我重申我们愿意就这些问题进行对话。

我呼吁美国政府取消那些阻碍两国人民、两国的家庭以及公民联系的限制，尤其是对两国人民之间旅行、通邮和电信的限制。

双方交流方面所取得进展表明是有可能找到解决许多问题的途径。

正如我们反复提及的，学会文明地存异共处的艺术。

我们今后还会提到这些重要主题。

谢谢！

劳尔在讲话中尔强调，恢复外交关系并不意味着两国之间的主要问

题即美国对古巴的封锁问题已经解决，美国必须解除对古巴长达半个多
世纪的经济贸易和金融的封锁。他表示，尽管两国存在很多根本性差异，
但古巴愿与美国进行合作和探讨，应该"学会文明地存异共处的艺术"。

联合国秘书长潘基文12月17日在年终记者会上说，美国和古巴宣布
启动恢复外交关系磋商是一个积极进展，希望两国人民由此进一步扩大
交流。联合国大会曾多次通过决议敦促美国和古巴改善关系，他衷心欢
迎这一进展，表示联合国愿帮助两国"培养良好的邻国关系"。

第7届美洲国家首脑会议和劳尔与奥巴马首次正式会见　2015年4
月10—11日，第7届美洲国家首脑会议在巴拿马首都巴拿马城举行。东
道主巴拿马邀请古巴参加这次会议。4月11日，劳尔与奥巴马在巴拿马
峰会上进行了历史性的长达80分钟的会晤。这是近半个多世纪来，古美
两国领导人首次正式会晤，具有历史意义，被认为是古美关系发展的里
程碑。奥巴马对劳尔说，"冷战已经结束"，"我们翻过了历史的一页，开
启了两国关系的新时代"。劳尔表示，两国虽仍存在分歧，但双方都同意
互相尊重对方观点，"我们愿意谈任何事情，但一切都需要耐心，而且要
非常耐心，我们尊重我们之间的分歧"。

5月29日，美国国务卿克里宣布自即日起，美国政府将古巴从"支
持恐怖主义国家"黑名单中去除。① 此举为美古两国恢复外交关系扫除了
一个主要障碍。

第三节　美古恢复外交关系与美古
关系的改善

一　美古恢复外交关系

美古正式恢复外交关系　2015年7月1日，奥巴马宣布，自7月20
日零时起，美国与古巴正式恢复外交关系，两国在对方的利益照管处升
级为大使馆。当天凌晨4点，美国国务院工作人员便在国务院正门大厅

---

① 美国国务院自2002年起，在历年所公布的《全球恐怖主义形势报告》中，无端指责古
巴为"支持恐怖主义的国家"，并加强对古巴的经济封锁和制裁。

内正式悬挂古巴国旗。这一天，古巴外长罗德里格斯赴美出席古巴驻美国大使馆重开升旗仪式。上午 10 点半，罗德里格斯与美国负责西半球事务的助理国务卿雅各布森等 500 多人出席了古巴驻美国大使馆重开仪式。随后，罗德里格斯外长还到访美国国务院，与国务卿克里会晤，这也是半个多世纪以来古巴外长首次访问美国国务院。

与此同时，当天，美国驻古巴大使馆也发表声明，宣布位于哈瓦那的美国驻古巴利益照管处正式升级为美国驻古巴大使馆。美国驻古使馆的正式升旗仪式是在 8 月 14 日国务卿克里访问古巴时举行，克里成为1945 年以来首位访问古巴的美国国务卿。古巴外长和美国国务卿先后实现互访，结束了两国持续半个多世纪的敌对状态。

美古关系的改善 两国建交后，建立了双边委员会，两国多位部长实现互访，两国政府代表讨论了两国的"三通"（通航、通邮和通商）问题和环保、扫毒、反恐、移民和赔偿等问题，并就通航、通邮、扫毒、环保等问题达成了协议，美古关系史掀开了新的篇章。

尽管双方恢复了邦交，但由于两国半个多世纪来的长期对立、颠覆与反颠覆以及两国意识形态及政治制度的差异巨大，两国之间不可能在短期内建立战略互信，美国对古巴经济制裁也难以在短时间内解除，两国关系正常化道路注定是漫长和曲折的。

美古恢复外交关系，在一定程度上改善和缓和了美国与拉丁美洲的关系。美古修好，得到拉美各国政府和人民的欢迎，拉美不少国家领导人都对古美关系的改善表示欢迎和祝贺。

促使奥巴马下决心与古巴关系正常化的主要原因 原因之一是美国对古巴的封锁和制裁没有奏效，美国对古巴的政策遭到失败；美国对古巴采取的长期敌视政策，不仅没有达到颠覆古巴政权的目的，反而使自身陷入较为被动的局面。原因之二是奥巴马想通过与古巴外交关系的突破、与古修好，赢得国内外的好评，为自己的政治生涯留下印记，成为其重要的政治遗产、名垂青史。原因之三是奥巴马想通过与古巴关系正常化，改善与拉美国家的关系，平息因对古巴封锁所引起的拉美国家普遍的不满，以恢复美国在西半球的领导地位。原因之四是美国国内政界、商界要求恢复和改善与古巴关系的呼声越来越强烈。原因之五是奥巴马不想失去古巴这个市场。

古美交恶已有半个多世纪，"冰冻三尺非一日之寒"，古美关系的解冻和正常化并非易事。劳尔主席认为，古美重开使馆和恢复外交关系，与两国关系正常化并不是一回事。要废除对古巴封锁的"托里切利法"和"赫尔姆斯—伯顿法"等有关法令，在美国国会中阻力还很大。美古两国复交和重开使馆，距离美古两国关系完全正常化还相差甚远。正如劳尔在巴拿马美洲峰会的讲话中所说，"直至今天，美国对古巴的经济、贸易和金融封锁依然在加强，给古巴人民造成了损失和物资匮乏，是古巴经济发展的主要障碍"。

美古的复交表明，美国对古巴的敌视政策遭到失败，而古巴抵抗和反对美国的敌视政策取得胜利，美古复交对美国来说，使美拉关系得到改善；对古巴来说，与美国的接近有利于古巴扩大与美国的经济贸易和吸收美国的投资和技术。与此同时，也有利于古巴发展与其他西方国家的关系。

二 古巴在古美复交谈判中的地位和政策

古巴和美国复交是国际关系中的重要事件。在这场古美复交的重要谈判中，古巴与美国的实力相差悬殊，古巴在谈判中的地位和政策如何，如何评价这场谈判的结果，是人们注目的焦点。

古巴在谈判中的地位　美国对古巴持续半个多世纪的经济封锁和贸易禁运，给古巴人民带来了深重的苦难。20 世纪 90 年代初苏联的解体使古巴失去政治依托，在经济上受到巨大打击。但是，古巴不仅经受住了严峻的考验，而且坚持马列主义，坚持革命，坚持社会主义。古巴党和政府在探索符合本国国情的建设社会主义的道路方面，在政治、经济、军事、社会和外交等各方面取得了显著的成就，古巴已踏上了一条在变革开放中坚持、巩固和发展社会主义的道路。古巴党和政府能根据形势变化，审时度势，采取了一系列更新本国经济和社会模式的战略举措，以适应新的世界格局，使本国经济同世界经济接轨。古巴的政权在国内有深厚的民意基础，古巴没有特权阶层，人民享有平等的权利，实现了全民免费医疗和免费教育。古巴的领导人是在长时期斗争中产生的，在民众中享有崇高威望。古巴政府的对外政策，尤其是对美国的政策，得到民众的支持，古巴政府以本国民众的支持为依托，在与美国谈判中处于平等、有利的地位。

拉美和国际社会坚定支持古巴　多年来，古巴将拉美作为其外交的重点，到 2009 年古巴与萨尔瓦多复交后，古巴已同其他 32 个拉美和加勒比国家建立了外交关系。到 2014 年年底，古巴与 182 个国家有外交关系。古巴于 1979 年和 2006 年两次举办不结盟国家首脑会议。2000 年在哈瓦那召开的南方首脑会议，有 133 个国家派代表团出席。古巴是拉美和加勒比共同体（简称拉共体）的创建国之一，2010 年 2 月，劳尔到墨西哥坎昆参加第 2 届拉美和加勒比国家一体化和发展首脑会议，会议决定成立拉共体。2011 年 12 月初，他又到委内瑞拉加拉加斯参加第 3 届拉美和加勒比国家一体化和发展首脑会议及第 22 届里约集团首脑会议，会议正式宣告拉共体成立。2014 年 1 月 29 日，作为拉共体轮值主席国，劳尔在哈瓦那主持召开了第 2 届拉共体首脑会议，会议宣布拉美和加勒比地区为"和平区"。

2008 年，欧盟开始与古巴恢复低级别的接触。2011 年 6 月，法国与古巴在哈瓦那签署了建立政治磋商机制的备忘录，重启政治对话。同年年底，法国又与古巴进行经济合作对话。自 2014 年 4 月起，欧盟积极与古巴恢复和发展关系。罗马教宗约翰·保罗二世、本笃十六世和方济各先后于 1998 年 1 月、2012 年 3 月和 2015 年 9 月访问古巴，卡斯特罗和劳尔也先后于 1996 年和 2015 年 5 月访问梵蒂冈。中国、越南、俄罗斯等许多发展中国家和新兴国家坚决支持古巴反对美国封锁的斗争，协助古巴拓展国际空间，帮助古巴渡过难关。

美国国内要求美古关系正常化的呼声越来越强烈　奥巴马作为美国历史上的第一位黑人总统，他在美古关系和正常化方面，发挥了关键作用。进入 21 世纪以来，由于美国政府对拉美不够重视，美国在拉美的影响力不断下降，大多数拉美国家不再唯美国马首是瞻，拉美国家的外交日趋独立和多元化。奥巴马上台后，为扭转小布什执政时期美拉关系日益疏远的局面，重塑美国在拉美的领导地位，对美国对拉美的政策进行了调整，并表示要开启与古巴关系的"新开端"。从地缘政治角度来讲，美国必须调整对拉美的政策，以稳住它的"后院"，而古巴问题始终是美拉关系中的核心问题。

美国国内不少前政要、国会议员、大学教授、宗教人士、民间团体、企业家等有识之士呼吁美国政府尽快恢复与古巴的外交关系，改变对古巴的封锁和禁运政策，并冲破种种阻挠访问古巴。2001年，古巴遭受严重飓风灾害，美国国会破例允许美国向古巴出售食品和药品。古巴抓住机遇，在外汇十分短缺的情况下，接受美国提出的用现款外汇购买美国的食品和药品，以打破美国的封锁，开始与美国进行直接贸易，通过现汇贸易，古巴与美国大多数州建立了贸易往来，此外，两国在体育、文化、学术、科技方面的交流也逐渐增加，为两国恢复正常关系打下了基础。

古巴在谈判中的政策与策略　古巴领导人清醒地认识到，古巴经济社会的发展不可能总是在封闭的状态下实现，古巴社会主义经济社会模式的更新需要好的国际环境，而美国对古巴的封锁和制裁是古巴发展的最大障碍。因此，必须设法改善古美关系，敦促美国尽快取消封锁，实现两国关系正常化，才能改善古巴的生存条件，确保古巴改革开放的顺利进行。因此，应当抓住民主党奥巴马在位期间，美国政府愿意改善关系、两国关系有可能破冰的良机，推动形势朝着有利于古美复交的方向发展。

古巴在谈判中的政策是：首先，坚持原则。在奥巴马访古前和访古期间，劳尔主席和外长罗德里格斯多次强调，古巴坚持革命的原则，坚持走社会主义的道路，坚持共产党领导；坚持古美关系应以国际法和《联合国宪章》为基础，在独立自主、主权平等和互不干涉内政的基础上，通过协商和对话的方式解决分歧，"承认差异，文明共处"。古巴领导人还强调，绝不会为改善与美国的关系而放弃原则，也绝不会为取悦美国而牺牲朋友。因此，就在奥巴马访古前夕，古巴高规格地接待了委内瑞拉总统马杜罗，与委内瑞拉签署了新的合作协议。

其次，古巴采取分两步走的灵活政策。第一步是尽快复交，古巴认为，复交仅仅是双边关系正常化的第一步。古巴在与美国谈判复交问题时，并没有把美国取消封锁和归还关塔那摩海军基地作为先决条件，而是从实际出发，要求美国将古巴从"支恐"国家的名单中去除，要求美国释放被关押在美国监狱的3名古巴特工，要求美国解决古巴在美国的外交机构的银行账户问题。在古巴的这些要求得到满足后，古美两国比较顺利地复交，古巴取得了预想的结果，迫使美国承认古巴政府的合法性。而第二步，则着手解决两国间悬而未决的重大问题，全面实现两国关系的正常化。古巴认识到，这将是一个漫长和艰难的过程。古巴坚持要求美国取消对古巴的封锁（美国称为禁运）和归还关塔那摩海军基地；古巴要求美国赔偿因美国半个多世纪对古巴的封锁所造成的巨额的经济损失；要求美国停止反古电视台和电台的宣传；要求美国废除1966年通过的、对古巴移民特殊优待的"古巴适调法"等。

古巴在两国关系正常化方面，采取"先易后难"的策略。古巴抓紧时机，利用民主党奥巴马执政时期，"快刀斩乱麻"，迅速解决两国复交问题，使古美两国关系正常化进程不可逆转，使美国下届总统无论是民主党人还是共和党人，都难以推翻两国已经复交的既成事实。在这一过程中，古巴以同意"换囚犯"、释放"政治犯"等适当让步，为奥巴马做出恢复与古巴外交关系和访问古巴铺平了道路。同时，古巴领导人有足够的政治自信应对美国的"和平演变"策略。

古巴领导人认识到，要一步到位，让美国取消对古巴的封锁很难做到，因为美国总统的权力有限，要取消对古巴的封锁，必须废除"托里切利法"、"赫尔姆斯—伯顿法"等相关法律，而废除这些法律，必须要经国会批准。而在共和党议员占国会一半以上议席的情况下，美国国会不可能批准废除这些法律。因此，古巴在第一阶段的目标一是要求美国政府将古巴从美国国务院年度报告中"支恐"国家的名单里删除，二是要求美国解决古巴在美机构的银行账户问题。复交、撤出"支恐"名单和解决银行账户等问题属于总统的权限范围，而古巴以同意作出适当的让步，为奥巴马同意与古巴复交铺平了道路。古巴清楚，尽管美国民主党和共和党是一丘之貉，其总的目标都是想让古巴改变颜色，但民主党更多主张用直接接触、和平促变的软政策企图操纵古巴的方向。因此，应该抓住民主党奥巴马在位的机遇，解决复交问题，因为一旦共和党再次上台，复交就会更加困难。

卡斯特罗和劳尔还考虑，必须趁他们还活着的时候解决复交问题，这样可以得到绝对多数民众的支持，不会引起强烈的反对。

古巴虽然是一个小国，但它在世界头号强国面前保持了自己的尊严和原则立场，维护了国家的最高利益，达到了自己的目的，赢得了全世界的尊重。

第四节　奥巴马对古巴的访问与美古复交后两国关系的发展

一　奥巴马对古巴的访问

2016 年 3 月 20 日至 22 日，奥巴马总统访问古巴。奥巴马是 88 年来第一个访问古巴的美国在任总统，也是 1959 年年初古巴革命胜利以来第一个访问古巴的美国在任总统。奥巴马承认美国半个多世纪来对古巴的孤立和禁运政策已经失败，改变对古巴的政策已势在必行。因此，他改变了美国过去对古巴的强硬政策，企图使用软的一手，通过接触方式来扼杀古巴革命政权。

毫无疑问，奥巴马这次对古巴的"融冰"之旅，对美古关系、美拉关系产生深远影响。据奥巴马自己称，这次古巴之行，是他就任美国总统以来，出国访问随行人数最多的一次，共 800 多人。

古巴邀请奥巴马访古的原因　原因之一是古巴经济改革开放的需要。古巴领导人认识到，古巴的经济社会发展不可能老处在封闭状态之中，古巴正在进行的经济社会模式的"更新"需要更有利的国际环境，但美国的封锁是影响古巴经济发展的最大障碍。必须恢复和改善古美关系，敦促美国尽快取消封锁，才能改善古巴的生存条件和环境，保证古巴经济社会模式顺利地更新。更新模式已经成为古巴举国上下的共识。近几年，古巴经济发展缓慢，国内生产总值 2011 年增长 2.7%，2012 年增长 3%，2013 年增长 2%，2014 年增长 1.3%，2015 年增长 4%，2016 年增长 2%。2016 年 1 月召开的古共六届十三中全会承认，2011 年 4 月古共"六大"制定的《纲要》规定的 311 条更新模式的措施，到 2016 年初，只完成了其中的 21%。按照安排，古共"七大"定在 2016 年 4 月 16 日至 19 日召开，"七大"拟通过 2016—2010 年的五年计划和 2016—2030 年的十五年计划。要完成这些计划，改革开放势在必行。古巴领导人强调，要使古巴经济年均增长 5% 左右，每年必须吸收 20 亿—25 亿美元的外资。因此，古巴希望通过与美国复交和关系正常化，能吸收更多的美国资本。

原因之二是最近十几年来，古巴的最大援助国和经济贸易伙伴委内瑞拉处于经济和政治危机之中，难以向古巴提供大规模援助。据美国古巴问题专家梅萨 – 拉戈估算①，多年来，委内瑞拉平均每天向古巴提供 10.5 万桶廉价原油，以满足古巴的需要，但 2013 年之后，由于委内瑞拉石油产量的减少，向古巴供应的原油逐步减少。2013 年前，委内瑞拉平均每年向古巴提供 16.4 亿美元的援助，在委内瑞拉有 4 万名古巴专业人才（医生、护士、教师等），每年委内瑞拉向古巴支付 51.47 亿美元的劳务费，其中大部分归古巴政府所有。2012 年委内瑞拉占古巴进出口的 44%，2013 年减少到 35%。2015 年 12 月，劳尔在古巴全国人大会议上说，由于委内瑞拉遭遇经济战，处境困难，因此古委的经济合作将受到影响。这也迫使古巴加快与美国改善关系的步伐。

奥巴马访古的目的　目的之一是奥巴马想把美古建交视为其最主要的政治外交遗产和外交成就之首。之二是他想通过此访，进一步改善与古巴以及与其他拉美国家的关系。之三是奥巴马想通过此访，获得更多的美国民众的好评，为下届大选的民主党总统候选人拉更多的选票。之四是想通过此访推销美国的价值观，在古巴搞颜色革命。之五是分化瓦解拉美左翼力量。美国将"胡萝卜"扔给古巴，用"大棒"打向委内瑞拉，企图通过与古巴改善关系，分化瓦解拉美左派。

奥巴马访古的日程　3 月 20 日下午，奥巴马一行抵达哈瓦那。古巴外长罗德里格斯去机场迎接。然后，奥巴马去老哈瓦那游览，到大教堂做礼拜，会见古巴大主教奥尔特加。

3 月 21 日上午，奥巴马一行向马蒂纪念碑献花圈，然后，到革命宫

---

① Carmelo Mesa-Lago y Pavel Vidal Alejandro：El impacto en la economía cubana de la crisis venezolana y de las políticas de Donald Trump. Real Instituto Elcano，Documento de Trabajo 9/2019，30 de mayo de 2019.

与劳尔主席会谈，会谈结束后，与劳尔一起会见记者。中午奥巴马一行到一家私人饭店吃饭。下午会见古美两国企业家、个体户代表。晚上，出席劳尔举办的国宴。

3月22日上午，奥巴马到哈瓦那大剧院发表公开讲话。然后，在美国大使馆会见古巴反对派人士。下午，观看美国坦帕湾光芒队与古巴国家队棒球友谊赛。然后，离开哈瓦那去阿根廷访问，劳尔去机场送行。

奥巴马此次访古坚持两点：一是他不去见卡斯特罗，二是坚持要求会见古巴持不同政见者。在古巴政府默许下，奥巴马在美国使馆会见了13名反对派人士。他大肆称赞他们的"勇气"，给他们打气，鼓励他们继续争取民主、自由。访古期间，无论在会谈中，还是在公开讲话及答记者问时，奥巴马多次强调古巴政府必须尊重人权，开放民主，举行自由选举，释放政治犯，要求古巴政府"不要害怕古巴民众的不同声音"等，这说明美国对古巴的基本立场和政策没有变，美国继续采取软硬兼施，以压促变的政策，妄图进行和平演变和颜色革命。

古巴对奥巴马这次到访采取"有理、有利、有节"的态度。奥巴马抵达哈瓦那时，劳尔没有去机场迎接，由外长出面迎接。但奥巴马离开古巴时，劳尔去机场送行。古巴没有安排民众到机场欢迎和欢送。古巴对奥巴马一行的接待，不卑不亢，即保持了自己的尊严，维护了国家的最高利益和原则，又给予了应有的礼遇。

劳尔在与奥巴马会谈时，以及在面向古巴全国直播的电视新闻发布会上的讲话和答记者问时，坚持古巴的独立、自主、主权的革命原则，坚持社会主义的理想和古巴对人权、自由、民主的看法和价值观，与奥巴马及美国记者进行了"短兵相接"。奥巴马说，美古关系要获得全面发展，还面临"一个强大的阻碍因素"，即古巴人权状况不佳。劳尔随即予以反驳，指责美国持有"双重标准"。劳尔反唇相讥问道，世界上有多少个国家在人权记录方面毫无瑕疵？"你知道吗？我知道答案。没有，一个也没有"。劳尔表示，古巴在公共卫生、男女平等、教育等领域表现不俗。他同时批评美国的种族歧视、警方暴力执法和关塔那摩美军基地监狱滥用酷刑等恶劣现象。针对奥巴马所提及的改善两国关系，劳尔开出药方，要求美国解除对古巴的贸易禁运、美国向古巴归还关塔那摩海军基地等。然而，奥巴马竭力回避关塔那摩美军基地及基地监狱的话题，只就美国制裁古巴一事表态："贸易禁运会有结束的一天。至于具体是什么时候，我无法完全确定。"古巴外长随后表示，不允许外国干涉古巴的内政和对古巴的政策指手画脚。

奥巴马的演讲　奥巴马在哈瓦那大剧院演讲①中强调，这是一次"埋葬美洲大陆最后一丝冷战残余"的访问，代表美国向古巴人民伸出友谊之手。奥巴马承认，美国对古巴的禁运政策是无效的，呼吁美国国会予以解除，并称相关制裁是"强加给古巴人民的已不合时宜的负担"。

但是，他在演讲中呼吁古巴要尊重人权、实现民主。他认为公民应可以自由表达自身想法，无须恐惧。法律不应任意拘禁行使这些权利的人。他表示，每个人都应该有信仰自由，能够和平、公开地实践自己的信仰。选民应该能够通过自由、民主的选举，选择他们的政府和领导人；"你（指劳尔）不需要担心来自美国的威胁。由于你对古巴主权和自决权的坚持，我也确信你不需要担心古巴人民的不同声音，他们说话、集会、为他们的领导人投票的能力……现在是和解，是我们放下过去的时候，现在是我们一起展望未来的时刻。"奥巴马还强调说，"我们曾是不同国家集团的成员，我们将在如何推进和平、安全、机遇和人权方面有着非常深的分歧，但在我们使关系正常化的时候，我认为这将帮助在美洲培养更强烈的团结感。我们都是美洲人"。显然，奥巴马蛊惑人心的这一讲话，具有很大的煽动性，在古巴国内引起了剧烈的反响。古巴官方评论认为，奥巴马的讲话"口蜜腹剑"。

奥巴马古巴之行的成果　在奥巴马访古前夕，3月15日，美国商务部和财政部放宽了对美国人到古巴旅行的限制，允许美国个人以"教学的名义"访问古巴；允许古巴在今后的国际贸易中使用美元；允许古巴运动员、艺术家到美国参赛或表演，所得报酬可以存入美国银行等。古巴外长罗德里格斯随即表示，如果美国方面兑现承诺，古巴将取消汇兑美元时收取的10%的税收。但由于之后美国方面没有兑现承诺，古巴也

---

①　奥巴马演讲英文和西班牙文原文，参见：https://www.cubanet.org/destacados/un-discur-so-para-la-historia/。

没有取消兑换美元时收取的税收。

奥巴马古巴之行取得了一定的成果。奥巴马访古加快了美古关系正常化进程，促使访古和到古巴旅游的美国人数大大增加。据古巴官方统计，2016 年美国赴古游客达 61.95 万，2017 年增加到 117.3 万人。在美国的古巴侨民回国探亲的人数也大大增加，2017 年有近 45.39 万人到访古巴，较 2016 年增加 137.8%。

美古复交和奥巴马访古也促使美古之间初步解决了长期以来悬而未决的"三通"（通航、通邮、通商）问题，有利于促进美古之间的经贸关系。2015 年 12 月，美古就实现两国通航和通邮达成协议。2016 年 2 月，美古正式签署商业航班通航协议，允许美国航空公司开通直飞古巴的商业航班。8 月 31 日，从美国起飞的首次商业直飞航班美国捷蓝航空 387 航班从佛罗里达州飞往哈瓦那。2016 年 7 月，美国政府批准 8 家美国航空公司直飞古巴的航线，这 8 家航空公司是：阿拉斯加航空公司、美国航空公司、达美航空公司、边疆航空公司、捷蓝航空公司、西南航空公司、美国精神航空公司和美联航。这些航空公司从美国纽约、迈阿密、休斯敦、洛杉矶、奥兰多、亚特兰大、坦帕等城市出发，可飞到古巴首都哈瓦那、圣克拉拉、圣地亚哥、巴拉德罗等 10 个城市。美国旅游公司也瞄准古巴市场，美国喜达屋酒店与度假村集团（Starwood）成为 1959 年以来首次进驻古巴的酒店企业，获准接办和翻新 3 家位于哈瓦那的著名酒店。此外，在线旅行房屋租赁公司爱彼迎（Airbnb）立即开通为美国及其他国家旅客在古巴预订古巴民宿的服务，为古巴私营旅店业主提供了大量商机。2016 年 5 月 3 日，美国嘉年华邮轮公司开辟了从迈阿密到哈瓦那的航线，实现了禁运半个多世纪以来的首次赴古海上航行。

2015—2016 年，美国商务部先后五次修正了对古巴的制裁条例，放宽了对古巴的经济制裁。为保证关系正常化进程持续推进，美古两国政府确立了官方定期沟通机制，两国设立了双边委员会，并定期召开会议。2015 年 9 月 11 日，双边委员会第一次会议在哈瓦那召开。在奥巴马任内，双边委员会举行了 5 次会议。2016 年 2 月，美国财政部批准美国亚拉巴马州的克莱伯公司在古巴开设拖拉机工厂。3 月 21 日，美古签署农业合作备忘录。10 月，美国宣布允许本国农业部门向古巴出口杀虫剂或拖拉机等产品，相关交易不再要求古巴用现汇预付货款。当月，美国还取消美国公民前往古巴或第三国旅行时购买古巴商品不得超过 400 美元的规定。2017 年 1 月 5 日，根据两国达成的协议，古巴向美国出口 80 吨高质量的木炭，这是半个多世纪以来，古巴首次对美国直接出口商品，具有象征意义。与此同时，美古两国的移民谈判取得进展，双方达成新的协议。

奥巴马访古也促使其他西方国家领导人接踵访古，使古巴与其他西方国家的关系也有所改善；在一定程度上促进古巴加快"更新"经济社会模式的步伐。

2016 年 10 月 14 日，奥巴马发布总统行政命令，具体制定了美古关系的 6 大目标：（1）加强两国政府间的互动，继续进行高级别和技术层面的对话；（2）加强民间参与和互联互通；（3）扩大经贸往来；（4）支持古巴加速经济改革；（5）继续与古巴就人权和民主问题展开对话；（6）推动古巴加入国际和地区体系。

但是，奥巴马访问的成果有限。美古两国没有就奥巴马访古发表共同声明，连新闻公报也没有发表。奥巴马此访并没有解决影响两国关系的关键问题即取消对古巴的封锁和归还关塔那摩海军基地。奥巴马表示，作为总统，他会要求美国国会取消对古巴的禁运，但在他任内，对古巴的禁运取消不了。美国政府并未允许古巴商品直接向美国出口，美国政府仍没有取消对美国普通公民去古巴旅游的限制，美国企业家仍不能自由地对古巴进行投资。2017 年 3 月 30 日，古巴外长罗德里格斯表示，美国商务部和财政部的承诺并没有兑现，美国仍不准古巴银行在美国银行开户头，古美之间至今没有任何金融关系。

尽管古美两国恢复了外交关系，两国关系正常化仍有不少障碍：从古巴方面来说，古巴要求美国完全取消对古巴的经济、贸易和金融封锁；要求美国归还关塔那摩海军基地；要求美国停止反古宣传（马蒂电台、电视台）；要求美国赔偿因美国经济封锁造成的经济损失。从美国方面来说，美国要求古巴尊重人权、民主、自由，要求古巴举行民主大选，开放党禁，释放政治犯，赔偿 20 世纪 60 年代初古巴国有化没收美国及古巴资本家土地、企业和财产的损失（80 亿美元）等。

卡斯特罗对奥巴马访问古巴的评论　2016 年 3 月 28 日，古巴革命领袖卡斯特罗在《格拉玛报》发表题为：《奥巴马兄弟》的文章。[①] 文章全文如下：

导言：我们不需要帝国主义给我们任何东西，我们的一切努力都是合法和和平的，因为我们致力于生活在这个星球上所有人的和平和相互友爱。

西班牙国王给我们带来了征服者和老爷们，他们的足迹仍然留在授予那些在河沙中淘金人员的环形土地许可证上，这样的活动是一种被滥用且可耻的剥削行为，这方面的痕迹在（古巴）全国许多地方的空气中可以观察到。

今天，来古巴的旅游者大部分由观察我们的美景、品尝我们海洋美味组成，且旅游收入总是和那些大型外国企业的私人资本所分享。这些资本的收入，如果没有达到数十亿美元的话，那么就不值得人们给予任何关注。

我觉得有必要提及此议题，我必须补充几句，尤其是对于年轻人来说，只有少数人知道这一条件在人类历史特定时刻的重要性。我不是说我们丢失了时间，但是我将毫不迟疑地确认，我们没有获得足够的知识和良知来应对正挑战我们的那些现实，你或者我们都没有。人们首先要考虑的是，我们的生命只不过是历史中的片刻而已，但是仍必须部分贡献于人类重要的必要之物，这一条件的一个特点是过度评估其（个人）角色的价值；另一方面，与此形成对比的是，拥有这样崇高梦想的人数是如此之多。

虽然如此，没有一个人就其本身而言完全是好人或者是坏人，我们所有人并不是为我们必须在一个革命社会里所担负的角色而设计的，尽管古巴人拥有何塞·马蒂这样的榜样。我甚至问自己：他

---

①　El hermano Obama 〉 Reflexiones del compañero Fidel 〉 Granma-Órgano oficial del PCC, http: //www. granma. cu/reflexiones-fidel/2016 – 03 – 28/el-hermano-obama – 28 – 03 – 2016 – 01 – 03 – 16.

是否必要在多斯—里奥斯牺牲。何塞·马蒂当时说："对于我来说，现在是时候了。"

他随后向以壕沟防护并有强大火力的西班牙军队发起冲锋。他不想返回美国，没有人可以让他返回美国，一些人从他的日记撕去了一些页。谁将担负这样阴险的责任，这毫无疑问是无耻阴谋者的行为？领导人之间的差别是众所周知的，但不遵守纪律从不被人所知。光荣的黑人领导人安东尼奥－马塞奥称："任何企图侵吞古巴的人将只会收获沉浸鲜血的古巴土地的灰尘，如果他没有在斗争中灭亡的话。"同样地，马克西莫·戈麦斯也被认为是我们历史上最具纪律性、最谨慎的军事领袖。从另一个角度来看，我们对博尼法西奥－波恩的愤慨感到非常钦佩，当他乘船返回古巴时，他看到一面旗帜旁还有一面旗帜。他说："我的旗帜从来不会是雇佣兵的旗帜。"他随后说的那句话是我听到的最美的话。他说："如果它被撕成碎片，它有朝一日将成为我的旗帜。我们的烈士将会举起武器，他们仍有能力来保护它。"我也不会忘记那天晚上卡米洛－西恩富戈斯所说的斩钉截铁的话，那时，就在几十米开外，反革命分子手中来自美国的巴祖卡（一种单兵反坦克武器）和机枪正瞄向我们所站的地方。

正如奥巴马自己所解释的那样，奥巴马出生于1961年8月，在这之后已过了半个多世纪。不过，让我们来看一下，我们杰出的客人是如何看待今天的。他说："我来到这里是为了埋葬美洲最后的冷战残余。我到这里是向古巴人民伸出友谊之手。"他随后大讲特讲了一些观念，对我们大多数人而言完全是像小说那样。

这位美国总统随后说："我们都生活在一个曾被欧洲人殖民的新世界。与美国一样，古巴的部分建设工作是由从非洲被带往古巴的奴隶完成的。与美国一样，古巴人民可以将他们的遗产追随至奴隶和奴隶主。"

奥巴马的脑海里完全没有土著人口。他也没有说是革命清扫了种族歧视，他也没有说所有古巴人的养老金和工资是由革命所确立的，奥巴马当时只有10岁。古巴革命扫除了那些雇佣打手，从娱乐中心把黑人公民赶出去的可恶的、种族主义的资产阶级恶习。解放安哥拉的反种族战斗，在一个拥有10亿居民的大陆上清除核武器的存在，这将载入史册，这不是我们团结一致的目标，而是为了帮助安哥拉、莫桑比克、几内亚比绍人民和其他在葡萄牙法西斯主义殖民统治之下的其他人民。

在1961年，也就是革命刚刚取得胜利的一年又三个月，一伙装备有火炮和步兵的雇佣军突袭了我们的国家，他们得到了飞机的支持。美国训练了他们，并派出战舰和航空母舰陪同他们前往古巴。没有任何事情可以成为这种背信弃义攻击的正当性，袭击使古巴损失了数百人，包括死者和伤者。

至于亲美国佬的攻击部队，没有任何证据显示有可能撤出任何一名雇佣兵。美国佬的战斗机被当作古巴革命的证据在联合国展出。

这个国家的军事经历和力量是广为人知的。在非洲，他们也认为可以轻易击败革命的古巴。通过由种族主义者南非摩托化旅、经安哥拉南部实施的侵略曾逼近位于安哥拉东部地区的首府罗安达。从那时开始的斗争随后持续了15年。如果我不是就奥巴马在哈瓦那艾丽西亚－阿隆索大戏院发表的演讲负有作出反应的基本义务，我甚至不想提及此事。

我也不想给出进一步的细节，我只想强调：我们在那里写下了人类解放斗争光荣的篇章。的确，我曾希望奥巴马的行为将是正确的。他谦恭的出身和天然的聪慧是显而易见的。曼德拉曾被终身监禁，他成为争取人类尊严的巨人。有一天，我得到了一本讲述曼德拉生平的书，很意外，这本书的前言是奥巴马写的。我快速地翻了一下那本书。曼德拉记事部分的手写小字是难以置信的，认识他这样的人很值得。

就南非的那一部分，我必须指出另外一件事。我真的对更多了解有关南非人如何获得核武器非常感兴趣，我知道确切的消息，南非有不超过10件或12件核武器。一个可靠的来源是葛雷杰西教授，他的《互有冲突的使命：哈瓦那、华盛顿与非洲》是出色的著作。我知道他是最可靠的消息源，我把这一点告诉了他。他回复说，他没有就此加以详细阐述，因为他在著作中只是回复豪尔赫－里斯克特的问题。里斯克特曾任古巴大使和在安哥拉的协调者，是他的一个好朋友。我后来找到了里斯克特，他已在从事其他重要任务，他当时正在完成一项将比预想的要花更多时间的任务。

这一任务刚好与葛雷杰西最近对我国的访问所重合。我提醒他，里斯克特仍在继续工作，他的健康状况不是很好。数天后，我所担心的事情发生了。里斯克特的健康状况恶化并去世。当葛雷杰西抵达古巴后，除了作出承诺他无法再做什么事，但我已获得了有关核武器相关的信息，种族主义南非曾在核武方面得到里根总统和以色列的帮助。

现在，我不知道奥巴马对这件事会说什么。我也不确定他是否知情。不过，他对此毫不知情也非常不太可能。我的适度建议是，他想想这件事，现在不要就古巴政策发表宏论。

这是一个重要的议题。

奥巴马在讲演中使用了最甜蜜的措辞。他说："现在是我们放下过去的时候，现在是我们一起展望未来的时刻，展望充满希望的未来。这将不会是一件易事，将会有挫折，它需要时间，但我在古巴所度过的时间更新了我对古巴人民能取得成就的希望和信心，我们可以作为朋友、邻居、家人一起来走这段路。"

我认为，我们所有人在听到美国总统的这些话时都有犯心脏病的风险。在持续了近60年的无情贸易禁运后，怎么来面对那些因雇佣兵袭击古巴船只和港口死去的人们，那些在空中被引爆飞机里的乘客，那些死于雇佣兵入侵事件的人们，那些死于多起暴力和强迫事件的人们？

任何人都不应当有这样的错觉：这个有尊严和无私的国家会放弃光荣、权利以及他们在发展教育、科学和文化后所获得的精神财富。

我也想提醒人们，我们有能力通过我们人民的努力和智慧，获得我们所需的食物和物质财富。我们不需要美帝国给我们任何东西。我们的努力将是合法的、和平的，因为我们致力于生活在这个星球上所有人的和平和相互友爱。

菲德尔·卡斯特罗（签名）

2016 年 3 月 27 日上午 10 点 25 分

卡斯特罗在文章中强调，古巴人民"遭受（美国）近 60 年的残忍封锁"，不少人死于美国雇佣军的入侵，现在美国总统竟呼吁"忘记过去、着眼将来"，"我可以想象，我们（古巴）任何一个人听到这话都会犯心脏病"。卡斯特罗批评奥巴马在讲话中回避美国政府封锁古巴的责任，称古巴"不需要美帝的礼物"。文章还对美国致力于恢复与古巴贸易往来的措施嗤之以鼻。卡斯特罗写道："任何人都不应该存在这样的幻想，认为这个高尚、无私国家的人民会（为此）放弃荣耀、权利和精神财富。"

在卡斯特罗的文章发表后，古巴报刊发表大量文章，抨击奥巴马访古别有用心。有的评论认为，奥巴马是"披着羊皮的狼"，企图颠覆古巴社会主义政权。《古巴哈瓦那论坛》甚至还发表一篇题为：《黑鬼，你是在装傻吗?》的署名文章，指责奥巴马的讲话是在"煽动叛乱和骚动，丝毫没有顾忌自己是在他国的领土上"。有评论认为，奥巴马的访问，使古巴革命处于危险境地，奥巴马想搞垮古巴革命。文章批评古巴国内有一些改良主义的官员主张古巴以和平的方式向资本主义过渡。文章批评说，有人认为古巴经济与美国经济会互补的想法是反动的。奥巴马访古企图使古巴国内反革命势力合法化，扩大美国对古巴各阶层的影响，包括个体户、合作社社员、青年人、教徒、党和政府官员等，鼓励他们改变古巴的制度。古巴共产主义青年联盟提醒青年不要忘记革命思想和价值，不要倾向于资本主义文化方式。

二 美古复交后两国关系的发展

奥巴马的"融冰"之旅的影响　这次奥巴马对古巴的历史性的访问，对美古关系产生深远影响。古巴不少人认为，美国不再是古巴的敌人，古美两国半个多世纪的敌对状态宣告结束。尽管两国之间一些根本问题尚未解决，但两国关系已经开始了一个新的纪元。

值得一提的是，2016 年 10 月 26 日在第 71 届联合国大会上，在就古巴提交的名为《必须终止美利坚合众国对古巴的经济、商业和金融封锁》的决议草案进行投票表决时,联合国193个会员国全部参加投票,结果191票赞成,美国和以色列投了弃权票,这是联合国大会连续25年以压倒性多数通过此类决议,再次敦促美国立即结束对古巴长达半个多世纪的经济、贸易和金融封锁。美国首次破天荒地对这一决议草案投了弃权票,而非反对票。

美古关系的改善和奥巴马对古巴的访问促使欧盟、日本等西方国家加快了与古巴发展关系的步伐。自2014年起,欧盟与古巴举行了7轮谈判,2016年3月,欧盟外交和安全政策高级代表莫盖里尼访问古巴,代表欧盟与古巴签署了欧古关系正常化的框架协议。同年12月12日,古巴外长罗德里格斯在欧盟总部与莫盖里尼正式签署了《政治对话与合作协议》。此外,欧盟成员国德国、法国、西班牙、意大利、荷兰和英国等国政要和官员接踵访问古巴。2016年9月,日本首相安倍对古巴进行访问,成为1929年日古建交后首位访问古巴的日本首相。

促进美古往来　奥巴马第二任最后两年,美古往来十分密切,从2015年到2017年1月,美国有47个官方代表团访古,其中有13个是高级别的,美国有229个企业家组团访古,与古巴签署了23项协议。古巴方面,有25个官方代表团访美。2015年9月,劳尔首次在联合国大会发表讲话,并在联合国会见奥巴马,劳尔还在纽约会见纽约市长安德鲁·卡奥莫和前总统克林顿、多位美国国会议员、美国商会主席汤姆·多诺霍和企业家。从2015年1月起,古美双边委员会举行了多次会谈。两国在金融、经济、贸易、司法、人道主义交往方面取得进展。两国成立了反恐、扫毒、网络安全、旅游和贸易安全、防止人口非法买卖、遵守移民协议、反对洗钱等方面的工作小组,在经济关系方面,成立了能源、投资、贸易和工业合作4个工作组。仅2016年,双方开展了1200项文化、科学和体育交流活动。2015年1月,美国政府宣布允许美国人在12种情况下访问古巴。从2015年1月起,美国银行允许美国人在古巴金融机构开户,进行汇款和使用信用卡。美国人可以对古巴服务业和农业小企业进行投资。

但是,奥巴马改善美古关系的一些政策,遇到共和党控制的国会的反对。2016年7月,众议院通过对预算法的几项修正案,加强了对古巴的制裁：禁止几项教育交流计划，禁止与古巴军队有关的金融交易等。国会还多次否决了一些国会议员提出了改善与古巴关系的建议。

奥巴马签署美古关系正常化指南 奥巴马在 2016 年 10 月 14 日签署了一项名为《美古关系正常化的总统政策指南》（*Presidential Policy Directive-United States-Cuba Normalization*），对双边关系正常化的进展作了分析，强调双边关系正常化符合美国国家安全的利益，还对今后关系正常化提出了重点任务，加强两国在外交、农业、医疗卫生、环保、救灾、移民、安全和防务方面的合作，表示美国愿意促进两国的经济发展，强调发展与古巴的关系有利于加强美国在南美洲的领导地位，帮助美国公司赢得古巴市场。这一指南的目的是企图巩固奥巴马对古巴的政策，使其继承者能继续执行他的政策，继续改善与古巴的关系。古巴方面对这一文件的评价基本上是肯定的，但也指出它的问题。古巴参与双边谈判的代表何塞菲娜·比达尔评论说，指南朝解除封锁方面迈出了一步，但指南没有隐瞒其企图改变古巴经济、政治和社会体制的目的，继续在古巴推行符合美国利益的干涉的计划。

终止"干脚湿脚"政策 2017 年 1 月 12 日，奥巴马在离任前不久宣布，美国国土安全部自即刻起终止执行长达 20 多年的"干脚湿脚"政策，即允许踏入美国领土的古巴偷渡者留美，一年之后可申请获得合法身份，而那些在途中被捕的古巴偷渡者则将被遣送回国。这一政策废除后，任何试图非法进入美国境内且不符合人道主义救援条件的古巴人，将同其他国家的公民一样被遣返。奥巴马表示，这个执行了 20 年的政策是在一个不同时代的产物，终止该政策"将使我们的移民政策更加一致"。他还宣布，国土安全部也将终止一项允许在第三世界国家服务的古巴医务人员进入美国的项目，即《允许古巴医生进入美国计划》（Programa de Permisos Para Profesionales Médicos Cubanos，CMPP）①，今后古巴医生将和其他国家公民一样想进入美国必须向美国大使馆申请庇护。同一

① Programa de Permisos Para Profesionales Médicos Cubanos（CMPP）| USCIS，https：//www. uscis. gov/es/humanitarian/permiso-humanitario-o-de-beneficio-publico-significativo-para-personas-que-estan-fuera-de-los/programa-de-permisos-para-profesionales-medicos-cubanos-cmpp.

天，美国国土安全部部长约翰逊表示，"过去的已经过去，未来将与众不同。干脚湿脚政策是20年前针对古巴制定的，终止它是因为局势发生了变化"。

古巴政府发表声明，称赞奥巴马这一举动是古美两国之间"推进关系的重要一步"。古巴外交部称，导致移民危机的导火索终于被拆除。古巴一直反对上述政策，认为这导致该国人才外流，经济落后。当天，古巴外交部负责对美事务的官员何塞菲娜·比达尔对奥巴马的举措表示欢迎，"今天，导致移民危机的导火索终于被拆除。美国从此从古巴开始接受合法、安全和有序的移民队伍"。

古巴革命以来，美国一直对该国奉行敌对政策。1966年，美国颁布《古巴适调法》，允许古巴人在入境美国一年后可获得美国绿卡。1995年，克林顿政府在与古巴政府取得一致意见后，对该法案进行了修改，在处理古巴非法移民问题上采取了俗称的"干脚湿脚"政策。那些被允许留美的古巴人还可能有资格获得美国给予逃离迫害难民的福利，包括现金援助和医疗保险。这项政策基本是在鼓励古巴人逃离他们的国家，长期以来一直是美国政府使用的经济、移民和外交政策工具之一，但古巴政府认为这是在消耗该国资源。

英国路透社1月13日说，废止"干脚湿脚"政策一直在酝酿之中，美国政府担心提前透露废止决定，会导致古巴非法移民激增，偷渡进入与古巴最近的佛罗里达州。目前，有超过200万古巴移民住在美国，包括2016年大选中的共和党参选人卢比奥议员。英国广播公司（BBC）称，自奥巴马总统推行与古巴改善关系的政策后，进入美国的古巴人数显著增加。在2014年，共有24278名古巴人抵达美国。2015年，比这一数字多一倍的人抵达，而2016年有更多的古巴人抵达美国。

在美国国内，支持奥巴马的声音说，此举有助于规范来自拉美的移民。《华尔街日报》评论说，奥巴马是在离任前一周作出取消该政策的决定，这是他为巩固从2014年开始为重建美古关系所做努力而采取的最后举措之一。美国国内的反对声也不小，他们认为这是给古巴独裁者的奖赏，会助长践踏人权的现象。也有媒体认为，奥巴马给新当选总统特朗普留下了一个新难题。特朗普此前表示，美古关系得到改善，前提是美国应该从古巴那里得到更多回馈。显然奥巴马没有给他这个机会。

美国国内大部分民众对奥巴马访古及美古关系正常化表示支持，但也有一部分人认为在古巴领导人并没有做任何让步的情况下，奥巴马不应该访古。美国共和党总统候选人特朗普、克鲁斯（古巴后裔）对奥巴马访古，均表示反对。美国众议院议长瑞恩认为，奥巴马古巴之行使卡斯特罗"暴虐独裁"合法化。

美古关系的适时解冻和奥巴马对古巴的访问有利于美国改善与拉美其他国家的关系，有助于美国遏制和打击高举反美旗帜的拉美左翼政府和左翼力量，有利于巩固美国在其"后院"的领导地位。拉美一些左翼人士担心，由于古巴对美国政策的变化，会影响拉美左翼政府的执政地位和削弱拉美的反帝力量。奥巴马要求古巴和拉美左翼放弃反帝主义，奥巴马企图表示，美国已经不是敌人，不再是威胁，不再是帝国主义。拉美评论认为，奥巴马一方面与古巴复交、关系正常化和访古；另一方面，又宣布延长对委内瑞拉的惩罚，继续宣布委内瑞拉是对美国安全和外交的威胁，对古巴使用"胡萝卜"，而对委内瑞拉则动用"大棒"打压。评论认为奥巴马访古是想扼杀古巴革命，通过扼杀古巴革命，来打击和结束拉美的左翼政府，奥巴马的遗产就是要消灭拉美左派。奥巴马访古企图平息古巴和拉美的反帝势力，而奥巴马随后访问阿根廷，是为了给拉美右翼支持和鼓励。奥巴马在访问期间力图表明，目前拉美右翼的进攻与美国无关，拉美左翼国家委内瑞拉、巴西等的问题是它们自身引起的。

第七章

特朗普①上台后美古关系的变化
（2017—2021）

第一节　特朗普政府颁布对古巴的"新政"②

一　特朗普当选总统前后对古巴的言行

特朗普竞选时和当选总统后对古巴的言行　唐纳德·特朗普在宣布参加总统竞选后，一度向古巴示好。2015 年 9 月，在接受记者采访时称他支持美古恢复外交关系。2016 年 3 月，他称赞古巴是"有潜力的国家"，表示自己会考虑在古巴经营一家酒店。在 2016 年 9 月的电视辩论中，民主党总统候选人希拉里引用美国《新闻周刊》的一篇文章，揭露特朗普 1998 年曾违反美国对古巴禁运的法律、尝试秘密投资古巴，但特朗普团队对此予以否认。③ 随着竞选进入冲刺阶段，特朗普出于竞选的需要，对古政策表态趋向强硬。10 月 25 日，特朗普访问迈阿密，与主要由 1961 年入侵古巴吉隆滩遭到失败的美国前雇佣军老兵组成的"迈阿密猪湾老兵协会"的成员进行会晤，谴责奥巴马和希拉里"帮助"古巴政权。

同年 11 月 8 日，特朗普当选总统后不久，古巴革命领袖菲德尔·卡

---

① 唐纳德·特朗普（Donald John Trump，1946—   ），第 45 任美国总统（2017—2021）。

② http://www.cubadebate.cu/opinion/2017/11/14/la-politica-de-la-administracion-trump-hacia-cuba-un-balance-necesario/#.WgzuqNIdgZQ.

③ Trump niega haber hecho negocios en Cuba y violado el embargo Cubanet, https://www.cubanet.org/noticias/trump-niega-haber-hecho-negocios-en-y-haber-violado-el-embargo/.

斯特罗于 11 月 25 日去世，特朗普发推特骂菲德尔·卡斯特罗是"残暴独裁者"，指责古巴没有自由，不尊重人权，称他将"竭尽所能协助古巴民众迈向繁荣和自由"。11 月 28 日，特朗普表示，如古巴不从根本上改变政策，确保古巴所有公民的人权、释放政治犯、实现政治和宗教信仰自由，美国将结束奥巴马与古巴关系正常化的政策。

特朗普就任总统后改变对古政策 2017 年 1 月 20 日特朗普就任总统以来，美国政府在美古关系正常化方面连续开倒车，步步收紧对古巴政策，引起古巴政府不满和抗议，美古"互怼"不断。

古巴对特朗普当选和就任美国总统表态十分谨慎。劳尔·卡斯特罗主席曾致电特朗普，对他当选表示祝贺。1 月 25 日，劳尔在多米尼加共和国举行的拉美和加勒比国家共同体峰会上讲话时表示，古巴愿意与美国新总统特朗普进行相互尊重的对话。他说，"我们愿意与特朗普新政府继续相互尊重的对话，并且就共同关心的问题进行合作"。与此同时，他警告说，尽管两国"能够以文明的方式合作和共存"，但古巴不会"在有关主权和独立的问题上做出让步"[1]。

2 月 3 日，白宫发言人斯派塞说，特朗普政府将全面修改对古巴的政策，在修改时，优先考虑的是古巴是否尊重其所有公民的人权。

5 月 20 日，是 1902 年古巴独立后第一个共和国政府成立 115 周年，特朗普总统致信古巴人民，信中指责古巴现政府为"残酷的专制主义不可能扑灭古巴人民争取自由的渴望，古巴人民应该有一个和平地捍卫民主价值、经济自由、宗教自由和人权的政府，而我的政府致力于实现这一愿望"。对此，古巴政府发表公报，首次在官方文件中不指名地、直接回击特朗普说："一位从亿万富翁变成总统，发表了自相矛盾的、笨拙的声明"，"古巴人民懂得，这一日是美国对古巴进行半殖民统治的开始。"[2]

---

① http：//www.cubadebate.cu/noticias/2017/01/25/raul-castro-nunca-ha-sido-mas-necesario-marchar-por-el-camino-de-la-unidad/#.WImxgOyECSc.

② http：//www.prensa-latina.cu/index.php? o = rn&id = 87316&SEO = cuba-responde-a-controvertido-y-ridiculo-mensaje-de-donald-trump.

二　特朗普颁布对古巴的"新政"

特朗普在迈阿密的讲话　2017 年 6 月 16 日，特朗普总统风尘仆仆地赶到迈阿密，在该市"小哈瓦那"区一个以 1961 年入侵古巴吉隆滩死去的雇佣军曼努埃尔·阿尔蒂梅名字命名的剧院，在副总统彭斯、共和党古巴裔右翼参议员马尔科·卢比奥（Marco Rubio）、马里奥·迪亚斯－巴拉特（Mario Rafael Díaz-Balart）等人陪同下，发表了一篇对古巴政府充满敌意的演说，颁布了他对古巴的"新政"。① 特朗普在讲话中，明目张胆抬举卢比奥和巴拉特等主张对古强硬的古巴裔共和党人士，赞扬古巴异见人士以及曾经参加猪湾（即吉隆滩）入侵的古巴流亡分子；大肆抨击卡斯特罗政府②，称美国将揭露卡斯特罗政府的"罪行"，帮助古巴人民进入"自由时代"，要求古巴政府释放所有的政治犯、尊重集会和言论自由、开放党禁和在国际监督下举行自由选举；指责奥巴马对古政策"错误、不公正"，特朗普认为，美古关系正常化受益最多的是古巴，美国不仅妥协太多而且没有收到明显回报；美古达成的协议并没有真正帮助古巴人民，而是巩固了古共政权的地位。③

特朗普缘何要在此时此地发表对古巴的新政？主要原因和动机有三：一是要兑现他在 2016 年竞选总统时对支持他的选民的承诺，以迎合美国佛罗里达州的古巴裔中的反古势力。二是由于"通俄门"事件持续发酵，党派斗争越演越烈，特朗普的支持率不断下滑，处境不妙。为扭转这一局面，巩固其执政地位，特朗普必须加强党内团结，稳固其基本支持力量。三是特朗普选择了古巴开始选举新一届领导人进程的时刻发布他的

① http：//foresightcuba. com/politica-de-trump/.

② 菲德尔·卡斯特罗因肠胃出血，于 2006 年 7 月接受了手术，并于同月宣布因健康原因将国家最高权力暂时移交给时任古巴国务委员会第一副主席劳尔·卡斯特罗。2008 年 2 月 24 日，菲德尔·卡斯特罗正式卸任国务委员会主席和部长会议主席的职务，同一天，劳尔·卡斯特罗当选并就任国务委员会主席和部长会议主席，2013 年 2 月 25 日再次连选连任，2018 年 4 月 19 日卸任，米格尔·迪亚斯－卡内尔（Miguel Díaz-Canel，1960—　　）当选并就任古巴国务委员会主席和部长会议主席。

③ https：//www. whitehouse. gov/briefing-statements/remarks-president-trump-policy-united-stetes-towards-cuba/.

新政，以表明他寄希望于古巴新的领导人改变古巴现行的政策。特朗普在其演说中说："我们将为古巴新一代领导人结束这一苦难的王国而工作，我相信这一结束很快就将来临。"

特朗普对古巴的新政　特朗普对古巴的"新政"新在哪里？特朗普在发表演说后，立即签署了旨在强化美国对古巴封锁的《关于加强美国对古巴政策的总统国家安全备忘录》（*Memorando presidencial de seguridad nacional sobre el fortalecimiento de la política de los Estados Unidos hacia Cuba*）①，宣布废除奥巴马 2016 年 10 月 14 日颁布的《古美关系正常化》政策的《总统指示》（*Directiva Presidencial de Política*，PPD - 4）。根据这一《备忘录》和特朗普演说的内容，特朗普对古巴的"新政"，主要有两点：首先，阐明美国对古巴政策的四大目标：（一）维持并严格执行对古巴的经济贸易和金融封锁；（二）继续指责古巴在尊重人权方面存在问题；（三）进一步强化美国国家安全和外交利益；（四）使古巴人民拥有更大的经济和政治自由。

其次，特朗普宣布了一系列对古巴的强硬举措：（一）限制美国企业与古巴军队、情报和安全部门相关的企业开展业务，特别是与军队经营的"企业管理集团"（Grupo de Administración Empresarial，GAESA）的经贸往来，以切断古巴政府的收入来源；特朗普说，"上届美国政府放宽了贸易和旅行的限制，但这对古巴人民没有什么帮助。旅游和投资的收益只是使古巴政府获益"，美国"将严格限制美元流入卡斯特罗政府的核心部门武装力量、安全和情报部门的腰包中。允许投资给个人，开设私人买卖，使古巴人民过上好日子"。

（二）加强对美国人到古巴旅行的限制和监控，严格执行上届政府规定的允许 12 类人到古巴进行访问，不准美国人自由地到古巴去旅游，所有去古巴的人都将出示相关的证据证明其去古巴旅行的动因。新政规定，美国政府将不再允许"个人"对"个人"的教育和学术交流，教育和学

---

①　Memorando Presidencial de Seguridad Nacional sobre el fortalecimiento de la política de los Estados Unidos hacia Cuba | Red Cubana de Investigaciones sobre Relaciones Internacionales，http：// redint. isri. cu/memorando-presidencial-de-seguridad-nacional-sobre-el-fortalecimiento-de-la-politica-de-los-estados.

术交流必须以团组形式来进行。此举废除了奥巴马政府推出的允许美国公民在一定条件下自行前往古巴的政策。

（三）特朗普宣布美国不会取消对古巴的禁运（古巴人称为封锁），美国将反对联合国或其他国际机构要求美国取消对古巴封锁的提案和决议，这意味着美国政府不会再像奥巴马任内2017年在联大讨论和表决古巴提出的要求美国取消对古巴封锁的提案时投弃权票。特朗普强调，美古关系的进一步改善将取决于古巴政府改善人民生活的意愿，包括推动法制、尊重人权、就加强政治和经济自由采取具体步骤等。

特朗普在讲话中强调，他的政府不会宣布与古巴断交。特朗普说，美国在古巴的大使馆依旧开放。特朗普还承诺将继续允许在美的古侨汇款和回国探亲，美国将继续开通与古巴的航运和海运。他表示，美国不会再恢复奥巴马在卸任总统前宣布的废除对古巴移民优惠的"干脚湿脚"政策，美国将维持与古巴签署的关于移民的协议，也不会再将古巴列入"支持恐怖主义国家"的名单①中。特朗普表示，在限制与古巴官方做买卖的同时，将允许美国企业家与古巴私人企业家、合作社和个体户做买卖。

古巴政府的声明　6月16日当天，古巴政府发表了措辞强烈的声明。② 声明认为，特朗普当天宣布的美国对古巴新政策使古美关系"倒退"，任何希望通过外部压力改变古巴政治、经济和社会制度的企图注定会失败。特朗普收紧美国对古巴政策不会影响古巴革命进程，更不会让古巴人民屈服。声明指出，特朗普对古巴的新政策违背了多数美国人民要求取消对古封锁、实现两国关系正常化的意愿，这些政策只是为迎合美国国内小部分古巴裔极端分子。声明表示，古巴政府愿意继续与美国在尊重分歧的基础上进行对话，和平相处和友好合作。但古巴政府在主权和独立问题上决不让步，也不会接受任何附加条件，古巴人民将自主决定本国发展的方向。

---

① 2021年1月11日，特朗普卸任总统前夕，美国国务院宣布将古巴重新列入"支持恐怖主义国家"的名单。

② http://www.cubadebate.cu/noticias/2017/06/16/declaracion-del-gobierno-revolucionario –5/#.WUSdEOyECSc.

委内瑞拉、玻利维亚和尼加拉瓜等一些拉美左翼政府对特朗普对古巴的新政策进行了强烈的抨击，墨西哥、多米尼加共和国等政府敦促美国通过对话解决美古之间的分歧。

7月14日，古巴国务委员会主席劳尔·卡斯特罗在古巴全国人大全体会议闭幕式上说，在尊重和平等的基础上，最近两年古巴和美国恢复了外交关系，在解决双边悬而未决的问题方面、在双方感兴趣和互利的问题上的合作取得了进展，美国对古巴封锁的某些方面得到有限的修改。双方奠定了建立新型关系的基础，这表明，尽管存在深刻的分歧，古美是可以文明共处的。劳尔指责特朗普对古政策的变化是"双边关系的倒退"，是无视美国大多数民众支持取消对古禁令、希望两国关系正常化的诉求。劳尔同时表示古巴政府愿与美国在相互尊重前提下进行对话与合作，但古巴不会在主权独立及领土完整等问题上让步。①

11月8日，美国财政部外国资产控制办公室（OFAC）和商务部工业与安全办公室（BIS）公布了制裁与古巴国防和国家安全有关的180家古巴公司的名单，包括83家旅馆以及旅行社、外汇商店和工厂等，从11月9日起，禁止美国公司与这些古巴公司作任何交易。②

第二节　特朗普政府对古巴的政策的全面倒退

一　借口"声波攻击"事件向古巴发难

"声波攻击"事件　2017年8月10日，特朗普政府宣布，由于自2016年年底开始，驻古美国外交官疑似遭到"声波攻击"，从而出现了听力丧失的情况，美国于同年5月20日驱逐了两名古巴驻美外交官，这表明美古两国关系已因"听力门"（Orejagate）事件再现波折。9月17日，

---

① Raúl Castro: Seguiremos avanzando en el camino escogido soberanamente por nuestro pueblo｜Cubadebate http：//www. cubadebate. cu/especiales/2017/07/14/raul-castro-seguiremos-avanzando-en-el-camino-escogido-soberanamente-por-nuestro-pueblo/#. Xg_ 1QdJ_ kZQ.

② http：//www. elnuevoherald. com/noticias/mundo/america-latina/cuba-es/article183405686. html#emlnl = Boletin_ de_ Cuba#storylink = cpy.

美国国务卿雷克斯·蒂勒森（Rex Tillerson）扬言，由于"听力门"事件，美国正在考虑，是否要关闭美国驻古大使馆。评论认为，"听力门"事件只是特朗普政府的一个借口，用来改变奥巴马对古巴的开放政策。①

9月19日，美古两国双边委员会第6次会议在华盛顿举行，这是特朗普上台后，该委员会召开的首次会议。古巴代表团团长是时任外交部美国司司长何塞菲娜·比达尔，美国代表团团长是国务院泛美事务助理国务卿约翰·克里默（John Creamer）。会议在紧张的气氛中进行。古方在会上表示反对美国政府6月16日宣布的对古的新政和美国加强对古的封锁和干涉古巴内政的措施，要求美方落实双方自复交以来所达成的多项合作协议，并驳斥美方就"听力门"事件对古方的怀疑和指责。在会议正在进行时，古巴代表收看到特朗普在纽约联合国大会全体会议上首次发表的演说，特朗普在演说中对古巴政府进行了攻击，古巴代表团立即表示抗议，古巴政府也发表声明予以反驳。

特朗普9月19日在联合国大会演说中大肆攻击古巴政府是"腐败"和"制造不安的"政府，只有当古巴政府实行必须的改革后，美国才能取消对古巴的禁运。

三天后，9月22日，古巴外长罗德里格斯在联大发言时严厉谴责9月19日特朗普在联大演说中对古巴的攻击，重申古巴永远不会接受强加的条件，不会放弃原则。古巴严格遵守维也纳公约有关保护外交官的条例，古巴不会允许第三国在古巴领土上损害外交官。古巴外长还表示，古巴愿意与美国有关部门合作，共同对该事件进行调查。

9月26日，应古巴外长要求，古巴外长在华盛顿会见美国国务卿蒂勒森，就"听力门"事件交换了意见。这是特朗普入主白宫后，美古两国举行的最高级别会晤。蒂勒森在会谈中向罗德里格斯表达了美国政府对美方外交人员安全问题的高度关切，要求古巴政府履行保护美国驻古巴使馆人员及其家属的义务。罗德里格斯在会晤中向蒂勒森重申，古巴

---

① Orejagate parece una operación estadounidense para deshacer la apertura de Obama a Cuba-Rebelion, https://rebelion.org/orejagate-parece-una-operacion-estadounidense-para-deshacer-la-apertura-de-obama-a-cuba/.

没有对美驻古外交官进行任何形式的攻击，也绝不允许第三方在古巴领土上展开任何针对外交人员及其家属的袭击行动。到两人会晤前为止，相关调查仍未找到美驻古外交官出现"健康问题"的原因和证据。古巴希望美国政府提供有效合作，通过共同调查澄清事实真相。古巴方面否认古巴曾参与或知晓所谓的"声波攻击"，但古方允许并协助美国联邦调查局在哈瓦那开展调查，古巴方面积极寻求沟通、合作的态度与特朗普政府咄咄逼人的态度形成了鲜明对比。罗德里格斯同时表示，美国政府以"声波攻击"为由驱逐两名古巴驻美国外交人员是很不公平的。如果美国政府在调查结束前继续将这一事件"政治化"并急于采取措施，将非常令人遗憾。这表明面对美国咄咄逼人的姿态，古巴不希望局势继续恶化失控，而想通过积极沟通消除误会、缓和关系。"声波攻击"事件使得特朗普上台后出现严重倒退的美古关系再次跌至冰点。

9月29日，美国政府以所谓美外交人员遭到"声波攻击"为由，驱逐15名古巴驻美使馆的外交官，并撤回60%美国驻古巴使馆的外交人员，其理由是多达22名使馆人员遭遇"神秘袭击"，出现听力受损、头晕、头痛、疲劳、睡眠困难等症状。

10月3日，美国国务卿蒂勒森在一份声明里说："在古巴政府能确保美国外交人员的安全之前，美国驻古巴大使馆将仅保留处理紧急事务的员工。"与此同时，美国国务院还发布旅行警告，称："由于美方（使馆）员工安全受到威胁，我们仍无法识别攻击源，我们认为美国公民也可能面临风险，提醒他们不要前往古巴。"对此，古巴已否认参与实施任何攻击，并表示正在调查此事。

同一天，古巴外长罗德里格斯在哈瓦那举行记者会上表示美国驱逐古巴外交官"没有正当理由"，要求美方停止将"声波攻击"事件政治化，并指责美方不全力配合古巴方面的相关调查。罗德里格斯重申古巴从未、也绝不会对外交人员或其家属进行任何攻击，也不会允许任何第三方利用古巴国土进行此类活动。虽然经过美国联邦调查局及其他相关机构的调查，没有发现任何可疑的攻击行为，但美国方面认为"古巴政府有责任采取恰当措施，防范针对美国驻古巴外交人员的袭击"。对于这种"莫须有"的责难，古巴方面表示十分难办，但仍表示配合美国查明事件真相。

10 月 8 日，时任古巴国务委员会和部长会议第一副主席米格尔·迪亚斯－卡内尔在圣克拉拉市纪念格瓦拉遇难 50 周年的集会上说，"某些喉舌和媒体在传播荒唐的、毫无根据的谎言，旨在败坏古巴完美无缺的名声，古巴是全球公认的包括美国旅游者在内的外国旅游者最安全的目的地之一"，"我们永远不能信赖帝国主义，一点也不能，永远都不能"，"我国人民决不会屈服并将捍卫革命。在主权和独立问题上，古巴决不会让步；在原则问题上，古巴不会进行谈判，不会接受条件。由古巴人民自主决定进行必要的改革"。

卡内尔的这番讲话引起了西方媒体的极大关注。显然，卡内尔的这番话是针对 10 月 3 日美国国务卿蒂勒森宣布美国驱逐 15 名古巴驻美使馆外交官的决定的，同时也是对特朗普 9 月 19 日在联大演说的回应。

12 月 21 日，劳尔·卡斯特罗在古巴全国人大会议讲话中表示，古巴对有关美国驻该国外交官所谓"声波攻击"事件不承担责任。

特朗普政府在承认尚未调查清楚真相的情况下，将责任推给古巴政府，削减美国驻古使馆大部分官员的同时，驱逐古巴驻美使馆的大部分外交官，这说明所谓"声波攻击"事件只是一个借口。其背后真正的原因是，特朗普政府为了讨好美国国内反对美古关系正常化的右翼保守势力，特别是在迈阿密的古侨中的右翼势力，因为他们曾支持特朗普当选总统。

长期敌视古巴政府的古巴裔美国联邦参议员马尔科·卢比奥伙同马里奥·迪亚斯－巴拉特、伊莉亚娜·罗斯（Ileana Ross）等多名古巴裔议员联名致信蒂勒森，要求美国政府对"声波攻击"采取强硬反击，驱逐所有驻美的古巴外交官，关闭美驻古使馆。事实上，"声波攻击"事件是特朗普就任总统第一年美古关系持续走低的一个缩影。

大幅度削减美国使馆人员　10 月 3 日，特朗普政府还宣布，由于美国驻古使馆人员的削减，美国驻古使馆将停止办理一般古巴人前往美国的签证，这使不少已经在美国驻古使馆预约登记和尚未预约的古巴人很难办理签证去美国探亲、访问或旅行。此外，由于美国发出旅行古巴的警告，使美国到古巴旅行人数大为减少，从而影响古巴国有和私人旅游部门的收入，给近两年兴旺发展的古巴旅游业泼了一盆冷水。

2017年12月5日，美国共和党参议员弗莱克等议员和美国联邦调查局官员到访古巴，会见古巴外长布鲁诺·罗德里格斯和古巴内务部代表。据古方介绍，来访的美国联邦调查局官员表示，没有迹象表明美方外交官员受到蓄意伤害。美国议员表示，其阅读过的美方秘密报告与古方立场一致。

2018年1月7日，美国共和党参议员弗莱克向美联社记者表示，美方未查出任何有关该国外交官员在古巴遭受"声波攻击"证据。弗莱克说："我不会透露秘密文件的内容，但报告与古巴方面的说法没有出入。我相信联邦调查局能够证实这一点。"

事实上，从科学角度上分析，"声波攻击"很难站住脚。美国政府称，该事件可能是由超声波设备引起的。但一些声学专家则认为，安装、调配此类设备是比较复杂且易于察觉的。比如在50米范围内对听力造成损伤的声波，可能需要由一台汽车大小的超声设备发出，而且这样的声波容易受到墙壁、窗帘、家具的阻隔。美国联邦调查局已对美使馆内部和周边进行了清查，并未发现任何可疑设备。英国南安普顿大学超声和水声学教授分析指出，"超声波武器不可能是导致听力丧失、头痛及其他症状的原因，另外，我们不能排除感染性焦虑或其他心理疾病，因为如果一个人让其他人担心自己会受到超声波武器的攻击，那么那个人自己也会受到这些症状的影响"。

2019年3月14日，古巴外交部美国司司长费尔南德斯·德科西奥说，美国所谓的"声波攻击"没有任何证据，美国正以此为借口破坏古美两国关系。美国在没有任何科学证据的情况下始终使用"攻击"一词来表述美驻古外交人员遭遇健康问题的有关事件，美国部分政客和政府官员在操纵该话题，试图将其作为借口破坏两国关系。他说，古方否认这些疾病和症状由在古巴受到的"攻击"所造成。古方"极其严肃"地对待这一事关国家安全的问题，并保障驻古外交人员健康与安全。他宣布，经过长期调查，古巴专家得出的结论是"没有证据、理论和建立在科学基础上的调查结果可以证明存在这样的攻击"。以调查获得的数据和一些国外出版物的研究为基础，古巴专家认为，在技术上是不可能发动所谓"声波攻击"的，而美国和加拿大外交官（共26名驻古巴的美国外交官以及14名加拿大驻古外交官）的症状也不符合所谓"声波攻击"造成的后果。德科西奥直接指责美国总统特朗普"操纵"信息，并针对哈瓦那发出"毫无根据的指控"，使得两国本就紧张的关系雪上加霜。

分析人士认为，特朗普政府不断"找碴儿"古巴，似乎是在意料之中。废除奥巴马推动"美古关系正常化"的外交成果，是特朗普上台后"逢奥必反"的行径之一。另外，特朗普的目的是对支持自己当选总统的保守的古巴裔选民有所交代，并进一步讨好美国国内反对美古关系正常化的右翼保守势力，特别是佛罗里达州的古巴裔右翼势力。

二　实施"赫尔姆斯—伯顿法"第三条①

实施"赫尔姆斯—伯顿法"第三条　2019年1月16日，特朗普政府宣布，对"赫尔姆斯—伯顿法"第三条的暂停实施只持续45天，并且宣布将会以全新视角重新审视是否实施该条款。

3月4日，美国国务卿迈克·蓬佩奥（Mike Pompeo，1963—　）代表特朗普政府宣布，将于3月19日起，允许美国公民向美国法院起诉被美国列入制裁名单的200家的古巴公司，该名单也会及时更新，该条款的正式实施将从4月17日开始。根据1996年通过的"赫尔姆斯—伯顿法"的第三条，美国公民可以起诉古巴政府在革命胜利后实施"国有化"的财产所牵涉的获利公司。该法案自通过起从未实际生效。自克林顿总统起，每位美国总统都每隔六个月宣布暂停实施该条款，每次为期六个月。同一天，古巴外交部发表声明对此强烈谴责，认为这是对古巴"侵略行为的新升级"。声明说，古巴政府按照国际法"公正、恰当地"推进国有化进程，美国制定的制裁名单"毫无根据"。美方此举意在加强对古巴的封锁，给古巴经济发展制造更多障碍。声明还向在古巴经营的外国企业

---

① "赫尔姆斯—伯顿法"第三条规定，美国国民（包括原为古巴国民，后流亡美国加入美国国籍的古巴裔美国人）有权向美国法庭起诉与被古巴政府没收财产有牵连的外国人，有权要求得到相当于被没收财产3倍的赔偿。"被没收的财产"不仅包括原来的产业，而且包括后来以合资形式注入的外国资本及其全部收益。第三条还规定，美国总统可以以"维护古巴民主和美国国家安全"为由，作出推迟6个月实施该条的决定。参阅本书第五章第七节相关内容。

重申，古巴将积极保障外资与合作项目。古巴外交部部长罗德里格斯当天也发推文，强烈谴责了美国的这项决议，称这是对国际法和古巴以及第三国主权的破坏。美国的这一决定是"敌对和不负责任的"，是为了加紧封锁和阻碍古巴经济。他指出，"这项举措在全世界范围内遭到反对，包括美国国内，因为美国商界也支持与古巴进行贸易往来，他们反对封锁"。他表示，美国对古巴的侵略升级终将失败，古巴将像吉隆滩战役时一样赢得胜利。

4月17日，是美国雇佣军入侵古巴吉隆滩58周年，这一天，蓬佩奥又宣布，将从5月2日起允许实施"赫尔姆斯—伯顿法"第三条的全部内容，准许美公民起诉那些利用其在古巴革命后被没收资产从事商业活动的外国公司和个人。蓬佩奥表示，美国政府正在解除对此类诉讼的禁令，只要诉讼对象属于与古巴安全部门经济利益挂钩的约200家公司和企业就可以。

全面倒退解冻措施　从4月17日这天起，特朗普政府几乎对所有奥巴马任内与古巴关系解冻的有关措施进行倒退。如禁止美国游轮航行到古巴、禁止美国商务飞机飞往哈瓦那以外的城市、限制美国人到古巴旅行，这不仅打击古巴官方的旅游机构，而且影响古巴私人经营的家庭旅舍、出租车、导游、餐厅、酒吧和咖啡店等。古巴前外交官、古美关系问题专家卡洛斯·阿尔苏加拉伊（Carlos Alzugaray）认为，自从特朗普执政以来，古美关系一年比一年坏。特朗普使两国关系回到了1961—1977年两国几乎没有任何关系的年代。没有任何理由使两国关系恶化到冷战时期的程度。特朗普还以古巴支持和声援委内瑞拉马杜罗政府为由，加强对古巴的制裁和封锁。①

古巴和各国对特朗普倒行逆施的反应　4月17日当天，古巴国务委员会主席和部长会议主席迪亚斯－卡内尔在社交网站上发文，强烈反对美国国务卿蓬佩奥当天宣布的关于将正式启动"赫尔姆斯—伯顿法"第三条，即授权美国公民就古巴革命政府"没收"其财产起诉古巴及第三

① 2019, el "annus horribilis" de las relaciones Cuba-EEUU | OnCubaNews, https：//oncubanews. com/cuba-ee-uu/2019 – el-annus-horribilis-de-las-relaciones-cuba-eeuu/.

国企业的声明。文中表示，古巴人不会屈服，也不会接受本国宪法以外的任何关乎其命运的法律，不论是通过诱导还是武力，没有人能击垮古巴。

古巴各大主流媒体报道称，美国宣布的这项决议加大了美国对古巴的封锁，使古美双边关系的恶化升级。

当天，西班牙、墨西哥、加拿大和欧盟方面也先后发声反对美国启动"赫尔姆斯—伯顿法"第三条，指责美方此举"与国际法相悖"，并表示将坚决维护其在古巴合法企业的利益。5月2日，欧盟外交与安全政策高级代表莫盖里尼发表声明表示，将采取一切适当措施应对美国允许实施"赫尔姆斯—伯顿法"第三条所带来的影响。莫盖里尼强调，美国的这一做法违反了欧盟此前与美国达成的协议，这将导致双方发生不必要的摩擦，破坏跨大西洋伙伴关系。此外，美方的这一做法还违反了国际法。同一天，古巴驻欧盟使团大使诺尔玛·哥伊戈切阿在布鲁塞尔表示，古巴将保护同古巴进行经贸往来的企业和投资者的利益，诺尔玛表示，"我们不怕投资因此撤出古巴，我们相信欧盟将采取一切措施保护欧洲的投资者和企业家，我们还相信那些决定继续同古巴进行经贸往来的企业将会获得成功，它们的决定依法受到保护"。法国财长勒梅尔表示，如果美国借古巴问题制裁欧洲公司，欧洲方面将采取反制措施。西班牙政府官员则表示，西班牙将全力支持在古巴投资的西班牙企业，甚至要求欧盟把美国告上世界贸易组织。加拿大方面也称，对美国的决定深表失望，将考虑所有可能的应对措施。5月24日，莫盖里尼和古巴外长罗德里格斯在布鲁塞尔举行会谈，双方一致认为美国允许实施"赫尔姆斯—伯顿法"第三条违反国际法。

"赫尔姆斯—伯顿法"第三条主要针对那些与古巴做生意的个人、公司，甚至是国家，如果有外国公司同古巴公司做生意，美国公民和公司有权起诉它们并获得赔偿，有"连坐"之嫌。有专家认为，该法律第三条一旦完全实施，将带来比封锁更严重的破坏，不仅威胁到目前与古巴有经贸往来的外国公司，还将影响古巴未来吸引外国投资，对古巴经济社会发展造成更大的障碍。特朗普政府作出实施"赫尔姆斯—伯顿法"第三条的决定后，引起了国际社会强烈反对，一些欧洲国家，连同加拿大和墨西哥，都通过了相关法律，禁止配合美国"赫尔姆斯—伯顿法"中的任何域外条款。

评论认为，特朗普启用"赫尔姆斯—伯顿法"的主要目的，一是想争取国内选票，为他在2020年大选连选连任做准备，加州大学圣迭戈分校国际经济学教授、拉丁美洲问题专家范伯格分析称，美国对古巴加大制裁"与佛罗里达州2020年选举有关"。作为"摇摆州"的佛罗里达一直是共和党和民主党在总统大选中的必争之地，那里的古巴裔美国人扮演着举足轻重的角色，加上上万名在该州避难的委内瑞拉人，他们形成的投票团体会支持与自己立场相近的总统候选人，以影响美国对古巴及委内瑞拉的外交决策；二是想间接"敲打"委内瑞拉，美近期不断指责古巴对委支持，这次制裁可以说是进一步的"警告"；三是想对欧盟国家施压。受美国此次制裁影响最大的是已经与古巴恢复正常关系并与古巴有密切经贸往来的欧洲企业，美国希望借此在美欧贸易摩擦中赢得更多谈判筹码。

三 企图切断委内瑞拉对古巴的原油供应

委内瑞拉与古巴的关系 1992年，年仅38岁的伞兵部队中校乌戈·查韦斯因对当时执政的佩雷斯政府的腐败和新自由主义经济政策不满，率领中下层军官发动兵变。兵变失败后，查韦斯锒铛入狱。1994年查韦斯被大赦释放，同年12月14日，查韦斯应邀访问古巴，卡斯特罗亲自到机场迎送，并以国家元首礼遇接待，这令查韦斯十分感动。访问期间，查韦斯在哈瓦那大学发表演讲时称赞"古巴是拉美尊严的堡垒"。5年后，1998年12月6日，查韦斯作为以左翼"第五共和国运动"为核心的"爱国中心"的候选人参加大选并获胜，当选委内瑞拉总统。1999年1月，查韦斯以当选总统身份第二次访古。1999年2月2日，他宣誓就职，卡斯特罗赴加拉加斯参加查韦斯的就职典礼。

查韦斯就任后，推动通过全民公决成立制宪大会修宪，对国家政治体制进行重大改革，实行玻利瓦尔革命。查韦斯的上台使古巴在国际上有了一个地缘政治和经济的战略伙伴。同年11月，查韦斯参加了在哈瓦那举行的伊比利亚美洲首脑会议并访古，委古签署了委向古供应优惠价石油的协议，委以优惠价格每天向古巴供应原油，而古巴向委派遣医生、教员和在军队、银行、警察、农业方面的专家，这标志着委古两国的联盟的开始。随后，查韦斯和卡斯特罗频繁互访。

2004 年 12 月，查韦斯与卡斯特罗在哈瓦那发表了联合声明，坚决反对美国主导的美洲自由贸易区的内容和意图，而提出代之以"美洲玻利瓦尔替代计划"（Alternativa Bolivariana de las Américas，ALBA）①，其宗旨是在"团结合作基础上实现拉美加勒比地区一体化"。作为卡斯特罗的亲密朋友和反美盟友，查韦斯对卡斯特罗非常崇拜，他时而称卡斯特罗为兄长，时而又表示他对卡斯特罗有对父亲一般的情谊，称卡斯特罗是"所有我们这些革命者之父"。2006 年 12 月，查韦斯连选连任总统。2011 年 6 月，查韦斯因患癌症在古巴做手术，后多次赴古巴治疗和手术。2012 年 10 月，查韦斯再次当选总统，但他没能就任，2013 年 3 月 5 日，查韦斯因病在加拉加斯去世。2013 年 4 月 14 日，原副总统尼古拉斯·马杜罗（Nicolás Maduro，1962—　）在重新举行的总统选举中当选总统，并于 4 月 19 日就职。2018 年 5 月 20 日，马杜罗在大选中连选连任，2019 年 1 月宣誓就职，任期至 2025 年 1 月。

法国《世界报》记者、古巴问题专家贝特朗·德拉格朗热认为，古巴政权的生存取决于委内瑞拉的稳定。如果没有委内瑞拉的原油，古巴将陷入贫困，甚至动乱之中。卡斯特罗兄弟不会允许委反对派将他们在加拉加斯的盟友推翻。如果说，自查韦斯就任总统起，委内瑞拉成为古巴革命政权继续生存的重要保障的话，那么，古巴也多次拯救了查韦斯。2002 年 4 月，委内瑞拉发生政变期间，卡斯特罗本人和古巴政府想方设法拯救查韦斯。自 2003 年起，古巴又派大量医生、教员、体育教练和各种专业人才到委内瑞拉工作。古巴的医生和教员在查韦斯推动的"深入贫民区""罗宾逊计划"等各项社会计划中发挥了重要作用，古巴的特工人员为查韦斯的安全也做出了贡献。卡斯特罗多次提醒查韦斯要提防美国中央情报局和委国内反对派可能对他的暗杀行动。这一切都有助于查

---

① 2009 年更名为"美洲玻利瓦尔联盟"（Alianza Bolivariana para los Pueblos de Nuestra América，ALBA）。

韦斯在 2004 年 8 月的罢免性公投和 2006 年 12 月的大选中赢得决定性的胜利。

委内瑞拉与古巴的"石油换医生计划"是两国合作的重要组成部分和合作的一种重要形式。所谓的"石油换医生",是指委内瑞拉向古巴提供廉价石油,作为交换,古巴向委内瑞拉提供医疗和教育援助。2004 年委内瑞拉每天向古巴出口约 5 万桶廉价原油,后逐渐增加,2012 年增加到每天 10.5 万桶,2014 年之后又逐渐减少,2017 年降到每天 5.5 万桶,2019 年 3 月再次降到每天 4.7 万桶。[①] 而同期在委内瑞拉有近 6 万多名古巴专业人员,其中约有 3 万名是医生、教员和体育教练,其余 3 万人在委内瑞拉各个部委、国有企业工作。古巴通过向委输送专业人才,以劳务形式支付大部分石油进口费用。

委古双边贸易的金额从 20 世纪 90 年代末的 3000 万美元,2003 年增至 9.45 亿美元,2006 年达 12 亿美元,2012 年增长到 85.63 亿美元,2014 年降到 72.58 亿美元,委内瑞拉成为古巴第一大贸易伙伴。但 2014 年之后,由于国际油价的下跌和委内瑞拉发生经济危机,委古贸易持续下降,2015 年下降到 42.32 亿美元,2016 年下降到 22.24 亿美元,2017 年下降到 22.14 亿美元。[②]

委古两国结成联盟令美国不安。2005 年 3 月美国《华尔街日报》一篇社论指出,古巴和委内瑞拉组成了新颠覆轴心,应该及时对付这一颠覆轴心。文章说,最让美国担心的还是整个拉美的左倾化发展。美国前助理国务卿奥托·赖克也著文指出:"我们最大的挑战是如何对付古巴—委内瑞拉轴心。"美国对委古联盟的担心主要有二,一是担心由于古巴得到委内瑞拉的支持,美国对古巴的封锁政策会遭到失败;二是担心委古联盟的加强,会使委古一起支持拉美国家的左派,使拉美左派力量联合

① Carmelo Mesa-Lago y Pavel Vidal Alejandro: *El impacto en la economía cubana de la crisis venezolana y de las políticas de Donald Trump*. Real Instituto Elcano, Documento de Trabajo 9/2019, 30 de mayo de 2019, p. 10.

② Carmelo Mesa-Lago y Pavel Vidal Alejandro: *El impacto en la economía cubana de la crisis venezolana y de las políticas de Donald Trump*. Real Instituto Elcano, Documento de Trabajo 9/2019, 30 de mayo de 2019, p. 10.

起来共同反对美国。

推翻古巴卡斯特罗的社会主义政权,这是美国历届政府多年来一直想实现的目标。对美国来说,要推翻古巴革命政权,必须切断古巴与委内瑞拉的关系。奥巴马总统于2015年宣布委内瑞拉马杜罗政府是对美国国家安全和外交的威胁。特朗普2017年上台后,加剧对委内瑞拉制裁,明目张胆地扬言要推翻委内瑞拉马杜罗政府。

在政治上,查韦斯和马杜罗坚决支持与捍卫社会主义的古巴;在经济上,向古巴提供廉价石油,还给予优惠贷款;在外交上,查韦斯和马杜罗在各种国际场合都承担起维护古巴的责任。

2008年劳尔·卡斯特罗主政后,古委双边合作继续推向深入,其根本原因不仅有两国经济发展存在的互补性,还有联合对抗美国对两国封锁和打压政策的需要。委内瑞拉作为拉美地区的能源大国,一直试图在拉美地区发挥更多的主导作用,而古巴在拉美地区因长期反抗外来压力而获得国际社会广泛声援。委内瑞拉希望借助古巴的政治声誉发挥影响,古巴希望从委内瑞拉获得政治与经济的支持以缓解美国封锁给国家和人民带来的苦难,委古双方都看重这种互补关系。

古巴是拉美唯一的社会主义国家,在20世纪90年代初东欧剧变后,古巴所处形势异常严峻,面临着生死存亡的考验。委内瑞拉查韦斯和马杜罗政府先后在政治、经济和外交方面都给予了古巴大力支持,使其摆脱困境、渡过难关,委内瑞拉的援助对古巴革命的继续生存和古巴的社会主义建设起着至关重要的作用。查韦斯和马杜罗多次表示,委内瑞拉人民会"用鲜血和生命来保卫古巴免遭美国的侵略"。卡斯特罗、劳尔和迪亚斯–卡内尔领导的古巴对查韦斯和马杜罗及其领导的玻利瓦尔革命也予以全力支持。

美国与委内瑞拉关系日益恶化　查韦斯总统执政后,奉行维护国家主权、独立自由的外交方针,敢于同美国对抗,因而引起美国的不快。2002年4月,美国支持委反对派策动的反对查韦斯的政变,并承认昙花一现的佩德罗·卡莫纳(Pedro Carmona,1941—　)临时政府。这导致重新执政的查韦斯政府与美国布什政府的关系恶化。2006年9月20日,查韦斯在第61届联合国大会上一般性辩论发言中,严厉地抨击了美国总统布什，多次暗示或直接称布什为"魔鬼"，并且呼吁联合国降低来自美国的影响。2008年9月11日，查韦斯政府驱逐了美国驻委大使，并同时宣布召回委驻美大使。

奥巴马上台后不久，2009年4月，查韦斯与奥巴马在美洲峰会上握手言和，两国宣布两国关系恢复正常。2013年3月5日，查韦斯病逝。同年4月14日，马杜罗赢得大选，成为委内瑞拉总统。2015年3月9日，奥巴马总统发布政令，宣称委内瑞拉是对美国安全和外交的严重威胁，宣布对委7名政府和军队高官进行制裁，理由是他们涉及洗钱和违反人权。马杜罗强烈谴责奥巴马这一政令。同年4月11日，马杜罗与奥巴马在巴拿马举行的美洲峰会上举行了为时10分钟的走廊会谈，两国关系有所改善。但是，美国仍继续通过民主基金会等机构资助委反对派，利用委内瑞拉政府面临的经济困难，发动经济战、宣传战，进行颜色革命，企图推翻马杜罗政府。

特朗普就任美国总统后不久，美国以"民主和人权"问题为由不断扩大对委经济和金融制裁。马杜罗政府强烈谴责美国干涉委内瑞拉主权的行为，并批评美国对委内瑞拉的攻击性言论。

2017年2月14日，美国财政部宣布对时任委内瑞拉副总统塔雷克·艾萨米（Tarek Elssami，1974—　）实行制裁。7月26日，美国财政部宣布对委13名高官予以制裁。在委制宪大会选举后第二天，7月31日，美国财政部又发表声明，宣布对马杜罗总统本人进行制裁。8月11日，特朗普威胁说，美国在应对委内瑞拉局势方面有众多选择，不排除采取军事行动的可能性。8月25日，特朗普总统签署行政命令，决定对委政府及国有石油公司施加新一轮制裁。特朗普决定禁止美国实体或个人与委政府及国有石油公司进行债权和资产交易，禁止向委政府支付红利。马杜罗总统严词谴责美国的新制裁措施是企图通过封锁，在经济和金融上扼杀委内瑞拉，指责美国的制裁违反了国际法准则和《联合国宪章》。美国的制裁措施严重影响委内瑞拉经济的发展和民众的生活，使委国内食品和生活必需品进口量进一步下降，导致民众生活质量下降。美国试图通过制裁，减少民众对马杜罗政府的支持率，对委局势发展施加影响。

2018 年 5 月 18 日，美国财政部以涉嫌毒品走私和洗钱等活动为由，制裁委内瑞拉执政党副主席制宪大会主席迪奥斯达多·卡韦略（Diosdado Cabello，1963— ）等数名个人和多家企业，冻结在美资产并禁止美国人与这些个人或实体交易。5 月 20 日，在主要反对派抵制大选的情况下，马杜罗再次当选总统。9 月 25 日，美国宣布对 4 名委内瑞拉人实施制裁，他们是马杜罗总统夫人西莉亚·弗洛雷斯（Cilia Flores）、副总统德尔茜·罗德里格斯（Delcy Rodríguez）、新闻和通信部部长豪尔赫·罗德里格斯（Jorge Rodríguez）以及国防部部长弗拉基米尔·帕德里诺（Vladimir Padrino）。11 月 3 日，时任美国总统国家安全事务助理的博尔顿（John Bolton，1948— ）称古巴、委内瑞拉和尼加拉瓜是"暴政的三驾马车"。①

2019 年 1 月 10 日，马杜罗宣誓就任。美国拒不承认马杜罗政府为合法政府。1 月 23 日，美国支持时任国会轮值主席的反对派胡安·瓜伊多（Juan Guidó，1983— ）自封的"临时总统"为委合法总统。同一天，马杜罗总统宣布，委内瑞拉正式与美国断交。1 月 24 日，特朗普任命埃利奥特·艾布拉姆斯（Elliott Abrams）为委内瑞拉问题特使，以"帮助委内瑞拉恢复民主和繁荣"。1 月 28 日，美国宣布制裁委内瑞拉石油公司，冻结这家国有企业在美国的资产并截留它对美国石油出口的收益，以施压马杜罗政府。4 月 5 日，美国财政部制裁委内瑞拉石油公司 34 艘油轮以及关联委内瑞拉向古巴运送石油的两家外国企业，这意味着禁止美方企业与它们从事任何交易。

2020 年 2 月 6 日，特朗普总统在白宫会见了委反对派领导人瓜伊多，并强调美国将致力于结束马杜罗政府。7 日，美财政部宣布对委内瑞拉联合航空公司实施制裁，委内瑞拉政府已向国际法院提起诉讼。

企图切断委内瑞拉对古巴的原油供应 2019 年 4 月，美国对古巴的封锁进入一个新的阶段。美国借口古巴派兵支持委内瑞拉马杜罗政府，开始对古巴实施有选择的海上封锁，不准给古巴运输委内瑞拉原油的货

---

① EE. UU califica a Cuba, Venezuela y Nicaragua como "troika de la tiranía" – Radio Corporacion https：//radio-corporacion. com/blog/archivos/31999/venezuela-cuba-y-nicaragua/.

轮驶入古巴港口，美国对负责运输委内瑞拉原油到古巴的海运公司和保险公司施压，要求它们不要与古巴或委内瑞拉公司签署相关合同。4月5日，美国财政部宣布制裁委内瑞拉石油公司34艘油轮以及关联委内瑞拉向古巴运送石油的两家外国企业。"德斯皮娜·安德里亚娜"（Despina Andrianna）号油轮的船主和运营商被列入制裁清单，禁止美国任何个人和实体与这两家外国企业交易。"德斯皮娜·安德里亚娜号"近几个月把委内瑞拉原油运往古巴，船主和运营商分别为利比里亚巴利托湾轮船公司（Ballito Bay Shipping Inc.）和希腊普罗佩尔管理公司（ProPer In Management Inc.）。这意味着禁止美方企业与它们从事任何交易。美国副总统迈克·彭斯（Mike Pence，1959—　）4月5日早些时候在位于得克萨斯州休斯敦市的赖斯大学演讲，披露当天将制裁这些船只的消息。他说，美方将继续采取针对委内瑞拉金融和石油领域的制裁措施，防止委内瑞拉石油收入"落入马杜罗之手"；将以马杜罗去职为目标，施加"所有外交和经济压力"。休斯敦是不少委内瑞拉移民的居住地，同时是委内瑞拉石油公司在美国炼油企业雪铁戈石油公司（Citgo）的所在地。美国财政部部长史蒂芬·姆努钦（Steven Mnuchin）在一份声明中表示："古巴是导致委内瑞拉陷入危机的潜在力量。"美国财政部称，古巴是委内瑞拉原油的一个主要进口国，作为回报，古巴向委内瑞拉派遣政治顾问、情报人员、军官和医疗专家。美国政府一名不愿公开姓名的官员告诉法新社，美方估算，委内瑞拉每天向古巴输送5万桶原油，后者以安全、情报等支持作为回报。9月24日，美国财政部制裁关联委内瑞拉原油出口实体，向马杜罗施压：美国财政部制裁4艘向古巴运送委内瑞拉原油的油轮和4家关联企业，向委内瑞拉总统马杜罗进一步施压。委内瑞拉和古巴谴责美方制裁，承诺继续合作。美国财政部外国资产控制办公室24日宣布，制裁4家关联委内瑞拉石油行业的企业和4艘向古巴运送委内瑞拉原油和石化产品的油轮。遭制裁的4艘油轮分别是"卡洛塔""桑迪诺""佩蒂翁"和"希拉尔特"号。前3艘油轮归两家巴拿马企业所有；另一艘油轮归另一家巴拿马企业所有。依据财政部声明，这些企业在美国的财产和利益将遭冻结，有关情况必须向财政部外国资产控制办公室报告。财政部长姆努钦说，美国正继续向马杜罗政府和支持他的外国实体施压。①

2019 年 9 月 28 日,古巴外长罗德里格斯在第 74 届联合国大会一般性辩论上发言,他再次谴责美国针对古巴和委内瑞拉的各种施压手段。罗德里格斯表示,古巴无条件支持马杜罗合法政府以及委内瑞拉人民。

美国加强对古巴的制裁 2019 年 9 月 26 日,美国国务院以古巴支持委内瑞拉马杜罗政府为理由,宣布制裁古巴共产党中央委员会第一书记劳尔·卡斯特罗及其家属,禁止他及 4 名子女入境美国。② 10 月 25 日,美国交通部宣布从 12 月 10 日起,开始禁止美国航班飞往除首都哈瓦那以外的古巴 10 个城市的国际机场,以期对古巴政府施加压力,迫使对方放弃支持委内瑞拉政府。美方"禁飞令"以古巴国内事务和古巴支持委内瑞拉总统马杜罗所领导的政府为借口,但禁令不适用于包机航班。11 月 16 日,将时任古巴内务部部长胡里奥·塞萨尔·甘达里亚·贝尔梅霍(Julio Cesar Gandarilla Bermejo,1943 年出生,2020 年 11 月 24 日去世)及其子女列入制裁名单。

古巴政府强烈谴责美方禁令,外长罗德里格斯在社交媒体推特上予以强烈谴责,指认禁令"强化了对(美国)公民自由和从美国出发前往古巴的限制"。罗德里格斯说,最新制裁不会迫使古方对美方的要求作出让步。

12 月 3 日,美国财政部宣布追加制裁 6 艘从委内瑞拉向古巴运输石油的船只,并称委内瑞拉和古巴此前曾通过改变船只名称躲避美国制裁。据古巴官方媒体报道,6 艘油轮中 1 艘挂巴拿马国旗、5 艘挂委内瑞拉国旗。12 月 4 日,古巴国家主席迪亚斯-卡内尔③指出,美国制裁 6 艘从委内瑞拉向古巴运输石油的船只是"不公平且傲慢无礼的行为"。他在社交媒体推特上发文说,这是向古巴"再次发动攻击",古巴不会屈服于美国压制。

---

① http://gold678.com/C/201909260946312467.

② https://www.telemundo51.com/noticias/cuba/eeuu-sanciona-a-raul-castro-y-familia-por-violacion-a-derechos-humanos-en-cuba/178612/.

③ 迪亚斯-卡内尔于 2018 年 4 月 19 日当选为古巴国务委员会主席兼古巴部长会议主席,2019 年 10 月 10 日当选为古巴共和国主席。

由于美国陆续制裁向古巴运输石油的船只及相关古巴和外国企业，古巴一度出现油荒，石油供应紧张。迪亚斯－卡内尔主席表示，美国阻碍古巴进口石油的目的是造成古巴民众生活质量下降，从而挑起民怨，制造社会动荡。

2019 年 10 月至 12 月，拉美多国民众因不满本国政府所奉行的新自由主义的经济政策而上街抗议，美国国务卿蓬佩奥等官员诽谤古巴与委内瑞拉煽动部分拉美国家社会动荡并从中获益，对此，古巴外交部多次谴责美国插手拉美国家事务，表示这是对真相的"歪曲与操纵"，其目的是掩饰美国长期干预地区事务。

2020 年 1 月 2 日，美国国务卿蓬佩奥宣布，由于古巴革命武装力量部部长莱奥波尔多·辛特拉（Leopoldo Cintra，1941—　）对古巴支持委内瑞拉马杜罗政府"负有责任"，并称古巴革命武装力量部在委内瑞拉"参与侵犯人权"，美方宣布剥夺辛特拉及其两名子女入境美国的权利。对此，古巴外长罗德里格斯当天在社交媒体推特上作出回应，表示坚决反对美国国务院作出的相关决定，称这是"无实际效力、威胁性、诽谤性"的制裁措施，并表示古巴"重申对委内瑞拉的坚定支持"。古巴国家主席迪亚斯－卡内尔谴责美国对辛特拉部长的制裁。①

2020 年 1 月 10 日，美国国务院在一份声明中说，美国交通部已下令暂停美国与古巴 9 个国际机场间的公共包机服务，仅保留前往哈瓦那何塞·马蒂国际机场的包机服务，并将为前往这一机场的包机数量设定上限。声明称此举是为防止古巴政府从 2019 年 10 月下旬起不断扩大的包机服务中获利。美国 2019 年 10 月下旬叫停大部分往来于美国与古巴的商业航班，称此举是为防止古巴政府从中获利后资助委内瑞拉马杜罗政府。同一天，古巴外长罗德里格斯在社交媒体上发文，强烈反对美国政府有关禁止包机前往除哈瓦那国际机场以外的 9 个古巴机场的决定。他表示："我强烈反对美国政府禁止包机前往除哈瓦那以外其他古巴机场的新禁令，美国这一新的制裁措施严重侵犯美国人民的人权和自由旅行的权利，

---

① http：//www. cubadebate. cu/noticias/2020/01/02/gobierno-de-estados-unidos-anuncia-nue-vas-medidas-contra-dirigentes-cubanos/#. XhMBXtJ_ kZQ.

阻碍家庭团聚"。

2020年2月26日，美国禁止西联汇款公司（Western Union）让古巴在美国侨民将侨款从第三国汇回古巴。4月30日，一名名为亚历山大·阿拉佐的美国恐怖分子向古巴驻美国大使馆开枪，遭警方逮捕。当天，古巴外长罗德里格斯召见美国驻古巴临时代办，强烈抗议古巴驻美大使馆遭恐怖分子侵犯。他在一份声明中说，袭击事件与美国政府收紧对古封锁、坚持对古敌对政策分不开。古巴国家主席迪亚斯-卡内尔在推特写道："古巴谴责这次侵犯。"美国政府拒不承认这是一次恐怖主义袭击事件。更有甚者，5月13日，美国国务院却将古巴和委内瑞拉、伊朗、叙利亚和朝鲜一起列入"不与美国充分反恐合作国家"的黑名单。对此，古巴方面则坚决予以回击称，古巴才是恐怖主义的受害者。6月3日，美国国务院将古巴西梅克斯金融公司（Fincimex）等7家公司列入制裁名单，限制其办理接受古巴侨汇的业务。6月5日，美国财政部不再发给美国在古巴的万豪国际酒店集团（Marriott International）的酒店营业执照。8月13日，美国交通部宣布除被准许飞哈瓦那的私人包机外，停止美国所有飞古巴的私人包机。9月24日，限制进口原产地为古巴的酒类产品和雪茄烟。同一天，宣布禁止美国人到古巴参加会议或做讲座。

2021年1月1日，美国国务院将古巴国际金融银行列入限制名单。1月15日，将古巴内务部及其部长拉萨罗·阿尔韦托·阿尔瓦雷斯·卡萨斯（Lázaro Alberto Álvarez Casas）列入制裁名单。特朗普在卸任总统职务前夕，1月11日，美国国务院将古巴重新列入支持恐怖主义国家名单。据古巴外交部统计，特朗普4年任内，共对古巴采取了240多项制裁措施，[1] 对231家古巴企业进行了制裁。[2]

古巴是委内瑞拉重要盟友，美国政府不断以古巴支持委内瑞拉马杜罗政府为由，升级对古巴的制裁，其目的之一是迫使古巴放弃支持委内

---

① Las más de 240 medidas de Trump contra Cuba | Cubadebate, http://www.cubadebate.cu/noticias/2021/01/20/las-mas-de-240-medidas-de-trump-contra-cuba/.

② Casa Blanca anuncia que revisará políticas de Trump contra Cuba | Cubadebate, http://www.cubadebate.cu/noticias/2021/01/28/casa-blanca-anuncia-que-revisara-politicas-de-trump-contra-cuba/.

瑞拉马杜罗政府。委内瑞拉自2019年年初以来陷入政治危机，委国会主席瓜伊多在2019年1月宣布自己为"临时总统"，得到美国、欧洲和拉美多国承认。为逼迫马杜罗下台，美方不断以经济制裁、外交孤立、军事威胁等手段施压。

第三节　特朗普对古巴采取强硬政策的原因及其影响

一　特朗普对古巴采取强硬政策的原因

（一）特朗普兑现其竞选时的承诺

特朗普执政后，力图兑现其在竞选时的承诺，拆解奥巴马外交遗产，奉行"退出"政策，有助于树立其自身"言必行"的威信。特朗普在竞选时，就抛出了"百日新政"计划，扬言要在政治上，取消所有奥巴马发出的"违宪"的决策、备忘录和法令，包括要结束奥巴马与古巴关系正常化的政策。他还专门去迈阿密向反卡斯特罗的古巴裔美国人承诺，他若当选总统，将改变奥巴马对古巴的政策。2017年6月16日，他就任总统半年后，专门又到迈阿密，在副总统彭斯、共和党古巴裔右翼参议员卢比奥、迪亚斯－巴拉特等陪同下，向反卡斯特罗的古巴裔美国人宣布他对古巴的"新政"，从而兑现了他的承诺。

（二）主张对古巴采取强硬政策的保守派在美国掌握决策权

特朗普作为共和党总统候选人在2016年11月美国大选中获胜并于2017年1月上台执政，标志着共和党在新的政治周期中占据了优势和主导权。共和党在大选中赢得了国会参众两院的多数。共和党重新上台执政和美国主流形态的保守化为主张对古强硬的人士提供了重塑美国对古政策的绝佳机会。美国的外交政策发生了一些明显的变化，特朗普在确定其外交政策时坚守一个基本原则，即所谓"美国优先"或"美国再强大"，这对世界政治、经济和安全格局产生了令人瞩目的影响，而传统意义上被认为是美国"后院"的拉丁美洲，首当其冲，受到不小的冲击。

2017年1月23日，特朗普总统签署行政命令，正式宣布美国退出"跨太平洋伙伴关系协定"。2月2日，特朗普重申要与墨西哥和加拿大重新谈判或废除北美自由贸易协定。1 月 25 日，特朗普签署了两个行政命令，其中一项是在美墨边境修建隔离墙。2 月 3 日，白宫发言人斯派塞说，特朗普政府将全面修改对古巴的政策。6 月 16 日，特朗普宣布废除奥巴马 2016 年 10 月 14 日颁布的有关美古关系正常化政策的总统指令。作为反建制和非建制政治人物，特朗普的上台执政，给美国政治及其外交政策带来众多变数，其在政治和外交层面最引人关注的就是行政缺位、行政令治国、小圈子决策和推特治国。反建制造就反叛的外交，特朗普的外交直觉与美国政治中的极右翼思想有关。特朗普提出的一套理论，包括相信外部世界很危险，对手很邪恶，美国很纯洁，以往的执政精英很无知，海外盟友是忘恩负义的等，都反映出特朗普的右翼民粹主义。

（三）特朗普想连任美国总统

特朗普想连任总统，必须争取对古强硬的国会议员和佛罗里达州反对美古关系改善的古巴裔美国人的支持。2018 年 11 月 6 日，美国举行中期选举，改选众议院、部分州长及部分参议员，也是选民为总统特朗普政绩评分。选举结果不仅影响特朗普后半任期，还将牵动 2020 年总统大选。美国这次中期选举改选众议院全部 435 席、改选参议院 100 席中的 35 席，以及 36 个州、3 个美国领地共 39 位州长级首长。选举结果共和党以绝对优势胜出民主党，一举拿下参议院 100 个席位中的 53 席，民主党获得 47 席；但民主党也不甘示弱，在众议院选举中成功获胜，在 435 席中获得 234 席，共和党获 200 席。这次中期选举很重要，因为此前众议院和参议院都是由共和党人控制的。共和党失去了对众议院的控制权，形成两党分别掌控国会一院的格局。在州长选举中，民主党扩大了民主党籍州长的数量，但共和党籍州长仍达到 27 个。特朗普在余下的任期内不得不面对分裂的两院，这意味着特朗普政府在推行其政治议程时会遇到不同的阻力。2019 年 10 月 31 日，美国国会众议院民主党掌控的投票，以 232 票赞成、196 票反对的表决结果，通过了一项针对总统特朗普的弹劾调查程序的决议案，正式指控他滥用职权和妨碍国会。但是，2 月 5 日，共和党掌控的参议院投票否决了分别指控总统特朗普滥用职权和妨碍国会的两项弹劾条款，特朗普未被定罪，这意味着特朗普不会被罢免。

特朗普对古巴的强硬政策，得到美国国会两院中右翼共和党古巴裔议员的支持。其中比较突出的有马尔科·卢比奥、马里奥·迪亚斯·巴拉特、泰德·克鲁斯（Ted Cruz）和伊莉亚娜·罗斯－莱赫蒂宁（Ileana Ross-Lehtinen）等，他们对处于执政困境中的特朗普来说很重要。卢比奥1971 年生于佛罗里达州的迈阿密市，其祖父母 1956 年即在古巴革命胜利前就移居美国。其父亲做过商贩，当过餐厅侍者。他先后在佛罗里达大学和迈阿密大学学习，攻读政治学，获法学博士学位。他曾任参议员伊莉亚娜·罗斯－莱赫蒂宁的助理，2000 年当选为佛罗里达州众议员，2005 年赢得佛罗里达州众议院议长职位。他参加共和党派系"茶党运动"，成为该运动的政治新星，2010 年当选联邦参议员。2016 年 3 月，他参加共和党总统候选人的初选，败给特朗普，宣布退选，并表示支持特朗普竞选总统。同年 6 月 22 日，决定参加参议员选举，11 月 8 日再次当选参议员，并成为参议院外交和情报委员会成员。① 卢比奥属于极端保守的共和党人士，在拉美裔和非洲裔选民中有较高的支持率，在共和党内具有一定的影响力，在对古政策的制定和执行方面，深得特朗普的信任和重用。2020 年 5 月 18 日，卢比奥当选参议院情报委员会代理主席。

迪亚斯·巴拉特② 1961 年生于佛罗里达州劳德代尔堡，父亲曾任巴蒂斯塔独裁政权高官，其姨妈米尔塔·迪亚斯·巴拉特是菲德尔·卡斯特罗的第一任妻子。毕业于南佛罗里达大学政治学系。曾先后担任佛罗里达州众议员和参议员长达 14 年之久。现为国会众议员，在国会内部具有一定影响力，经常指责古巴、委内瑞拉和尼加拉瓜左翼政府。

泰德·克鲁斯的父亲是古巴人，20 世纪 50 年代离开古巴。克鲁斯1970 年出生在加拿大。他先后在美国新泽西州的普林斯顿大学、哈佛大学攻读法律，后在得克萨斯州大学教授法律，并兼任律师。曾任小布什总统的助理和得州检察长。2013 年起任得州参议员。2016 年曾参加共和党总统候选人竞选。他对古巴态度强硬，多次指责卡斯特罗和劳尔为"独裁政府"，支持特朗普对古的强硬政策。

伊莉亚娜·罗斯－莱赫蒂宁 1952 年生于哈瓦那，其父亲曾是巴蒂斯

---

① https：//www.buscabiografias.com/biografia/verDetalle/9911/Marco%20Rubio.

② About Mario-Mario Diaz-Balart for Congress, https：//mariodiazbalart.org/about-mario/.

塔独裁政府官员。1975 年，她毕业于佛罗里达国际大学英语系，后获该大学教育学硕士学位。她与美国全国古美基金会关系密切，并得到该基金会的支持。1982—1986 年任佛罗里达州州议员。1989—1999 年任参议员。2011 年当选为众议员和众议院外交委员会主任。她公开支持老布什总统的反古政策，甚至公开支持暗杀卡斯特罗的行动，外号"残暴的母狼"。她是特朗普对古巴强硬政策的主要支持者之一。①

此外，特朗普上台以来，特朗普的执政团队人士变动频繁，原美国中央情报局局长蓬佩奥接替蒂勒森担任国务卿。2019 年 9 月 10 日，原国家安全事务助理约翰·博尔顿任职一年半后，被特朗普总统解雇。特朗普身边已经纠集了一批忠心耿耿的"鹰派中的鹰派"，尽管总统的权力受到"三权分立"的制约，但在选用人事方面，总统却有独特权力。这一切，都取决于一个决定性因素——与特朗普的亲疏远近，这一因素在特朗普个人特性的护持下，已超越机制性因素，主导了白宫的人事布局和决策体系。②

特朗普对古强硬政策的国际背景　特朗普执政以来，拉美政治生态先后发生从"左退右进"到"左右博弈"的变化。特朗普就任总统时，拉美大国巴西、墨西哥、阿根廷、哥伦比亚的政权均掌握在右翼或中右翼手中。2017 年 12 月 17 日，智利中右翼联盟"智利前进"候选人、前总统塞瓦斯蒂安·皮涅拉（Sebastián Piñera）当选总统，并于 2018 年 3 月 11 日再次上台执政。然而，自 2018 年起，拉美政治生态发生了变化，左翼力量呈复苏态势。在墨西哥 2018 年 7 月的大选中，左翼国家复兴运动党领导人洛佩斯·奥布拉多尔（Lopéz Obrador）当选总统，这是左翼政党首次在拉美第二大经济体墨西哥执政。在 2019 年 2 月 3 日萨尔瓦多大选中，右翼"民族团结大联盟"的候选人纳伊布·布克尔（Nayib Bukele）获胜，结束了左翼法拉本多·马蒂民族解放阵线的执政，布克尔已于 6 月 1 日就任。2019 年 10 月 20 日玻利维亚举行大选，尽管总统莫

---

①　Ileana Ros-Lehtinen-EcuRed, https：//www.ecured.cu/Ileana_ Ros-Lehtinen.

②　参阅倪峰《2018 年特朗普治下的美国政治形势》，载兰立俊主编《国际问题纵论文集2018/2019》，世界知识出版社 2019 年版，第 182 页。

拉莱斯得票占优势，但反对派认为选举进程有舞弊，拒绝承认选举结果，11 月 10 日，莫拉莱斯在军警头目的威逼和反对派抗议下，被迫辞职，流亡国外，右翼反对派珍尼娜·阿涅斯（Jeanine Áñez）临时政府在美国支持下采取了一系列倒行逆施的政策。在同年 10 月 27 日阿根廷的大选中，以正义党为核心的中左翼阵线"全民阵线"候选人、正义党人阿尔韦托·费尔南德斯（Alberto Fernández）获胜，并于 12 月 10 日就任。在 2019 年 11 月 24 日乌拉圭第二轮大选中，右翼民族党（白党）路易斯·拉卡列·波乌（Luis Lacalle Pou）当选总统，从而结束了乌拉圭左翼广泛阵线执政近 15 年的历史，拉卡列已于 2020 年 3 月 1 日就任。2020 年 10 月 18 日玻利维亚举行大选，左翼争取社会主义运动候选人、前经济部部长路易斯·阿尔塞（Luis Arce）得票 55.1% 获胜，并于 11 月 8 日就任，使左翼在玻利维亚东山再起。拉美第二、第三大国墨西哥、阿根廷以及玻利维亚的左翼掌权无疑使拉美的政治生态发生了新的变化。

二 古巴对特朗普强硬政策的反应及对策

有理有利有节 古巴对特朗普强硬政策的反应较为谨慎，可以说是"有理有利有节"。一方面，古巴政府坚持捍卫国家主权和领土完整、独立自主的原则，坚决反对美国干涉古巴的内政；另一方面，古巴政府一再强调，愿意与美国政府进行协商对话和合作，消除分歧和解决悬而未决的问题。

在 2017 年 6 月 16 日特朗普颁布"新政"的当天，古巴政府发表声明说，特朗普收紧美国对古政策不会影响古巴革命进程，更不会让古巴人民屈服。"任何旨在改变古巴政治、经济和社会制度的企图，无论是通过压力和制裁来实现，还是采用更微妙的方法，都注定会失败。"声明说，特朗普总统当天宣布的美国对古巴新政策使古美关系"倒退"。特朗普政府使用以前惯用的对古封锁伎俩，这不仅对古巴人民造成极大伤害，对古巴经济发展构成极大障碍，还损害其他国家的主权和利益。古巴政府同时重申，愿与美国就双方共同关心的问题继续进行对话与合作，并就双方政府尚未完成的双边事务展开协商。①

大多数古巴民众对特朗普政府的对古巴的新政表示反对，认为这是"历史的倒退"。古巴国有企业海鸥旅行社导游哈维尔·卡萨马约认为，特朗普政府的对古巴的新政损人不利己，"它既禁止美国人来古巴投资，在一定程度上影响美国经济，又将使古巴的旅游业遭受创伤"。

2019年1月1日，劳尔·卡斯特罗在古巴革命胜利60周年纪念大会上发表讲话，②批评特朗普政府"又再一次走上和古巴对抗的道路"。劳尔称，特朗普政府内越来越多高级别的官员将地区的问题都归咎到古巴头上。劳尔表示，古巴对此已有准备，不会畏惧任何威胁，坚决保卫自身的独立、领土完整和主权。同时他要求古巴人民加强防御，进一步认真做好准备，面对美国可能造成的"最糟糕的情况"。另外，他指出，古巴目前面临的真正挑战是国内经济。他要求古巴政府各部门进一步开发国内潜能，减少不必要的开支，增加出口，吸引外资。

同年3月4日，特朗普政府宣布改变对古政策，将于3月19日起，首次启用"赫尔姆斯—伯顿法"第三条部分内容，允许美国公民向美国法院起诉被美国列入制裁名单的古巴实体。古巴外交部当天发表声明对此强烈谴责，认为这是对古巴"侵略行为的新升级"。古巴外交部美国司司长费尔南德斯·德科西奥就发表声明指出，美国实施"赫尔姆斯—伯顿法"第三条的目的，一是将经济封锁国际化；二是企图将封锁永久化；三是企图阻止和抑制外国资本通过外国投资形式投资古巴的可能性，试图吓退古巴的准投资者；四是实现推翻古巴革命的目标。同年12月15日，费尔南德斯·德科西奥司长在总结古美两国最近几个月来不断加剧的紧张关系时说，"我们必须意识到，情况可能会变得更糟"，"目前美国政府没有与古巴建立和平和相互尊重关系的意愿，只要实施'赫尔姆斯—伯顿法'，就难以有两国持久的关系"，"那些负责美国西半球政策的人对古巴的态度和立场都非常咄咄逼人。我们看到，他们想做的就是切断

①　Declaración del Gobierno Revolucionario de Cuba，Granma-Órgano oficial del PCC，http：//www.granma.cu/cuba/2017－06－16/declaracion-del-gobierno-revolucionario-video.

②　Raúl Castro："La Revolución sigue siendo joven"｜Cubadebate，http：//www.cubadebate.cu/noticias/2019/01/01/raul-castro-la-revolucion-sigue-siendo-joven/.

所有的联系、关闭使馆。"他说:"古巴希望情况不是这样,但我们不能认为这种情况不会发生,我们为这种后果做好了准备。""古巴认为,应该与美国保持正常的双边关系,我们将为此努力,这也是大多数美国人的愿望。"①

古巴谨慎应对特朗普强硬政策的内外原因 面对特朗普咄咄逼人的强硬政策,古巴的反应比较谨慎,这是由于古巴出自国际和国内原因的考虑。

从国际因素来看,古巴的国际环境已明显好转,它处理对美关系时具有相对宽松的国际空间。美国对古巴的封锁和制裁已越来越不得人心。美国对古巴的封锁和制裁遭到全世界绝对多数国家的反对。2019年11月7日,第74届联合国大会以压倒性多数通过决议,敦促美国解除对古巴长达半个多世纪的经济、贸易和金融封锁,这是联大连续第28年通过此类决议。当天,对古巴提交的《终止美国对古巴经济、贸易和金融封锁之必要性》决议草案,参与投票的192个国家中,187国投赞成票,只有美国、以色列和巴西3国投反对票,哥伦比亚和乌克兰2国弃权。这充分说明,"得道多助,失道寡助",美国对古巴的封锁是多么不得人心。

2019年古巴积极开展多元化外交,应对美国对古巴封锁和禁运的加强。古巴迪亚斯-卡内尔主席频繁出访。7月,到委内瑞拉加拉加斯参加第25届圣保罗论坛,10月中旬访问墨西哥,10月下旬,访问爱尔兰、白俄罗斯和俄罗斯,并到阿塞拜疆参加第18届不结盟国家首脑会议。12月9—11日,访问阿根廷并参加阿根廷新总统阿尔贝托的就职典礼。

2019年3月,英国王室查尔斯王子首度访问古巴;10月初,俄罗斯总理梅德韦杰夫访问古巴,俄罗斯将给古巴铁路现代化贷款2.6亿美元,并在今后7年内向古巴贷款20亿欧元用于铁路建设。9月,欧盟副主席

---

① Fernández de Cossío: Cuba no desea la ruptura de relaciones con Estados Unidos, http://www.cuba.cu/politica/2019 - 12 - 16/fernandez-de-cossio-cuba-no-desea-la-ruptura-de-relaciones-con-estados-unidos-/49907.

兼外交和安全政策高级代表莫盖里尼率团访问古巴，在哈瓦那与古巴政府举行第二届联合委员会会议。11月中旬，西班牙国王费利佩六世访问古巴，成为历史上首位正式访问古巴的西班牙国王。2019年中古关系得到进一步发展。4月，古巴国务委员会副主席格拉迪斯·贝赫拉诺率团参加在北京举行的第二届"一带一路"国际合作高级论坛。3月29日，中国和古巴在哈瓦那签署了一份加强生物科技领域合作的谅解备忘录。7月，中国向古巴出口的、由中国设计并生产的铁路客车组成的列车正式在古巴运行。此前，2018年11月1日至12日，古巴迪亚斯－卡内尔主席访问了俄罗斯、中国、越南、朝鲜和老挝。2016年日本首相安倍晋三、加拿大总理贾斯廷·特鲁多，2018年印度总统拉姆·纳特·科温德先后访古。古巴与域外大国的频繁交往和务实合作使古巴在应对美国时更加自信，在处理与美国关系时显得游刃有余。2020年由于新冠肺炎蔓延，古巴领导人出访和到访古巴的外国领导人均大大减少，但古巴的外交关系并没有中断。2020年2月俄罗斯外长拉夫罗夫访问古巴；6月29日，美洲玻利瓦尔联盟召开第20次政治委员会和第10次经济互补委员会联席视频会议。2021年1月，委内瑞拉副总统德尔西·罗德里格斯访问古巴，古巴副总理里卡多·卡布里萨斯访问委内瑞拉。

从国内因素来看，当前古巴正处在政治领导层新老交替的关键时期和社会主义经济和社会模式更新逐步深化的时期，古巴需要一个稳定的外部环境，因此，在处理与美国的关系时，古巴政府十分谨慎，尽力维持来之不易的两国关系的恢复，对特朗普蛮横无理的强硬政策，采取有理有利有节的方针政策，保持与美国沟通与对话的渠道。

三　特朗普对古巴强硬政策的影响

特朗普对古巴强硬政策，给古美双边关系的发展带来负面影响。它不利于两国，尤其不利于古巴的经济发展；它影响拉美国家的团结和一体化，使美拉关系进一步走低；与此同时，特朗普对古巴的强硬政策也越来越遭到美国国内外各界人士的强烈反对。

给古美双边关系的发展带来负面影响　由于特朗普对古巴的强硬政策，使奥巴马时期古美关系开启的正常化进程出现倒退，两国的对话机制几乎完全停止，两国间达成的有关医疗卫生、环境保护、科学技术、文化教育、学术、体育等多项协议难以实施，两国间的官方和民间交流大幅度减少。2015 年成立的古美双边委员会在奥巴马任内共召开了 5 次会议，但是，自从特朗普上台执政三年来，双边委员会只召开过 2 次，第 7 次会议是在 2018 年 6 月 14 日召开的①，此后，再也没有开过会。

对两国经济的发展特别是古巴经济的发展产生负面影响　据美国商业游说团体"接触古巴"（Engage Cuba）报告称，特朗普执政期间，美国将因对古采取强硬政策而损失 66 亿美元，减少就业人员 12295 人，其中将给美国航空（American Airlines）、达美（Delta）、捷蓝（JetBlue）、西南航空（Southwest Airlines）和美国联合航空（United Airlines）等航空公司每年带来损失 5.12 亿美元，合计 20 亿美元，减少从业人员3990 人。②

至于特朗普对古巴加强封锁政策，对古巴造成的损失就更大。据古巴官方统计，特朗普任内，给古巴造成的损失，2017 年 4 月至 2018 年 3月为 43.21 亿美元，2018 年 4 月至 2019 年 3 月为 43.43 亿美元，2019 年4 月至 2020 年 3 月为 50 亿美元。③ 2021 年 2 月 3 日，古巴外长罗德里格斯发推文说，美国对古巴封锁 59 年，对古巴共造成 1444.134 亿美元损失。④

2019 年 12 月 21 日，古巴国家主席迪亚斯 - 卡内尔在第 9 届古巴全国人大第 4 次会议上说，2019 年特朗普政府对古巴的封锁和制裁达到疯

---

① Comisión Bilateral Cuba-EEUU se reúne en Washington | Cubadebate，http：//www. cubadebate. cu/noticias/2018/06/14/se-reunio-en-washington-la-comision-bilateral-cuba-ee-uu/# . XhnaEdJ _ kZQ.

② Trump arriesga millonarias pérdidas económicas si revierte apertura hacia Cuba，dice estudio | La Opinión，https：//laopinion. com/2017/06/02/trump-arriesga-millonarias-perdidas-economicas-si-revierte-apertura-hacia-cuba-dice-estudio/.

③ Cuba denuncia pérdidas récord por endurecimiento del embargo de EE. UU. https：//www. ntn24. com/america-latina/cuba/cuba-denuncia-perdidas-record-por-endurecimiento-del-embargo-de-ee-uu – 127137.

④ Condena Cuba el bloqueo de Estados Unidos，a 59 años de su aplicación oficial，http：//www. acn. cu/mundo/76037-condena-cuba-el-bloqueo-de-estados-unidos-a-59-anos-de-su-aplicacion-oficial.

狂和残酷的程度，几乎每周出台一项行动制裁古巴的措施，旨在扼杀古巴经济。美国停止、限制或禁止游轮、航班、汇款、阻挠古巴医疗劳务输出、金融交易、燃料运输和保险业务。没有一个领域不被包围、不受迫害。特朗普采取的措施旨在破坏古巴同第三国的外贸、金融交易包括支付、信贷，企图切断古巴工业的原材料来源、限制古巴吸收外国的技术、资金和收入，特别是不让燃料运入古巴，限制到古巴旅游的人数，阻挠古巴的医务人员的劳务输出。[1]

2020 年 1 月 24 日，迪亚斯－卡内尔主席在古巴圣斯皮里图斯市会见国内外记者时重申古巴愿意在平等和互相尊重的基础上与美国进行对话和保持文明的关系。卡内尔指出，特朗普对古巴的敌视政策有三个因素：选举因素、美国对拉美政策的失败和共和党人的思维方式。[2]

特朗普对古巴的强硬政策遭到美国国内外的强烈反对　特朗普对古巴的强硬政策遭到美国国内政界、贸易和农业界、文化学术界人士的强烈反对。美国参议员马克·沃纳（Mark Warner）指责特朗普推翻奥巴马对古政策的举措向世界传递了错误的信息。众议员吉姆·麦克戈（Jim McGover）发推文称，特朗普对古巴的倒退举措只会对美国和美国人民造成伤害。[3]

2019 年 2 月 22 日，美国农业联盟征集了 100 个农业生产者组织的签名要求美国农业部部长开放对古巴的贸易，向古巴出口美国的农产品。3 月 4 日，美国古巴研究中心执行主任里卡多·埃雷罗（Ricardo Herrero）发表声明，反对美国政府实施"赫尔姆斯—伯顿法"第三条，声明说，"遗憾的是总统的顾问们没有吸取过去 60 年美国对古巴禁运政策宣告失败的教训"[4]。4 月 19 日，美国古巴裔美国人争取接触组织（Cuban Amer-

---

① Díaz-Canel en la Asamblea Nacional：¡Unidos hemos vencido！¡Unidos venceremos！｜Cubadebate，http：//www.cubadebate.cu/opinion/2019/12/21/diaz-canel-en-la-asamblea-nacional-unidos-hemos-vencido-unidos-venceremos/#. Xf7QGNJ_ kZQ.

② https：//www.prensa-latina.cu/index.php？o = rn&id = 337032&SEO = cuba-esta-abierta-al-dialogo-con-eeuu-reitera-diaz-canel-video.

③ https：//www.telesurtv.net/news/Reaccion-internacional-por-nuevas-medidas-de-Trump-hacia-Cuba—20170617 – 0001.html.

④ informe_ de_ cuba_ sobre_ bloqueo_ 2017_ espana.pdf.

icans for Engagement）发表公告，强烈谴责特朗普政府启用"赫尔姆斯—伯顿法"第三条、限制他们汇款给在古巴的亲属和限制旅行古巴等措施，谴责这些措施将影响古巴的主权和稳定，影响古巴家庭的生活。① 同年11月21日，美国民主党参议员帕特里克·莱希（Patrick Leahy）批评特朗普对古巴的倒退举措妨碍美国人自由地去古巴旅行，他强调两国关系走近的重要意义。②

2018年11月2日，委内瑞拉政府谴责此前一天美国政府对委内瑞拉和古巴实施的制裁，马杜罗指责美国制裁举动是犯罪行为。11月1日，时任美国总统国家安全事务助理博尔顿在迈阿密发表的演讲，宣布美国政府对古巴和委内瑞拉两国实施的制裁。③ 2019年6月7日，委内瑞拉制宪大会主席卡韦略在哈瓦那机场举行的新闻发布会上强调，委古两国"必须更加团结一致"，应对"共同敌人同样的攻击"。

2019年12月15日，尼加拉瓜国民大会主席古斯塔沃·博拉斯·科尔特斯（Gustavo Porras Cortés）在国会谴责美国对古巴的封锁。④ 12月12日，墨西哥众议院通过决议，要求美国停止对古巴的封锁。⑤ 2021年1月，中国、俄罗斯、欧盟和拉美多国抨击特朗普政府再次将古巴列入支恐国家名单中。

---

① Organización cubanoamericana y procastrista se opone a las nuevas medidas de Trump contra Cu-ba-PERIÓDICO CUBANO, https：//www. periodicocubano. com/organizacion-cubanoamericana-se-opone-a-las-nuevas-medidas-de-trump-contra-cuba/.

② http：//www. cubavsbloqueo. cu/es/bloqueo-afecta-todos/senador-de-eeuu-resalta-importancia-de-acercamiento-cuba.

③ 委古谴责美对两国制裁行为 马杜罗：美国制裁举动是犯罪行为 | 委内瑞拉 | 马杜罗 | 古巴_ 新浪新闻, http：//news. sina. com. cn/w/2018 – 11 –03/doc-ihmutuea6646793. shtml.

④ http：//www. cubavsbloqueo. cu/es/cuba-no-esta-sola/parlamento-de-nicaragua-condena-el-blo-queo-de-eeuu-contra-cuba.

⑤ Cámara de Diputados de México se pronuncia contra bloqueo a Cuba | Embajadas y Consulados de Cuba, http：//misiones. minrex. gob. cu/es/articulo/camara-de-diputados-de-mexico-se-pronuncia-contra-bloqueo-cuba.

结 束 语

美古关系是当今国际关系中一对十分特殊和典型的关系，美国是一个超级大国，是世界上最发达的资本主义强国；而古巴是一个小国，是西半球唯一的社会主义国家。美国和古巴都是西半球国家，是隔海相望的邻国，两国距离只有 90 海里（约 167 千米）。

从本书阐述的两百多年来古巴与美国关系的历史，可以得出以下几点看法。

1. 一部美古关系史，是一部侵略与反侵略、干涉与反干涉、封锁与反封锁的历史。美国历届政府对古巴的策略有所不同和变化，但对古巴的基本方针和政策不变，就是要在政治、经济和军事上控制古巴，反对古巴的主权和独立。在古巴独立前，美国想侵吞古巴；古巴独立后，美国扶植和支持傀儡政府、打压有民族主义倾向的政府，把古巴变成美国的新殖民地，纳入自己的势力范围。古巴革命胜利后至今，美国的总统更换了 13 个，从艾森豪威尔到特朗普，再到拜登，美国历届政府都对古巴采取敌视政策，实行经济封锁、贸易禁运、外交孤立和意识形态渗透等手段，企图扼杀古巴，甚至公开叫嚣要推翻古巴革命政权。

2. 美古持续对抗的根本原因。60 多年来，美古两国的矛盾和冲突，不仅是一个超级大国和一个小国之间的矛盾与冲突，也是一个发达的资本主义国家与一个发展中的社会主义国家之间两种不同性质的社会制度、意识形态、价值观念之间的矛盾与冲突。只要古巴坚持共产党领导，坚持走社会主义道路，美国亡古巴之心不会死，美国统治集团决不会放弃其颠覆古巴社会主义政权的目的，这是美古持续对抗的根本原因。

3. 美古关系中的"变"与"不变"。美国与古巴之间不变的是社会制度、意识形态之间的巨大分歧。但是，美古关系也是在不断变化之中。古巴革命胜利后不久，美国从 1961 年与古巴断交，到 2015 年与古巴复交，这说明美古关系发生了变化，美国对古巴的政策和古巴对美国的政策也发生了变化。在各个阶段，美古关系呈现出不同的特点，变化的内外原因也不尽相同。但是，尽管两国已经复交，但 60 多年来，美国对古巴革命政府所采取的经济封锁、贸易禁运、外交孤立和意识形态渗透的政策，基本上没有变化。

4. 美国历届政府同古巴政府曾保持秘密渠道进行对话和沟通。尽管美古两国从自然禀赋、历史文化、政治制度、意识形态到经济、军事实力差距很大，但也存在合作的需要和可能。实际上，从肯尼迪到奥巴马，美国历届政府都曾通过秘密渠道与古巴政府进行对话和沟通，除了福特和老布什政府外，都曾与古巴政府达成过某种协议，这些协议大多数是在非传统安全领域，如移民、扫毒、反恐等。这说明，尽管政治和社会制度不同，美古两国在互相尊重主权和平等互利的基础上，是可以求同存异、携手合作、和平共处的。

5. 古巴愿意与美国"文明地存异共处"。东欧剧变和苏联解体后，古巴是世界上仅存的五个社会主义国家之一，也是亚洲之外地区唯一的社会主义国家，社会主义的古巴和古巴共产党的存在和发展是关系到世界社会主义运动和国际共产主义运动的大事，社会主义古巴的发展标志着世界社会主义力量增长和全球稳定因素的增强，值得国际社会共同欢迎。古巴党和政府多次表示，愿意同美方在平等和相互尊重基础上，推进以协调、合作、稳定为基调的古美关系，正如劳尔·卡斯特罗多次强调，与美国"文明地存异共处"，"在主权平等的基础上进行相互尊重的对话，从而以互惠的方式解决各种问题，不损害民族的独立和我们人民的自决权"。因此，古美双方应该可以坐下来，通过认真对话，找到社会制度不同的两个国家和平共处、进而合作共赢的互动模式。只有这样，古美两国关系才能有效地应对所共同面临的本国和全球性的各种挑战，才能共同把这个人类唯一能够居住的星球建设得更好，实现人类命运共同体的前景。

6. 美古关系正常化的障碍。妨碍美古关系正常化的主要障碍，从古巴方面来说是：（1）美国必须取消对古巴的经济、贸易和金融封锁。而要取消封锁，美国国会必须废除相关的法律；（2）美国必须归还它所霸占的古巴关塔那摩海军基地；（3）美国必须关闭进行反古宣传的"马蒂"电台和电视台；（4）美国必须停止对古巴的颠覆、破坏活动；（5）美国必须赔偿因封锁对古巴造成的巨额损失。从美国方面来说是：（1）古巴必须释放被关押的政治犯；（2）古巴必须开放党禁，结束古共的一党统治；（3）美国要求古巴尊重人权、民主、自由，要求古巴举行透明的直接选举；（4）古巴应开放市场、进行自由贸易，实行市场经济；（5）古巴应赔偿 20 世纪 60 年代初古巴国有化没收美国及古巴资本家（绝对多数已移居美国加入美国国籍）土地、企业和财产的损失。从目前情况来看，双方不大可能在短时间内消除这些障碍。

7. 关于美古关系的前景。2018—2019 年，古巴通过并开始实施新的宪法和新的选举法，国家行政领导班子已有序地进行了新老交替，革命胜利后 1960 年出生的迪亚斯－卡内尔已担任古巴国家主席。古巴共产党已于 2021 年 4 月召开了"八大"，劳尔·卡斯特罗辞去了古共中央第一书记的职务，年青一代的杰出代表卡内尔在古共"八大"当选为古共中央第一书记。卡内尔表示，他将遵循卡斯特罗的思想和听从劳尔的教导，继续执行古共"六大""七大"和"八大"制定的纲领和政策，加快推进古巴经济社会模式的"更新"；在坚持独立自主的外交政策的同时，努力使古巴的外交关系更加多元化。因此，在今后几年，古巴内外政策的大政方针不会改变。

从美国方面来看，特朗普任内，他几乎全盘推翻了奥巴马的全部政治遗产和倒退了奥巴马所采取的美古关系正常化的步伐。但是，也应该看到，特朗普毕竟还留有余地，他没有宣布与古巴断交。

2020 年 11 月 3 日，美国举行大选，拜登①当选总统，2021 年 1 月 20

---

① 小约瑟夫·罗宾内特·拜登（Joseph Robinette Biden, Jr., 1942— ），其昵称为乔·拜登（Joe Biden）。2019 年 4 月 25 日，拜登宣布参选 2020 年美国总统。2021 年 1 月 7 日，美国国会联席会议确认，拜登赢得 306 张选举人票，特朗普获得 232 张选举人票，美国国会联席会议确认拜登当选总统，1 月 20 日，拜登宣誓就任美国第 46 任总统。

日，拜登宣誓就任美国第46任总统。拜登在竞选总统时曾多次表示，若他当选，会对古巴采取奥巴马对古巴的政策，会恢复与古巴的通航、通商，会放宽对美国人到古巴访问和旅游的限制，会放宽对在美国的古巴侨民侨汇的限制。

古巴对拜登政府会在一定程度上回到奥巴马时期和古巴改善关系的政策抱有希望。2020年11月8日，古巴国家主席迪亚斯·卡内尔发推文表示，古巴政府承认"美国人民选择了一个新的方向"，"我们相信能够与美国建立尊重彼此差异的建设性双边关系"。2021年1月21日，古巴外交部美国司司长费尔南多·德科西奥（Fernández de Cossío）认为，拜登会很快纠正特朗普对古巴的政策，会改善与古巴的关系。但也有人对拜登是否会很快改善与古巴关系并不乐观。

评论认为，拜登上台后，短时间内，不大可能立即将古巴从黑名单中去除。2021年1月28日白宫新发言人普萨基在新闻发布会上说，拜登政府将重新审视特朗普对古巴的政策。她说，拜登对古巴政策将由两个原则作指导：一是支持民主和人权，这是轴心；二是古巴裔美国人是古巴自由的最好大使。① 然而，到2021年8月底，拜登就任总统半年多来，不仅没有取消任何一项特朗普任期内对古巴采取的400多项制裁措施，反而以古巴政府不尊重"人权""自由"为借口，对古巴进行了新的制裁。

拜登上台后，没有兑现其改善美古关系的承诺，在其任期内，不大可能会取消对古巴的封锁和制裁，也不会归还属于古巴的关塔那摩海军基地，拜登政府会继续在人权、自由选举、开放党禁等问题上指责和打压古巴。因此，在可以预见的将来，美古关系正常化的进程仍将是曲折多变的，不会是一帆风顺的。

---

① https://www.infobae.com/america/eeuu/2021/01/29/la-casa-blanca-confirmo-que-esta-re-visando-las-politicas-del-gobierno-de-trump-sobre-cuba/.

美古关系大事记

1805 年

10 月　美国托马斯·杰斐逊总统表示，出于战略的原因，美国想占领古巴。杰斐逊在写给英国驻华盛顿公使的一封照会中他写道，一旦英国与西班牙发生战争……（美国）将夺取古巴，因为对美国战略需要来说，古巴是不可或缺的，正如在军事上要捍卫路易斯安那和佛罗里达一样，（美国）也想占领这两个地方。

1823 年

4 月　美国国务卿约翰·昆西·亚当斯提出"熟果"论，暴露了美国吞并主义的野心，他强调不仅有物理定律，而且还有政治引力定律，由于"无法回避的引力作用"，"古巴由于自身的重量，必然会掉落到北美联邦"。

10 月　依然对美国外交事务有影响力的杰斐逊写信给詹姆斯·门罗总统声称：我坦率地承认，我一向把古巴当作最有意义的附属地，甚至可以将它归于我们的国家体系中。

12 月 2 日　门罗总统在国会发表"门罗宣言"，提出了"门罗主义"，确定了美国对拉美的政策和立场，提出"美洲是美洲人的美洲"，其实质是"美洲是美国人的美洲"。

1845 年

7—8 月　纽约市记者约翰·L. 奥沙利文首次提出"天定命运"论。

1848 年

西班牙拒绝美国以 1 亿美元购买古巴的建议。

1868 年

1868 年 10 月 10 日至 1878 年 2 月 10 日　古巴爆发第一次独立战争。

1879 年

1879 年至 1880 年，古巴人民进行反西班牙殖民统治的"小战争"。

1890 年

美国在古巴建立制糖业托拉斯，开始控制古巴的制糖业。到 1895 年，美国资本控制了古巴的制糖业。

1895 年至 1898 年，古巴爆发第二次独立战争。

1895 年

5 月 19 日　古巴民族英雄何塞·马蒂在多斯里奥斯与西班牙军战斗中阵亡。

1896 年

12 月 7 日　古巴民族英雄安东尼奥·马塞奥在哈瓦那省圣彼德罗附近的一次战斗中遭到伏击，身中数弹，壮烈牺牲。

1898 年

2 月 15 日　美国装甲舰"缅因号"在哈瓦那港突然爆炸，美国指责是西班牙所为。

4 月 25 日至 8 月 12 日　西班牙与美国之间爆发了一场争夺殖民地的大规模的美西战争。

12 月 10 日　美国和西班牙签订巴黎和约。和约规定西班牙放弃对古巴的一切要求和特权。

1899 年

1 月　美国开始对古巴实行军事占领。

1901 年

3 月 2 日　美国国会提出《普拉特修正案》，规定"古巴应给予美国为建立储煤站和海军基地所需的领土"。

6 月 12 日　古巴制宪会议被迫接受《普拉特修正案》，并将其作为附录载入古巴宪法。此后，古巴便成为美国的"被保护国"。

1902 年

5 月 20 日　古巴共和国宣布独立，美国军队撤出古巴，美国结束了对古巴的第一次军事占领。美国扶植其傀儡托马斯·埃斯特拉达·帕尔马就任古巴第一届总统。

1903 年

2 月　美国强迫古巴将关塔那摩和翁达湾无限期租让给美国作为储煤站和海军基地，每年租金为 2000 美元。

1906 年至 1909 年

美国第二次军事占领古巴。

1912 年

美国以扩大在关塔那摩基地为条件，同意放弃翁达湾。

1934 年

5 月 29 日　美国和古巴签订美古条约，美国同意废除《普拉特修正案》，但美国继续霸占关塔那摩海军基地。

1952 年

3 月 7 日　美古签订《军事互助协定》。

3 月 10 日　在大选前 3 个月，巴蒂斯塔在美国支持下发动政变，推翻了普利奥政府，建立了亲美独裁政权。

4 月　巴蒂斯塔政府与苏联断交。

1953 年

7 月 26 日　卡斯特罗率领 165 名青年人攻打古巴圣地亚哥市的"蒙卡达"兵营，这次行动失败。

8 月 1 日　在攻打"蒙卡达"兵营失败后，卡斯特罗转入山中，在遭遇一支政府军军事巡逻队突袭后，卡斯特罗被捕。

10 月 16 日　卡斯特罗在对他的审判中进行自我辩护，发表了著名的自我辩护词《历史将宣判我无罪》，揭露了巴蒂斯塔政权迫害革命者的罪行，阐述了他的政治革命纲领即《蒙卡达纲领》。卡斯特罗被判处 15 年徒刑。

1955 年

巴蒂斯塔在美国支持下成立"镇压共产党活动局"。

5 月 15 日　被关押在松林岛（现青年岛）监狱的卡斯特罗及其攻打"蒙卡达"兵营的战友们因大赦获释。

6 月 12 日　卡斯特罗创建的"七·二六运动"正式成立。

7 月 7 日　卡斯特罗流亡墨西哥，在那里组织人民武装起义军。

7 月　在墨西哥，卡斯特罗和阿根廷革命者埃内斯托·切·格瓦拉首次会面。

1956 年

11 月 25 日　卡斯特罗、他的弟弟劳尔、切·格瓦拉和其他 79 名远征战士乘"格拉玛"号游艇，自墨西哥图斯潘港口向古巴进发。

11 月 30 日　弗兰克·派斯领导的"七·二六运动"的武装力量在圣

地亚哥发动起义,起义虽然失败,但是揭开了人民武装起义、反对巴蒂斯塔暴政的帷幕。

12 月 2 日　"格拉玛"号游艇的 82 位远征勇士在古巴东部海岸的拉斯科罗拉达斯海滩登陆。

12 月 5 日　在阿莱格里亚德皮奥,远征军受到巴蒂斯塔军队的突袭,队伍被打散。

12 月 18 日　卡斯特罗、劳尔和其他 6 名幸存的远征军战士在辛克帕尔玛斯会合。两天后,胡安·阿尔梅达、格瓦拉、拉米罗·巴尔德斯及其他 4 名远征军战士同他们会合。

1957 年

1 月 17 日　新的幸存远征战士和农民加入后,游击队获得第一次出击胜利,攻克了拉普拉塔阿巴霍兵营。5 天后,在洛斯亚诺斯德尔因菲耶诺,弱小的游击队再次成功出击,击溃了安赫尔·桑切斯·莫斯克拉中尉率领的一股敌人精兵。

2 月 17 日　美国《纽约时报》记者赫伯特·马修斯进入马埃斯特腊山区采访卡斯特罗。当天,"七·二六运动"全国领导机构召开战争开始以来的第一次会议。

1959 年

1 月 1 日　在兵败如山倒的形势下,独裁者巴蒂斯塔逃离古巴。格瓦拉率领的第八纵队攻克圣克拉拉,当天晚上,卡斯特罗进入圣地亚哥并宣布成立新政府,古巴革命胜利。

1 月 8 日　卡斯特罗胜利进入哈瓦那,由大法官曼努埃尔·乌鲁蒂亚任总统的革命政府正式宣告组成,何塞·米罗律师出任总理,卡斯特罗任革命武装力量总司令。

2 月 16 日　卡斯特罗出任革命政府总理。

4 月 15—27 日　卡斯特罗应美国报刊主编协会邀请出访美国。19 日与美国副总统理查德·尼克松进行会晤。

5 月 17 日　古巴政府颁布了土改法。

10 月 21 日　来自美国的两架飞机扫射哈瓦那街头，造成 2 人死亡，50 人受伤。

10 月底　美国总统艾森豪威尔批准由国务院和中央情报局制订的一项计划，开始对古巴暗中采取行动，包括空中和海上的海盗攻击，怂恿和直接支持古巴国内的反革命组织。

12 月 11 日　美国总统艾森豪威尔批准中央情报局一项针对古巴的行动计划，其目标是"在一年之内推翻卡斯特罗，建立一个亲美领导机构代替他"，还包括"发动地下电台攻势"，对古巴电台和电视台实施干扰，支持"亲美反对派集团"，由他们"以武力方式在古巴建立一个控制区"、暗杀卡斯特罗等。

1960 年

2 月　苏联副总理米高扬访问古巴。卡斯特罗会见米高扬。苏联向古巴提供 1 亿美元贷款，并签署购糖和出售石油协定。

3 月 4 日　装载古巴购买的军事物资的法国货轮"库布雷"号在哈瓦那港爆炸，成为破坏阴谋的牺牲品。101 人死亡（其中有 6 位法国水手），200 多人受伤。

5 月 8 日　古巴与苏联恢复外交关系。

5 月 27 日　美国宣布停止对古巴的一切经济援助。

6 月 29 日　当美国德士古石油公司、壳牌公司和美孚石油公司拒绝加工苏联石油时，古巴收回了这些公司的炼油厂。

7 月 6 日　美国总统艾森豪威尔签署法律，停止购买古巴蔗糖。这是美国对古经济战争中采取的首次重要行动。

8 月 6 日　卡斯特罗宣布对美国石油冶炼厂、糖厂、电力公司和电话公司等 26 家美国公司实行国有化。

9 月 2 日　古巴全国人民代表大会通过《哈瓦那宣言》。卡斯特罗在革命广场举行的大规模群众集会上宣读了《哈瓦那宣言》，宣布："古巴人民全国大会谴责人对人的剥削，帝国主义金融资本对欠发达国家的剥削。"卡斯特罗还宣布，古巴与蒋介石集团断交，与中华人民共和国建交。

9月26日 卡斯特罗在纽约联合国大会上发表长达4小时29分钟的演说，指出："铲除剥夺哲学，也将消除战争哲学。"在纽约，卡斯特罗会见了埃及总统纳赛尔、印度总理尼赫鲁、美国黑人领袖和苏联总理赫鲁晓夫。这是他与赫鲁晓夫首次会面。

9月28日 古巴正式同中国建交。

10月30日 除了食品和药品外，美国禁止向古巴出口一切其他商品。

10月24日 古巴政府谴责美国对古巴实行贸易禁运，并决定将尚未征收的美国公司全部收归国有。

11月 美国开始实行"彼得潘行动"，大肆宣传、诽谤古巴政府将剥夺赴美国的流亡者的父母权利，导致1.4万名古巴儿童迁移美国。

12月16日 艾森豪威尔总统完全停止进口古巴蔗糖。

1961 年

1月3日 美国断绝与古巴的外交关系，关闭驻古巴大使馆。

1月16日 美国政府宣布禁止美国公民前往古巴。

3月13日 一群海盗登陆，袭击古巴圣地亚哥市的"迪亚斯兄弟"炼油厂，造成1人死亡，多人受伤。这是美国所怂恿的加强破坏和暗杀行动的恐怖主义计划的组成部分。

3月13日 在华盛顿，肯尼迪总统建议与拉美国家建立"争取进步联盟"，对抗古巴革命。

4月13日 美国中央情报局特务破坏并放火烧毁哈瓦那最大的商场"埃尔恩坎托"，造成1人死亡，商场完全被毁。

4月15日 圣安东尼奥德洛斯巴诺斯、科伦比亚和古巴圣地亚哥等地机场遭到轰炸。飞机悬挂假造的古巴标识，实际上是从中央情报局在中美洲的基地起飞，由古巴和美国雇佣兵驾驶的。空袭造成8人死亡。

4月16日 在前日空袭遇难者安葬仪式上，卡斯特罗警告说，这是入侵行动的前奏，宣布古巴革命为社会主义性质："这是贫苦人的、由贫苦人进行的、为了贫苦人的社会主义民主革命。"同年5月1日，卡斯特罗宣布古巴是社会主义国家。

4月17日 由中央情报局训练和武装的1500名古巴反革命分子在猪湾的吉隆滩和长滩登陆。卡斯特罗亲自率领古巴军民在不到72小时内击溃美国雇佣军的入侵。

7月 "七·二六运动"、人民社会党和"三·一三"革命指导委员会合并,成立古巴革命统一组织。人民社会党原领导人阿尼瓦尔·埃斯卡兰特任革命统一组织总书记。

1962年

1月22日 在美国的要求下,美洲国家组织开除古巴。

2月3日 肯尼迪总统命令,对古巴实行全面的经济、贸易和金融封锁。这一封锁延续至今,一直力图在经济方面扼杀古巴和激起民愤。

2月4日 古巴全国人民代表大会通过《第二个哈瓦那宣言》。卡斯特罗在哈瓦那革命广场宣读了《第二个哈瓦那宣言》,宣言指出,"所有革命者的义务是进行革命"。

2月7日 美国禁止进口任何古巴产品。

3月14日 肯尼迪政府批准一项内容广泛的秘密行动计划,"旨在帮助古巴推翻共产主义政权"。这一"肮脏战争计划"被称为"獴行动"计划(或译为"猫鼬计划")。

3月26日 革命统一组织改名为古巴社会主义革命统一党。

10月22日—11月20日 美国、苏联和古巴3国之间发生加勒比海危机(又称"十月危机"和"古巴导弹危机")。

1963年

4月27日—6月3日 菲德尔·卡斯特罗首次访问苏联。

10月4日 古巴政府颁布第二个土地改革法。

10月 在阿尔及利亚总统本·贝拉的请求下,古巴向阿尔及利亚派遣22辆坦克和几百名士兵。这是古巴首次派兵到非洲作战。

11月22日 肯尼迪总统在得克萨斯的达拉斯市遭受暗杀。肯尼迪当时正在探讨与古巴接近的可能性。

1964 年

5 月 14 日 约翰逊政府下令允许向古巴出售药品和食品。

7 月 21—26 日 美洲国家组织外长会议通过集体制裁古巴的决议，要求美洲国家组织所有成员国政府"不保持"同古巴的外交和领事关系，中断同古巴的贸易往来和海上运输等。

7 月 26 日 古巴举行群众集会，通过《圣地亚哥宣言》，反对美洲国家组织外长协商会议通过的"集体制裁"古巴的决议。

1965 年

10 月 3 日 古巴共产党成立。卡斯特罗当选古共中央第一书记。在古共成立大会上，卡斯特罗说明了埃内斯托·切·格瓦拉缺席的缘由，并宣读了他的告别信。

10 月 发生第一次移民危机。古巴政府将卡马里奥加港开辟为便利港，为那些希望离开古巴的人迁移美国提供条件。

1966 年

1 月 在哈瓦那召开三大洲会议。亚洲、非洲和拉丁美洲 70 多个国家的解放运动组织参加了这次会议。卡斯特罗在会上发表重要讲话。

11 月 2 日 美国国会通过"古巴适调法"，该法律规定古巴人无论以何种途径抵达美国，均可享受"政治避难者"待遇。这一法令促使古巴大量非法移民移居美国，造成无数人员丧生大海。

1967 年

10 月 9 日 切·格瓦拉在战斗中被玻利维亚军队逮捕后惨遭杀害。当时，他在该国领导游击运动。

1972 年

7 月 古巴加入经互会。

1973 年

2 月　古美就防止劫持飞机、船只等问题达成协议。

1974 年

11 月　古巴与美国官员举行谈判，寻找解决移民危机的办法。

1975 年

7 月　美洲国家组织取消对古巴的制裁。

8 月 21 日　美国宣布部分取消对古巴的禁运，并允许美国公司在国外的子公司向古巴出售货物。

11 月 11 日　古巴出兵安哥拉。

12 月 17—22 日　古巴共产党第一次全国代表大会在哈瓦那举行，卡斯特罗作了中心报告。

1976 年

2 月 15 日　在全国公民投票中，古巴第一部社会主义宪法以压倒多数票获得批准。

10 月 6 日　古巴的一架客机在巴巴多斯附近海域上空爆炸，成为破坏活动的牺牲品。机上 73 人遇难。委内瑞拉和巴巴多斯当局根据通话记录确定，此事系古巴裔的恐怖主义分子博什和路易斯·波萨达·卡里莱斯等所为。古巴称此为美国中情局所为，并宣布废除古美 1973 年签署的防止劫持飞机、船只的协议。

1977 年

3 月 24 日　古美就捕鱼和海上边界问题在纽约举行谈判，这是两国断交以来第一次直接谈判。同月，美国取消本国公民去古巴的禁令。

4 月 28 日　古美签署关于古巴在美国 200 海里海域管辖区域捕鱼问题协议以及两国 200 海里海域临时分界线协议。同月，美国停止于 1974 年开始的对古巴高空侦察飞行。

9月1日　在卡特总统任内，美国与古巴相互在对方首都设立"利益照管办事处"。

10月　古巴外贸部部长马塞略·费尔南德斯在华盛顿同美国商界就恢复贸易问题举行会谈。

11月　古美两国签署一项关于两国海上边界的暂行协定。

1979 年

2月7日　卡特总统在国会说，古巴在非洲的军事行动是美国和古巴发展关系的障碍。

3月　卡特取消美国公民去古巴旅行的限制。

9月　卡特政府指控在古巴国土上驻有苏联作战部队，古巴对此予以否认。

10月1日　卡特总统就苏联在古巴驻有作战旅问题，宣布采取加强对古巴的监视、建立专职加勒比联合特别部队、增加向加勒比国家提供军援、增加在加勒比的定期军事演习等四项措施。

10月17日　美国海军陆战队在关塔那摩军事基地举行军事演习。

1980 年

4月　第二次移民危机爆发。古巴政府宣布允许那些希望离开古巴的人出走，并将马列尔港开辟为海路通道。截至9月底，约有12.5万人离开古巴。

12月17—20日　古巴共产党第二次全国代表大会在哈瓦那举行，卡斯特罗作了中心报告。

1981 年

11月23日　古巴国务委员会副主席拉斐尔·罗德里格斯同美国国务卿在墨西哥秘密会晤，这是自1962年导弹危机以来美古高级官员首次会晤。

1983 年

10 月 25 日 在格林纳达总理毕晓普遇害后，美国对格林纳达进行军事干预。在该国进行合作项目的古巴民工抵抗侵略，24 名古巴人被打死，600 名古巴人被捕，后被遣送回古巴。

1984 年

6 月 26 日 美国民主党人杰克逊应邀访古，受到卡斯特罗接见。

12 月 11 日 古巴和美国签署移民协定。

1985 年

5 月 20 日 美国开设的反对古巴的"马蒂电台"正式开播，为表示抗议，古巴宣布停止履行古美移民协议。

10 月 31 日 古巴外交部抗议美国飞机入侵古巴领空。

1986 年

2 月 卡斯特罗再次出访苏联，与戈尔巴乔夫进行会晤。

2 月 4—7 日 古巴共产党第三次全国代表大会在哈瓦那举行，卡斯特罗作了中心报告。

12 月 22 日 古巴、安哥拉和南非在纽约签署关于纳米比亚独立和古巴军队分阶段撤离安哥拉的三方协议。

1987 年

11 月 20 日 古美同时宣布立即恢复执行 1984 年移民协议。

1988 年

3 月 古巴、美国和安哥拉代表在罗安达会晤，讨论如何解决南部非洲问题。

4 月 25 日 古巴政府允许已获释的政治犯及其家属约 3000 人在 5 个月内离开古巴前往美国。

1989 年

3 月 21 日　古美之间恢复中断了 20 多年的邮政业务。

4 月 2—5 日　苏共中央总书记、苏联最高苏维埃主席团主席戈尔巴乔夫访问古巴。戈尔巴乔夫会见了卡斯特罗，苏古领导人签署了一项有效期为 25 年的古苏友好条约，但该条约签署后不久，因苏联的解体而失效。

7 月 26 日　卡斯特罗在纪念攻打蒙卡达兵营 33 周年大会上指出，尽管将来某一天苏联不复存在了，古巴革命将继续坚持下去。他号召古巴人民即使在苏联解体的情况下，古巴和古巴革命仍将继续抵抗到底。

10 月 28 日　卡斯特罗在纪念西恩富戈斯牺牲 30 周年集会上说，古巴共产党不会改名，社会主义方向不会改变，革命的红旗永远不会降落。

1990 年

3 月 27 日　美国的反古电视台"马蒂电视台"开播。

5 月 2 日　古巴举行军事演习，这次军演是针对美国在临近古巴领海的水域举行的"海洋冒险"等三次军演而采取的行动。

9 月 28 日　卡斯特罗宣布古巴进入"和平年代的特殊时期"。

1991 年

5 月 25 日　在安哥拉签署和平协定后，最后一批古巴军队撤离安哥拉。

7 月 19 日　卡斯特罗出席在墨西哥瓜达拉哈拉召开的第一届伊比利亚美洲首脑会议，并在会上讲了话。

10 月 10—14 日　古巴共产党第四次全国代表大会在圣地亚哥市举行，卡斯特罗在会上发表了重要讲话，他说："我们必须正视事实，事实是，社会主义阵营已垮台。"大会向全党和全国发出"拯救祖国、拯救革命和拯救社会主义"的口号。卡斯特罗再次当选为古共中央第一书记。

12 月　苏联解体，就此结束了该国与古巴的经贸关系。在此后的 3 年中，因受苏联解体影响，古巴经济下降了 35%。

1992 年

2 月 5 日　美国新泽西州众议员、民主党人罗伯特·托里切利向众议院提出加强对古巴实行全面封锁的《1992 年古巴民主法案》，又称《托里切利法》。

4 月 18 日　布什总统宣布加紧对古巴实行经济制裁的一系列措施。

7 月　古巴全国人代会通过宪法修正案。

9 月　美国参议院和众议院先后提供了加强对古巴制裁的《托里切利法》。

10 月 23 日　老布什总统签署《托里切利法案》。

11 月 24 日　联合国大会第一次通过决议，要求结束对古巴的经济封锁。之后，联大每年都通过相同决议。

1993 年

8 月　古巴政府宣布私人拥有美元为合法。

1994 年

4 月 22—24 日　古巴召开第一次《国家和移民》会议。卡斯特罗会见了来自 30 个国家的 225 名古侨代表。

7 月 13 日　2 名古巴人在哈瓦那港口劫持了一艘拖轮企图驶往美国，因燃料不足，拖轮沉没，30 多人丧生。7 月 26 日、8 月 3 日和 8 月 4 日，古巴一些不法分子又连续劫持了 3 艘正常航行的渡轮，并杀害了 1 名士兵。8 月 5 日，一些不法分子受美国迈阿密反古电台的蛊惑，发生骚乱。卡斯特罗亲自赶到现场，及时阻止了事态的恶化。当晚，卡斯特罗发表电视讲话，谴责美国的煽动行为，指责美国是古巴移民潮和政治暴力事件的罪魁祸首。

8 月 11 日　由于美国不认真履行两国签署的移民协定，卡斯特罗宣布将不阻止希望出走的古巴人离开本国。几千名"筏民"下海，力图去美国。8 月 19 日，克林顿宣布，美国自即日起，禁止古巴非法移民进入美国。

8月24日 卡斯特罗发表电视讲话，批评美国的移民政策，认为美国应对目前古巴出现的大量非法移民问题负责，美国的封锁而带来的经济问题是形成移民潮的主要根源。

9月9日 在纽约，古美两国签署了新的移民协定。美国允诺每年发放的签证不少于两万个，向古巴遣返所有在海上被拦截的人，以便排队等候离境。

1995 年

3月13—15日 卡斯特罗访问法国。他在联合国教科文组织总部发表讲话，谴责美国对古巴实行封锁。

9月21日 美国众议院通过"伯顿法案"。

10月9日 美国参议院通过"赫尔姆斯法案"。同一天，古巴外交部谴责"赫尔姆斯—伯顿法"具有"侵略和干涉性质"。

1996 年

2月24日 古巴空军击落了侵犯古巴领空、由反革命组织兄弟拯救会成员驾驶的两架小型飞机。

2月26日 克林顿宣布对古巴实施一系列报复性措施。

3月5—6日 美国参议院和众议院先后投票通过修改后的赫尔姆斯—伯顿法案，进一步强化对古巴的经济封锁，威胁惩罚所有向古巴投资的外国公司，制裁那些使用被古巴实施国有化的美国人的财产的外国公司。3月12日，克林顿总统批准了这一法案。

9月 古巴政府颁布新的《外国投资法》，即77号法令。

10月 古巴召开第二次《国家和移民》会议。

12月24日 古巴全国人大通过针对"赫尔姆斯—伯顿法"的《重申古巴尊严与主权法案》。

1997 年

4—9月 在哈瓦那和巴拉德罗的几家饭店发生炸弹袭击事件。这些行动是由迈阿密恐怖主义组织进行的。在其中的一次事件中，意大利青年游客法彼奥·迪·塞尔默被炸身亡。

9月10日 萨尔瓦多公民劳尔·克鲁斯·莱昂在哈瓦那被捕，他承认参与了6次炸弹袭击饭店的行动，承认迈阿密古巴流亡分子曾许诺每次袭击行动给他4500美元报酬。明显证据证明，古巴裔恐怖主义分子波萨达·卡里莱斯参与组织了这些袭击活动。

10月8—10日 古巴共产党第五次代表大会在哈瓦那召开。"五大"重申古巴将坚持既定的方针路线，坚持共产党领导，坚持社会主义，坚持马列主义和马蒂思想。卡斯特罗又一次当选古共中央第一书记。

1998 年

1月21—25日 罗马教宗约翰·保罗二世访问古巴。教皇谴责美国对古巴的封锁是"不公正的，从道义上说，是不能接受的"。

5月6日 在华盛顿白宫办公室，作家加夫列尔·加西亚·马克斯向克林顿总统转交卡斯特罗的信函。在这封信中，卡斯特罗向克林顿通报了古巴反革命分子在该国从事针对一些场所和飞机的恐怖主义行动。

5月19日 卡斯特罗在日内瓦庆祝关贸总协定成立50周年大会上讲话，用大量事实谴责长期以来美国对古巴实行的干涉和封锁政策。

7月12日 在与《纽约时报》记者的一次谈话中，古巴裔恐怖主义分子波萨达承认曾于1997年组织袭击旅游设施的行动，这些行动是由豪尔赫·马斯·卡诺萨及其领导的美古全国基金会资助的。波萨达还承认曾向萨尔瓦多人劳尔·克鲁斯·莱昂支付了在饭店安置炸弹的报酬。

8月 美国联邦调查局在一次偶然机会破获了一起由古巴流亡者实施的暗杀卡斯特罗的阴谋。

9月 5名古巴特工在迈阿密被美国警方逮捕，罪名是"威胁美国国家安全，从事间谍活动和企图实施谋杀"。他们打入古巴裔恐怖主义分子的组织内部，从事反对针对古巴的恐怖主义活动的任务。

1999 年

1月17日 在1998年12月大选获胜的查韦斯首次作为国家元首访问古巴。

11 月 14—16 日　第 9 届伊比利亚美洲国家首脑会议在古巴哈瓦那召开。

11 月 25 日　古巴儿童埃连·冈萨雷斯在佛罗里达海岸附近海域获救。当时其母与其他 10 名古巴人力图越海进入美国，遇难身亡。迫于迈阿密反古团体的压力，美国当局允许该儿童滞留该城市，尽管他的父亲要求将孩子送回古巴。古巴同美国围绕古巴儿童埃连返古问题开展一场斗争。

2000 年

2 月 26 日　美国联邦调查局人员强行驱逐古巴驻美利益照管处副主任何塞·因佩拉托里，理由是美国移民局一名官员通过他向古巴政府提供情报。古巴政府向媒体散发了因佩拉托里的《告美国人民书》，驳斥了对他的指责。

6 月 28 日　迈阿密反对古巴的反革命团体的极端阶层阻挠古巴儿童埃连回国的种种企图破产，埃连在其父亲的陪同下回到古巴。

7 月 1 日　古巴东部 5 省 30 万人在曼萨尼略市集会，声讨美国违反两国移民协议和对古巴的封锁。古巴外长在集会上说，如果美国不改变敌视古巴的政策，埃连事件有可能重演。他说，埃连回国是古巴人民的胜利，是法律和道义的胜利。

7 月 26 日　哈瓦那 100 多万人在美国利益照管处门前举行游行，纪念"七·二六"全国起义日，要求美国停止对古巴的封锁。卡斯特罗等古巴党政领导人参加了游行。

9 月 7 日　卡斯特罗在纽约联合国总部参加千年首脑会议。在会上，卡斯特罗与美国克林顿总统进行短暂会面，双方握手、寒暄。这是 50 年来美国的一位总统首次直接与卡斯特罗谈话。

10 月 11 日和 10 月 19 日　美国众议院和参议院先后通过了一项允许向古巴出售食品和药品的议案。

10 月 28 日　克林顿签署关于放宽禁运、向古巴出口食品和药品的法案。

10 月 26—30 日　卡斯特罗对委内瑞拉进行国事访问。在加拉加斯，受到英雄般的接待。

10 月 30 日　古巴与委内瑞拉签署协定。根据该协定，加拉加斯以优惠价格和便利支付条件，每天向古巴提供 5.3 万桶石油（当时，古巴每天消费 15 万桶石油，其中，仅能自产 7.5 万桶）。古巴方面则向对方供应药品和医疗器械，并在委内瑞拉建立一所疫苗生产中心。当时已有 1.5 万名古巴医生、口腔科专家、眼科医生和卫生技术人员在委内瑞拉执行宏大的"深入社区"计划，旨在向 2500 万低收入人口中的 1700 万人提供医疗卫生保障。另外，几千名古巴教师正在参与扫盲任务，几千名体育教练在该国任教。

11 月　古巴情报部门破获一起由恐怖分子波萨达·卡里莱斯策划的阴谋。他密谋在巴拿马召开的第 10 次伊比利亚美洲国家首脑会议期间暗杀卡斯特罗。波萨达和其他恐怖分子被巴拿马当局逮捕。

12 月 13—17 日　俄罗斯总统普京访问古巴，同卡斯特罗举行了会谈。

2001 年

9 月 11 日　在"9·11"恐怖主义袭击后，卡斯特罗强烈谴责这一行动，向死者致以哀悼，表示准备向美国当局提供地勤帮助。

11 月 7 日　美国政府通过其设在哈瓦那的利益照管处向古巴外交部递交照会，对 11 月 4 日"米歇尔"飓风给古巴造成的人员伤亡和财产损失表示关切和慰问，并愿意提供人道主义援助。

12 月 16 日　古巴从美国进口的第一批价值 3000 万美元的食品运抵哈瓦那港，这是古美之间 40 年来首次直接贸易往来。

12 月 29 日　古巴全国人大召开特别会议，强烈谴责美国迈阿密联邦法院对古巴在美的 5 名特工"不公正的判决"，并一致通过决议授予他们"共和国英雄"称号。

2002 年

1 月 11 日　古巴政府发表声明指出，古巴不会对美国将塔利班及"基地"组织的被俘人员移送到关塔那摩海军基地的行动设置障碍。古巴将与美军保持密切接触，并愿意提供医疗卫生服务。此外，古巴再次要求美国撤出关塔那摩基地，将它交还给古巴。

4月6日　古巴举行群众集会。古巴外长在集会上指责美国驻古利益照管处外交人员"从事颠覆古巴法律和违反国际公约的活动"。卡斯特罗主席和其他主要领导人参加了群众集会。

5月6日　美国副国务卿约翰·博尔顿指责古巴进行生化武器研究。

5月12日—17日　美国前总统卡特访问古巴。

5月21日　小布什总统把古巴纳入"支持恐怖主义"国家名单。

11月11日　美国照管利益办事处新代表詹姆斯·卡森抵达哈瓦那。上任伊始，便紧锣密鼓地进行挑衅和干涉活动。

2003 年

3月　古巴政府逮捕了75名反革命头目，对他们进行了审判，古巴政府指控他们是美国驻古照管利益办事处的雇佣。

4月　古巴一伙歹徒劫持一艘客船，力图非法开向美国，后被逮捕和判刑，其中3人被判处死刑。

6月18日　800多万古巴人联署，要求修改宪法，声明社会主义是"不可逆转的"。

6月26日　古巴全国人民政权大会投票通过对宪法进行修改的议案，宣布社会主义是"不可逆转的"。

10月10日　小布什总统在佛罗里达承诺加强对古巴施压，宣布成立"声援自由古巴委员会"，由国务卿鲍威尔领导，旨在"准备古巴的民主过渡"。他还决定"加强对旅游的控制，禁止未经批准的赴古旅游"。

10月　由于"迈克"飓风造成严重损失，美国政府批准，在严格限制下，向古巴出售食品和农产品。尽管自1962年以来禁运一直有效，事实上，美国成为古巴最大的食品和农产品供应商。

2004 年

2月16日　小布什总统签署命令，进一步加强对美国人去古巴旅行的限制。

5月8日 美国政府公布一项计划,要"加快古巴向民主过渡",限制居住在美国的古巴人赴古巴旅游,强化经济和贸易封锁,拨款3600万美元用于资助古巴国内的反对派组织。

5月14日 在哈瓦那,面对成千上万名示威群众,卡斯特罗宣读他的"第一封致乔治·布什的信"。

5月18日 古巴在哈瓦那召开与流亡在外的温和派领导人会晤的会议。

5月21日 古巴召开第三次《国家和移民》会议,来自48个国家的478名古巴侨民代表参加了会议。

6月10日 古巴政府释放于2003年4月被判刑的5位反对派人士。

6月21日 在一次百万群众的集会上,卡斯特罗宣读"第二封致乔治·布什的信",信中指出,美国对古巴实行新的制裁措施,将会造成更严重的移民危机,甚至战争。

7月 美国政府2月制定的措施生效。这些措施旨在"抽空古巴政权的基础"。流亡在外的古巴人回国探亲访友被限制在每3年一次,每次14天,而且仅限于直系亲属;他们可携带的现金由原来的3000美元缩减到300美元,每日花费由164美元减少到50美元,行李重量原来没有限制,现在限定为27千克;由美国向古巴汇款的额度每年限制为1200美元,而且仅限于直系亲属。此前,通过130万流亡或移居美国的古巴人捐助和探亲访友方式,由美国流向古巴的资金每年达到12亿美元。

8月26日 由于巴拿马即将离任的总统米雷娅·莫斯科索决定特赦因图谋暗杀卡斯特罗而被判刑的波萨达·卡里莱斯及其3个同谋犯,古巴宣布同巴拿马断绝外交关系。

10月20日 卡斯特罗在圣克拉拉市革命广场向公众发表讲话后,在走下主席台时,发生磕绊,摔倒在地,左膝粉碎性骨折,右臂骨折。几分钟后,他出现在电视上,他坐在椅子上,宣布自己受伤。

10月26日 卡斯特罗再次出现在电视节目中,他坐在椅子上,右臂挂在绷带上。卡斯特罗宣布,停止"古巴经济的美元化"。自11月8日起,在古巴,美元退出一切流通领域,被只有在古巴才有效的可兑换比索替代。

12 月 13 日　古巴进行大规模的"堡垒 2004"军事演习，投入 10 万名士兵和几百辆坦克。这次军事演习是在美国不断挑衅和威胁古巴的背景下进行的。

12 月 14 日　卡斯特罗和查韦斯在哈瓦那签署一项合作协定，扩大了两国的经贸关系。协定规定，取消两国间的进口关税，向对方提供投资便利，委内瑞拉以"每桶 27 美元的最低价格"向古巴出售石油，委内瑞拉为古巴能源和电力工业筹资。这一协定是在查韦斯倡议的"美洲玻利瓦尔替代计划"的框架内制定的。

12 月 16 日　卡斯特罗在哈瓦那与 300 多名美国企业家聚会。他们大多是农场主和农业生产者。

2005 年

4 月 13 日　卡斯特罗指责美国向恐怖主义分子路易斯·波萨达·卡里莱斯提供庇护。波萨达因于 1976 年炸毁古巴一架客机造成 73 名乘客死亡而受到指控。

5 月 17 日　100 多万古巴人在卡斯特罗率领下，在哈瓦那举行游行，谴责小布什总统反恐怖主义的双重标准，抗议美国政府庇护杀害古巴平民的罪犯波萨达·卡里莱斯。

7 月 26 日　在纪念攻打"蒙卡达"兵营 52 周年的集会上，卡斯特罗称持不同政见的反对派为"叛徒和雇佣兵"，宣布美国驻哈瓦那的照管利益办事处是反对派团伙的主要唆使者，其活动为"挑衅性的"。

8 月 9 日　美国亚特兰大的一家法院下令对 5 名古巴人（赫拉尔多·埃尔南德斯、费尔南多·冈萨雷斯、拉蒙·拉瓦尼诺、雷内·冈萨雷斯和安东尼奥·格雷罗）的案件重新进行审理。他们于 2001 年因被指控从事间谍活动，被判处长期监禁。卡斯特罗认为这一决定是要求释放 5 名古巴人的斗争的一种"法理胜利"。

9 月 3 日　在"卡特里娜"飓风在美国新奥尔良和路易斯安那州对当地居民造成灾难后，卡斯特罗表示准备向美国提供帮助，派遣 1100 名紧急救援专业医生，但美国政府未对此做出答复。

11 月 8 日　联合国连续第 14 次谴责美国对古巴的封锁，182 个国家对该提案投了赞成票，仅 4 个国家投反对票，它们是美国、以色列、马绍尔和帕劳。

12 月 12 日　古巴与美国的弗吉尼亚州签署向古巴销售农产品和食品协定。根据该协定，在今后 18 个月中，该州向古巴出售总额为 3000 万美元的农产品和食品。

2006 年

1 月 24 日　卡斯特罗参加了百万民众在哈瓦那举行的大规模的反美示威游行并在"何塞·马蒂反帝论坛"发表演说，抗议美国包庇恐怖分子波萨达·卡里莱斯。

5 月 1 日　卡斯特罗发表长篇讲话，称古巴经济的迅速增长证明古巴已成功地挫败了美国对古巴的长期经济封锁。

5 月 24 日　卡斯特罗在电视讲话中驳斥美国《福布斯》杂志造谣说他拥有 9 亿美元的资产。

7 月 31 日　卡斯特罗发表声明宣布，因健康方面的原因，他将暂时移交自己的职权。卡斯特罗所担任的古共中央第一书记、古巴革命武装力量总司令、古巴国务委员会主席兼部长会议主席的职务将暂时移交给他的弟弟劳尔·卡斯特罗，而卡斯特罗在古巴国家公共卫生、教育、能源革命计划中担任的职务则将分别暂时移交给其他几位古巴领导人。这是古巴革命胜利 47 年以来，卡斯特罗第一次将自己的职权移交给他人。

12 月 15—17 日　由 10 人组成的美国国会代表团访问古巴，会见古巴领导人。

2007 年

7 月 26 日　劳尔·卡斯特罗在卡马圭市纪念攻打"蒙卡达"兵营 54 周年大会上发表重要讲话，提出应该进行必要的结构变革和观念的变革，并表示古巴准备在平等的基础上同美国讨论两国长期的分歧。

2008 年

2 月 24 日　在古巴第 7 届全国人民政权代表大会上，劳尔·卡斯特罗正式当选并就任古巴国务委员会主席和部长会议主席。

2009 年

4 月 13 日　奥巴马宣布，解除古巴裔美国人前往古巴探亲及向古巴亲属汇款的限制，修订关于礼物包裹的规定，将此前规定的非食品类礼物包裹的 200 美元的限定价值提高至 800 美元，允许美国电信公司进入古巴市场。

4 月 17—19 日　奥巴马出席在特立尼达和多巴哥首都西班牙港举行的第 5 届美洲首脑会议。他在 17 日开幕式讲话中表示，美国将寻求与古巴关系的"新开端"。19 日，他在闭幕之后举行的记者招待会上说，美国期待古巴方面做出某种回应，如释放政治犯、开放民主，要求古巴政府不要对旅美古侨往古巴国内的汇款收取高额的手续费等。

7 月　美古两国正式恢复 2004 年小布什任内中止的关于移民问题的对话。

9 月　美国财政部进一步落实奥巴马 4 月宣布的对古巴的新政策，宣布修改针对古巴的《财产控制规定》，允许在美国的古巴侨民可无限制地回古巴探亲，并且可对其在古巴国内的亲属无限额和无次数限制地汇款。

2010 年

1 月 12 日　海地遭遇 7.3 级强烈地震，造成 20 多万人死亡和 19 万人受伤。古美双方在海地救灾和重建联合行动中开展合作。

4 月 20 日　墨西哥湾"深水地平线"钻井发生爆炸并导致漏油事故后，古美两国展开环保合作，以阻止漏油进一步扩散到古巴海岸。

2011 年

4 月 17—19 日　古共召开"六大"，通过《党和革命的经济与社会政策的纲领》等文件，选举新的中央委员会，劳尔·卡斯特罗当选古共中央第一书记，正式开启古巴社会主义经济社会模式"更新"的进程。

2012 年

1 月　古共召开第一次全国代表会议，通过《古巴共产党的目标》等文件。

2013 年

2 月　劳尔·卡斯特罗在接见访古的美国国会代表团时称，古美两国都犯过错误，但现在应该将过去的一页翻过去了。

6 月　自 6 月开始，古美两国政府高级代表就恢复两国外交关系等问题在加拿大进行了长达 18 个月的秘密谈判。

12 月 10 日　奥巴马与劳尔·卡斯特罗在南非共同出席曼德拉主席葬礼时两人握手。

2014 年

10 月 17 日　美国国务卿克里称赞古巴在抗击埃博拉病毒方面是"以惊人之举打头阵的伟大的小国"，是"地球村模范市民"。

10 月 18 日　菲德尔·卡斯特罗在《格拉玛报》上发表题为《是该负起责任的时候了》的文章称，古巴愿意同美国一起合作，来抗击在西非肆虐的埃博拉病毒。

10 月 20 日　劳尔·卡斯特罗主席在哈瓦那召开的美洲玻利瓦尔联盟峰会上说，古巴愿意将争议暂时搁置，与美国合作抗击埃博拉。

10 月 29—30 日　美国派疾病控制与预防中心（CDC）中美洲事务主任内尔逊·阿尔博雷达等参加了在哈瓦那召开的地区抗击埃博拉技术会议。

12 月 17 日　美国总统奥巴马和古巴国务委员会主席和部长会议主席劳尔·卡斯特罗在各自首都宣布正式开启美古关系正常化进程。古巴宣布释放美国人阿兰·格罗斯，美国释放赫拉尔多·埃尔南德斯等 3 名古巴特工。

2015 年

4 月 11 日　奥巴马和劳尔·卡斯特罗在巴拿马召开的第 7 届美洲峰会上实现了首次正式会晤。

5 月 29 日　美国政府正式宣布将古巴从"支恐"国家名单中删除。

7 月 20 日　美国和古巴分别在各自首都华盛顿和哈瓦那重开使馆，正式恢复外交关系。古巴外长布鲁诺·罗德里格斯在纽约参加古巴驻美使馆开馆仪式。

8 月 14 日　美国国务卿克里访问古巴，拉开了双方高层互访的序幕，克里成为首位访问古巴的美国国务卿。

9 月 11 日　美古双边委员会第一次会议在哈瓦那召开。

9 月 25—29 日　劳尔·卡斯特罗到美国纽约首次参加联合国大会。9 月 29 日，劳尔在纽约会见奥巴马。

10 月 6 日　美国商务部长彭尼·普里茨克尔访古。

10 月 27 日　联合国大会第 24 次通过支持古巴要求美国取消封锁的决议，在 193 个联合国成员国中，191 个成员国支持古巴，只有以色列 1 国支持美国。

12 月 8 日　两国政府高级代表在哈瓦那召开第一次会议，讨论有关古巴政府在革命胜利后进行国有化和美国对古巴的禁运的互相赔偿问题。

12 月 11 日　美古两国同意恢复直接通邮。

2016 年

1 月 12 日　奥巴马在国会发表讲话要求取消对古巴的禁运。

2 月 16 日　古美两国政府在哈瓦那签署关于民航直接正常通航的谅解备忘录。

3 月 16 日　古美两国恢复直接通邮。

3 月 20—22 日　奥巴马访问古巴，成为 88 年来首次访问古巴的美国总统。随同访古的有国务卿克里等。这是古巴革命胜利后，访古的第一位美国在任总统。21 日，奥巴马在革命宫会见劳尔。然后，奥巴马会见古巴企业家。22 日，奥巴马在哈瓦那大剧院发表讲话，劳尔、政府官员和公民社会代表出席。然后，奥巴马会见古巴反对派人士、出席一场棒球赛后，前往阿根廷访问。

4 月 16—19 日　古共召开"七大"，劳尔·卡斯特罗再次当选为古共中央第一书记。

5 月 2 日　美国嘉年华邮轮公司的"亚多尼亚神号"游轮抵达哈瓦那。这是半个世纪来，到达古巴的第一艘游轮。

6 月 13 日　美国卫生和人道主义服务部与古巴公共卫生部在华盛顿签署有关医疗和卫生的谅解备忘录。

8 月 31 日　美国捷蓝航空公司的飞机飞抵圣克拉拉，开始了半个世纪来，两国首次正常通航。

10 月 7—9 日　美国副总统拜登夫人吉尔·拜登访古，与古巴讨论教育和文化交流事宜。

10 月 14 日　奥巴马通过一项总统指令采取新的对古巴"不可逆转的开放"措施。

10 月 26 日　第 71 届联合国大会以 191 票赞成、2 票弃权的压倒性多数通过决议，敦促美国立即结束对古巴长达半个多世纪的经济、贸易和金融封锁。这是自 1992 年联合国大会首次针对解除对古巴制裁进行表决以来，美国破天荒地没有投反对票。

11 月 8 日　共和党总统候选人唐纳德·特朗普战胜民主党候选人、前国务卿希拉里·克林顿赢得总统选举，将成为美国第 45 任总统。

11 月 25 日　古巴革命领袖菲德尔·卡斯特罗逝世，享年 90 岁。

11 月 28 日　当选总统特朗普宣布，如古巴政府不更好地开放，他将终结与古巴达成的协议。

2017 年

1 月 12 日　奥巴马发布声明，宣布美国即刻终止"干脚湿脚"政策，此后，任何试图非法入境美国或不符合人道主义援助条件的古巴公民将强制遣返古巴。

1 月 19 日　古巴向美国出口两个集装箱共 40 吨的木炭，这是半个世纪来，古巴第一次向美国出口的商品。

1月20日　特朗普就任美国总统。

2月3日　白宫发言人宣布，特朗普总统下令"全部重新审视"美国对古巴的政策。

3月2日　美国国务院将古巴列入主要洗钱地方的名单，并要求古巴政府增加财政体系的透明度。

5月9日　美国国务院拉美事务助理国务卿帕尔米埃利指出，特朗普对古巴的政策与奥巴马将有重要的区别，更加强调人权问题。到5月底，到访古巴的美国人数已超过2016年全年的人数。

6月13日　美国国务卿蒂勒森在参议院宣布，特朗普政府计划改变美国对古巴的政策。

6月16日　特朗普在迈阿密发表对古新政，限制美国人到古巴旅行，限制与古巴有关部门做生意。

6月20日　明尼苏达州副州长蒂娜·斯密斯访古，这是特朗普对古新政发布后，第一位访古的美国州级领导人。

6月29日　美国财政部对美国及外国4家公司进行惩罚，理由是它们违反了美国对古巴的制裁。同一天，美国外国资产控制办公室指责向古巴进出口商品提供保险的公司29起违规。

8月　美国指责古巴对美国驻哈瓦那外交官进行"声波攻击"，古巴政府予以坚决否认。美古关系紧张。

9月20日　美古举行第6次双边委员会会议，这是2017年特朗普上台后的第一次会议。古巴对特朗普在联合国大会的讲话表示抗议，讲话对发展两国关系粗暴地提出条件。

9月29日　特朗普政府以"声波袭击"为由，下令撤走美国驻古大使馆60%人员，并停止在驻古使馆发放签证。

10月3日　美国政府驱逐古巴驻美使馆15名外交官，理由是古巴政府没有为避免"声波袭击"采取必要的步骤。

11月1日　联合国大会以191票赞成，2票反对，通过了谴责美国封锁古巴的决议，美国代表又重新回到原来的立场，投了反对票。

11月8日　美国财政部和贸易部公布特朗普在迈阿密宣布的措施，

公布美国国务院制定的一个名单，不准美国单位和个人与名单上的古巴179 个单位进行直接金融交易。名单包括古巴武装力量部、内务部、国家监察、企业、公司、马列尔发展特别区、马列尔和哈瓦那集装箱码头、数十家酒店、旅行社和商店等。

11 月 18 日　美国财政部宣布，由于违反禁运，美国运通金融公司被罚款 204277 美元。

2018 年

1 月 10 日　美国建议其公民重新考虑去古巴旅行。美国国务院将旅行风险警告分成四个级别，第四级是不要去旅行，古巴被列为第三级，去古巴旅行安全有风险。

3 月 30 日　美国宣布，美国将在美国驻圭亚那首都乔治敦使馆办理古巴移民美国的签证，美国驻古巴使馆领事部门已不办理签证业务。自2017 年 9 月起，美国驻古使馆只提供紧急服务。

4 月 19 日　米格尔·迪亚斯－卡内尔·贝穆德斯在第 9 届人大成立会议上当选并就任古巴国务委员会主席兼部长会议主席。

9 月 10 日　特朗普将 1917 年与敌人贸易法再延长一年，该法维持美国对古巴的经济封锁。自肯尼迪总统起，美国历届总统都这么做。

9 月 18 日　特朗普任命奉行强硬路线的、美古民主政策行动委员会前执行主任莫里西奥·克拉弗·卡龙为国家安全理事会西半球事务新主任。

12 月 18 日　美国移民和海关部年度报告说，2018 年财政年，美国驱逐了 256085 名移民，其中有 463 名古巴人，比 2017 财政年增加 189%（160 人）。

2019 年

2 月 24 日　古巴举行全民公决，通过了新宪法。

4 月 10 日　古巴新宪法正式生效。

4 月 17 日　美国国务卿蓬佩奥宣布，特朗普总统不再中止"赫尔姆斯—伯顿法"第三条的执行。

5月2日 博尔顿宣称，有2万名古巴军人在委内瑞拉，干预委内瑞拉内政。

5月3日 特朗普启动"赫尔姆斯—伯顿法"第三条。

5月12日 参议员卢比奥和梅嫩德斯提出一项法案要求禁止在美国官方承认古巴商标的权利。

6月5日 美国最后一艘游轮离开哈瓦那港。

7月13日 古巴全国人民政权代表大会通过了新选举法。

9月6日 美国财政部部长史蒂芬·姆努钦宣布修改古巴资产控制规定，限制古巴裔美国人汇款的数额，每季度不得超过1000美元，不准向古巴官员和党员汇款。

9月26日 美国国务院以支持委内瑞拉马杜罗政府为理由，宣布制裁古巴共产党中央委员会第一书记劳尔·卡斯特罗，禁止他与4名子女入境美国。

10月10日 迪亚斯-卡内尔当选为古巴共和国主席。

10月25日 美国政府宣布将停飞到古巴内地的航班。自12月10日起，只允许飞往哈瓦那的航班，这意味着美国商务班机不再飞往古巴另外10个城市的机场。

11月7日 第74届联合国大会以压倒性多数通过决议，敦促美国解除对古巴长达半个多世纪的经济、贸易和金融封锁，这是联合国大会连续第28年通过此类决议。当天，对古巴提交的《终止美国对古巴经济、贸易和金融封锁之必要性》决议草案，参与投票的192个国家中，187国投赞成票，只有美国、以色列和巴西3国投反对票，哥伦比亚和乌克兰2国弃权。

11月16日 美国将时任古巴内务部长胡里奥·塞萨尔·甘达里亚·贝尔梅霍（Julio Cesar Gandarilla Bermejo，1943年出生，2020年11月24日去世）及其子女列入制裁名单。

11月27日 据统计，2019年9月访古美国人为13094人，比2018年9月的51776人减少了74.7%。2019年1—9月，访古美国人比上一年同期减少5.2%，从460288人减少到436453人。

12月3日 美国财政部宣布追加制裁6艘从委内瑞拉向古巴运输石

油的船只。

12 月 10 日 美国商务飞机停飞古巴内地 10 个机场。

12 月 16 日 古巴外交部美国司司长卡洛斯·费尔南德斯·德科西奥在哈瓦那说，古巴希望与美国保持正常的关系，但是，特朗普政府切断了两国的官方联系。

12 月 21 日 原旅游部长曼努埃尔·马雷罗·克鲁斯当选为古巴总理。

2020 年

1 月 2 日 美国国务卿蓬佩奥宣布，由于古巴革命武装力量部部长莱奥波尔多·辛特拉对古巴支持委内瑞拉马杜罗政府"负有责任"，并称古巴革命武装力量部在委内瑞拉"参与侵犯人权"，美方宣布剥夺辛特拉及其两名子女入境美国的权利。

1 月 10 日 美国国务院在一份声明中说，美国交通部已下令暂停美国与古巴 9 个国际机场间的公共包机服务，仅保留前往哈瓦那何塞·马蒂国际机场的包机服务，并将为前往这一机场的包机数量设定上限。同一天，古巴外长罗德里格斯在社交媒体上发文，强烈反对美国这一决定。

1 月 24 日 迪亚斯－卡内尔主席在古巴圣斯皮里图斯市重申古巴愿意在平等和互相尊重的基础上与美国进行对话和保持文明的关系。卡内尔指出，特朗普对古巴的敌视政策有三个因素：选举因素、美国对拉美政策的失败和共和党人的思维方式。

2 月 26 日 美国禁止西联汇款公司让古巴在美国侨民将侨款从第三国汇回古巴。

4 月 30 日 一名名为亚历山大·阿拉佐的美国恐怖分子向古巴驻美国大使馆开枪，遭警方逮捕。当天，古巴外长罗德里格斯召见美国驻古巴临时代办，强烈抗议古巴驻美大使馆遭恐怖分子侵犯。古巴国家主席迪亚斯－卡内尔在推特上写道："古巴谴责这次侵犯。"美国政府拒不承认这是一次恐怖主义袭击事件。

5 月 13 日 美国国务院将古巴和委内瑞拉、伊朗、叙利亚和朝鲜一起列入"不与美国充分反恐合作国家"的黑名单。对此，古巴方面则坚决予以回击称，古巴才是恐怖主义的受害者。

6月3日　美国国务院将古巴西梅克斯金融公司等7家公司列入制裁名单，限制其办理接受古巴侨汇的业务。

6月5日　美国财政部不再发给美国在古巴的万豪国际酒店集团的酒店营业执照。

8月13日　美国交通部宣布除被准许飞哈瓦那的私人包机外，停止美国所有飞古巴的私人包机。

9月24日　限制进口原产地为古巴的酒类产品和雪茄烟。同一天，宣布禁止美国人到古巴参加会议或做讲座。

11月3日　美国举行大选。

11月7日　据美国媒体测算，民主党总统候选人拜登已获得超过当选需获得的270张选举人票，在大选中获胜。

11月8日　古巴国家主席迪亚斯·卡内尔发推文表示，古巴政府承认"美国人民选择了一个新的方向"，"我们相信能够与美国建立尊重彼此差异的建设性双边关系。"

2021 年

1月1日　美国国务院将古巴国际金融银行列入限制名单。

1月7日　美国国会联席会议确认，拜登赢得306张选举人票，特朗普获得232张选举人票，美国国会联席会议确认拜登当选总统。

1月11日　美国国务院将古巴重新列入支持恐怖主义国家名单。

1月15日　美国财政部将古巴内务部及其新任部长拉萨罗·阿尔韦托·阿尔瓦雷斯·卡萨斯列入制裁名单。

1月20日　拜登宣誓就任美国第46任总统。

1月28日　白宫新发言人普萨基在新闻发布会上说，拜登政府将重新审视特朗普对古巴的政策。

2月25日　白宫发布消息称，美国总统拜登延长对古巴的制裁。

4月16—19日　古共召开"八大"，迪亚斯·卡内尔当选为古共中央第一书记。

7月22日　美国总统拜登宣布，他已决定通过制裁古巴高级军官对古巴采取强硬手段。当天，美国财政部宣布制裁古巴武装力量部部长和古巴内政部下属的特种部队，其理由是古巴"镇压7月11日和平民主抗议"。古巴对此予以强烈谴责。

古巴历任总统

（括号内为执政时间）

托马斯·埃斯特拉达·帕尔马 Tomás Estrada Palma（1902—1906）

第二次美国军事占领（1906—1909）

何塞·米盖尔·戈麦斯 José Miguel Gómez（1909—1913）

马里奥·加西亚·梅诺卡尔 Mario García Menocal（1913—1921）

阿尔弗雷多·萨亚斯 Alfredo Zayas（1921—1925）

赫拉尔多·马查多 Gerardo Machado（1925—1933）

阿尔贝托·埃雷拉·弗兰奇 Alberto Herrera Franchi（1933）

卡洛斯·曼努埃尔·德塞斯佩德斯·克萨达 Carlos Manuel de Céspedes y Quesada（1933）

五人执政委员会（1933）

拉蒙·格劳·圣马丁 Ramón Grau San Martín（1933—1934）

卡洛斯·埃维亚 Carlos Hevia（1934）

曼努埃尔·马尔克斯·斯特林 Manuel Márquez Sterling（1934）

卡洛斯·门迭塔 Carlos Mendieta（1934—1935）

何塞·阿格里皮诺·巴尔内特 José Agripino Barnet（1935—1936）

米盖尔·马里亚诺·戈麦斯 Miguel Mariano Gómez（1936）

费德里科·拉雷多·布鲁 Federico Laredo Brú（1936—1940）

富尔亨西奥·巴蒂斯塔 Fulgencio Batista（1940—1944）

拉蒙·格劳·圣马丁 Ramón Grau San Martín（1944—1948）

卡洛斯·普利奥·索卡拉斯 Carlos Prío Socarrás（1948—1952）

富尔亨西奥·巴蒂斯塔 Fulgencio Batista（1952—1959）

安德烈斯·多明戈·莫拉莱斯－德尔卡斯蒂略 Andrés Domingo Morales y del Castillo（1954—1955）

曼努埃尔·乌鲁蒂亚·列奥 Manuel Urrutia Lleó（1959）

奥斯瓦尔多·多尔蒂科斯·托拉多 Osvaldo Dorticós Torrado（1959—1976）

菲德尔·卡斯特罗·鲁斯 Fidel Castro Ruz（1976—2008）

劳尔·卡斯特罗·鲁斯 Raúl Castro Ruz（2008—2018）

米格尔·迪亚斯－卡内尔·贝穆德斯 Miguel Díaz—Canel Bermúdez（2018—　）

（注：1976—2018 年古巴最高行政职位是国务委员会主席兼任部长会议主席，即国家元首兼政府首脑。根据 2019 年通过的新宪法，国家元首改称国家主席，不再兼任政府首脑，政府首脑改为总理。2019 年 10 月 10 日，迪亚斯－卡内尔当选为古巴共和国主席。）

参考书目

中文：

专著（按出版时间先后排列）：

《古巴事件内幕》，世界知识出版社 1962 年版。

杨生茂等编：《美西战争资料选辑》，上海人民出版社 1981 年版。

刘绪贻、杨生茂：《战后美国史 1945—1986》，人民出版社 1989 年版。

齐世荣主编：《当代世界史资料选辑 第三分册》，首都师范大学出版社 1996 年版。

洪育沂主编：《拉美国际关系史纲》，外语教学与研究出版社 1996 年版。

罗荣渠：《美洲史论》，中国社会科学出版社 1997 年版。

徐世澄：《冲撞：卡斯特罗与美国总统》，东方出版社 1999 年版。

杨存堂：《美苏冷战的一次较量——加勒比海危机》，广西师范大学出版社 2002 年版。

徐世澄主编：《帝国霸权与拉丁美洲——战后美国对拉美的干涉》，世界知识出版社 2002 年版。

焦震衡：《闻名世界的男孩埃连的遭遇——古美关系史中的一个重大事件》，世界知识出版社 2003 年版。

庞炳庵：《亲历古巴——一个中国驻外记者的手记》，新华出版社 2004 年第二版。

徐世澄主编：《美国和拉丁美洲关系史》，中国社会科学出版社 2007 年版。

徐世澄：《卡斯特罗评传》，人民出版社 2008 年版。

赵学勤：《十月风云：古巴导弹危机研究》，天津人民出版社2009年版。

中国社会科学院和平发展研究所编：《奥巴马政府内外政策调整与中美关
　　系》，中国社会科学出版社2015年版。

徐世澄、贺钦：《古巴》，新版，社会科学文献出版社2018年版。

毛相麟、杨建民：《古巴社会主义研究》（修订版），社会科学文献出版社
　　2019年版。

　　　译著（按出版时间先后排列）

［美］福斯特：《美洲政治史纲》（中译本），人民出版社1956年版。

［苏］尤·斯辽兹金：《1898年的美西战争》，生活·读书·新知三联书
　　店1959年版。

［古］安东尼奥·努涅斯·希门尼斯：《美帝国主义对拉美的侵略》，世界
　　知识和出版社1962年版。

《哈瓦那宣言》，商务印书馆1962年版。

［古］菲德尔·卡斯特罗：《卡斯特罗言论集》第一、二册，人民出版社
　　1963年版。

［美］菲·方纳：《古巴史和古巴与美国的关系》第一卷，生活·读书·
　　新知三联书店1964年版。

［古］艾·罗依格·德·卢其森林：《古巴独立史》，生活·读书·新知三
　　联书店1971年版。

《赫鲁晓夫回忆录》，上、下册，生活·读书·新知三联书店1973年版。

［美］哈里·杜鲁门：《杜鲁门回忆录》第一、二卷，生活·读书·新知
　　三联书店1974年版。

［古］切·格瓦拉：《格瓦拉政治—军事文选》，复旦大学拉美研究室，
　　1974年。

［美］戴维·霍罗威茨：《美国冷战时期的外交政策　从雅尔塔到越南》，
　　上海人民出版社1974年版。

［古］埃内斯托·切·格瓦拉：《古巴革命战争回忆录》，上海人民出版社
　　1975年版。

［英］休·托马斯：《卡斯特罗和古巴》上、下册，上海人民出版社 1975 年版。

［美］罗伯特·肯尼迪：《十三天》，上海人民出版社 1977 年版。

［美］卡梅洛·梅萨－拉戈：《七十年代的古巴——注重实效与体制化》，商务印书馆 1980 年版。

［美］拉尔夫·德·贝茨：《美国史》上、下卷，人民出版社 1984 年版。

［美］S. F. 比米斯：《美国外交史》，商务印书馆 1985 年版。

［美］托马斯·帕特森：《美国外交政策》上、下册，中国社会科学出版社 1989 年版。

［古］菲德尔·卡斯特罗：《在古巴共产党第一、二、三次全国代表大会上的中心报告》，人民出版社 1990 年版。

［古］乔斯·卢斯·莫尔拉、拉斐尔·卡尔辛斯：《CIA 在古巴》，时事出版社 1990 年版。

［美］约翰·兰尼拉格：《中央情报局》，中国社会科学出版社 1990 年版。

［美］J. 斯帕尼尔：《第二次世界大战后美国的外交政策》，商务印书馆 1992 年版。

［古］何塞·马蒂：《何塞·马蒂诗文选　长笛与利剑》，毛金里、徐世澄译编，云南人民出版社 1995 年版。

［古］何塞·坎东·纳瓦罗：《古巴历史——枷锁与星辰的挑战》，当代世界出版社 1999 年版。

［古］菲德尔·卡斯特罗：《全球化与现代资本主义》，社会科学文献出版社 2000 年版。

［古］菲德尔·卡斯特罗、［法］伊格纳西奥·拉莫内：《卡斯特罗访谈传记　我的一生》，中国社会科学出版社 2008 年版。

［古］菲德尔·卡斯特罗：《总司令的思考》，社会科学文献出版社 2008 年版。

［美］E. 布拉德福德·伯恩斯、朱莉·阿·查利普：《简明拉丁美洲历史》（插图第 8 版），世界图书出版公司 2009 年版。

［美］理查德·戈德：《古巴史》，中国大百科全书出版社 2013 年版。

［古］亚历杭德罗·卡斯特罗·埃斯平：《恐怖的帝国》，五洲传播出版社
2015 年版。

［俄］尼古拉·S. 列昂诺夫：《劳尔·卡斯特罗　革命生涯》，中国社会
科学出版社 2016 年版。

［美］汤姆·海登：《听好了，古巴很重要》，冯建三译，联经出版事业股
份有限公司 2016 年版。

外文：（按出版时间先后排列）

Leland H. Jenks, *Nuestra Colonia de Cuba*, Editorial Palestra, Buenos
Aires, 1959.

Antonio Núñez Jiménez, *La Liberación de las Islas*, Editorial Lex, La habana,
1959.

José A. Tabares del Real, *La Revolución Cubana*, III Edición, Editorial Tierra
Nueva, 1961.

Fernando Portuondo, *Historia de Cuba hasta* 1898, Editota Universitaria, La
Habana, Cuba, 1965.

Francisco López Segrera, *Cuba：Capitalismo Dependiente y Subdesarrollo
(1510 – 1959)*, Editorial Diogenes, S. A. , México, 1973.

Philips S. Foner, *Historia de Cuba y Sus Relaciones con los Estados Unidos*,
1845 – 1895, Tomo 2, Editorial Ciencias Políticas, La Habana, 1973.

Federico G. Gil, Latinoamérica y Estados Unidos, Editorial Tecnos, Madrid,
España, 1975.

Margaret Daly Hayes, Latin America and the U. S. National Interest A Basis for
U. S. Foreign Policy, Wesview Press, USA, 1984.

E. Grinevich y B. Gvozdariov, *Washinton contra La Habana*, Editorial Progre-
so, Moscú, URSS, 1986.

Francisco López Segrera, *La administración Reagan y la cuenca del Caribe*,
Editorial Ciencias Políticas, La Habana, 1989.

Sociedad Cubana de Derecho Internacional, *Agresiones de Estados Unidos a Cu-*

ba revolucionaria, Fundación de la Imprenta Nacional de Cuba, Aniversario 30, Editorial Ciencias Políticas, La Habana, 1989.

Abraham F. Lowenthal, *La Convivencia Imperfecta Los Estados Unidos y América Latina*, Nueva Imagen, México, 1989.

Valeri Bushúev, *América Latina-EE. UU. : Revolución y Contrarrevolución*, Editorial Progreso, Moscú, 1990.

Centro de Estudios de Alternativas Políticas de la Universidad de La Haban y otras instituciones, *El Gobierno de EE. UU. contra Cuba revelaciones de la agresión*, Ediciones Entorno, La Habana, Cuba, 1992.

Roma Orozco, *Cuba Roja*, Javier Vergara Editor s. a. , Buenos Aires, 1993.

Instituto de Historia de Cuba, *Historia de Cuba, La Colonia, Evolución Socio-economica y Formación Nacional*, *de Los Origenes Hasta* 1867, Editora Política, La Habana, Cuba, 1994.

Instituto de Historia de Cuba, *Historia de Cuba, Las Luchas por la independencia nacional y las transformaciones estructurales*, *1868 – 1898*, Editora Política, La Habana, Cuba, 1996.

Instituto de Historia de Cuba, *Historia de Cuba, La Neocolonia Organización y crisis desde 1899 hasta 1940*, Editora Política, La Habana, Cuba, 1998.

Eduardo Torres-Cuevas y Oscar Loyola Vega, *Historia de Cuba, 1492 – 1898*, Editorial Pueblo y Educación, La Habana, Cuba, 2001.

Tomás Diez Acosta, *Octobre 1962 The Missile Crisis as seen from Cuba*, Pathfinder, USA, New York, 2002.

Tomás Diez Acosta, *Confrontación Estados Unidos y Cuba*, Editorial Política, La Habana, 2003.

Jorge I. Dominguez, *La Política Exterior de Cuba (1962 – 2009)*, Editorial Colibrí, Madrid, España, 2009.

Carlos Alzugaray, *Cuba cincuenta años después: Continuidad y cambios.* http://www. rebelion. org/docs/99236. pdf.

Carmelo Mesa-Lago, *Normalización de Relaciones entre EEUU y Cuba: Cau-*

sas, *Prioridades*, *Progresos*, *Obstáculos*, *Efectos* y *Peligros*. Real Instituto Elcano, Documento de Trabajo 6/2015, 8 de mayo de 2015.

William M. LeoGrande Peter Kornluh: *Diplomacia encubierta con Cuba*, Fondo de Cultura Económica, México, 2015.

Francisco López Segrera, *Cuba-EE. UU.* : *de enemigos cercanos a amigos distantes* (*1959 – 2015*), Barcelona, Editorial El Viejo Topo, 2015.

Carmelo Mesa-Lago y Pavel Vidal Alejandro: *El impacto en la economía cubana de la crisis venezolana y de las políticas de Donald Trump*. Real Instituto Elcano, Documento de Trabajo 9/2019, 30 de mayo de 2019.